Revista de Direito Tributário

65

MALHEIROS EDITORES

Revista de Direito Tributário

Publicada sob os auspícios do

IDEPE — Instituto Internacional de Direito Público e Empresarial
e do
IBET — Instituto Brasileiro de Estudos Tributários

ISSN 0102-7956

REVISTA DE DIREITO TRIBUTÁRIO
publicação trimestral de
MALHEIROS EDITORES LTDA.
Rua Paes de Araújo, 29, 17º andar - conj. 171 - CEP 04531-940
São Paulo, SP - Brasil - Tels. 822-9205 - 820-9718 - 820-5549 - Fax: 829-2495

Assinaturas e comercialização:
CATAVENTO DISTRIBUIDORA DE LIVROS S.A.
Rua Conselheiro Ramalho, 928 - CEP 01325-000
São Paulo, SP - Brasil - Tel. 289-0811 - Fax: 251-3756

Diretor Responsável: Álvaro Malheiros
Diretora: Suzana Fleury Malheiros
Supervisão Gráfica: Vânia Lúcia Amato

Composição: HELVÉTICA EDITORIAL
Impressão: Gráfica e Editora FCA
(Fundação de Ciências Aplicadas)

SUMÁRIO

CADERNOS DE DIREITO TRIBUTÁRIO

INTERPRETACIÓN ECONOMICA Y SEGURIDAD JURÍDICA
— **Ramón Falcón y Tella** 7

ISS — ISENÇÃO — O ART. 41 DO ADCT (ISENÇÕES NÃO REVOGADAS)
— **Geraldo Ataliba** 15

IMUNIDADE DE ESTATAL DELEGADA DE SERVIÇO PÚBLICO
— **Adilson Dallari** 22

AÇÃO DECLARATÓRIA DE CONSTITUCIONALIDADE PERANTE O STF
— **Sacha Calmon Navarro Coelho** 42

IR — DISTINÇÃO ENTRE REMUNERAÇÃO DO TRABALHO, INSTRUMENTO DE TRABALHO E LIBERALIDADES SOCIAIS PARA EFEITOS TRABALHISTAS, PREVIDENCIÁRIOS E IMPOSTO DE RENDA
— **Alberto Xavier** e **Helena de Araújo Lopes Xavier** 48

DUPLA (MÚLTIPLA) TRIBUTAÇÃO INTERNACIONAL — RENDAS DE EMPRESAS: "DUPLA TRIBUTAÇÃO JURÍDICA INTERNACIONAL" E "DUPLA TRIBUTAÇÃO ECONÔMICA INTERNACIONAL"
— **Heleno Taveira Torres** 67

CUSTAS PROCESSUAIS
— **Antônio Souza Prudente** 96

"LUCRO INFLACIONÁRIO": FICÇÃO OU REALIDADE?
— **Aroldo Gomes de Mattos** 115

CONFERÊNCIAS E DEBATES

A FAMÍLIA E O DIREITO TRIBUTÁRIO
— **Misabel Abreu Machado Derzi** 139

NOTAS E COMENTÁRIOS

TARIFA DE TRANSPORTE COLETIVO URBANO. COMPETÊNCIA DO MUNICÍPIO. NATUREZA JURÍDICA DE TAXA. LIMITES AO SEU "QUANTUM". COMPETÊNCIA DO ESTADO-MEMBRO PARA A PROTEÇÃO AO CONSUMIDOR. AÇÃO CIVIL PÚBLICA
— **Estevão Horvath** 150

ICMS E IPI NA IMPORTAÇÃO — QUESTÕES POLÊMICAS
— **José Eduardo Soares de Mello** 161

NATUREZA E FINS DA IMUNIDADE DOS FUNDOS DE PENSÃO
— **Wagner Balera** 178

REINTRODUÇÃO DO CONTENCIOSO ADMINISTRATIVO NA CONSTITUIÇÃO FEDERAL
— **Rômulo Maya** 180

EMPRÉSTIMOS COMPULSÓRIOS NA CONSTITUIÇÃO FEDERAL
— **Márcio Severo Marques** 182

INCONSTITUCIONALIDADE DA COBRANÇA DO IPMF SOBRE OS SERVIÇOS PRESTADOS PELOS AGENTES DE SERVIÇO PÚBLICO DELEGADO
— **Walter Giuseppe Manzi** 200

JURISPRUDÊNCIA 213

Revista de Direito Tributário

CADERNOS DE DIREITO TRIBUTÁRIO

CADERNOS DE DIREITO TRIBUTÁRIO

CADERNOS DE DIREITO TRIBUTÁRIO

INTERPRETACIÓN ECONOMICA Y SEGURIDAD JURÍDICA*

RAMÓN FALCÓN Y TELLA
Catedrático de Derecho Financiero y Tributario,
(Espanha)

I

El origen de la teoría de la interpertación económica se encuentra, en el ámbito europeo, en los trabajos de Enno Becker, que fructificaron en la Ordenanza alemana de 1919. En un loable afán de justicia en el reparto de la carga tributaria y de evitar la elusión del impuesto, se propugnaba la irrelevancia general de las formas jurídico-civiles — *allgemeinen Irrelevanz der zivilistichen Formen* — en el ámbito tributario y una interpretación basada en la realidad económica, bajo la idea de que lo que produce los mismos efectos económicos ha de ser tratado del mismo modo por las leyes tributarias.

Esta tesis se extiende pronto a Italia, donde bajo la denominación de *il principio de la realta economica es* defendida por la escuela de Pavía, y señaladamente por Griziotti, que en 1952 publica, precisamente con este título, un conocido trabajo en la Riv. Guard. Fin., que influye decisivamente en la clásica obra de D. Jarach sobre *El hecho imponible* (Buenos Aires, 1943, p. 95 y ss.).

Pero, desde el primer momento, la teoría de la interpretación económica fue objeto de severas críticas, bajo la acertada sospecha de que suponía, en el fondo, una quiebra de la seguridad jurídica, incompatible con la idea misma del Estado de Derecho.

II

Incluso en la propria Alemania, la doctrina de la interpretación económica fue objeto de crítica, hasta el punto de que en los años cincuenta llegó a ser mayoritaria la defensa de la "primacía del

* Trabalho apresentado às XVI Jornadas ILADT, Lima, Peru, 1993.

Derecho civil'', es decir, la necesidad de dar a los términos utilizados en las leyes tributarias el significado que les corresponde en el ámbito civil, lo que, entre otros argumentos, se apoyaba en la unidad del ordenamiento jurídico.

Esta concepción fue incluso recibida por el Tribunal Constitucional alemán, que en dos sentencias de 24 de enero de 1962 afirma la preeminencia de la estructura ordenadora — *Ordnungsstruktur* — así como que ''la consideración económica no puede inducir a descomponer el método jurídico mediante conceptos y puntos de vista extrajurídicos''; si bien aceptando que ''la consideración económica... tiene su lugar allí donde una ley impositiva menciona determinados hechos jurídicos, pero no piensa en su especial revestimiento jurídico, sino en su eficacia jurídica''.

Asimismo en Italia, las tesis de la Escuela de Pavía — tanto la doctrina de la realidad económica como el método sincrético, ineludiblemente unido a la anterior —, fueron objeto de agudas críticas por A. D. Giannini (''Diritto Finanziario e Scienza delle Finanze'', *Riv. Dtto. Fin.*, 1939), D'Amati, (*Un nuovo contributo ai rapporti fra Diritto Finanziario e Scienza delle Finanze*, Dtto. Prat. Trib., 1955) y Romanelli-Grimaldi (*Metodología del Diritto Finanziario*, Rass. Dtto. Pubb., 1960, traducida al castellano por Vicent-Arche, *RDFHP*, n. 42, 1961).

En España, destaca el trabajo del profesor Sáinz de Bujanda sobre la ''Naturaleza del hecho imponible'' (*Hacienda y Derecho*, vol. VI, Madrid, 1966, p. 569 y ss.), en el que se pone de relieve que la norma tributaria, al configurar el hecho imponible, crea una nueva realidad jurídica con una significación y unos efectos específicamente tributarios. Partiendo de esta premisa, afirma acertadamente el profesor de Madrid — y se trata hoy de una opinión común de la doctrina — que la relación económica sólo puede provocar el efecto jurídico de que nazca la obligación tributaria si dicha relación ha sido configurada por las normas jurídicas de tal modo que, al producirse, la obligación surja por voluntad de la ley; es decir, si la relación económica se ha transformado en hecho imponible, o, dicho de otro modo, si la realidad económica se ha convertido en realidad jurídica.

III

Hoy, según acaba de exponerse, puede considerarse definitivamente superada la tesis de la interpretación económica, al menos entendida en el sentido tradicional de que aquellos supuestos de los que derivan los mismos resultados económicos exigen un idéntico trato desde el prisma fiscal.

Ciertamente hay que reconocer que en la doctrina de lengua alemana vuelve a hablarse en la actualidad, de forma generalizada, de interpretación económica. Pero no se hace ya en el sentido tradicional. ''El hecho mismo y su valoración económica — dice Gassner — no puede sustituir en el Derecho tributario al hecho imponible como criterio determinante de las consecuencias jurídicas'' (*Interpretation und Anwendung der Steuergesetze. Kritische Analyse der wirtschaftlichen Betrachtungsweise*, Wirtschaftsverlag Dr. Anton Orac, Viena, 1972).

En realidad, cuando hoy se habla de interpretación económica en la doctrina alemana se está haciendo simplemente referencia a la necesidad de atender a la finalidad perseguida por el legislador tributario, que puede llevar a dar a los términos empleados en las normas tributarias un significado distinto del que procedería con arreglo al Derecho civil. En definitiva, lo que se rechaza es una interpretación ''civilista'' que rompa con la finalidad querida por la Ley fiscal; la primacía de las categorías civiles sobre las tributarias.

Dicho en otros términos, la referencia a la interpretación económica, no supone hoy una remisión a la realidad económica — a los efectos o consecuencias económicas de un determinado supuesto de hecho — como criterio determinante del tratamiento tributario, sino el mero reconocimiento de la relatividad de los conceptos jurídicos en función de la finalidad de las normas, finalidad que varía de un sector a otro del ordenamiento (*Tipke, Steuerrecht*, 9ª ed., Colonia, 1983). Se trata, en definitiva, de una defensa de la interpretación jurídica, basada en los criterios generales admitidos en Derecho, entre ellos el teleológico; pero subrayando al mismo tiempo que la finalidad de la norma tributaria es diferente de la finalidad de la norma civil, por lo que *los mismos criterios de interpretación* pueden llevar a un resultado distinto en uno y otro sector del ordenamiento.

En este sentido es muy significativa la opinión de Beisse, quien, tras un minucioso análisis de la jurisprudencia, efectúa un balance positivo de la primera época de aplicación de la interpretación económica (en el sentido tradicional al que al principio hemos hecho referencia), debido a su contribución al desarrollo del Derecho tributario y al reconocimiento de la autonomía de esta rama del ordenamiento jurídico. Pero inmediatamente alerta sobre los riesgos a que puede llevar esta concepción, insistiendo en que hoy en día la interpretación económica sólo puede entenderse como una forma de interpretación teleológica, que como tal no reviste especialidad alguna en el ámbito tributario y, además, no es el único criterio de interpretación (*Die wirtschaftliche Betrachtungsweise bei der Auslegung der Steuergesetze in der neuren deutsche Rechtsprechung*, StuW, n. 1, 1981).

En la doctrina española es prácticamente unánime la critica de la interpretación económica, a partir del trabajo de Sáinz de Bujanda a que antes se ha hecho referencia. Y desde luego los escasos autores que defienden hoy la interpretación económica lo hacen, no en el sentido tradicional, sino "como criterio de interpretación jurídica concretado en la interpretación teleológica". En este sentido se pronuncia Victoria Eugenia Combarros, en un documentado trabajo sobre "La interpretación económica como criterio de interpretación jurídica (Algunas reflexiones a propósito del concepto de "propriedad económica" en el Impuesto sobre el Patrimonio)", publicado en la *Revista Española de Derecho Financiero*, n. 44 (1984). Para Combarros "no se trata tanto de hacer prevalecer la situación económica sobre la configuración jurídica del hecho imponible como de precisar a través de la interpretación — *y siempre desde el punto de vista de la ley correspondiente* — cuál es el sentido que el legislador ha atribuido a los caracteres conformadores del hecho imponible... No se trata, por tanto, ni de prescindir del presupuesto de hecho para hacer prevalecer la realidad económica, ni de ampliarlo para incluir dentro del mismo situaciones que la Ley no contempla. Se trata, lisa y llanamente, de determinar cuál es la finalidad perseguida por el legislador, es decir, presuponiendo normalmente el gravamen de una capacidad económica, hay que averiguar que manifestación concreta de dicha capacidad quiere someter a imposición y bajo que condiciones. Lo que la interpretación obviamente no puede hacer es atribuir a la ley una finalidad que ésta no persigue".

No podemos sino suscribir, prácticamente en su totalidad, los postulados del trabajo que acaba de citarse. Pero, si cuando hablamos de *interpretación económica* nos estamos refiriendo en realidad a la *interpretación teleológica*, ¿ por qué no utilizar esta última expresión, cuyo significado es claro para todo jurista, en lugar de la primera, que recuerda criterios y métodos de interpretación hoy definitivamente superados? Parece evidente que las preferencias terminológicas de la doctrina alemana no proporcionam una respuesta adecuada a este interrogante.

IV

La sucinta exposición doctrinal que antecede nos permite adentrarnos en la práctica española de estos últimos años. En el Proyecto de Ley General Tributaria se preveía que "las normas tributarias se interpretarán con arreglo a los criterios admitidos en Derecho *y teniendo especialmente en cuenta su finalidad económica y los principios de justicia que las inspirán*". Este último inciso, destinado a acoger la doctrina de la consideración económica en su versión tradicional, desapareció sin embargo de la versión definitiva del art. 23.1 del texto finalmente aprobado, lo que la doctrina ha venido interpertando usualmente como un rechazo a los métodos extrajurídicos de interpretación.

En el art. 25 de la Ley General Tributaria existe, sin embargo, una referencia a lo "económico", en relación con la naturaleza y calificación de los hechos imponibles. Dispone este precepto lo siguiente:

"1. El impuesto se exigirá con arreglo a la verdadera naturaleza jurídica o económica del hecho imponible.

2. Cuando el hecho imponible consista en un acto o negocio jurídico, se calificará conforme a su verdadera naturaleza jurídica, cualquiera que sea la forma elegida o la denominación utilizada por los interesados, prescindiendo de los defectos intrínsecos o de forma que pudieran afectar a su validez.

3. Cuando el hecho imponible se delimite atendiendo a conceptos económicos, el criterio para calificarlos tendrá en cuenta las situaciones y relaciones económicas que, efectivamente, existan o se establezcan por los interesados, con independencia de las formas jurídicas que se utilicen".

Hasta finales de los ochenta, el precpto que acaba de transcribirse ha permanecido, en gran medida inaplicado. El convencimiento unánime de que, en el ámbito tributario, la interpretación se realiza con arreglo a los mismos criterios que en otros sectores del ordenamiento há llevado a la utilización de los criterios recogidos en el art. 3.1 del nuevo Título Preliminar del Código Civil, según el cual las normas se interpretarán según el sentido propio de sus palavras, en relación con el contexto, los antecedentes históricos y legislativos, y la realidad social del tiempo en que han de ser aplicadas, atendiendo fundamentalmente al espíritu y finalidad de aquellas.

En este sentido, como ponen de relieve Martín Queralt y C. Lozano (*Curso de Derecho Financiero y Tributario*, Tecnos, Madrid, 1990), la jurisprudencia, tanto del Tribunal Supremo como de otros órdenes jurisdiccionales, ha reiterado la aplicabilidad de los criterios admitidos en Derecho, con exclusión tanto de la metodología económica como de cualquier prejuicio sobre el alcance extensivo o restrictivo de la interpretación (SSTS de 1 y 12 de octubre de 1985), atendiendo especialmente a la finalidad que la norma persigue (SAN de 16 de octubre de 1987).

A partir de 1990, sin embargo, la Administración tributaria parece haber "descubierto" el olvidado art. 25, especialmente su apartado 3, que — de seguir esta tendencia — acabará convirtiéndose en una cláusula de estilo, presente en cualquier acta que levanta la Inspección, y útil para justificar prácticamente cualquier propuesta de liquidación que el actuario estime pertinente. Y lo que es más grave, el precepto citado se interpreta como una recepción de la interpretación económica en su sentido tradicional, es decir atendiendo a los resultados económicos de la operación, lo que en la práctica lleva a vaciar de contenido el art. 23.1 de la Ley General Tributaria; así como, en gran medida, las leyes propias de los distintos tributos.

No podemos sino manifestar nuestra opinión contraria a esta práctica, pues el art. 25 de la Ley General Tributaria no permite, como no puede ser de otra manera en un Estado de Derecho, cualquier interpretación arbitraria pretendidamente basada en la realidad económica.

Si se interpreta dicho precepto en el contexto del art. 23.1 — que obliga, sin excepción ni limitación alguna, a atender a los "criterios admitidos en Derecho" —, habremos de llegar a la conclusión de que el art. 25 "debe ser entendido simplesmente como una llamada al intérprete para que, al encontrarse con un hecho de la vida real y tratar de determinar si tal hecho es también, según las normas tributarias, un hecho generador de obligaciones de este tipo, atienda con especial cuidado a la verdadera intención del legislador, y de acuerdo con ella trate de delimitar qué es lo que el legislador quiso gravar efectivamente con cada impuesto y cómo, según esto, ha dibujado en las normas el hecho imponible de cada uno de ellos" (Ferreiro, *Curso de Derecho Financiero Español*, 12ª ed., pp. 102-103).

Desde esta perspectiva cobra todo su sentido — pese a la incorrección de la terminología que se utiliza, unánimemente denunciada por la doctrina — la distinción entre hechos imponible "de naturaleza jurídica" y hechos imponibles de "naturaleza económica".

En el primer caso (art. 25.2), habrá de atenderse a su "naturaleza jurídica", es decir a las calificaciones que procedan de acuerdo con otras ramas del ordenamiento, prescindiendo de la denominación que utilicen los interessados (como también se prescinde, por cierto, en el Derecho común) y de los vicios que puedan afectar a la valdiez.

Esto último es lo único que quiebra la global remisión al Derecho común, y se explica porque lógicamente los órganos de Hacienda no pueden declarar tales vicios, que en principio sólo generan una nulidad relativa o mera anulabilidad; y menos aún pueden hacerlos valer — exclusivamente frente a la Hacienda, a efectos de evitar el gravamen — los particulares que dieron lugar a ellos. Cuestión distinta es que, una vez declarada por sentencia firme la existencia del vicio, con la consiguiente rescisión o anulación del acto, ello conlleve la devolución del impuesto, de acuerdo con lo previsto, por ejemplo, a efectos del ITPAJD por el art. 60 del Texto Refundido de 1980.

En el segundo caso (art. 25.3), el intérprete ha de prescindir de otros sectores del ordenamiento distintos del tributario; de las "formas jurídicas" — civiles y mercantiles — que se utilicen por las partes, atendiendo exclusivamente a las categorías y normas jurídico-tributarias. Es decir, en el sentido de que hay que prescindir del Derecho común, pero no del Derecho tributario, pues prsecindir totalmente de las categorías normativas, interpretadas de acuerdo con los criterios admitidos en Derecho, en beneficio de la realidad económica, iría contra la esencia misma del Estado de Derecho.

Así, es claro que el IVA, al igual que el IRPF, son tributos cuyo hecho imponible es de "naturaleza económica", en el sentido en que utiliza esta expresión la Ley General Tributaria. Pero ello no significa que se pueda prescindir del ordenamiento jurídico, empleando en su lugar categorías económicas, sino — como se ha dicho-simplesmente que, por ejemplo, son rendimientos del trabajo los que define como tales la ley tributaria, independientemente de lo que diga el Estatuto de los Trabajadores y la legislación laboral; o que son "entregas de bienes", a efectos del IVA, las que se definen como tales en la ley tributaria, independientemente del concepto civil y mercantil de "entrega" como "modo" de transmitir la posesión.

V

Entendida así, la distinción entre hechos imponibles de naturaleza jurídica y hechos imponibles de naturaleza económica vendría a corresponder con la distinción que efectúa la doctrina alemana entre los conceptos civiles, utilizados por el legislador tributario como tales, y los llamados conceptos económicos del Derecho tributario — *steuerrechtliche wirtschafts Begriffe* — que la Ley tributaria configura para sus propios fines.

No se trata pues, en rigor, de que el hecho imponible tenga naturaleza jurídica en unos casos y económica en otros. Si consideramos, como es habitual, hecho jurídico todo aquel que produce efectos jurídicos, el hecho imponible lo es por definición, pues precisamente lo que caracteriza a este último es el efecto jurídico que provoca: el nacimiento de la obligación tributaria.

Lo que ocurre es que, siendo el hecho imponible siempre un hecho jurídico, en ocasiones se utilizan para su definición conceptos específicamente tributarios, desconocidos en otras ramas del ordenamiento o utilizados en un sentido distinto que en éstas. En otros casos, de los que existen numerosos ejemplos en los Impuestos sobre Transmisiones Patrimoniales y Actos Jurídicos Documentados y sobre Sucesiones y Donaciones, el legislador tributario se remite a las categorías civiles. Como antes se ha dicho, el art. 25 de la Ley General Tributaria, rectamente interpretado, lo único que quiere decir es que en el primer supuesto la interpretación ha de hacerse, con arreglo a los criterios admitidos en Derecho, exclusivamente sobre la base de la Ley tributaria; en el segundo, y sólo en éste, es legítimo acudir al contexto del Derecho común.

Obviamente, no se trata de que, una vez calificado un hecho imponible como de "naturaleza" jurídica o económica, en el sentido de la Ley General Tributaria, todos los conceptos utilizados para su definición hayan de interpretarse automáticamente con criterios civiles, en el primer caso; ni que haya que prescindir siempre de los mismos, en el segundo. Los hechos imponible de naturaleza jurídica y económica no constituyen categorías exclusivas y mutuamente excluyentes, sino que se trata de una distinción que, como la mayoría de las existentes en el mundo del Derecho, lejos de ser absoluta, presenta zonas grises intermedias.

Así, en tributos cuyo hecho imponible es, en principio, de naturaleza jurídica, como es el caso de Transmisiones Patrimoniales Onerosas, podemos encontrar elementos "económicos" — o mejor, específicamente tributarios —, o, lo que es más frecuente, una redefinición a efectos tributarios del correspondiente concepto del Derecho común. Por ejemplo, en el Texto Refundido de 1980 se liquidan como constitución de derechos la ampliación posterior de su contenido y se consideran transmisiones los excesos de adjudicación, los expedientes de dominio y el reconocimiento de éste en favor de persona determinada, en determinadas circunstancias.

Y a la inversa, en tributos claramente de naturaleza "económica", como los impuestos personales sobre la renta o el IVA, pueden existir remisiones expresas o implícitas e otras ramas del ordenamiento. Corresponde al intérprete decidir, independientemente de la terminología utilizada, si esto ocurre o se trata de conceptos específicamente tributarios. En esta tarea, el art. 25 de la Ley General Tributaria no puede aspirar más que a sentar un principio general que sirva de guía al intérprete; desde luego nunca, como parece pretender la Administración, un mecanismo para prescindir de los criterios jurídicos de interpretación.

VI

Para finalizar esta breve exposición, conviene insistir en que la defensa de la interpretación jurídica — atendiendo fundamentalmente al espíritu y finalidad de la norma, como reza el art. 3.1 del Código Civil (se llame a esto "interpretación económica" o no) — constituye una consecuencia ineludible del Estado de Derecho. Y, como toda técnica jurídica, es neutral, es decir, no supone una defensa del formalismo jurídico, para amparar en el mismo la elusión del impuesto, sino que juega tanto en beneficio de la Administración como en beneficio de los particulares; en beneficio de la seguridad jurídica, en definitiva.

Pues — téngase bien en cuenta — la interpretación económica — entendida en el sentido tradicional de atender a las consecuencias económicas a efectos de determinar el régimen tributario aplicable — no constituye un remedio eficaz en la lucha contra el fraude, como ha demonstrado una ya larga experiencia, sino simplesmente una huida del Derecho, de consecuencias arbitrarias e imprevisibles. En una operación vinculada entre una sociedad y sus socios, en la que éstos venden a aquélla por encima del valor de mercado, o compran a un precio inferior, ¿no estamos, desde el punto de vista económico, ante un reparto oculto de dividendos? ¿habría por ello que sostener que procede la deducción por doble imposición, aunque — en el caso español — no aparece prevista en la Ley para estos supuestos?. Parece evidente que no cabe otra solución que aplicar el régimen de las operaciones vinculadas tal como aparece configurado por el legislador, prescindiendo de la realidad económica: ajuste fiscal, bilateral si se produce en período voluntario y unilateral si lo practica la Inspección.

Por otro lado, la experiencia demuestra que la fórmula más eficaz para luchar contra el fraude y la elusión del impuesto es un exquisito respeto de las exigencias jurídicas. La elusión surge, muy a menudo, de deficiencias técnicas de la ley, y sólo una cuidadosa labor de interpretación jurídica puede superar las mismas. En el caso español, frente a los intentos de la administración de atajar determinadas formas de elusión (cesiones de crédito, seguros de prima única) a través de la interpretación económica, con desigual fortuna — resulta sorprendente que dos Direcciones Generales del mismo Ministerio califiquen una misma operación de forma distinta (como seguro la Dirección General de Seguros, y como depósito, la Dirección general de Tributos) —, hay que destacar la reciente Resolución de TEAR da Cataluña, de 20 de enero de 1993, que sin caer en la tentación de "superar" las formas jurídicas, encuentra dentro de ellas la solución al problema de la aquisición de cupones procedentes de empréstitos bonificados:

"... en el presente caso aparece de forma evidente que la finalidad de la bonificación del 95 por ciento, a que nos estamos refiriendo (procedente del Impuesto sobre las Rentas del Capital) es la de incentivar a los obligacionistas por razón de sus inversiones como tales, debido a que tales inversiones están destinadas a ser utilizadas por los emisores de las obligaciones en determinadas actividades de singular interés nacional; consecuentemente, cuando la normativa aplicable alude al perceptor de los rendimientos como poseedor del derecho a deducir de su cuota del Impuesto sobre Sociedades la cantidad que se le hubiera retenido de no existir la bonificación, se está refiriendo necesaria y exclusivamente al perceptor de los rendimientos que tenga derecho a dicha bonificación; no tiene este derecho quien se limita a comprar el cupón al titular de las obligaciones para cobrarlo a continuación del emisor de las mismas, porque esta operación no constituye ninguna inversión que se halle bonificada en nuestro ordenamiento tributario."

La citada resolución, en cuyo contenido no podemos profundizar aquí, constituye, en nuestra opinión, un buen ejemplo de como pueden atarjarse las construcciones formales creadas para eludir el impuesto, desde los criterios generalmente admitidos en Derecho — atendiendo especialmente al espíritu y finalidad de la norma —, sin necesidad de ninguna concesión, ni siquiera terminológica, a la doctrina de la consideración económica.

CADERNOS DE DIREITO TRIBUTÁRIO

ISS — ISENÇÃO — O ART. 41 DO ADCT (ISENÇÕES NÃO REVOGADAS)

GERALDO ATALIBA
Professor das Faculdades de Direito da Universidade de São Paulo
e Universidade Católica de São Paulo

— O art. 41 do ADCT só cuida de isenções incentivadoras — A isenção da lei complementar 22/74 é técnica: não visa a estimular o poder público a fazer obras (que isso é seu dever constitucional), nem incentiva empreiteiras e similares (obras são necessárias, com ou sem incentivos). — Logo, o art. 41 do ADCT não se aplica às contratadas da CESP.

— A isenção heterônoma da lei complementar 22/74 foi recebida pela Constituição de 1988. — Passou a integrar a ordem jurídica de cada Município.

— Enquanto lei municipal específica (de cada Município) não a revogue, ela persite e deve ser respeitada.

— A CESP só deve reembolsar empreiteira que exiba prova de revogação da isenção, em Município onde esteja realizando obra, ou acórdão do STF afirmando a incidência do ISS no seu contrato.

Expõe-nos a CESP — Companhia Energética de S. Paulo que — por força do contrato com seus fornecedores de mão de obra e empreiteiros— é obrigada a reembolsá-los de despesas com o pagamento de imposto municipal sobre serviços (ISS) que incida sobre os fornecimentos de que seja a consulente destinatária.

Esse imposto municipal era excluído dos contratos com a CESP — concessionária de energia elétrica — pelas isenções heterônomas estabelecidas pela Lei complementar 22/74, que tinha fundamento no sistema constitucional anterior a 1988.

Com o advento da Constituição de 1988, foi vedada a concessão, pela União, de isenções de impostos estaduais e municipais. Cuidou parcialmente da matéria o art. 41 do ADCT) (Ato das Disposições Constitucionais Transitórias).

Recentemente, diversas manifestações jurídicas, inclusive de 2ª instância, têm entendimento não subsistir a referida isenção, com invocação precisamente do preceito do art. 41 do ADCT.

Deseja a consulente reexame de parecer anterior (23.10.89) que lhe fornecemos, para o fim de orientar-se quanto aos eventuais pleitos que lhe venham a ser formulados por suas contratadas.

Em resposta, é o seguinte o nosso

Parecer

I — O parecer anterior

a) O preceito em análise

Art. 41, ADCT — "Os Poderes Executivos da União, dos Estados, do Distrito Federal e dos Municípios reavaliarão todos os *incentivos fiscais* de natureza setorial ora em vigor, propondo aos Poderes Legislativos respectivos às medidas cabíveis.

"§ 1º. Considerar-se-ão revogados após dois anos, a partir da data da promulgação da Constituição, os incentivos que não forem confirmados por lei.

"§ 2º. A revogação não prejudicará os direitos que já tiverem sido adquiridos àquela data, em relação a incentivos concebidos sob condição e com prazo certo.

"..."

Em parecer que, aos 23.10.89, elaboramos para a mesma consulente, estudamos o tema, expondo argumentação jurídica que pode ser resumida em poucas páginas.

Procedendo à interpretação da disposição do art. 41 do ADCT, afirmamos que a única disposição efetivamente inovadora do sistema geral da Constituição e das conseqüências de sua implantação, está em que, decorridos dois anos da sua vigência em não sobrevindo lei ordinária expressa mantendo *incentivos* fiscais setoriais — eles serão revogados (*ex vi* do § 1º do art. 41 do ADCT).

Em outras palavras, para que a manutenção deles (incentivos) se dê por prazo superior ao mencionado, requer esse § 1º explícita atividade legislativa (de cada legislador competente). Nisso, assim, consubstancia-se a inovação normativa contida no preceito do § 1º do artigo 41: ao contrário de — como decorreria da simples aplicação do texto constitucional — a omissão do legislador implicar a persistência normal desses incentivos, inverte-se o procedimento, para exigir-se explícita decisão legislativa.

Ainda sem discutir se a isenção em exame constitui incentivo ou não, com apoio nessa premissa, concluí, também, pela recepção da norma de isenção da l.c. 22/74. A norma que era única, nacional, foi incorporada ao direito positivo dos 5.000 Municípios brasileiros.

b) Conversão da lei nacional em municipal

Deveras, o que essencialmente importa não é saber quem pôs a norma (de modo a fazê-la direito posto), integrando-a no sistema, mas, sim, determinar se seu conteúdo é coalescente com as exigências normativas na nova Constituição. Nisso, mais uma vez, secundei lição exegética — sempre magistral — do incomparável e saudoso juspublicista Ruy Cirne Lima, diante da sistemática da Constituição de 1946, a qual tirou da União a competência para legislar sobre trânsito, atribuindo-a aos Estados.

Escreveu o mestre:

"Não obstante a supressão constitucional da União no tocante à direção de leis uniformes, as editadas, anteriormente a 1º de setembro de 1946, *enquanto materialmente leis estaduais, continuarão, portanto, em vigor, até que os Estados (ou os Estados e os Municípios) as derroguem ou abroguem por leis estaduais (ou também municipais), formalmente assim qualificadas*" (*Pareceres — Direito Público*, Ruy Cirne Lima, Ed. Sulina, 1963).

Exatamente tal, também, foi a conclusão a que aportou Aires Barreto, sobre a norma de isenção da l.c. 22/74, em estudo. Escreveu: "... há aparente anteparo a superar, .. o de que não há — salvo em alguns Municípios — isenções concedidas por lei formalmente municipal, para os serviços de construção civil e de engenharia consultiva. Efetivamente, assim é. Mas o encaminhamento da questão não pode assentar-se nesse pressuposto. Embora inexista lei formalmente municipal o mesmo não se pode dizer da inexistência de lei materialmente municipal. Os diplomas legais referidos (Decreto-lei 406/68 e Lei Complementar 22/74), embora, por óbvio, não sejam formalmente leis municipais *são materialmente leis do Município*.

"Ora, o fenômeno da recepção opera-se em relação à materialidade das normas jurídicas e não em função da fonte legislativa de que emanadas" (*Repertório IOB de Jurisprudência* 14/89, p. 230)

Também valendo-se da autoridade e da luminosidade de Cirne Lima, Aires Barreto aporta às mesmas conclusões: *o conteúdo material das leis de isenção heterônoma do sistema anterior foi incorporado ao direito positivo dos Municípios brasileiros, por força de recepção inquestionável.*

II — Anotação oportuna

a) A lei municipal pode revogar a isenção

A competência para a instituição do ISS é, privativamente, municipal (art. 156, III, da Constituição). Daí que a competência para a revogação de isenções somente possa ser, também, do próprio Município. A norma posta no sistema, pela lei complementar 22, integrou o direito positivo de todos os Municípios, como lei materialmente municipal. A partir da promulgação da Constituição de 1988, está no pleno alvedrio dos Municípios mantê-la ou revogá-la.

Daí que a revogação dessa isenção dependa de lei municipal (em cada Município). Na verdade, essa isenção integra o direito positivo de cada Município, pela recepção. Nele foi posto, por obra da Constituição que tinha competência para deslocar competências legislativas. Tal é o efeito da recepção, em casos que tais.

Integrando o sistema e não sendo — perante a nova Constituição — incompatível com suas exigências materiais, persiste. Em outras palavras, continua sendo direito posto. Para ser retirado e perder a qualidade de direito positivo (posto), precisa ser tirado, revogado pelo órgão legislativo da pessoa competente. Assim, em cada Município a sua retirada dependerá de explícita manifestação legislativa, traduzida na edição de lei municipal explícita, seja revogadora de toda e qualquer isenção, seja revogadora das isenções introduzidas por leis nacionais, seja somente revogadora dessa particular isenção.

b) Observância do princípio da anterioridade

Anotamos também, que as exigências do princípio da anterioridade (art. 150, III, *b*) postulavam especial advertência. Assim, entendemos que, se sobrevier lei municipal revogando a isenção criada pela lei complementar 22, tal revogação somente terá eficácia no exercício seguinte. O aumento da carga tributária provocado pela revogação dessa isenção poderá ser, então, incluído no planejamento financeiro das entidades tributadas e das repercutivas. Esta interpretação é a única que dá plenitude de eficácia ao princípio da anterioridade (art. 150, III, *b*).

III — Incentivo setorial? Isenções técnicas e isenções incentivadoras

a) Isenções incentivadoras

Deitamos extensos fundamentos para demonstrar a inaplicabilidade do art.

41 do ADCT às isenções objeto deste estudo. Questionamos: "A isenção prevista na lei complementar 22 configura incentivo setorial?"

A única conseqüência da opção por uma ou outra corrente está em que — em sendo afirmativa a resposta — então a revogação da isenção por obra da Constituição operou-se, na inércia do legislador ordinário, findo o prazo de dois anos (5 de outubro de 1990).

E recordamos que nem todo estímulo traduz-se em isenção, do mesmo modo que nem toda isenção é estimulante. O art. 41 do ADCT limitou-se a dispor sobre estímulos. Não cuidou de todas as isenções (restringiu-se aos "incentivos fiscais").

Restou pois, verificar se os preceitos do art. 41 e seus parágrafos compreendem a isenção de que cuida a lei complementar 22, no concernente a obras de construção civil e serviços correlatos contratadas com prestadores de serviços públicos. Da leitura dos preceitos pertinentes dessa lei, deve-se verificar se ela tem o fito de incentivar essas atividades, ou se, quanto a isso, é neutra, não assumindo o cunho de norma incentivadora.

Se a finalidade incentivadora emergir, estaremos claramente diante de "incentivo fiscal". Se o de que se trata for outra coisa, outro desígnio, finalidade diversa, então estaremos diante de isenção fiscal ordinária, ou técnica.

b) Isenção ordinária ou técnica

Desta última espécie é a chamada "isenção" do imposto de renda para salários reduzidos. Tal designada "isenção" é meramente técnica, porque tem o fito de excluir do imposto ganhos que servem exclusivamente para a subsistência da pessoa. Tais ganhos não são renda. É ordinária e técnica, porque serve para dar eficácia ao princípio da capacidade econômica (ou contributiva) que informa todos os impostos (art. 145, § 1º). Como anota Aires Barreto, "o veículo mais tradicional para preservação desses princípios é precisamente a isenção" ("Isenção no serviço de construção civil", in *Repertório IOB de Jurisprudência* 14/89, p. 230).

O mesmo se diga das isenções da legislação do IPI, para produtos de consumo necessário das classes populares (queijo tipo Minas; redes de dormir; botina popular etc). Tais isenções se prevêem para atender ao imperativo constitucional (art 153, § 3º, I) de "seletividade" do imposto. Assim, também, são técnicas ou ordinárias as "isenções" (algumas vezes legislativamente qualificadas "não incidência") de taxa, para pessoas pobres, economicamente hipossuficientes. Ou, como lembra Paulo Barros Carvalho, a isenção do imposto sobre a renda de salários dos diplomatas estrangeiros, não para incentivar qualquer coisa, mas para cumprir a reciprocidade reclamada por acordos diplomáticos (*Curso de Direito Tributário*, SP, Ed. Saraiva, p. 306).

Todas essas "isenções" (ou "não incidências") são "técnicas", porque inspiram-se no propósto de (*a*) afeiçoar o tributo aos princípios constitucionais próprios, ou de (*b*) respeitar outros valores constitucionais. Na sua generalidade, não têm o caráter de incentivo. Na maioria desses casos, não cabe falar-se em incentivo, porque o desígnio legislativo é completamente diverso e, muitas vezes, a "isenção" impõe-se por razões puramente técnicas. De todo modo, seria despropositado pretender nessas isenções ver qualquer tipo de "estímulo". Donde se vê que nem toda isenção configura estímulo ou incentivo fiscal, como o leigo pode supor, em apressada leitura.

É contundentemente claro que o art. 41 do ADCT não tem a finalidade de extinguir ou induzir à extinção (ou reexame) das "isenções" técnicas, mas só das incentivadoras.

Seu desígnio (do art. 41) é induzir o estudo, a meditação, a reavaliação dos incentivos fiscais, inclusive dos que se viabilizaram por isenções. Não parece, repita-se, que tenha sido induzir a rever toda a vasta e ampla cópia de "isenções" técnicas ou ordinárias, que — por razões constitucionais outras — se fazem convenientes ou necessárias ao delineamento equilibrado de tantos tributos, ou sua rigorosa adequação aos padrões constitucionais.

A peculiaridade do § 1º do artigo 41 do ADTC está em requerer pronunciamento explícito, para manutenção das *isenções incentivadoras* além de dois anos. Aí a sua especificidade (claro é, também, que só cabe qualificar isso de prorrogação, se a lei ordinária foi editada antes do prazo: 5 de outubro de 1990).

Ora, as isenções incentivadoras são evidentemente estabelecidas para estimular certos comportamentos; tem finalidade extrafiscal (v. "ICM — Isenção contratual" — Geraldo Ataliba, *Estudos e pareceres de Direito Tributário*, vol. 3, p. 88). São, por isso, "devidas, enquanto vigentes, como contrapartida (Seabra Fagundes, Gomes de Sousa) de um dado comportamento dos contribuintes" (Aires Barreto, *RDT*, p. 169).

Há uma cópia imensurável de isenções desse jaez, no direito brasileiro. Constituem a maioria dominante, em contraste com um reduzido número de "isenções técnicas". Por variadas razões, houve excessos e pode-se perceber que perdemos o controle da situação, sendo de atribuir-se, inclusive, boa parte dos males econômico-financeiros que perturbam a vida nacional, ao excesso de incentivos fiscais.

Daí o ADCT ter preconizado a revisão da legislação incentivadora (art. 41), sob pena de sua revogação (§ 1º), se não mantida cada qual explicitamente.

c) A isenção dos contratantes de obras públicas

Não parece que a isenção da lei complementar 22 se assemelhe à preconizada pela Constituição, para incentivar o mercado de trabalho da mulher (art. 7º, XX), nem que se aproxime dos incentivos regionais (art. 43, § 2º e 151, I); nem que se enquadre nos conceitos dos preceitos do art. 177, I e III. Também não guarda relação com os conceitos pressupostos pelo art. 195, § 3º, *in fine*; ou dos arts. 216, § 3º e 217, IV; também não se inspira em desígnio próximo ou conexo ao que ditou a adoção do art. 227, VI.

É que, em todos esses casos, estamos diante de "incentivos fiscais", ou seja, previsão de normas que estimulam comportamentos, tendo em mira o alcance de determinados valores constitucionalmente desejados.

Deveras, não é jurídico entender que o espírito dessa isenção (LC 22/74) tenha sido incentivar o poder público a fazer obras (que isso é seu dever, sempre que necessário e possível) ou animar especialmente os particulares a contratarem sua realização. Fica muito claro — da consideração da situação objetiva que resulta da aplicação do sitema tributário (anterior e atual) a esse tipo de atividade — que o custo do ISS recolhido pelas empresas de engenharia — prestadoras desses serviços — é repassado, por via do preço dos mesmos, às entidades do poder público contratantes das obras.

Daí o desígnio de reduzir o custo de tais obras, mediante a exclusão desse tributo, mediante sua isenção. Este raciocínio deixa bem claro que a inspiração da isenção foi puramente técnica. Esse foi o modo de diminuir despesas públicas com obras, adotado pela lei nacional. Não há sequer registro de opinião doutrinária respeitável em contrário. Nem de explícita e consciente afirmação, nesse sentido, contida em decisões judiciais.

O que se vê de certos acórdãos, ainda de tribunais inferiores, é alguma inadvertência, traduzida em formulações genéricas, para a substancial distinção entre (*a*) isenções incentivadoras e (*b*) isenções técnicas. E isso, mais por omissão das partes que foram precipitadamente a juízo, sem socorrer-se de assessoria jurídica adequada.

Ao cabo daquele estudo, aportamos às seguintes

IV — Conclusões básicas

1. A isenção dos ISS, da Lei complementar 22, para serviços de engenharia ao poder público, foi recebida pelo sistema da Constituição de 1988; continuou existindo, após a sua promulgação;

2. Tal isenção integrou-se — como lei ordinária municipal — no sistema tributário de cada Município. Cabe à lei municipal revogar isenções de tributos municipais, quaisquer que elas sejam, no instante em que o legislador entender — à luz do interesse público — conveniente;

3. A revogação dessa isenção pode ter eficácia no exercício seguinte à publicação da lei revogatória;

4. Se, entretanto, (o que não é o caso) se tratasse de isenção configuradora de "incentivo fiscal de natureza setorial", a revogação operou-se dia 5 de outubro de 1990, se o legislador municipal, antes, não editou lei específica mantendo-a;

5. No caso de "incentivo", na inércia do legislador municipal, a revogação deu-se *ex vi* do disposto no § 1º do art. 41 do ADCT; e operou imediatamente, sem incidência do princípio da anterioridade (por ausência do pressuposto da proteção da confiança e previsibilidade da ação estatal);

6. A isenção objeto deste parecer não é "incentivadora", tal como a entendem doutrina e jurisprudência; daí que não recaia no regime do art. 41 do ADCT;

7. Portanto, persistirá na legislação de cada Município — se não revogada por lei municipal — indefinidamente (até que sobrevenha lei municipal revogando-a).

Passados quatro anos da elaboração desse parecer, não vemos razão para alterá-lo. Persistimos estudando da mesma forma. Não se modificaram quer seus pressupostos, quer suas conclusões.

Não surgiu opinião doutrinária relevante, nem jurisprudência que o infirmasse. Aliás, os poucos acórdãos conhecidos nem sequer enfrentam a necessária distinção entre isenção técnica e incentivadora. De modo geral, dão como incentivadora a lei complementar 22/74. Parece que as partes não têm sabido chamar a atenção dos juízes para isso.

V — Acórdãos recentes

O parecer que acima sintetizamos (cujo texto integral está publicado na *RDT*, vol. 50, pp. 26 e ss.) foi elaborado em outubro de 1989.

Após isso, algumas questões foram levadas a juízo, havendo acórdãos do 1º Tribunal de Alçada Civil de S. Paulo contendo conclusões em contrário.

Examinamos esses acórdãos e verificamos que nelas não se distingue isenção técnica de isenção incentivadora. Há, inclusive, afirmações de alguns juízes no sentido de que a isenção da Lei complementar 22/74 configura claro incentivo.

Outros acórdãos são sumários e examinam o problema sem penetrar na exegese do art. 41 do ADCT.

Ora, essa questão é eminentemente constitucional. Supõe amplo e sólido conhecimento da Constituição, para estabelecer o exato conteúdo, sentido e alcance do preceito do art. 41 do ADCT.

Supõe sólido conhecimento dos institutos da (*a*) recepção, (*b*) incentivos (e suas subclassificações), (*c*) instrumentos incentivadores, (*d*) isenção (e sub-categorias: técnica e incentivadora) e (*e*) não incidência, (*f*) eficácia de lei, (*g*) regime de transição de um regime constitucional para outro e demais questões que só terão adequado tratamento pela Corte Constitucional, quando lhe cheguem recursos extraordinários que mereçam conhecimento.

O Supremo Tribunal Federal saberá tratar essas categorias e, devidamente assesorado, dará solução correta e definitiva à questão.

Deve, assim, a CESP envidar todos os esforços no sentido de vigiar atentamente, para que as primeiras questões que chegem ao STF sejam tratadas com todo cuidado, levando-se adequadamente a seus juízes os argumentos constitucionais corretos.

Na verdade, os acórdãos de tribunais inferiores em contrário não derrubaram — até porque não enfrentaram — os argumentos da CESP.

Vê-se que não foram sequer alertados para a exegese (correta) que a beneficia.

Ora, a CESP deve auxiliar as empresas dela contratadas subsidiando-as doutrinariamente, nos pleitos que tenham contra Municípios e, quando possível, deve tentar ingressar nos autos, com fundamento no seu legítimo interesse econômico, como "percutida" (quem efetivamente arcará com o tributo).

E, paralelamente, deve advertir às suas contratadas de que não arcará com a carga tributária do ISS, enquanto não esgotados todos os meios e modos de resistência à sua exigência indevida (nos casos em que lei municipal especifica não haja revogado a isenção).

É conveniente que a CESP esclareça às suas contratadas, que só as reembolsará do ISS diante de prova de

a) lei municipal revogadora da isenção;

b) acórdão do STF declarando-o devido.

Ao mesmo tempo, deverá tudo fazer para levar argumentos convincentes, oportunamente, ao STF.

Com isso, resguardará seu patrimônio e desestimulará as contratadas a serem negligentes na defesa da tese que, além de correta, interessa à CESP.

É o parecer, s.m.j.

São Paulo, 24 de agosto de 1993

CADERNOS DE DIREITO TRIBUTÁRIO

IMUNIDADE DE ESTATAL DELEGADA DE SERVIÇO PÚBLICO

ADÍLSON DALLARI
Professor Titular da Faculdade de Direito da Universidade Católica de S. Paulo

Consulta

A empresa consulente foi constituída pelo Governo Federal, com a finalidade específica de prestar serviços de telecomunicações, exclusivamente como atividade auxiliar e essencial ao transporte aéreo.

Tendo sido constituída sob a forma de sociedade anônima e cobrando dos usuários pelo serviço prestado, deseja saber, em resumo, o seguinte:

1. A TASA é uma empresa *concessionária* de serviço público?

2. A TASA é abrangida pelas prescrições do art. 173 da Constituição Federal?

3. A TASA é beneficiada pela imunidade tributária prevista no art. 150, VI, da Constituição Federal?

Parecer

O exame das questões suscitadas exige, preliminarmente, uma verificação dos atos constitutivos da TASA, a partir da autorização legal para sua instituição.

O Decreto-lei 107, de 16 de janeiro de 1967, autorizou o Poder Executivo a constituir uma sociedade por ações, denominada TASA — *Telecomunicações Aeronáuticas SA*, tendo como finalidades:

"a) implantar, operar e explorar, industrialmente, os circuitos da Rede Internacional do Serviço Fixo Aeronáutico, necessários à segurança, regularidade, orientação e administração dos transportes aéreos;

"b) implantar, operar e explorar industrialmente, a Rede do Serviço Móvel Aeronáutico, de apoio às rotas internacionais que cruzam o espaço aéreo brasileiro;

"c) ampliar progressivamente seus serviços de telecomunicações, para fins de segurança, regularidade, orientação e administração do transporte aéreo em geral, de acordo com as diretrizes do Ministério da Aeronáutica, obedecendo ao que for fixado pelo Conselho Nacional de Telecomunicações para a política de telecomunicações".

Em poucas palavas, pode-se resumir a atividade desenvolvida pela TASA como prestação de serviços de telecomunicações necessários à operação dos transportes aéreos.

Tratando-se, portanto, de serviços auxiliares à operação do transporte aéreo, não há dúvida que a atividade desenvolvida pela TASA está incluída entre aquelas referidas no § 2º do artigo 36 da Lei 7.565, de 19 de dezembro de 1986, que dispõe sobre o Código Brasileiro de Aeronáutica:

"Art. 36 — Os aeródromos públicos serão construídos, mantidos e explorados:

"I — diretamente, pela União;

"II — por empresas especializadas da Administração Federal indireta ou suas subsidiárias, vinculadas ao Ministério da Aeronáutica;

"III — mediante convênio com os Estados e Municípios;

"IV — por concessão ou autorização.

"§ 1º. (...)"

"§ 2º. A operação e a exploração de aeroportos e heliportos, bem como dos seus serviços auxiliares, constituem atividades monopolizadas da União, em todo território nacional, ou das entidades da Administração Federal indireta a que se refere este artigo, dentro das áreas delimitadas nos atos administrativos que lhes atribuírem bens, rendas, instalações e serviços".

Por sua vez os estatutos da TASA — Telecomunicações Aeronáuticas SA qualificam a empresa como uma sociedade por ações, de economia mista, vinculada ao Ministério da Aeronáutica, tendo como objeto social:

"Art. 3º — A TASA tem por finalidade implantar, administrar, operar e explorar comercial e industrialmente as atividades de proteção ao vôo que lhe forem atribuídas pelo Ministério da Aeronátuica, bem como aquelas ligadas aos transportes aéreos em geral e realizar quaisquer atividades correlatas ou afins".

Existem, portanto, dois pontos que são essenciais para uma perfeita identificação da natureza jurídica da TASA: ela opera serviços de telecomunicações; tais serviços possuem o caráter de atividade auxiliar do transporte aéreo. Resta, agora, indagar se tais atribuições caracterizam uma atividade comercial ou industrial, ou, pelo simples fato de serem desenvolvidas por uma entidade vinculada ao poder público, se caracterizariam como prestação de serviço público.

Ocorre que a noção de serviço público sofreu seguidas alterações ao longo do tempo, aumentando sua abrangência, mas, em contrapartida, perdendo sua precisão.

Em épocas remotas, ao tempo do Estado liberal era possível fazer uma identificação entre o serviço prestado e seu prestador. Ou seja, era possível identificar o serviço público como tudo aquilo que fosse desenvolvido pelo Poder Público, pelos órgãos integrantes da Administração Pública.

Mais tarde, porém, ao tempo do Estado de bem estar, novos encargos e novas atribuições foram sendo pouco a pouco assumidas pelo Poder Público, que já se viu compelido a criar entidades dotadas de personalidade jurídica para funcionar ao lado do corpo central da Administração Pública, desenvolvendo atividades ou prestando serviços específicos.

Mais recentemente, com o advento do Estado intervencionista, o Poder Público passou a desenvolver ações anteriormente pertencentes ao campo de atuação das empresas privadas, e, para isso, a Administração Pública teve que se adaptar, assumindo formas de atuação próprias e típicas das empresas privadas. Ao mesmo tempo, os particulares, mediante concessão ou permissão, passaram a executar serviços públicos. Isso provocou a crise da própria noção de serviço público, pelo desaparecimento da vetusta dicotomia entre atividade privada e atividade pública.

Com efeito, atualmente, o Poder Público assume formas privadas para desenvolver atividades tipicamente econômicas, de natureza comercial e industrial, enquanto que, por sua vez, as empresas privadas desenvolvem ou operam serviços públicos, mediante concessão, permissão ou autorização do Poder Público, ou seja, atuam em lugar da Administração Pública, desenvolvendo atividades sempre havidas como prestação de serviço público.

Seria fastidioso um exame ou uma discussão a respeito da noção de serviço público, sua evolução atrás dos tempos e as várias posições doutrinárias a respeito do assunto. Seja possível, por isso mesmo, apenas e tão somente apresentar uma noção fundamentalmente prática e bastante operativa, de que já nos valemos em um trabalho sobre o "Direito ao uso dos serviços públicos" que figura em uma coletânea sobre os *Direitos Humanos no Brasil* (publicada pela Seção Brasileira da Anistia Internacional, 1986, pp. 16 e 17):

"O que é o serviço público? A primeira nota do serviço público é o seu caráter de responder a uma necessidade essencial da população. O serviço público, em princípio, numa noção material de serviço público, numa noção comum de serviço público, eu diria que é uma atividade desenvolvida pelo poder público porque corresponde a uma necessidade essencial da sociedade. Mas essa noção é muito pequena, não é suficiente, não é o bastante para que se tenha uma idéia real do que seja o serviço público, porque há uma série de atividades desenvolvidas pelo setor privado, desenvolvidas pelas empresas, que são também essenciais para a comunidade. O traço característico do serviço público, o que caracteriza realmente um serviço como público, além de sua essencialidade é o seu regime jurídico. É o fato de ser exercido diante, ou debaixo, de um regime jurídico especial. Um regime jurídico que, ao mesmo tempo, outorga prerrogativas à administração e também a submete a determinadas sujeições. Isto é o que se chama regime jurídico administrativo. Um serviço público é aquela atividade essencial prestada sob um regime jurídico administrativo."

No caso em exame, porém, não existe qualquer dificuldade para a caracterização das atividades desenvolvidas pela TASA como serviço público, dadas as previsões expressas constantes do texto da própria Constituição Federal, em seu artigo 21, incisos XI e XII):

"Art. 21. Compete à União:

"(...)

"XI — explorar, diretamente ou mediante concessão a empresas sob controle acionário estatal, os serviços telefônicos, telegráficos, de transmissão de dados e demais serviços públicos de telecomunicações, assegurada a prestação de serviços de informações por entidades de direito privado através da rede pública de telecomunicações explorada pela União;

"XII — explorar, diretamente ou mediante autorização, concessão ou permissão:

"a) os serviços de radiodifusão sonora, de sons e imagens e demais serviços de telecomunicações;

"b) (...)

"c) a navegação aérea, aeroespacial e a infra-estrutura aeroportuária".

A própria Constituição Federal já reservou para a União Federal, tanto a área de telecomunicações quanto as atividades inerentes ao transporte aéreo, inclusive seus serviços auxiliares, dizendo que tais serviços podem ser explorados diretamente pela União ou mediante o seu trespasse a outras pessoas, na forma e nas condições prescritas pelo próprio texto constitucional. Pode-se dizer, portanto, que a atividade desenvolvida pela TASA se caracteriza indubitavelmente como um serviço público.

Entretanto, isso não resolve inteiramente o problema, em face da previsão também expressa no texto constitucional de que tal serviço público seja prestado pela União, diretamente, ou de maneira indireta, mediante concessão.

É preciso ficar perfeitamente esclarecida a questão da forma de prestação dos serviços desenvolvidos pela TASA. Isto porque, o fato de tratar-se ou não de uma concessão de serviço público tem profundas implicações de natureza tributária.

Quando um serviço é prestado diretamente pelo Poder Público, sua retribuição deve ser feita mediante a cobrança de taxas. Como se sabe, a taxa é uma espécie do gênero tributo prevista no artigo 145, II da Constituição Federal, sujeitando-se, assim, a todas as implicações inerentes ao sistema tributário, inclusive as limitações ao poder de tributar.

Por outro lado, quando o serviço público é prestado por um concessionário de serviço público, a sua remuneração é feita mediante a cobrança de tarifas (artigo 175, parágrafo único, inciso III, da Constituição Federal) as quais, por não terem a natureza jurídica de tributo, não estão sujeitas às restrições fixadas pela Constituição Federal no tocante aos tributos.

Cabe, portanto, perguntar: O que é uma concessão de serviço público? Novamente nos defrontamos com um problema de alta indagação jurídica, que tem suscitado enormes controvérsias. Também não cabe aqui um aprofundamento no tocante a questões impertinentes para o deslinde do problema especificamente em exame. Não é essencial a identificação perfeita e acabada da natureza jurídica da concessão. Para os efeitos deste estudo é suficiente destacar os traços principais e incontroversos da concessão de serviço público, para que se possa fazer uma comparação com a situação da TASA, e, assim, no final, saber se, neste caso, existe ou não uma concessão de serviço público.

Concordam os autores em que na concessão de seviço público existe sempre a transferência da execução de um serviço público a quem se disponha a prestá-lo por sua conta e risco.

De qualquer modo, quer se lhe dê, ou não, o nome de contrato, o certo é que existe um ajuste, um acordo, uma avença, entre a Administração Pública e um terceiro, pelo qual é feita a transferência apenas e tão somente da execução de um determinado serviço ao concessionário, por um prazo determinado. É preciso deixar bem claro que o serviço continua sendo público, que a titularidade do serviço continua pertencendo ao concedente, cabendo ao concessionário apenas e tão somente a execução desses serviços.

Além disso, pelo fato de permanecer como titular do serviço, a Administração Pública que outorgou a concessão pode exigir alterações na forma de execução desses serviços, quer para ampliá-los, quer para diminuí-los, quer para, de qualquer forma, alterar o ajuste inicialmente feito. O concessionário não tem direito de prestar o serviço na forma avençada; muito ao contrário, tem o dever de submeter-se às determinações do Poder Público no tocante à prestação do serviço. Em contra partida, dispõe o concessionário da garantia do equilíbrio econômico-financeiro, consistente no direito de obter um reajuste ou uma adequação das tarifas cobradas dos usuários do serviço, de maneira a manter a rentabilidade inicialmente prevista para o capital aplicado.

Pode até mesmo ocorrer que o Poder Público resolva adotar uma chamada "tarifa social" ou seja, um valor a ser pago pelo usuário que não corresponde exatamente ao valor dos serviços prestados. Nesse caso, caberá ao Poder Público subsidiar a tarifa, de maneira a manter a equação econômico-financeira inicialmente estabelecida.

É certo, porém, que a garantia do equilíbrio econômico-financeiro não significa que o risco existente no negócio desapareça ou seja assumido pelo Poder Público. É da essência da concessão de serviço público que a atividade seja desenvolvida por conta e risco do concessionário, cabendo a este desenvolver suas atividades a contento, com diligência e economicidade, de forma a poder efetivamente obter os resultados almejados.

Cabe, sempre, ao concedente acompanhar e fiscalizar a execução do serviço, cabendo-lhe até mesmo a prerrogativa de fazer cessar a concessão caso o concessionário não esteja prestando o serviço a contento, infringindo as normas de prestação de serviço estipuladas pelo Poder Público.

Os traços acima delineados já evidenciam a impossibilidade de que alguém se outorgue uma concessão a si mesmo. Realmente não tem qualquer sentido falar-se em concessão de serviço público quando o Poder Público cria, ele mesmo, um seu prolongamento personalizado, uma entidade de sua administração indireta, para executar serviço de sua alçada.

Talvez um exemplo possa facilitar o entendimento dessa questão: tome-se o caso da geração e distribuição de energia elétrica. Por força no disposto no artigo 21, inciso XII, letra "b", da Constituição Federal, trata-se de um serviço público federal. Quando a União cria uma entidade para executar serviços nessa área, não se pode falar em concessão, porque, de qualquer maneira, o serviço estará sendo executado pela própria administração federal (embora de forma descentralizada) que não poderá transferir a si mesma a execução do serviço do qual já é titular, nem poderá punir-se a si mesma mediante a cessação da execução do serviço, caso ele não esteja sendo prestado a contento. Entretanto, é perfeitamente possível que o governo federal outorgue uma concessão a uma entidade da administração indireta estadual, integrante da administração indireta de algum Estado-membro, para que execute tal serviço. Em tal caso, a titularidade permanece com a União, cabendo à empresa governamental estadual a simples execução do serviço, de acordo com normas fixadas pelo concedente, e tendo a garantia da manutenção do equilíbrio econômico-financeiro, mas prestando tal serviço por sua conta e risco, podendo inclusive ocorrer a cessação da avença, em caráter punitivo, caso o serviço não seja prestado de maneira satisfatória.

No caso em exame, não é possível que a União conceda a uma empresa por ela instituída a execução de um serviço que já pertence à própria administração federal. Poderia falar-se em concessão caso o serviço fosse executado por uma empresa governamental estadual, criada por qualquer Estado-membro, exatamente para funcionar como concessionária de serviço público federal, assim definido pelo próprio texto da Constituição Federal (artigo 21, XI e XII).

Em resumo, ocorre o seguinte: a Constituição Federal determina que a União preste o serviço, mas deixa a critério do governo federal decidir se prefere prestá-lo de forma centralizada, por meio de um órgão integrante do corpo central de sua administração, ou de forma descentralizada, por meio de uma entidade (pessoa jurídica) integrante de sua administração indireta. No caso em exame, o governo federal optou pela segunda modalidade.

A conseqüência de ordem prática que se pode retirar destas considerações é no sentido de que a TASA não pode cobrar tarifas ou preços como remuneração de seus serviços, não obstante isto esteja expressamente previsto no artigo 5º do Decreto-Lei 107/67, que autorizou a sua instituição. Ocorre que, naquela época, ainda estava em vigor a Constituição Federal de 1946, cujo artigo 30 estipulava o seguinte:

"Art. 30 — Compete à União, aos Estados, ao Distrito Federal e aos Municípios cobrar:

"I — contribuição de melhorias, quando se verificar valorização do imóvel, em conseqüência de obras públicas;

"II — taxas;

"III — quaisquer outras rendas que possam provir do exercício de suas atribuições e da utilização de seus bens e serviços".

O texto constitucional de 1946 permitia uma opção no tocante a forma de remuneração da prestação de serviços públicos. Conforme o caso, de acordo com as circunstâncias, era possível escolher entre cobrar taxas ou valer-se de qualquer outra forma que permitisse a remuneração do serviço público prestado.

Conforme já foi visto, à luz do texto constitucional em vigor, a administração pública somente pode obter a contrapartida pela prestação de serviços mediante a cobrança de taxas (art. 145, II) cabendo apenas aos concessionários de serviço público a forma de remuneração mediante a cobrança de tarifas (art. 175).

Sendo certo, que a TASA não é uma concessionária de serviço público, cabe agora examinar como ela se enquadra na estrutura administrativa federal.

Não obstante a TASA tenha sido constituída um pouco antes do advento do Decreto-Lei 200, de 25 fevereiro 1967, é inevitável que se proceda a um estudo das normas deste último diploma legal, que ainda se encontra em vigor e que influenciou sobremaneira tanto a doutrina quanto a jurisprudência, ao longo dos seus mais de vinte anos de vida.

Conforme já foi dito, os estatutos da TASA a caracterizam como "uma sociedade por ações de economia mista vinculada ao Ministério da Aeronáutica".

Tal caracterização é perfeitamente compatível com o disposto no artigo 4º do Decreto-Lei 200/67, cuja redação é a seguinte:

"Art. 4º. A administração federal compreende:

"Inciso I — Administração direta, que se constitui dos serviços integrados na estrutura administrativa da Presidência da República e dos ministérios;

"Inciso II — Administração indireta, que compreende as seguintes categorias de entidades, dotadas de personalidade jurídica própria:

"a) autarquias;

"b) empresas públicas;

"c) sociedades de economia mista.

"Parágrafo único — As entidades compreendidas na administração indireta consideram-se vinculadas ao ministério em cuja área de competência estiver enquadrada sua principal atividade".

A dificuldade começa quando se compara a TASA com o conceito de sociedade de economia mista esposado pelo Decreto-Lei 200/67 em seu artigo 5º:

"Art. 5º — Para os fins desta lei, considera-se:

"I — autarquias (...)

"II — empresas públicas (...)

"III — sociedade de economia mista — a entidade dotada de personalidade jurídica de direito privado, criada por lei para exploração de atividade econômica sob a forma de sociedade anônima, cujas ações com direito a voto pertençam, em sua maioria, à União ou a entidade da administração indireta" (Redação dada pelo Decreto-Lei 900, de 29.9.69).

Nota-se, de imediato que o modelo legal estabelecido pelo Decreto-Lei 200/67 faz referência expressa à "exploração de atividade econômica", enquanto que, conforme foi ressaltado, a TASA se dedica inquestionavelmente, à prestação de serviço público. Esse aparente desajuste ou desencontro é explicado pela doutrina.

Na verdade, as sociedades de economia mista tanto podem prestar serviços públicos propriamente ditos, como desenvolver atividades econômicas, conforme destaca Celso Antônio Bandeira de Mello em sua preciosa monografia sobre *Prestação de Serviços Públicos e Administração Indireta* (RT, São Paulo, 1973, p. 88):

"O poder público, invejando a eficiência das sociedades comerciais, tomou de empréstimo os figurinos do direito privado e passou a adotar-lhe os processos de ação, constituindo pessoas modeladas à semelhança delas para prestação dos mais variados serviços. Quer para prestação de serviços públicos propriamente ditos, quer para o desempenho de atividades de exploração econômica em setores onde se fazia necessária sua atuação supletiva ou, até mesmo, monopolística, o Estado acolheu o sistema próprio do direito privado. A isto foi impelido tanto pelo objetivo de ganhar mais eficiência quanto, em certos casos, pela natureza peculiar da atividade que, por assim dizer, não se compatibilizaria com outro meio de ação".

O fato é que proliferaram na Administração Pública, tanto em nível federal como estadual e até mesmo municipal, sociedades de economia mista desempenhando tanto atividades tipicamente econômicas quanto prestando serviços públicos. Esse mistério, esse desajuste, esse desencontro com o modelo fixado pelo Decreto-Lei 200/67, foi muito bem explicado por Eros Roberto Grau.

Esse renomado mestre em seus *Elementos de Direito Econômico* (RT, São Paulo, 1981, p. 87 e ss.) tratou do assunto procedendo a uma comparação entre a conceituação fornecida pelo Decreto-Lei 200 e o tratamento dado a matéria pela Constituição Federal de 1969. É oportuno transcrever aqui a redação do artigo 170 e de seus § § 1º e 2º na Carta Constitucional de 1969:

"Art. 170 — Às empresas privadas compete, preferencialmente, com o estímulo e o apoio do Estado, organizar e explorar as atividades econômicas.

"§ 1º. Apenas em caráter suplementar de iniciativa privada o Estado organizará e explorará diretamente atividade econômica.

"§ 2º. Na exploração, pelo Estado, de atividade econômica, as empresas públicas e as sociedades de economia mista, reger-se-ão pelas normas aplicáveis às empresas privadas inclusive quanto ao direito do trabalho e ao das obrigações".

Observou Eros Roberto Grau que, de acordo com o dispositivo constitucional supra transcrito, o desempenho de atividade econômica era matéria que cabia precipuamente às empresas privadas, até mesmo com estímulo e apoio do Estado. Por outro lado, em caráter excepcional, o Poder Público poderia desempenhar atividade econômica, porém, apenas em caráter suplementar de iniciativa privada. No desempenho de atividade econômica deveria o Poder Público revertir-se das formas de empresa pública e sociedade de economia mista, as quais, por sua vez, deveriam reger-se pelas mesmas normas aplicáveis às empresas privadas, não sendo possível conferir-lhes vantagens ou privilégios que pudessem resultar numa concorrência desleal, indevida e danosa com relação às empresas privadas.

O artigo 170 acima referido não cuidava do desempenho de serviço público pelas empresas estatais, referindo-se apenas ao desempenho de atividade econômica e ressaltando que isso cabia preferentemente aos particulares. Ou seja, ficou aí estabelecida uma distinção, uma separação muito clara, entre atividade econômica, típica do setor privado, e serviço público, típico e próprio do setor público.

Cotejando às expressões "atividade econômica", que estavam contempladas no texto constitucional e no texto do Decreto-Lei 200/67, Eros Roberto Grau percebeu que essa mesma expressão não poderia ter sido empregada em ambos os diplomas legais com o mesmo sentido. Se assim fosse, seria forçosa a conclusão de que sociedades de economia mista e empresas públicas somente poderiam desenvolver atividade econômica (obviamente em caráter suplementar da iniciativa privada), sendo-lhes vedada a prestação de serviço público.

Entretanto, não se poderia ignorar a existência de um número considerável de empresas estatais prestadoras de serviço público. Partindo da idéia de que o Decreto-Lei 200/67 não poderia ter ignorado a realidade indiscutível da existência de um grande número de empresas estatais prestadoras de serviço público, Eros Roberto Grau às pp. 89 e 90 da obra supra referida concluiu que a expressão atividade econômica estava sendo empregada com sentidos diversos nos textos referidos e cuidou de identificar tais sentidos, desenvolvendo o raciocínio adiante exposto:

"A primeira indagação que então nos colocamos há de ser a seguinte: ocorre, de fato, oposição entre as noções de atividade econômica e de serviço público?

"Parece-me que não. Pelo contrário, entendo haver plena integração entre tais noções, visto que atividade econômica é gênero no qual se inclui a prestação de serviços públicos.

"Podemos entender como econômica a atividade que envolve a utilização de recursos escassos, exigindo opções entre fins alternativos, visando à satisfação de necessidades. Atividade econômica, no seu sentido mais amplo, significa precisamente isso.

"Serviço público, por outro lado, é atividade — em princípio estatal — que, mediante a utilização de bens e serviços (recursos escassos), está voltada à satisfação de necessidades públicas.

"Assim, podemos ter como pacífico que o serviço público é uma espécie do gênero atividade econômica. Mas não a única. Pois, ao lado do serviço público, modalidade de atividade econômica — enquanto gênero — praticada pelo Estado, há outras modalidades de atividade econômica cujo exercício é atribuído preferencialmente, pela Constituição, às empresas privadas.

"Neste último sentido, consagrado no art. 170 do texto constitucional, atividade econômica é espécie do gênero atividade econômica.

"Vale dizer: atividade econômica é expressão que deve ser tomada em dois sentidos — enquanto gênero, compreendendo duas modalidades (serviço público e atividade econômica em sentido estrito); enquanto espécie que, ao lado de serviço público, se integra no gênero atividade econômica.

"Somente a partir do discernimento dessa duplicidade de sentidos da expressão atividade econômica é que seremos capazes de compreender a coerência do texto do Decreto-Lei 200/67 com a realidade. Nele, a expressão atividade econômica é utilizada em sentido amplo: concebe-se a existência, portanto, a partir do Decreto-Lei 200/67, de duas espécies de empresas públicas e sociedades de economia mista — as que exploram serviço público e as que exploram atividade econômica em sentido estrito. A atividade econômica em sentido estrito, por outro lado — e somente a ela — é que se refere o art. 170 da Emenda Constitucional 1/69."

Em obra mais recente, mais exatamente num trabalho a que deu a denominação "Empresas Estatais ou Estado Empresário" (in *Curso de Direito Administrativo*, RT, São Paulo, 1986, coletânea de estudos feita sobre a coordenação de Celso Antônio Bandeira de Mello, p. 102), Eros Roberto Grau destacou a importância de se perceber a ambigüidade da expressão "atividade econômica", salientando que o fato de não se perceber que às vezes ela aparece em sentido amplo e outras vezes aparece em sentido estrito tem sido responsável por uma luta inglória travada tanto na doutrina quanto na jurisprudência:

"Não obstante, eu diria que o núcleo deste trabalho dirá respeito, fundamentalmente, a diferença entre empresa estatal prestadora de serviço público e empresa estatal que desenvolve atividade econômica. Esta distinção é de importância fundamental e — como creio poder demonstrar mais adiante — somente a partir do instante em que se faça essa separação é que seremos capazes de, com fluência e com adequação suficientes, compreender o tema — o grande tema, que é, a um só tempo, o grande problema — dos regimes das empresas estatais.

"E tanto maior se faz a relevância desta distinção quanto se observe que ela "a distinção" tem sido terrivelmente mal tratada pela doutrina. Em outros termos: a grande verdade é que a maioria dos doutrinadores que tomaram do tema das empresas estatais como objeto de indagação simplesmente ignorou essa diferença fundamental, e, seguramente, aí está a razão de uma série de equívocos que cometeu."

Não foram poucos, todavia, os autores que perceberam que as empresas estatais não poderiam, mesmo à luz do supra transcrito § 2º do artigo 170, da Carta Constitucional de 1969, receber o mesmo e idêntico tratamento que a ordem jurídica confere às entidades privadas.

De qualquer maneira, mesmo exercendo atividade econômica em sentido estrito, as empresas estatais desenvolviam uma atividade de interesse público, uma atividade atribuída ao Poder Público, que não poderia ser tratada exatamente da mesma maneira pela qual a ordem jurídica tratava a atividade econômica desenvolvida pelos particulares. Além disso, quanto tais empresas estatais prestavam serviços públicos, ficava evidente uma intimidade enorme, uma implicação inafastável com os princípios que regem o desenvolvimento das atividades ou atuação da administração pública.

Toshio Mukai em sua monografia sobre *Direito Administrativo e Empresas do Estado* (Ed. Forense, RJ, 1984, p. 123), mostra que não tem muito sentido considerar-se as empresas estatais, conforme indica o Decreto-Lei 200/67, como pessoas jurídicas de direito privado, como pessoas jurídicas dotadas de uma personalidade igual ou idêntica à das empresas privadas, até mesmo porque, historicamente, as empresas estatais primeiro desempenharam serviços públicos industriais (fornecimento de bens e serviços, por exemplo, água e esgoto), para depois, mais tarde, com o surgimento do estado intervencionista, passar a exercer atividade propriamente econômica ou atividade econômica propriamente dita, ou atividade econômica em sentido estrito. Suas observações sobre essa questão da personalidade privada das empresas estatais merecem transcrição literal:

"A personificação privada: empresas. Quando, num segundo estágio evolutivo, o Estado passa dos organismos autônomos para as empresas, procedendo à personificação privada de serviços públicos, e mesmo de serviços econômicos, comete maior impropriedade; aqui também a forma não condiz com a realidade e a ficção é mais do que aparente: torna-se uma simulação. Daí ser de todo procedente o afirmar-se que sobre tais empresas (públicas), incide o direito administrativo comum, onde não se pode conceber (assim como ocorre em relação à Administração direta) que atue o direito privado puro.

"Assim, a empresa pública, *lato sensu*, não obstante a declaração legal, deve ser considerada pessoa pública. A única conseqüência jurídica que vemos nessa declaração formal é que o legislador dá uma margem grande de discricionariedade administrativa ao dirigente da empresa, para gerir os serviços públicos ou os serviços públicos econômicos, porque na lei ele praticamente concede competência e certas atribuições em bloco (ou mais ou menos genéricos).

"Contudo, num terceiro estágio evolutivo, quando o Estado cria empresas para gerir atividades econômicas, aí sim, nos encontramos diante de uma harmonia jurídica: a realidade condiz com a forma. Daí dizermos que só aqui há realmente a aplicação do direito privado às empresas do Estado. A personalidade jurídica de direito privado encontra aqui seu habitat natural. A natureza das coisas assim nos indica. Portanto, aqui não se pode falar em "ficção jurídica", nem em "aparência do direito". É realmente uma empresa, em tudo igual à privada que opera atos de indústria ou de mercancia. A presença aqui do direito público somente se manifesta nas relações do ente criado com o criador, no interesse do controle dos dinheiros públicos envolvidos na exploração da atividade. As empresas estatais, portanto, são submetidas a um direito dicotômico, diferenciado, composto de normas de direito público mais normas de direito privado, como já afirmamos."

Essa questão da personalidade, ou, melhor dizendo do regime jurídico das empresas estatais foi objeto de um debate extremamente rico entre os maiores especialistas da matéria, debate este que está publicado na *Revista de Direito Público* nº 83/139 exatamente sob o título "Regime Jurídico das Empresas Estatais". Tal discussão travou-se no ano de 1987, portanto, ainda sob o regime da Carta Constitucional de 1969, mas algumas manifestações dos ilustres participantes desse encontro são de extrema importância para que se possa compreender o tratamento dado pelo texto constitucional em vigor.

Sérgio Ferraz, destacando que as empresas estatais ora operam como prestadoras de serviços públicos e, outras vezes, desenvolvem atividades meramente econômicas, afirma que elas jamais perdem um traço comum, jamais deixam de ter características comuns, decorrentes do fato de que em qualquer hipótese, são sempre prolongamentos personalizados do próprio Estado:

"A presença do Estado sob forma empresarial não apaga o que é essencial, isto é, que ali está presente o Estado. E é bom que se coloque em mente que o Estado mais não é que organização institucionalizada de bens, agente para realização de serviço de interesse público a partir da economia pública. Trata-se, na verdade, da aplicação de recursos que são produzidos por nós cidadãos, coletividade, em razão dos nossos interesses, confiados ao Estado, que se estrutura instrumentalmente por força seguramente de conceituações, de conveniência, de apropriação e de adequação sob o figurino estatal.

"Aquela personalidade privada que o art. 170 opõe à empresa estatal não pode obscurecer uma realidade essencial: trata-se do Estado agindo com recursos hauridos da coletividade, da cidadania, e que por isso mesmo na maior parte das vezes são indisponíveis. Esse traço de indisponibilidade, que se aguduza de maneira muito clara e óbvia, quando se trata de empresa estatal prestadora de serviços públicos, e que se esgarça, por vezes, naquela que comparece no campo das atividades como empresa realizadora de finalidades meramente econômicas, jamais deixa por isso só de comparecer, de estar presente. A indisponibilidade em maior ou menor grau estará timbrando os bens dessas entidades."

Embora exista um traço comum, um ponto comum, uma série de características que são comuns a todas as empresas estatais, existe também uma diferença fundamental, que não pode ser ignorada, por causa das significativas conseqüências jurídicas daí decorrentes, conforme assinala, mais adiante, nesse mesmo debate o eminente Ministro Carlos Mário da Silva Velloso:

"Há empresas públicas e há sociedades de economia mista que são criadas para exercer atividades públicas: e há sociedades de economia mista e empresas públicas constituídas para exercer atividades estritamente empresariais para intervenção no domínio econômico, tal como posto no artigo 170 da Constituição Federal".

Nessa passagem, o Ministro Carlos Velloso, já deixa bem claro que as disposições do artigo 170 da CF, ou, melhor dizendo, o regime imposto pela Constituição Federal nesse artigo, aplica-se tão somente às empresas estatais que desenvolvem ou que exercem atividades estritamente empresariais, atividade econômica em sentido estrito. Contrário sensu, está implicitamente dito que as normas aplicáveis às empresas privadas, a que se refere o § 2º do artigo 170 da Carta Constitucional de 1969, não são aplicáveis, pelo menos em sua inteireza, às empresas estatais prestadoras de serviços públicos.

Ainda nesse mesmo debate, publicado na *Revista de Direito Público* nº 83, a páginas 158 e 159, manifestou-se, com a lucidez que lhe é peculiar, Celso Antônio Bandeira de Mello. Partindo da verificação que existem dois grupos de sociedades de economia mista e empresas estatais com características profundamente distintas, na medida que um desses grupos presta serviços públicos e outro explora atividades econômicas, Celso Antônio Bandeira de Mello assinala que nesta última situação estão as empresas estatais que atuam, em caráter auxiliar ou suplementar da iniciativa privada, num setor que é típico e próprio dos particulares. Destaca ele, entretanto, que, por outro lado, existe um outro setor de atividade que é típico e próprio do Estado, qual seja o da prestação de serviços públicos, e oferece importantíssimas indicações para a identificação deste último setor:

"Paralelamente a um setor que é próprio dos particulares, existe um outro vasto setor que é próprio do Poder Público, o setor dos serviços públicos. Por muita discussão que exista a respeito do serviço público, ninguém ignora os partidários da teoria orgânica em debate com os da teoria objetiva e os da teoria formal. Sempre existiu esse debate. Podemos partir do princípio que, quando menos, para juntar as várias concepções, o serviço público se trata de uma atividade reconhecida como essencial à coletividade, num momento dado, para usar a expressão do Prof. Cirne Lima. Ou podemos caracterizá-los como aqueles serviços requeridos pela interdependência social, que não podem ser assumidos senão pela intervenção da forma dominante. Quando esses serviços existirem efetivamente e forem prestados por organismo estatal, então estamos diante de um serviço público."

O "organismo estatal", aí referido, tanto pode ser um órgão da administração direta quanto uma entidade da administração indireta, em qualquer de suas modalidades, inclusive uma sociedade de economia mista.

Estes ensinamentos doutrinários já foram absorvidos pelo Poder Judiciário, conforme demonstra o acórdão adiante transcrito, da sétima Câmara do 1º Tribunal de Alçada Civil de São Paulo, cujo relator é o Meretíssimo Juiz Régis Fernandes de Oliveira, ilustre professor da Faculdade de Direito da Universidade de São Paulo, cujo texto está publicado no *Boletim de Jurisprudência* nº 1.616 da Associação dos Advogados de São Paulo:

"No que nos interessa, já, fundamentalmente, dois campos de interesse específico de intervenção estatal. Pode prestar serviços públicos, seja diretamente, seja através de entidades criadas pelo Estado ou por ele permitidas ou concedidas, e também pode interferir no domínio econômico.

"Ao cuidar da Ordem Econômica e Social, a Constituição reservou a possibilidade de intervir no domínio econômico, monopolisticamente, por motivo de segurança nacional ou organizar setor que não possa ser desenvolvido com eficácia no regime de competição e de liberdade de iniciativa (art. 163). De outro lado, pode organizar e explorar as atividades econômicas (art. 170), em apoio e estímulo aos particulares.

"Quando, pois, o Estado intervém no domínio econômico, seja por qualquer força constitucionalmente permitida, o regime jurídico a que se submete é o previsto no parágrafo 2º do art. 170 da Constituição Federal, isto é, sujeita-se ao "direito do trabalho e ao das obrigações". Portanto, há nivelamento completo do Estado com os particulares. Despe-se o Estado de suas prerrogativas próprias, para sujeitar-se ao direito privado. Não atinge as entidades criadas pelo Estado (sociedades de economia mista, empresas públicas e fundações) qualquer norma de conteúdo publicístico. Equiparam-se a qualquer empresa particular, não se lhes transmitindo normas relativas ao predomínio vertical do Poder Público. A incidência de normas públicas diz respeito exclusivamente ao vínculo que une Estado a sua entidade, que se denomina tutela ou controle.

"Em tal campo, como se vê, nenhuma prerrogativa pode ser transferida ao particular, sob pena de desnivelar a entidade criada, com outras, igualmente exploradoras do domínio econômico. A única ressalva que se faz diz respeito à intervenção sob forma de monopólio, de vez que, aí, não haverá desequilíbrio com outras empresas privadas, pela só circunstância de a intervenção ser sob forma de monopólio (o que inadmite a concorrência).

"Nada obstante, erigem-se outras pessoas jurídicas, que são criadas pelo Estado, sob roupagem de direito privado, mas destinam-se à prestação de serviços públicos. Aí ressalta diferença de regime jurídico. Embora vistam roupa de direito privado, ou seja, haja identidade de regime com as demais empresas privadas, nada impede que o Estado transfira a tais entidades algumas prerrogativas próprias, de vez que irão prestar serviços públicos. Estes, por definição, são próprios do Poder Público e, pois, não há concorrência com particulares. Aqui, nada impede que o Poder Público transfira a tais entidades particulares, mas desmembradas do Estado, algumas vantagens que lhe são próprias."

Em resumo, as entidades privadas criadas pelo Estado para o desempenho de serviços públicos, as pessoas jurídicas de direito privado criadas pelo próprio Poder Público para desenvolver atividade tipicamente pública, podem e devem ter um regime muito mais assemelhado aos das entidades públicas; podem ter, sim, indubitavelmente, um tratamento privilegiado, inclusive quanto aos aspectos tributários, porque não concorrem com as empresas privadas, não concorrem com os particulares em sentido estrito.

A doutrina e a jurisprudência já haviam entendido estas disposições quando do advento da Constituição Federal de 1988. Pode-se dizer que o constituinte de 1988 percebeu claramente a existência de dois tipos de empresas estatais, as que desenvolvem atividades econômicas e as que prestam serviços públicos, motivo pelo qual uma série de dispositivos cuida de situações que são comuns a qualquer uma dessas espécies de empresa estatal, mas, cientes da distinção, quando quis se referir à empresa estatal exercente de atividade econômica em sentido estrito, deixou expressamente consignada essa referência.

Por exemplo, em seu artigo 37 a Constituição Federal estabelece uma série de pontos de observância obrigatória pelas empresas estatais em geral, de qualquer espécie, indistintamente. Quer desenvolva atividade econômica, ou preste serviço público, qualquer empresa estatal está sujeita à regra da obrigatoriedade de concurso público para a admissão de pessoal, a respeitar o direito à livre associação sindical, a respeitar o direito de greve (a ser exercido nos termos e nos limites definidos em lei complementar), a não permitir acumulação de funções públicas, a fazer com que seus contratos sejam precedidos de um procedimento licitatório e, finalmente a responder pelos danos que seus agentes venham causar a terceiros.

Porém, no artigo 173, a Constituição Federal de 1988 fez expressa referência a uma única espécie de empresa estatal, qual seja aquela exploradora de atividade econômica, em sentido estrito. Seja permitida uma transcrição parcial do artigo 173 e seus parágrafos, de cujo conjunto se infere, claramente, sem sombra de dúvida, que as prescrições aí estabelecidas se referem, exclusivamente, à empresa estatal exploradora de atividade econômica em sentido estrito:

"Art. 173. Ressalvados os casos previstos nesta Constituição, a exploração direta de atividade econômica pelo Estado só será permitida quando necessária aos imperativos da segurança nacional ou a relevante interesse coletivo, conforme definidos em lei.

"§ 1º. A empresa pública, a sociedade de economia mista e outras entidades que explorem atividade econômica sujeitam-se ao regime jurídico próprio das empresas privadas, inclusive quanto às obrigações trabalhistas e tributárias.

"§ 2º. As empresas públicas e as sociedades de economia mista não poderão gozar de privilégios fiscais não extensivos às do setor privado."

A afirmação principal, contida no *caput* do artigo 173, deixa bem claro que todas essas disposições se referem aquela área de atribuições própria e típica dos particulares, qual seja a exploração de atividade econômica. O assunto aí versado é exatamente a exploração de atividade econômica, ficando perfeitamente claro que isso compete aos particulares, como regra geral, podendo, excepcionalmente o Poder Público atuar nessa área.

Quando, em caráter excepcional atuar nessa área, quer sob a forma de empresa pública ou de sociedade de economia mista, o Poder Público, mesmo vestindo uma roupagem de direito privado, não poderá gozar de vantagens ou de privilégios que possam colocá-lo em situação de desigualdade em relação às empresas privadas, aos particulares.

Nenhuma, absolutamente nenhuma restrição ou referência é feita no artigo 173, no tocante às empresas estatais que prestam serviços públicos, dado que o artigo 173 não cuida, de maneira alguma, nem indiretamente, da prestação de serviços públicos, dado que isso é uma atividade imanente ao Estado, é um campo próprio, típico e específico do Poder Público.

A percepção dessa distinção entre atividade econômica em sentido estrito e prestação de serviços públicos, gerando tratamentos e conseqüências jurídicas distintas, ficou bastante claro no "Anteprojeto da Lei Orgânica da Administração Federal", objeto de recentíssima publicação na *Revista do Serviço Público* (ano 44, vols. 117, n. 2, setembro/dezembro 1989, FUNCEP, Brasília). Nas considerações sobre esse anteprojeto à p. 17, consta o seguinte:

"No que respeita às empresas estatais, o título engloba, segundo o anteprojeto, tanto a empresa pública quanto a sociedade de economia mista. Elas participam de um gênero comum de entidades organizadas sob forma empresarial, criadas por lei, com personalidade jurídica de direito privado, para prestação de serviço público industrial e comercial ou para exploração estatal de atividade econômica nos termos da Constituição, e formadas com exclusividade ou predominância da União e das suas entidades."

No texto do anteprojeto, no título que cuida "da administração indireta", reservou-se um capítulo para cuidar especificamente "Das empresas estatais", que se inicia com o artigo 67, cujo teor é o seguinte:

"Art. 67. Empresa estatal é a entidade com personalidade jurídica de direito privado, sujeita às normas de direito público, cabíveis, estabelecidas em lei, criada por lei específica, na modalidade de empresa pública ou sociedade de economia mista, para prestação de serviços públicos, industriais ou comerciais, ou para explorar atividade econômica nos termos da Constituição e formada com exclusividade ou predominância de capital da União ou de suas entidades."

A conceituação supra transcrita é a que deve substituir a do Decreto-Lei 200/67, cuja redação dúbia, ambígua, imprecisa, gerou inúmeras controvérsias, confusões e desentendimentos. Em resumo, o legislador ordinário, não pode ignorar que o texto da Constituição Federal faz uma clara distinção entre empresas estatais prestadoras de serviço público e empresas estatais exploradoras de atividade econômica.

Tendo ficado perfeitamente claro que o Poder Público pode constituir uma empresa estatal para desenvolver serviços públicos, cumpre, agora, invocar a doutrina mais recente, produzida depois da promulgação da nova Constituição Federal para demonstrar que não se pode confundir a prestação de serviços públicos por empresas estatais com a concessão de serviços públicos.

Haverá uma concessão de serviço público, nos termos do artigo 175 da Constituição Federal, quando o Poder Público decidir pela prestação de serviços públicos de maneira indireta, conferindo sua execução a uma terceira pessoa, a uma entidade que não é um prolongamento personalizado do próprio concedente, a uma entidade que, exatamente por não estar sob seu controle pode contratar com o Poder Público. Por outro lado, não haverá concessão de serviço público quando o Estado criar uma entidade para funcionar especificamente como instrumento de sua ação, para desincumbir-se precipuamente de prestar um serviço cuja execução cabe ao próprio Estado criador dessa entidade.

Isso está demonstrado, pelo consagrado Hely Lopes Meirelles na última edição de seu monumental *Direito Administrativo Brasileiro* (RT, SP, 1989, 14ª ed. atualizada pela Constituição de 1988, p. 297) num texto bastante sintético, mas, extraordinariamente claro:

"Serviço descentralizado é todo aquele que o Poder Público transfere a sua titularidade, ou, simplesmente, a sua execução, por outorga ou delegação, a autarquias, entidades paraestatais, empresas privadas ou particulares individualmente. Há outorga, quando o Estado cria uma entidade e a ela transfere, por lei, determinado serviço público ou de utilidade pública; há delegação, quando o Estado transfere, por contrato (concessão) ou ato unilateral (permissão ou autorização), unicamente a execução do serviço, para que o delegado o preste ao público em seu nome e por sua conta e risco, nas condições regulamentares e sob controle estatal.

"A distinção entre serviço outorgado e serviço delegado é fundamental, porque aquele é transferido por lei, e só por lei pode ser retirado ou modificado, e, este tem apenas a sua execução traspassada a terceiro, por ato administrativo (bilateral ou unilateral), pelo que pode ser revogado, modificado e anulado como o são os atos dessa natureza. A delegação é menos que outorga, porque esta traz uma presunção de definitividade, e aquela, de transitoriedade, razão pela qual os serviços outorgados o são, normalmente, por tempo indeterminado, e os delegados, por prazo certo, para que ao seu término retornem ao delegante. Mas, em ambas as hipóteses, o serviço continua sendo público ou de utilidade pública, apenas descentralizado, contudo, sempre sujeito aos requisitos originários, e sob regulamentação e controle do Poder Público que os descentralizou."

Embora haja divergências de nomenclatura na doutrina, dado que alguns autores conferem o nome de delegação ao que Hely Lopes Meirelles chama de outorga, fica perfeitamente claro, entretanto, que quando o Estado cria, por lei, uma entidade para prestar um serviço público do qual ele Estado é titular, não se pode falar, em tal caso, em concessão de serviço público.

Uma coisa é a transferência feita por lei e outra coisa, bastante distinta, é a transferência feita por um ajuste, por uma avença, por um acordo ou por um contrato entre o Estado e uma terceira pessoa dele totalmente independente. Somente neste último caso poderá haver uma concessão de serviço público.

Os ensinamentos acima referidos foram aplicados por José Afonso da Silva à análise da dicotomia entre serviço público e atividade econômica estatal, em seu *Curso de Direito Constitucional Positivo* (RT, SP, 1989, pp. 670 e 671), mediante conceituação de cada uma dessas áreas, apresentação de exemplos referindo empresas estatais existentes, e análise do texto da Constituição, para, no final extrair uma conclusão de extrema importância para este estudo:

"O tema da atuação do Estado no domínio econômico exige prévia distinção entre serviços públicos, especialmente os de conteúdo econômico e social, e atividades econômicas, distinção que tem fundamento na própria Constituição, respectivamente art. 21, XI e XII, e arts. 173 e 174.

"A atividade econômica, no regime capitalista, como é o nosso, desenvolve-se no regime da livre iniciativa sob a orientação de administradores da empresa privada. É claro que, consoante já vimos, numa ordem econômica destinada a realizar a justiça social, a liberdade de iniciativa econômica privada não pode significar mais do que "liberdade de desenvolvimento da empresa no quadro estabelecido pelo Poder Público". É, sim, um direito fundamental, conquanto exercido no interesse da realização da justiça social, da valorização do trabalho e do desenvolvimento nacional.

"O serviço público é, por natureza, estatal. Tem como titular uma entidade pública. Por conseguinte, fica sempre sob o regime jurídico de direito público. O que, portanto, se tem que destacar aqui e agora é que não cabe titularidade privada nem mesmo sobre os serviços públicos de conteúdo econômico, como são, p. ex., aqueles referidos no art. 21, XI e XII que já estudamos quando comentamos o conteúdo desses dispositivos.

"Tenha-se presente essas distinções para a compreensão da natureza e limites das empresas estatais; pois sob o ponto de vista de sua função diferenciam-se em dois tipos: as prestadoras ou exploradoras de serviços públicos (como a CESP, a CEMIG, a Companhia do Metrô, a TELEBRÁS, a Rede Ferroviária Federal, a VASP, etc.) e as exploradoras de atividade econômica (como a PETROBRÁS, a Vale do Rio Doce, o Banco do Brasil, a EMBRAER, a COSIPA, etc.). O regime jurídico dessas empresas é diferente. As primeiras entram no conceito de descentralização de serviços pela personalização da entidade prestadora. Assim é que diz a Constituição que os serviços telefônicos, telegráficos, de transmissão de dados e demais serviços públicos de telecomunicações serão explorados diretamente pela União ou mediante concessão a empresas sob seu controle acionário (art. 21, XI), e diz ainda que compete à União explorar diretamente ou mediante autorização, concessão ou permissão os serviços de radiodifusão e os demais de telecomunicação, os de energia elétrica etc. (art. 21, XII). É certo que, no caso do art. 21, XII, p. ex., a autorização, concessão ou permissão pode ser feita numa empresa privada mediante instrumentos de direito público.

"O modo de gestão desses serviços públicos, entre outros, não só de competência da União, mas também dos Estados, Distrito Federal e Municípios, entra no regime da discricionariedade organizativa, ou seja, cabe à Administração escolher se o faz diretamente, ou por delegação a uma empresa estatal (pública ou de economia mista) ou por concessão (autorização ou permissão) a uma empresa privada."

Como se pode observar, em sua conclusão, José Afonso da Silva faz uma distinção bastante clara entre a execução do serviço público, de um lado, ou diretamente pelo corpo central da administração ou por delegação ou outorga a uma entidade criada pelo próprio Poder Público, e, por outro lado, mediante concessão ou permissão a uma empresa privada, a uma entidade totalmente desvinculada daquela originariamente incumbida ou competente para a execução do serviço.

É verdade que o Texto Constitucional (Art. 21, XI) faz uma referência expressa a "explorar diretamente ou mediante concessão a empresa sob controle acionário estatal, os serviços telefônicos, telegráficos, ...". Isto precisa ser entendido de maneira a evitar um absurdo.

Evidentemente, não tem sentido, por exemplo, a União outorgar-se, a si mesma, uma concessão, ainda que essa outorga seja feita a uma empresa estatal federal, que outra coisa não poderá deixar de ser, senão um prolongamento personalizado da própria União Federal.

É perfeitamente possível, entretanto, a concessão de serviços públicos a empresas sob controle acionário estatal: isso ocorre quando, por exemplo, a União concede um serviço público federal a uma empresa pública ou sociedade de economia mista. É isso exatamente o que ocorre nas áreas de transmissão e geração de energia elétrica e de telecomunicações, nas quais o serviço público federal é executado por empresas estatais constituídas, mantidas e geridas pelos governos estaduais.

Um estudo bastante completo e bastante abrangente da questão em debate foi feito por Maria Sylvia Zanella di Pietro *Do Direito Privado na Administração Pública* (Ed. Atlas, SP, 1989) de onde extraímos alguns excertos que são adiante transcritos:

"Além dos serviços comerciais e industriais do Estado, que são serviços públicos porque assim considerados pela lei, ainda há aqueles que o Estado exerce, não como serviço público (já que não os assumiu como tal) mas a título de intervenção na atividade privada. No primeiro caso, atividade econômica de natureza pública (serviço público); no segundo, atividade econômica de natureza privada. A primeira é privativa do Estado, — que pode exercê-la diretamente ou sob regime de concessão ou permissão, sempre através de licitação (art. 175 da Constituição de 1988). A segunda é preferencialmente do particular; o artigo 170 da Constituição de 1967 continha norma expressa nesse sentido, somente permitindo a sua execução pelo Estado, por meio de empresas públicas e sociedade de economia mista "em caráter suplementar da iniciativa privada" (§ 1º)" (p. 106).

"Ocorre que quando o Estado cria uma pessoa jurídica privada, ela aparece com praticamente todas as características indicadas para as pessoas públicas; com efeito, elas são criadas e extintas pelo poder público; o seu fim principal não é o lucro, ressalvada a hipótese de sociedade de economia mista, em que o intuito lucrativo do particular se opõe ao interesse público objetivado pelo Estado; elas não podem se afastar dos fins para os quais foram instituídas; sujeitam-se a controle positivo do Estado; e recebem, às vezes, algumas prerrogativas autoritárias. (p. 107).

"São traços comuns a todas as pessoas jurídicas instituídas pelo poder público: a criação e extinção por lei, a sujeição ao controle estatal, por via dos Poderes Legislativo e Executivo, a vinculação aos fins definidos na lei instituidora, a derrogação parcial do regime privado pelo direito público, quer para outorga de prerrogativas de autoridade, quer para submissão a princípios informativos do direito público. (p. 109).

"Quando, porém, o Estado fizer a gestão privada de serviço público, ainda que de natureza comercial ou industrial, aplicam-se, no silêncio da lei, os princípios de direito público, inerentes ao regime jurídico administrativo. Nem poderia ser de outra forma, já que alguns dos princípios inerentes ao regime administrativo são inseparáveis da noção de serviço público, tais como o da predominância do interesse público sobre o particular, o da proibição de greve, o da obrigatoriedade de sua execução pelo Estado, ainda que por meio de concessionários e permissionários, daí resultando o direito do usuário à prestação do serviço. (p. 111).

"No mais, portanto, impõe-se uma revisão da legislação vigente sobre empresas governamentais. Com relação às que prestam serviço público, justifica-se o regime jurídico de direito privado apenas quanto à forma de sua organização e funcionamento, mais compatíveis com a natureza comercial ou industrial da atividade assumida pelo Estado; no entanto, quanto a outros aspectos, concernentes à proteção dos bens vinculados à prestação de serviços, à responsabilidade perante terceiros, à sujeição ao procedimento da licitação, à continuidade do serviço público e, especialmente, no que diz respeito ao controle pelos Poderes Executivo e Legislativo, o seu regime jurídico deve ser preponderantemente o administrativo, acompanhado das prerrogativas e sujeições que colocam a Administração Pública em posição de supremacia perante o particular, ao mesmo tempo em que a submetem aos princípios da legalidade e da indisponibilidade do interesse público, com todos os seus corolários. Também não se pode conceber a prestação de serviço público sem a observância do princípio da sua continuidade, que exige também o reconhecimento de poderes como os de alteração e rescisão unilateral dos contratos, de acordo com as necessidades do serviço.

"Já com relação às empresas governamentais que executam atividade econômica de natureza privada, deve prevalecer o regime jurídico de direito privado, com aplicação do princípio de igualdade com as demais empresas com que competem no domínio econômico, o que impede a concessão de privilégios, como a contratação direta com a Administração, muitas vezes perniciosa até mesmo para esta última." (p. 119).

Deixando de lado a questão das empresas governamentais que executam atividade econômica de natureza privada, que não é o caso deste estudo, cabe reafirmar que quando uma empresa governamental presta serviço público, atua em nome do poder público, como um seu prolongamento personalizado, desenvolvendo uma atividade que é típica, própria, específica do Poder Público, em tal caso a prestação desse serviço é regida precipuamente por normas de direito público, inclusive, e, principalmente, no tocante aos aspectos tributários.

Com efeito, uma simples leitura do artigo 150 da Constituição Federal, mais exatamente de seu inciso VI, letra "a" mostra que a afirmação genérica é esta: é vedado à União, aos Estados, ao Distrito Federal e aos Municípios instituir impostos sobre os serviços, uns dos outros, ou seja, dizendo de maneira muito clara e muito sintética, o serviço público, seja qual for a modalidade de sua prestação, não pode ser fato gerador de impostos.

Esta regra geral, encontra uma exceção expressamente consignada no § 3º desse mesmo artigo 150, qual seja o caso da prestação de serviço público por concessionário de serviço público, pois, somente em tal caso pode haver "contraprestação ou pagamento de preços ou tarifas pelo usuário". Somente as empresas concessionárias de serviço público, sejam elas puramente privadas ou instituídas pelo Poder Público, é que estão sujeitas ao pagamento de impostos, em virtude da prestação ou da execução de serviços públicos.

Quando uma empresa governamental executa serviço público por ter sido criada por lei especificamente para isso, mediante uma simples outorga ou delegação, em tal caso haverá de se aplicar a regra geral, qual seja a da imunidade recíproca entre as entidades componentes da Federação.

Em resumo, é preciso fazer uma distinção muito importante à luz dos preceitos constitucionais, entre três tipos de empresas estatais, segundo as atividades por elas exercidas. O que distingue as coisas em direito não é o nome que se lhes atribua, mas, sim, o regime jurídico que preside ou condiciona sua existência e atuação. Em face do texto constitucional são distintos os regimes jurídicos conferidos às empresas estatais que prestam serviços públicos, que exercem atividades econômicas, e, por último, que operam em regime de monopólio.

Todas essas entidades apresentam como traços comuns o fato de serem agentes da ação estatal, ou seja, de haverem sido criadas pelo Poder Público para o atingimento de fins públicos, de finalidades de interesse público, atuando mediante forma privada, apresentando uma combinação de elementos de direito público e de direito privado, a partir de um núcleo de dispositivos constitucionais aplicáveis uniformemente a todas essas entidades.

Entretanto, embora todas apresentem uma combinação de elementos de direito público e de direito privado, tal combinação se apresenta de maneira diferente em cada uma dessas espécies, conforme a maior ou menor presença de elementos de direito público ou privado.

Assim é que com relação às empresas estatais prestadoras de serviços públicos é intensa, bastante significativa, majoritária a presença de elementos de direito público, dado que, além de se tratar de uma empresa criada pelo Poder Público, a tarefa por ela desenvolvida (serviço público), faz com que as normas de caráter administrativo tenham uma presença predominante.

Já nas empresas governamentais destinadas a desenvolver atividade econômica, em sentido estrito, "quando necessária aos imperativos da segurança nacional ou a relevante interesse coletivo", será mais acentuada a presença de elementos de direito privado, dado que tais empresas não poderão ter prerrogativas inerentes às entidades públicas, não poderão auferir vantagens que possam significar uma concorrência desleal no tocante às empresas privadas que atuem na mesma área.

Por último, existem as empresas constituídas pela União para desenvolver atividade de natureza industrial ou comercial que são monopólio da União, nos termos do artigo 177 da Constituição Federal. Esta terceira espécie, diferentemente do que ocorria quando da vigência da Carta Constitucional de 1969, apresenta agora, à luz do novo texto constitucional, muito maior semelhança com as empresas estatais prestadoras de serviço público, dado que as atividades por elas desenvolvidas não podem ser confundidas com atividade econômica em sentido estrito, pela simples razão de que se trata de uma área vedada aos particulares, por se tratar de atividades que não podem ser desenvolvidas pelos particulares, atividades essas conferidas à União Federal diretamente pelo Texto Constitucional, como *res extra comercium*, não havendo, em conseqüência, qualquer possibilidade de concorrência com o setor privado.

Em poucas palavras, as entidades que desenvolvem atividade comercial ou industrial qualificada como monopólio da União, assemelham-se apenas materialmente às empresas comerciais e industriais privadas, mas, juridicamente, guardam enorme semelhança com as empresas estatais prestadoras de serviço público.

Diante do que foi até agora exposto, pode-se passar de imediato às respostas das indagações especificamente formuladas:

1. A TASA não é uma empresa concessionária de serviço público. Não existe concessão porque não há um ajuste, um acordo entre a TASA e o Governo Federal, até mesmo porque a TASA é parte do Governo Federal, é um prolongamento personalizado da Administração Federal, é uma entidade da administração indireta federal. O objeto social da TASA é a prestação de um serviço público federal, sendo que tal serviço lhe foi atribuído diretamente pela lei que autorizou a sua constituição, por tempo indeterminado, em caráter permanente.

Ora, é um elemento fundamental na concessão a sua temporariedade, inclusive a possibilidade de que o serviço seja retomado antes do termo final avençado, seja por interesse público, seja por desempenho insatisfatório do concessionário.

No caso em exame, a TASA foi incumbida, por lei, de desempenhar suas atribuições em caráter permanente, não havendo qualquer possibilidade de que esse serviço lhe seja retirado por ato da administração, até mesmo porque, se isso ocorresse, a TASA desapareceria, perderia a razão de ser, dado que a lei que possibilitou a sua criação circunscreveu seu objeto social exclusivamente à prestação de um específico e determinado serviço público federal.

Em síntese, a TASA é uma empresa estatal, uma sociedade de economia mista federal, prestadora de serviço público, mediante outorga ou delegação que lhe foi feita por lei federal. Absolutamente não há que se confundir a atividade da TASA com uma concessão de serviço público.

2. A TASA não é abrangida pelas prescrições do artigo 173 da Constituição Federal. Ela é regida, sem dúvida, por aquele núcleo de normas constitucionais de aplicação uniforme a todas as entidades da administração indireta federal, que se encontram basicamente (mas não exclusivamente) no artigo 37 da Constituição Federal. Entretanto, ela não é abrangida pelas prescrições do artigo 173, dado que tais prescrições se aplicam exclusivamente às empresas governamentais que desempenham atividade econômica, ao lado dos particulares, concorrendo com o setor privado, motivo pelo qual não podem ter favores nem privilégios, muito especialmente de natureza tributária.

As prescrições do artigo 173 se aplicam exclusivamente às empresas estatais que desenvolvem atividade econômica, não se aplicando, por decorrência, à TASA, que, conforme suficientemente demonstrado, é uma entidade prestadora de serviço público.

3. A TASA é beneficiada pela imunidade tributária prevista no artigo 150, VI, letra "a", da Constituição Federal. É absolutamente irrelevante que as empresas estatais prestadoras de serviços públicos não tenham sido referidas no § 2º do citado artigo.

A técnica legislativa atribui aos parágrafos de um determinado artigo uma entre duas finalidades: ou estabelecer exceções à regra geral contida no *caput*, ou, por outro lado, explicitar o comando geral e principal contido no *caput*.

Com relação ao artigo 150 da Constituição Federal, nota-se que seu § 3º estabelece uma exceção, na medida em que afirma que as empresas concessionárias de serviço público não são beneficiadas pela imunidade a impostos afirmadas no *caput*.

Já no § 2º se encontra uma explicitação, uma indicação, destinada a afastar dúvidas, de que a imunidade a impostos se estende a autarquias e fundações instituídas e mantidas pelo Poder Público.

No tocante às empresas estatais prestadoras de serviços públicos, nem haveria necessidade de qualquer explicitação, dado que a regra geral é exatamente esta: os serviços públicos são imunes a impostos.

Assim sendo, a TASA, enquanto no desempenho de suas finalidades específicas, ligadas à prestação de serviços de telecomunicações como atividade auxiliar do transporte aéreo, está imune, está fora da incidência de impostos federais, estaduais e municipais.

Evidentemente, para que possa desempenhar o serviço público que lhe é peculiar, a TASA necessita realizar obras, fornecer bens, e prestar serviços intermediários, que são essenciais para o desenvolvimento de suas atividades específicas. Ou seja, a imunidade abrange tanto as atividades fins da TASA, como as atividades instrumentais por ela desenvolvidas, quais sejam as atividades intermediárias essenciais e indispensáveis para o atingimento de suas finalidades, para o perfeito desenvolvimento de suas atividades; em síntese, para a execução dos serviços públicos dos quais está incumbida.

S.m.j. é o parecer.

São Paulo, 7 de fevereiro de 1990

CADERNOS DE DIREITO TRIBUTÁRIO

AÇÃO DECLARATÓRIA DE CONSTITUCIONALIDADE PERANTE O STF

SACHA CALMON NAVARRO COELHO
Juiz Federal em Minas Gerais, Professor Titular de Direito Tributário da Faculdade de Direito da Univesidade Federal de Minas Gerais

Prólogo

No campo do Direito Tributário — interligado que se acha ao sistema jurídico total positivado — surdiram inovações e muitas, umas inerentes à disciplina, outras com repercussões profundas na clínica fiscal. Uma dessas inovações diz respeito a ação direta de constitucionalidade, da competência originária do Supremo Tribunal Federal, para declaração de constitucionalidade de lei ou ato normativo. No que diz respeito ao Direito Tributário, a novidade atina mais com os mecanismos de resolução dos litígios fiscais do que com aspectos tributários materiais. Como é sabido as questões tributárias apresentam frequentemente: (a) fundamentos constitucionais e (b) centenas de milhares de pessoas físicas e jurídicas envolvidas com as teses de direito que fundamentam as ações. Diante disso impende estudar as formas de controle de constitucionalidade das leis e atos normativos e, também, a importância dessa ação para a resolução das questões fiscais ou seja das macrodemandas tributárias, vez que são justamente fiscais as ações que atulham os juízos e Pretórios pátrios. Por esse ângulo, já se pode concluir, o tema deságua na questão há tempos tormentosa da eficácia dos aparelhos jurisdicionais. Até que ponto essa nova ação direta concorre para desafogar o Judiciário? É o que veremos a seguir, não sem antes transcrever a opinião do Min. Resek sobre as circunstâncias que fecundaram a instituição da ação direta declaratória da constitucionalidade de lei ou ato normativo no Direito Constitucional brasileiro: "Quando da promulgação da Emenda 3 e da instituição por ela da ação declaratória de constitucionalidade, não houve um único cidadão que em boa-fé não tivesse, de logo, perfeita percepção daquilo que estava sendo criado e das razões pelas quais o legislador brasileiro tomara aquele caminho. O país inteiro tinha a memória recente de acontecimentos, no plano judiciário, extremamente deploráveis. A colocação, ante um número elevado de juízos de primeiro e segundo grau, de uma mesmíssima questão jurídica — às vezes bem simples, e do interesse de milhões de pessoas, de norte a sul do Brasil — , e o deslinde desencontrado dessa mesma questão jurídica por juízos de primeiro e de segundo grau, com o Supremo aparentemente inabilitado para dar pronta solução à controvérsia. Invocavam-se princípios, como o do juiz natural, para tentar convencer a sociedade de que aquilo era de algum modo sadio, de que ninguém devia ter saudades do instituto da avocatória; mas cada vez menos os patrocinadores de uma política conducente ao inchaço do foro e a fenômenos como aquele que o país teve a infelicidade de viver no caso dos 147% dos aposentados, conseguiam convencer as pessoas de que estavam realmente homenageando um princípio. Criava-se na consciência do brasileiro comum a convicção, a cada dia mais firme, de que aquilo que essa política na realidade objetivava era a multiplicação de demandas e a consequente multiplicação de honorários. Não era só o Judiciário que corria risco de desmoralização, era toda a comunidade das pessoas entregues ao ofício jurídico, ao culto do direito.

Foi para evitar a reprodução de situações como aquelas que em passado recente o país enfrentou, foi para simplificar o procedimento, foi para fazer com que quem tem qualidade para isso, o mais cedo possível dissesse uma palavra final sobre a questão jurídica controvertida, que o legislador entendeu de instituir a declaratória de constitucionalidade.

É certo que, na consciência de inúmeros estudiosos do direito, produziu-se algum receio à primeira abordagem. Estar-se-ia confundindo a função jurisdicional com uma função consultiva — ou, o que seria mais incômodo, com algo que acabaria por representar o coroamento do processo legislativo na sua fase derradeira. Estaria, no dizer de alguns, o Supremo Tribunal Federal sendo chamado a transformar-se, dentro do contexto da ação direta declaratória de constitucionalidade numa espécie de Comissão de Constituição e Justiça do Congresso Nacional; porventura mais augusta, a desempenhar, entretanto, papel semelhante, visto que a definir no nascedouro, como constitucional ou não, o texto normativo passado pelo legislador." (ADCON n. 1-1-DF — em 11.10.93).

O assunto principal

1. O controle de constitucionalidade das leis possui duas matrizes. A norte-americana, fundamento do *controle difuso* e a européia-continental, a partir da experimentação austríaca, sob o patrocínio de Hans Kelsen, fundamento do *controle concentrado*. No controle difuso todos os juízes e, com definitividade, o tribunal que for supremo, possuem o poder de fiscalizar as leis em face da Constituição. No controle concentrado um só órgão concentra dito poder, quase sempre uma Corte constitucional, não-vitalícia, acima do Poder Judiciário. É assim na Alemanha, na Áustria, na Espanha, na Itália e em Portugal. No Brasil o sistema é *misto*, exercido pelo STF.

2. Afora isso, o controle de constitucionalidade pode ser *prévio* e *sucessivo*. Se se exerce durante o processo de formação da lei é prévio (e nesse caso, entendo que é uma etapa do processo legislativo). Se é exercido após a promulgação da lei é sucessivo. No Brasil, somente praticamos o controle sucessivo, diferentemente da Alemanha, que controla previamente, *v.g.*, os *Tratados e Convenções Internacionais*, antes de aprovados pelo *Parlamento Tedesco*.

3. As decisões sobre a constitucionalidade das leis e atos normativos se dão em determinados âmbitos de validade: temporal, subjetivo e material.

3.1 No temporal dá-se o efeito "ex-tunc" quando a eficácia da decisão remonta ao tempo de nascimento da lei, declarando-a inexistente por nulidade formal ou material, e "ex-nunc" quando a decisão vale apenas para os atos decorrentes da lei após a *Declaração de Inconstitucionalidade*, em decisão liminar ou final confirmatória (o efeito "ad futuram'' é cada vez mais raro, embora tenha cabimento em determinadas situações chamadas de ''inconstitucionalizações progressivas'').

3.2 No âmbito subjetivo os efeitos da declaração de inconstitucionalidade são ''erga omnes'' quando abrangem todos sujeitos e os poderes Executivo e Judiciário em seus diversos escalões, e, ''entre-partes'', quando a decisão opera apenas entre aqueles que formam a *lide*, não projetando eficácia sobre as situações similares, a não ser como precedente. No Brasil as decisões em via de controle difuso operam entre partes e as proferidas em via do controle concentrado operam ''erga omnes''. Entendo que este efeito além de geral é *Vinculante*, no sentido de obrigar o Poder Judiciário e o Poder Executivo em casos similares, sob o império da lei fiscalizada. Sem embargo, alguns doutrinadores entendem que o efeito ''erga omnes'' ou ''para todos'' não possui o dom vinculativo. Noutras palavras não possui o condão de obrigar os juízes das diversas instâncias e as autoridades do Poder Executivo. O efeito geral só faz sentido se for obrigatório, i.é, *Vinculante*, para abranger outros poderes e a todos os juízes e tribunais à feição do ''*Stare Decisis*'' do Direito norte-americano e da ''praxis'' das Cortes Constitucionais européias.

3.3 Numa angulação que privilegie o âmbito material de validade das decisões — em tema de controle de constitucionalidade — pode-se dizer simplificando suportavelmente a questão, que em certos casos, a declaração de inconstitucionalidade de lei ou ato normativo implica a pronúncia de nulidade da lei e que em outros casos a declaração de inconstitucionalidade não implica a pronúncia de nulidade da lei, que continua a valer, com o seu conteúdo *Diminuído ou Aumentado* por força do julgado. Neste ponto a interpretação sobre a extensão do conteúdo da lei para torná-la compatível com a Constituição sugere para o juiz a função de legislador positivo supletivo, superando a lição clássica de que o juiz somente pode ser legislador negativo. Sob a escusa da interpretação conforme a Constituição confere-se às leis outros significados. É que a Corte incumbida de guardar a Constituição deve fiscalizar e adequar a ordem jurídica subjacente à lei maior. Decisões dessa natureza são comuns nos casos em que classes de pessoas se dizem excluídas — contra o princípio da igualdade — dos programas normativos das leis. Ainda sob o ponto de vista material, ocorrem decisões de duas outras espécies: (a) decisões mandamentais para colmatar lacunas normativas por omissão do legislador e (b) decisões contendo apelos aos legisladores ou às autoridades do Executivo para que ajam em face de situações, em vias de se tornarem inconstitucionais, *Por Alterações nos Suportes Fácticos das Leis*.

4. O controle de constitucionalidade do ponto de vista formal, pode ser ''in concreto'' quando instala-se a partir de uma discussão entre partes que argüem *Direitos Constitucionais Subjetivos* desatendidos pela lei ou em *Abstrato*, quando a lei é atacada em tese, por ser incompatível com a Constituição e nesse caso, a rigor, não há LIDE em sentido próprio. Aqui a fiscalização constitucional é sobre a *tese da lei em face da Constituição*.

5. Em razão do exposto no item anterior, a metodologia de provocação dos órgãos incumbidos de zelar pela Constituição e, pois, com competência para fiscalizar as leis e atos normativos, sugere uma tipologia não muito variada. Considerando apartadamente os sistemas *Difuso e Concentrado de Controle de Constitucionalidade das Leis* temos que:

a) Nos sistemas difusos, a fiscalização de inconstitucionalidade ocorre ''incidenter tantum'', ou seja, no bojo de uma lide, não gerando questão prejudicial. O mérito da causa é julgado pelo juiz, que inclui no seu afazer, incidentalmente, declarações de inconstitucionalidade ou de constitucionalidade das leis implicadas no caso concreto. Tais decisões podem ser objeto de recursos extraordinários. Quando chegam à Côrte máxima, esta pronuncia com definitividade, o juízo de constitucionalidade sobre as leis implicadas na espécie. Nos EEUU, em razão do *Stare Decisis*, a validade desse juízo é vinculante para os casos análogos;

b) Nos sistemas concentrados, a questão da inconstitucionalidade é suscitada por via de ação direta (controle abstrato da norma) ou por via de execução (controle decorrente do caso concreto). Nos sistemas concentrados puros, por não possuírem os juízes o poder de fiscalizar as leis em face da Constituição — somente Cortes constitucionais possuem tal poder — ocorre que o surgimento de uma arguição de inconstitucionalidade de lei ou ato normativo relacionado com dada lide, gera uma questão prejudicial, ou seja, *uma exceção de inconstitucionalidade*. Nessas circunstâncias o processo é suspenso até que a Corte constitucional se pronuncie sobre a exceção de inconstitucionalidade imbricada na lide.

A ação declaratória de constitucionalidade de lei no Direito brasileiro

6. Feitos os aportes teóricos exordiais, entro a examinar a ação declaratória de constitucionalidade instituída pela Emenda Constitucional nº 3 da CF de 1988. Para logo acho-a *Perfeitamente Patível* com a Constituição, constituindo-se em aperfeiçoamento do nosso sistema abstrato de controle de constitucionalidade, em via de ação direta, com efeitos vinculantes expressos e âmbito de validez geral (*erga omnes*). No entanto, porções respeitáveis do mundo jurídico a increparam de inconstitucional. Tirantes os leguleios, muitos juristas de escol a acusam dos seguintes defeitos jurídicos: (a) abole o acesso ao Judiciário, suprimindo instâncias; (b) elimina os princípios processuais do contraditório e da ampla defesa; (c) transforma o STF em órgão de consulta, pois toda lei goza da presunção de constitucionalidade, quebrando o princípio da separação dos poderes.

7. Não penso assim. Vejamos em primeiro lugar a questão do acesso ao Judiciário com supressão de instâncias. Ora, é da natureza do processo abstrato e concentrado de controle de constitucionalidade *a inexistência de lide com partes contrapostas*, bem como *a concentração da competência* para apreciar a arguição num só órgão e que no nosso caso é o STF. Nesse panorama não há falar em supressão de instâncias ou em quebra do princípio do acesso ao Judiciário, até porque o STF é o colegiado supremo do Poder Judiciário. Aliás, com a *ação direta de inconstitucionalidade* dá-se o mesmo e ninguém, jamais, alegou os defeitos acima referidos em relação a ela. Com razão o Min. Moreira Alves, em seu voto no ADC nº 1, quando vinca a natureza jurídica do controle direto e abstrato para espancar dúvidas a respeito dos princípios do contraditório e da ampla defesa, que estariam sendo ofendidos pela *Ação Declaratória de Constitucionalidade*:

"... Com efeito, sendo uma ação que visa diretamente à obtenção da declaração de que o ato normativo seu objeto é constitucional, é ela cabível exatamente para esse fim, embora, se julgada improcedente, essa decisão de improcedência implique a declaração de inconstitucionalidade do ato normativo em causa. Por outro lado, estabelecendo a Emenda Constitucional nº 3, de 1993, que "as decisões definitivas de mérito, proferidas pelo Supremo Tribunal Federal, nas ações declaratórias de constitucionalidade de lei ou ato normativo federal, produzirão eficácia contra todos e efeito vinculante, relativamente aos demais órgãos do Poder Judiciário e ao Poder Executivo'', essas decisões, sejam de procedência (constitucionalidade) ou de improcedência (inconstitucionalidade), não apenas terão eficácia *erga omnes*, mas também força vinculante relativamente aos demais órgãos do Poder Judiciário e ao Poder Executivo. É um *plus* com relação à ação direta de inconstitucionalidade, graças ao qual se dá ao novo instrumento de controle de constitucionalidade a eficácia necessária para enfrentar o problema — como salientado anteriormente — que deu margem à sua criação. De feito, se a eficácia *erga omnes* que também possuem suas decisões de mérito lhe dá a mesma eficácia que têm as decisões de mérito das ações diretas de inconstitucionalidade (e — note-se — é em virtude dessa eficácia *erga omnes* que esta Corte, por ser alcançada igualmente por ela, não pode voltar atrás na declaração que nela fez anteriormente). Do efeito vinculante que lhe é próprio resulta:

''a) se os demais órgãos do Poder Judiciário, nos casos concretos sob seu julgamento, não respeitarem a decisão prolatada nessa ação, a parte prejudicada poderá valer-se do instituto da reclamação para o Supremo Tribunal Federal, a fim de que este garanta a autoridade dessa decisão; e b) essa decisão (e isso se restringe ao dispositivo dela, não abrangendo — como sucede na Alemanha — os seus fundamentos determinantes, até porque a Emenda Constitucional nº 3 só atribui efeito vinculante à própria decisão definitiva de mérito), essa decisão, repito, alcança os atos normativos de igual conteúdo daquele que deu origem a ela mas que não foi seu objeto, para o fim de, independentemente de nova ação, serem tidos como constitucionais ou inconstitucionais, adstrita essa eficácia aos atos normativos emanados dos demais órgãos do Poder Judiciário e do Poder Executivo, uma vez que ela não alcança os atos editados pelo Poder Legislativo.

''Afora essas duas características que diferenciam a ação declaratória de constitucionalidade da ação direta de inconstitucionalidade, há um aspecto que se apresenta com mais intensidade na primeira no que na segunda: a da ausência de legitimado passivo.

''Esta Corte já firmou o entendimento, em vários julgados, de que a ação direta de inconstitucionalidade se apresenta como *processo objetivo*, por ser processo de controle de normas em abstrato, em que não há prestação de jurisdição em conflitos de interesses que pressupõem necessariamente partes antagônicas, mas em que há, sim, a prática, por fundamentos jurídicos, do ato político de fiscalização dos Poderes constituídos decorrentes da aferição da observância, ou não, da Constituição pelos atos normativos deles emanados.''

Concordo inteiramente com o Min. Moreira Alves e trago à colação, como ele, a lição do Prof. Gilmar Ferreira Mendes (*Controle de Constitucionalidade — Aspectos Jurídicos e Políticos*, pp. 250-1, Editora Saraiva, São Paulo, 1990):

''... um processo sem sujeitos, destinado, pura e simplesmente, à defesa da Constituição (*Verfassungsrechtsbewahrungsverfahren*). Não se cogita, propriamente, da defesa de interesse do requerente (Rechtsschutzbedürfnis), que pressupõe a defesa de situações subjetivas. Nesse sentido, assentou o *Bundesverfassungsgericht* que, no controle abstrato de normas, cuida-se fundamentalmente, de um processo unilateral, não-contraditório, isto é, de um processo sem partes, no qual existe um requerente, mas inexiste requerido''.

Finalmente, não se cuida de consultar o STF. O processo é sucessivo e não prévio. Demais disso exige a demonstração do interesse de agir dos legitimados ativos, sob pena de carência acionária. Vale dizer é preciso *Documentar suficientemente* a dispersão e a contraposição das decisões nas instâncias inferiores geradoras de incerteza e insegurança jurídicas, com reflexos danosos à gestão da coisa pública. Precisamente *as teses jurídicas das decisões contrapostas* fornecem ao STF os elementos jurídicos do contraditório. O inexistir partes não impede, portanto, a apreciação dos argumentos pró e contra a constitucionalidade da lei ou ato normativo. Assim sendo não se pode increpar a ação direta de constitucionalidade de atentar contra a separação dos poderes (cláusula pétrea).

8. Na Comissão de treze membros formada pelo Presidente da República, pelo Decreto de 30.8.93, da qual participei como o menos ilustrado dos seus componentes, para identificar propostas relevantes à revisão constitucional, votei vencido na supressão da ação declaratória de constitucionalidade, substituída por uma espécie esdrúxula de avocatória com a competência para avocar retirada do STF ou seja do Judiciário e também dos Poderes Executivo e Legislativo, para ser entregue aos Procuradores da República ou da União. Nestes não cabe, ao meu ver, o papel de "controller" da ordem jurídica e de sua conturbação. A redação aprovada é a seguinte:

"O Supremo Tribunal Federal, a pedido do Procurador Geral da União ou do Procurador-Geral da República, quando for relevante o fundamento da controvérsia constitucional sobre lei ou ato normativo federal e houver perigo de grave lesão à ordem, à segurança ou às finanças públicas, poderá determinar a suspensão do processo em curso, perante qualquer juízo ou tribunal, para proferir decisão exclusivamente sobre a constitucionalidade da lei ou ato impugnado."

Confio que essa proposta não encontrará respaldo no Congresso revisor da Constituição, porquanto a nova formulação usa palavras ocas, de difícil valoração jurídica e dificulta a percepção das divergências jurisprudenciais ensejadoras da ação declaratória de constitucionalidade.

IR — DISTINÇÃO ENTRE REMUNERAÇÃO DO TRABALHO, INSTRUMENTO DE TRABALHO E LIBERALIDADES SOCIAIS PARA EFEITOS TRABALHISTAS, PREVIDENCIÁRIOS E DE IMPOSTO DE RENDA

ALBERTO XAVIER
HELENA DE ARAÚJO LOPES XAVIER

I — A CONSULTA. II — O CONCEITO DE REMUNERAÇÃO NO DIREITO DO TRABALHO: A DISTINÇÃO ENTRE OS CONCEITOS DE SALÁRIO, DE INSTRUMENTOS DE TRABALHO E DE LIBERALIDADES SOCIAIS. III — O CONCEITO DE REMUNERAÇÃO NAS CONTRIBUIÇÕES PREVIDENCIÁRIAS E PARA O FGTS. IV — O CONCEITO DE REMUNERAÇÃO PARA EFEITOS DE IMPOSTO DE RENDA. A) A posição do Fisco quanto a salários indiretos. B) A existência de uma contraprestação contratual como requisito do conceito legal de rendimento. C) O problema no Direito Comparado. D) A distinção entre remunerações do trabalho, instrumentos de trabalho e liberalidades sociais. E) O caso específico dos veículos e automóveis. F) O caso específico dos clubes e empregados. G) O problema da disponibilidade jurídica e econômica. H) A questão da dedutibilidade dos instrumentos de trabalho e das liberalidades sociais. V — CONCLUSÕES.

I — A consulta

A consulente atribui a seus administradores, diretores, gerentes e seus assessores vantagens, benefícios e comodidades de diversa natureza, cuja especificação e características foram submetidas a nosso exame.

A questão central que se suscita consiste em saber se tais vantagens, benefícios e comodidades configuram verdadeiras remunerações do trabalho — ainda que indiretas — ou se revestem distinta natureza.

A consulente solicita nosso parecer sobre as conseqüências desta caracterização para efeitos de Direito do Trabalho, contribuições previdenciárias, contribuições para o FGTS e imposto de renda.

II — O conceito de remuneração no Direito do Trabalho: a distinção entre os conceitos de salário, de instrumentos de trabalho e de liberalidades sociais

O artigo 457, *caput*, da Consolidação das Leis do Trabalho (CLT) dá um conceito da figura em exame, segundo o qual "compreendem-se na remuneração do empregado, *para todos os efeitos legais*, além do salário devido e pago diretamente pelo empregador, *como contraprestação do serviço*, as gorjetas que receber". Acrescenta o § 1º que "integram o salário, não só a *importância fixa estipulada*, como também as *comissões, percentagens, gratificações ajustadas*, diárias para viagem e *abonos* pagos pelo empregador;"[1] e o § 2º exclui dos salários "(...) as ajudas de custo, assim como as diárias para viagem que não excedam de cinquenta por cento do salário percebido pelo empregado".

Por seu turno, o artigo 458 CLT estabelece que "além do pagamento em dinheiro, compreendem-se no salário, *para todos os efeitos legais*,[2] a alimentação, a habitação, vestuário ou outras prestações *in natura* que a empresa, *por força do contrato ou do costume*, fornecer habitualmente ao empregado (...)".

O § 1º deste preceito impõe como limites ao montante destas prestações *in natura* que" (...) deverão ser justos e razoáveis, não podendo exceder, em cada caso, os dos percentuais das parcelas componentes do salário mínimo". Estas parcelas e percentuais são definidas no § 1º do artigo 81 e no artigo 82 CLT, sendo que "o salário mínimo pago em dinheiro não será inferior a 30% (trinta por cento) do salário mínimo".

O termo *remuneração* corresponde, assim, à contraprestação dos serviços contratados ao empregado mediante contrato de trabalho, e devida a este pelo empregador. A remuneração é constituída essencialmente pelo *salário*.

Como salienta Arnaldo Süssekind,[3] o salário é pressuposto essencial da relação de emprego, qualquer que seja a natureza da atividade contratada. Estabelece, com efeito, o artigo 3º CLT que "considera-se empregado toda pessoa física que prestar serviços de natureza não eventual a empregador, sob a dependência deste e mediante salário". O parágrafo único deste preceito acrescenta que "não haverá distinções relativas à espécie de emprego e à condição do trabalhador, nem entre o trabalho intelectual, técnico e mental".[4]

O que caracteriza o salário enquanto elemento essencial da remuneração devida ao empregado não é, assim, nem a espécie do profissional, nem tão pouco a natureza da atividade por este executada. Mas sim a própria natureza da relação jurídica subjacente e de que aquele constitui elemento essencial. Tal relação é a *relação de emprego*, cujo traço característico reside na *dependência (jurídica) de uma das partes em face das outras*,[5] que o mesmo é dizer, na *prestação de trabalho subordinado*.[6]

São, assim, *dois* os traços definidores do conceito de salário, elemento constituinte preponderante do conceito de remuneração para efeitos trabalhistas: (I) o seu *caráter remuneratório* ou de *contrapartida*; (II) o seu caráter de elemento essencial de uma relação jurídica caracterizada pela *cumulatividade, onerosidade* e *subordinação*.[7]

1. Sublinhados nossos.

2. Sublinhado nosso.

3. Cfr. Arnaldo Süssekind, "Da Remuneração", in Arnaldo Süssekind/Délio Maranhão/Segada Vianna/(João de Lima Teixeira Filho), *Instituições de Direito do Trabalho*, I (12ª ed.), São Paulo 1991, 305/320.

4. Esta norma do artigo 3º, parágrafo único, CLT reproduz o princípio da não-discriminação, consagrado no artigo 7º, incisos XXX, XXXI e XXXII CF.

5. No mesmo sentido, cfr. Arnaldo Süssekind, *op. e loc. cit.*, 305 (320, 323).

6. Cfr. Délio Maranhão/João de Lima Teixeira Filho, "Campo de aplicação do Direito do Trabalho", *in* Arnaldo Süssekind/Délio Maranhão/Segada Vianna/(João de Lima Teixeira Filho), *Instituições de Direito do Trabalho*, I (12ª ed.), São Paulo 1991, 167 (174).

7. Cfr. Arnaldo Süssekind, "Da remuneração", *loc. cit.*, 305 (321 ss.); Günter Schaub, *Arbeitsrechtshandbuch* (7ª ed.), Munique 1992, 405.

O caráter remuneratório é o elemento essencial que permite distinguir o conceito de salário de outras realidades que com ele andam por vezes confundidas. Consiste ele numa relação sinalagmática que se gera entre o empregador e o empregado, em virtude da qual o primeiro paga ao segundo uma prestação patrimonial "como contraprestação do serviço" (artigo 457 CLT) e "por força do contrato ou do costume". O salário tem, pois, a sua fonte necessariamente no contrato de trabalho (expresso ou tácito, caso em que a lei fala no costume), isto é, na livre vontade das partes e a sua função numa retribuição comutativa — *do ut des* — do trabalho prestado.[8]

Donde se conclui que, nos termos da própria lei trabalhista, não pode falar-se em salário aí onde uma prestação não tenha a sua fonte no contrato ou aí onde não tenha o caráter sinalagmático de um correspectivo de uma contraprestação do trabalho.

Estas considerações permitem, desde logo, excluir do conceito de salário duas realidades completamente distintas: os instrumentos ou condições de trabalho e as liberalidades sociais concedidas ao abrigo de uma política social da empresa.

Os *instrumentos ou condições de trabalho* consistem em bens cujo uso é colocado, gratuitamente, pela empresa, à disposição do trabalhador para que este os utilize no interesse da empresa, como meios instrumentais necessários ou convenientes para a realização das suas tarefas: é o caso do mobiliário e da iluminação da sala onde o empregado trabalha, da biblioteca posta ao serviço de um pesquisador, dos meios de transporte, ferramentas ou utensílios, que podem ir de complexos computadores a um simples papel ou lápis.

Tais instrumentos ou condições de trabalho não obedecem ao duplo requisito do conceito de salário: a sua fonte não é um contrato expresso ou tácito e a sua concessão não tem por função constituir uma remuneração que o trabalhador recebe como contrapartida do seu esforço. É o que resulta do § 2º do artigo 458 CLT segundo o qual "não serão considerados como salários para os efeitos previstos neste artigo, os vestuários, equipamentos e outros acessórios fornecidos ao empregado e utilizado no local de trabalho para a prestação dos respectivos serviços". A expressão "outros acessórios" revela bem que a disposição tem caráter meramente exemplificativo, de modo a abranger todos os bens de idêntica finalidade.

Como observa Arnaldo Süssekind,[9] "neste caso, a utilidade constitui um *meio necessário ou conveniente para a execução dos serviços e não um rendimento do empregado proveniente do trabalho realizado*,[10] equipara-se aos maquinismos e instrumentos de trabalho, indispensáveis ao funcionamento da empresa, não podendo, conseguintemente, substituir, como utilidade vital para o trabalhador, o salário a que faz jus pela prestação dos serviços contratados".[11]

Tais "instrumentos" ou "condições" não configuram uma remuneração nem liberalidade: não configuram remuneração pois não se destinam a "retribuir" um trabalho, antes visam a tornar exequível um serviço que, sem que fossem facultados, não teria sido possível; não configuram liberalidade, porque não se incorporam definitivamente ao patrimônio dos beneficiários, não produzindo um enriquecimento destes — e sem

8. No mesmo sentido, veja-se Dieter Gaul, *Das Arbeitsrecht im Betrieb*, I (8ª ed.), Heidelberg 1986, 262-262.

9. *Op. e loc. cit.*, 305 (336).

10. Sublinhados nossos.

11. No mesmo sentido, veja-se Günter Schaub, *Arbeitsrechtshandbuch* (7ª ed.), Munique 1992, 419; Hanau, *in* Reinhard Richardi/Otfried Wlotzke (org.), *Münchener Handbuch zum Arbeitsrecht*, I, Munique 1992, 1.114.

enriquecimento do beneficiário não se pode falar em liberalidade.[12]

Trata-se, em suma, de concessão de uso gratuito de bens para a realização de tarefas no interesse de outrem — a empresa que os faculta — sem qualquer ânimo de liberalidade. E é por este ponto que se distinguem das "liberalidades sociais" que a seguir examinamos.

As *liberalidades sociais*, ou seja, as concedidas ao abrigo de uma política social da empresa são constituídas por vantagens ou utilidades que visam a melhoria da qualidade de vida da comunidade em que a empresa se traduz, nas suas múltiplas facetas de saúde, previdência, lazer e cultura. Tais liberalidades tornaram-se frequentes na medida em que a concepção moderna de empresa deixou de ver nesta uma cega e seca máquina de produção, sem espírito e sem alma, para passar a encará-la como um conjunto de homens cuja produtividade está intimamente ligada às suas condições de bem-estar físico e intelectual.

Nas sociedades mais evoluídas é frequente que tais benefícios, utilidades ou confortos sejam propiciados diretamente pelas próprias empresas, que dispõem de clubes esportivos, salas de concertos, postos de atendimento médico, salas de refeições e de lazer, cursos de aperfeiçoamento cultural ou profissional, ensino de línguas estrangeiras, meios de aperfeiçoamento artístico — tudo para uso de seus diretores e empregados. Outras vezes — ao invés de tais vantagens, comodidades e confortos serem oferecidos diretamente pela própria empresa, são oferecidos por terceiros, neste caso reembolsando as empresas as despesas que deixaram de incorrer pelo fato de optarem pela chamada "terceirização". Em vez de manterem, por exemplo, clubes esportivos próprios concedem aos empregados títulos que permitam frequentá-los; em vez de manterem curso de aperfeiçoamento cultural, reembolsam as despesas correspondentes; em vez de manterem postos de atendimento médico, reembolsam as despesas que seus empregados fizerem com médicos a clínicas por elas indicados.

Tais liberalidades encontram-se previstas no direito positivo brasileiro, no artigo 154, § 4, da Lei das SA (Lei 6.404, de 15 de dezembro de 1986), segundo o qual "o Conselho de Administração ou a Diretoria podem autorizar a prática de atos gratuitos razoáveis em benefício dos empregados ou da comunidade de que participa a empresa tendo em vista suas responsabilidades sociais". Também tais liberalidades não integram o conceito jurídico de salário, pois também em relação a elas não se verificam os dois requisitos necessários à sua conceituação: não decorrem de contrato, pois são objeto de oferecimento espontâneo dirigido à totalidade dos empregados da empresa ou a um grupo destes e não, caso a caso, a cada trabalhador individualmente considerado; e não têm caráter remuneratório do trabalho prestado, pois nenhuma relação de equilíbrio comutativo mantêm com o esforço dispendido.

Importa, porém, frisar que as liberalidades sociais, ao contrário das clássicas liberalidades do direito civil, não têm por motivo ou causa-função o enriquecimento patrimonial do beneficiário, mas sim a realização de outras finalidades, tais como a realização do "bem público", da "função social", ou das "responsabilidades sociais" da empresa, finalidades que aliás a própria Lei das SA, no seu artigo 154, estabelece como parâmetros de atuação dos administradores.

O ato em que se traduzem é decerto um ato gratuito, no sentido em que não envolve uma contraprestação direta e imediata de igual valor, como o equilíbrio de dois pratos na balança.[13] Mas se

12. Cfr. Inocêncio Galvão Telles, *Dos Contratos em Geral*, Lisboa 1962, 399.

13. Cfr. Inocêncio Galvão Telles, *Dos Contratos em Geral*, Lisboa 1962, 398.

a estrutura do ato é gratuita e unilateral, o motivo não é um *animus donandi* a título individual, mas a atribuição a um conjunto de pessoas que exercem uma dada função, de utilidades, vantagens e confortos que redundam no interesse da empresa à qual servem.

Também tais liberalidades sociais não configuram doações remuneratórias, pois o motivo, a causa-função do ato jurídico não consiste em retribuir um certo trabalho ou serviço perfeitamente individualizado, mas propiciar vantagens a um grupo indeterminado de pessoas, independentemente do trabalho por elas realizado.

Em suma: o altruísmo da liberalidade social anda de mãos dadas com a consideração do interesse da função e dos deveres sociais da empresa. Ora, estes interesses, valores e responsabilidades são de tal ordem relevantes e preponderantes que sem eles as "liberalidades sociais" não seriam outorgadas. A empresa concede títulos de clubes de lazer, cursos de línguas estrangeiras, serviços médicos, de alimentação, ou seus reembolsos, não com *animus donandi* — para oferecer vantagens e benefícios de pai para filho —, mas sim para que um contexto civilizado, culto, tranquilo, saudável, produtivo, gere condições de trabalho excelentes, boa qualidade de vida, ambiente de trabalho produtivo, tudo no interesse da empresa como comunidade.

Os efeitos jurídicos do conceito trabalhista de remuneração são de dois tipos: (I) os que se encontram especificamente estatuídos em preceitos determinados da CLT, tais como os relativos ao direito à remuneração de férias (artigos 129 e 142 e ss. CLT); ao direito à indenização por rescisão (artigo 478 CLT); aos descontos por faltas (artigo 473 CLT); ao pagamento de horas extraordinárias (artigo 59 CLT); às contribuições sindicais (artigo 580 CLT); (II) e os que decorrem da interação das finalidades, princípios e institutos peculiares deste ramo do direito.[14] Alguns destes princípios resultam da interpretação e construção dogmática do conjunto de normas adotadas pela constituição ou pela lei a respeito dos direitos individuais e coletivos do trabalho. É o caso, entre outros, do *princípio da proteção do trabalhador*, do *princípio da irrenunciabilidade*, do *princípio da primazia da realidade*, e dos *princípios da integralidade e da intangibilidade*.[15] Outros são objeto de consagração específica, tais como o *princípio da continuidade da relação de emprego* ou da *estabilidade* e o *princípio da irredutibilidade do salário*.[16]

Ora, o conceito trabalhista de remuneração tem por objetivo permitir precisamente desencadear a confluência de efeitos que, em cada caso concreto, decorrem, quer dos preceitos acima citados, quer dos princípios enumerados.[17]

Nem as condições ou instrumentos de trabalho, nem as liberalidades sociais podem confundir-se com o conceito de salário indireto ou *in natura*. Tal como nas duas figuras primeiro aludidas, o sa-

14. É que são eles que conferem autonomia ao Direito do Trabalho enquanto ramo do direito: Cfr. Arnaldo Süssekind, *Autonomia e relações do Direito do Trabalho, loc. cit.*, 131 (134).

15. Cfr. Arnaldo Süssekind, "Natureza jurídica e princípios do Direito do Trabalho", *in* Arnaldo Süssekind/Délio Maranhão/Segada Vianna/(João de Lima Teixeira Filho), *Instituições de Direito do Trabalho*, I (12ª ed.), São Paulo 1991, 111 (127 ss.).

16. Cfr. Arnaldo Süssekind, "Natureza jurídica", *loc. cit.*, 111 (130).

17. É o que estabelece o artigo 8 CLT: "As autoridades administrativas e a Justiça do Trabalho, na falta de disposições legais ou contratuais, decidirão, conforme o caso, pela jurisprudência, por analogia, por eqüidade e *outros princípios e normas gerais de direito, principalmente do direito do trabalho* e, ainda, de acordo com os usos e costumes, o direito comparado, mas sempre de maneira que nenhum interesse de classe ou particular prevaleça sobre o *interesse público*. Parágrafo único. O *direito comum* será fonte subsidiária do direito do trabalho, naquilo em que não for incompatível com os *princípios fundamentais deste*" (sublinhados nossos).

lário indireto ou "in natura" não é pago em dinheiro, mas em prestações de bens ou serviços de valor patrimonial equivalente. Mas, ao contrário do que naquelas sucede, as prestações *in natura* obedecem ao duplo requisito do conceito de salário: têm a sua origem num contrato individual de trabalho, expresso ou tácito; e têm uma causa-função remuneratória, isto é, representam uma contraprestação do trabalho auferida sob a forma de prestações não pecuniárias, por mútuo consenso das partes.

Note-se que uma mesma realidade, em si mesma considerada, pode ser num caso instrumento de trabalho ou salário indireto, dependendo do contexto. Assim, o uso pessoal de um automóvel da empresa pode ser salário indireto se for estipulado por prévio e livre acordo das partes como elemento integrante, entre outros, da remuneração; mas já não o será se, independentemente da vontade do trabalhador, a empresa lhe facultar ou até impuser esse uso por razões de seu interesse, que podem ir desde a rapidez de deslocação até o *status social*.

Também uma mesma realidade, em si mesma considerada, pode ser uma liberalidade social ou um salário indireto, dependendo do contexto. Assim, o esquema de atendimento médico pode ser um salário indireto se foi estipulado por prévio e livre acordo das partes como elemento integrante, entre outros, da remuneração; mas já não o será se, independentemente da vontade dos trabalhadores, a empresa facultar a todos os empregados esse esquema, como política de saúde e produtividade no interesse da comunidade empresarial como um todo.

Seja, porém, como for, o fato é que o salário indireto ou *in natura* é verdadeiro salário, sujeito ao seu regime jurídico *para todos os efeitos legais*, para usar a expressão da própria CLT (artigo 457).

Daqui decorre, em primeiro lugar, que o salário indireto deve ser considerado salário para todos os efeitos trabalhistas.

Inversamente, porém, tudo aquilo que não configurar salário (seja ele direto ou indireto) fica automaticamente excluído do âmbito de aplicação dos referidos princípios: e este é precisamente o caso dos instrumentos ou condições de trabalho e das liberalidades sociais.

Assim, por exemplo, um salário indireto ou *in natura*, por ser salário, é irrenunciável e irredutível: se as partes convencionaram que uma parte da remuneração seria constituída pela concessão de um automóvel ou de um esquema de assistência médica, não pode a empresa retirá-los ou reduzi-los. Mas se, ao invés, tais facilidades não foram, no seu contexto, objeto de estipulação contratual e não revestem caráter remuneratório, tendo a pura natureza de instrumentos de trabalho e de liberalidades sociais, pode a empresa retirá-las ou reduzi-las sem ofensa dos referidos princípios.

Vimos atrás que um dos alcances dos artigos 457 e 458 da CLT, ao estabelecer que o conceito de salário é válido *para todos os efeitos legais*, consiste em submeter os salários indiretos, por serem verdadeiros salários, aos grandes princípios trabalhistas visando a sua proteção.

Outro alcance, porém, destes preceitos é que não restringem a conceituação que operam de salário apenas aos efeitos trabalhistas, antes o alargam a *todos os efeitos legais*. O que significa que o conceito de salário constante dos referidos preceitos será automaticamente aplicável, quando leis de outra natureza se lhe refiram como seu pressuposto de aplicação.

Donde se conclui que apenas integram tais pressupostos os salários em sentido próprio — tanto diretos como indiretos — , mas não assim os instrumentos ou condições de trabalho ou as liberalidades sociais.

Diga-se, enfim, que as considerações anteriores visando o salário de empregador são também aplicáveis aos *honorários de administradores*, em que também ocorre o duplo requisito da fixação contratual e do caráter correspectivo. Este caráter remuneratório, em termos de estrita comutatividade, decorre com clareza do artigo 152 da Lei das SA, segundo o qual "a assembléia geral fixará o montante global ou individual da remuneração dos administradores tendo em conta as suas responsabilidades, o tempo dedicado às suas funções, sua competência e reputação profissional e o valor dos seus serviços no mercado".

III — O conceito de remuneração nas contribuições previdenciárias e para o FGTS

A Constituição Federal dispôs no seu artigo 195, inciso I, que "a seguridade social será financiada por toda a sociedade (...) mediante recursos provenientes (...) das seguintes contribuições sociais: I — dos empregadores, incidente *sobre a folha de salários*, o faturamento e o lucro; II — dos trabalhadores; III — (...).

"Ao abrigo desta disposição constitucional, a Lei 8.212, de 24 de julho de 1991, estabelece no § único do artigo 11 que "constituem contribuições sociais: a) as das empresas, incidentes sobre a *remuneração* para ou creditada aos segurados a seus serviços; (...) c) a dos trabalhadores incidentes sobre o seu *salário de contribuição*."

No que concerne à contribuição a cargo da empresa, dispõe o artigo 22, inciso I, que ela incide, "sobre o total das *remunerações* pagas ou creditadas, a qualquer título, no decorrer do mês, aos segurados empregados, trabalhadores avulsos e autônomos que lhe prestam serviços".

Por sua vez, no que concerne à contribuição dos segurados e empregados, a contribuição incide sobre o seu *salário de contribuição* mensal (artigo 20 *caput*), assim entendida nos termos do artigo 28, inciso I, a *remuneração* efetivamente recebida ou creditada a qualquer título (...), inclusive os ganhos habituais sob a forma de utilidades, ressalvado o disposto no § 8 e respeitados os limites dos §§ 3, 4 e 5 deste artigo.

Quanto aos trabalhadores autônomos e empresários, estabelece o artigo 28, inciso III, que o seu salário de contribuição é o seu salário-base observado o disposto no artigo 29.[18]

A simples leitura destes preceitos revela que todos eles se referem ao conceito de salário, tal como definido nos artigos 457 e 458 da CLT, que, como vimos, determina a sua aplicabilidade para *todos os efeitos legais*, incluindo portanto os previdenciários. Tal conclusão resulta não só do fato de o fundamento constitucional destes preceitos se referir expressamente à base de cálculo da contribuição em causa como sendo a *folha de salário*, mas também da utilização da expressão *remunerações* que, como vimos, é de essência do conceito de salário.

Incluem-se, assim, no conceito de remuneração ou de salário previsto na Lei 8.212/91 os salários indiretos ou *in natura*, pois se trata de verdadeiros salários, visto terem sido objeto de contrato e revestirem caráter remuneratório. Mas estão à partida *excluídos* deste conceito os *instrumentos* ou *condições de trabalho*, bem como as *liberalidades sociais*, pois nem uns nem outros têm caráter *remuneratório*.

Idênticas conclusões são aplicáveis ao Fundo de Garantia do Tempo de Serviço (FGTS). Com efeito, a Lei 8.036, de

18. Não examinamos neste parecer a questão da constitucionalidade da exigência a administradores e autônomos da contribuição previdenciária, fundada no fato de estes não receberem verdadeiros salários (tal como previsto no artigo 195, I da CF), mas sim honorários.

11 de maio de 1990, estabelece no seu artigo 15 que "para os fins previstos nesta lei, todos os empregadores ficam obrigados a depositar, até o dia 7 de cada mês, em conta bancária vinculada, a importância correspondente a 8% da *remuneração* paga ou devida no mês anterior, a cada trabalhador, incluídas na remuneração as parcelas de que tratam os artigos 457 e 458 da CLT e a gratificação de natal a que se refere a Lei 4.090, de 13 de julho de 1962, com as modificações da Lei 4.749, de 12 de agosto de 1965".

Também aqui é inegável que os salários indiretos ou "in natura" integram a base de cálculo do FGTS, por serem verdadeiros salários e, por conseguinte, "remuneração". Mas também aqui não configuram "remuneração" os casos de concessão de instrumentos de trabalho ou de liberalidades sociais.

IV — O conceito de remuneração para efeitos de imposto de renda

O artigo 3º, § 1º, da Lei 7.713/88 conceitua *rendimento bruto* para efeitos de imposto de renda, como "todo o produto do capital, do trabalho ou da combinação de ambos, os alimentos e pensões percebidos em dinheiro e os proventos de qualquer natureza, assim também entendidos os acréscimos patrimoniais não correspondentes aos rendimentos declarados". Por sua vez, o § 4º do mesmo preceito dispõe que "a tributação independe da denominação dos rendimentos, títulos ou direitos, da localização, condição jurídica ou nacionalidade da fonte, da origem dos bens produtores da renda e da forma de percepção das rendas ou proventos, bastando, para a incidência do imposto, o benefício do contribuinte por qualquer forma e a qualquer título".

Um dos requisitos essenciais do conceito tributário de rendimento é, pois, a existência de um *benefício* para o contribuinte, sendo irrelevante a *forma* pelo qual é atribuído, seja em dinheiro ou em espécie (*in natura*), seja de modo direto ou indireto.

De seu lado, o artigo 43 do Código Tributário Nacional (CTN) conceitua o *fato gerador do imposto de renda* nos seguintes termos: "O imposto, de competência da União, sobre a renda e proventos de qualquer natureza tem como fato gerador a aquisição da disponibilidade econômica ou jurídica: I — de renda, assim entendido o produto do capital, do trabalho ou da combinação de ambos; II — de proventos de qualquer natureza, assim entendidos os acréscimos patrimoniais não compreendidos no inciso anterior".

Entretanto, o artigo 74 da Lei 8.383, de 30 de dezembro de 1991, dispõe o seguinte:

"Integrarão a remuneração dos beneficiários:

"I — a contraprestação de arrendamento mercantil ou o aluguel ou, quando for o caso, os respectivos encargos de depreciação, atualizados monetariamente até a data do balanço:

"a) de veículo utilizado no transporte de administradores, diretores, gerentes e seus assessores ou de terceiros em relação à pessoa jurídica;

"b) de imóvel cedido para uso de qualquer pessoa dentre as referidas na alínea precedente;

"II — as despesas com benefícios e vantagens concedidos pela empresa a administradores, diretores, gerentes e seus assessores, pagos diretamente ou através de contratação de terceiros, tais como:

"a) a aquisição de alimentos ou quaisquer outros bens para utilização pelo beneficiário fora do estabelecimento da empresa;

"b) os pagamentos relativos a clubes e assemelhados;

"c) o salário e respectivos encargos sociais de empregados postos à disposição ou cedidos, pela empresa, a administradores, diretores, gerentes e seus assessores ou de terceiros;

"d) a conservação, o custeio e a manutenção dos bens referidos no item I.

"§ 1º. A empresa identificará os beneficiários das despesas e adicionará aos respectivos salários os valores a elas correspondentes.

"§ 2º. A inobservância do disposto neste artigo implicará a tributação dos respectivos valores, exclusivamente na fonte, à alíquota de trinta e três por cento."

Este dispositivo põe assim a questão de saber em que medida e em que termos constituem *rendimentos tributáveis* certas vantagens indiretas atribuídas por pessoas jurídicas a pessoas com elas relacionadas, vulgarmente designadas de *fringe benefits*.

A) A posição do fisco quanto a salários indiretos

No que concerne aos rendimentos do trabalho, o Fisco já se tinha pronunciado no sentido de que integram o rendimento tributável os *salários indiretos* pagos a diretores, administradores, sócios, gerentes e funcionários da pessoa jurídica, ou seja, "vantagens, benefícios e ganhos adicionais, pecuniários ou não, como retribuição pelo desempenho dos referidos cargos, funções ou empregos" (Parecer Normativo CST 18, de 23 de dezembro de 1985). Esta posição tem aliás suporte no artigo 458 da Consolidação das Leis do Trabalho, já acima examinado.[19]

19. E segundo o qual, "além do pagamento em dinheiro, compreendem-se no salário, para todos os efeitos legais, a alimentação, a habitação, vestuário ou outras prestações *in natura* que a empresa, por força do contrato ou de costume, fornecer habitualmente ao empregado (...)".

Referido Parecer Normativo enumera, a título exemplificativo, diversas modalidades de "salário indireto", algumas das quais já tinham sido objeto de pronunciamentos anteriores:

a) o pagamento de despesas particulares mediante utilização de cartões de crédito (ver também o Parecer Normativo CST 8/80);

b) o pagamento de despesas com veículos não utilizados na atividade operacional da pessoa jurídica;

c) o pagamento de despesas com passagens e estadas em períodos de férias (Parecer Normativo CST 582/71);

d) o pagamento de despesas com instrução de dependentes;

e) o pagamento de despesas com aluguel ou arrendamento de bens móveis ou imóveis, inclusive veículos (Ato Declaratório [Normativo] CST 4/77, referindo-se a imóveis);

f) o pagamento de salários de empregados domésticos;

g) vantagens proporcionadas na aquisição de bens da pessoa jurídica pelo valor contábil, quando este for notoriamente inferior ao de mercado.

Encarando a questão do ponto de vista da pessoa jurídica, o Parecer Normativo CST 18, de 23 de dezembro 1985, manifestou-se no sentido de que referidos "salários indiretos" somente são dedutíveis como despesas operacionais, na determinação do lucro real, enquanto o valor correspondente atender ao requisito da *necessidade* (artigo 191 do RIR), "assim entendido o dispêndio que for essencial a qualquer transação ou operação exigida pela exploração das atividades, principais ou acessórias, que estejam vinculadas com as fontes produtoras de rendimentos". No que concerne à remuneração dos administradores, a sua dedutibilidade está circunscrita ao limite da dedutibilidade da respectiva remuneração em geral. No que concerne aos empregados não administradores, o Parecer Normativo esclarece que somente serão dedutíveis "se puderem ser exigidos, ou seja, quando constarem de contrato social da empresa, de seus estatutos ou de contrato individual de trabalho", de tal modo que "pagamentos por mera liberdade da pessoa jurídica não atendem aos pressupostos legais para efeito de dedutibilidade na determinação do lucro real".

O Parecer Normativo conclui, afirmando que "as vantagens ou benefícios indiretos estão sujeitos ao imposto de renda na fonte e integram os rendimentos passíveis de tributação na declaração anual dos beneficiários, muito embora possam não atender aos requisitos de dedutibilidade previstos para a pessoa jurídica na legislação do imposto de renda".

B) A existência de uma contraprestação contratual como requisito do conceito legal de rendimento

Na generalidade destes casos, está-se efetivamente em face de *despesas pessoais* da pessoa física cujo pagamento por terceiro (a pessoa jurídica de que é administrador ou empregado) representa um benefício suscetível de se enquadrar na noção de rendimento.

Todavia, para que possa falar-se em rendimento não basta a existência de um benefício. É ainda necessário que tal benefício represente uma *remuneração*, que no caso teria de ser uma remuneração do trabalho ou dos serviços prestados.[20] É o que resulta do próprio § 1º do artigo 3º da Lei 7.713/88, quando define rendimentos como "todo o *produto* do capital, do trabalho ou combinação de ambos (...)". Definição esta que decorre da própria definição da hipótese de incidência do imposto de renda dada pelo artigo 43 CTN.

Em virtude da superioridade hierárquica do Código Tributário Nacional, enquanto lei com eficácia de lei complementar, a legislação ordinária não pode conceituar como rendimento do trabalho tributável um benefício que não corresponde a uma *remuneração* desse mesmo trabalho, ou seja, a uma *contraprestação* cuja fonte seja a relação jurídica que prende o administrador, assessor, empregado ou terceiro à pessoa jurídica que atribui o benefício. Por outras palavras: só há rendimento onde houver remuneração.

Ora, como resulta de tudo o que atrás se estudou em matéria de conceito de remuneração, dele estão excluídos, *a priori*, quer os instrumentos ou condições de trabalho, quer as liberalidades sociais, embora nele estejam sem dúvida incluídos os salários indiretos ou *in natura* que, por terem origem contratual e revestirem a natureza de contraprestação, são verdadeiros salários ou remunerações.

C) O problema no direito comparado

A jurisprudência norte-americana, que de há longa data vem examinando com rigor as hipóteses de *fringe benefits*, estabelece com toda a precisão a distinção entre *remuneração do trabalho* e *instrumentos ou condições do trabalho*. Distinção esta que resulta da aplicação do *test* da *convenience of the employer*, o qual consiste em recusar caráter compensatório às vantagens atribuídas aos beneficiários quando estas o forem no interesse e conveniência do empregador.

Da jurisprudência dos tribunais, esta orientação passou para regulamentos e instruções administrativas.[21]

20. No sentido de que a relação de trabalho representa o critério e a extensão do conceito de produto do trabalho para fins tributário, veja-se Dieter Gaul, *Das Arbeitsrecht im Betrieb*, I (8ª ed.), Heidelberg 1986, 279 ss.

21. Stanley Surrey/William Warren, *Federal Income Taxation — Cases and Materials*, Brooklyn 1960, 10 ss.

If a person as compensation for services rendered a salary and in addtion thereto living quarters or meals, the value to such person of the headquarters and meals so furnished constitutes income subject to tax. If, however, living quarters or meals are furnished to employees for the convenience of the employer, the value thereof need not to be computed and added to the compensation otherwise received by the employees.

The "convenience of the employer" rule is simply an administrative test to be applied only in cases in which the compensatory character of such benefits is not otherwise determinable.

Face às regras supramencionadas, os tribunais americanos têm procurado distinguir os casos em que as vantagens não são compensação do trabalho, mas conveniência do empregador, ou seja, distinguir a linha que separa *remuneração do trabalho e instrumento do trabalho* ou *condições do emprego*, que são as utilidades que o empregador coloca à disposição dos seus empregados como instrumentos para o exercício do seu trabalho ou profissão.[22] Estas últimas, por não terem carácter compensatório, não constituem rendimentos e, por conseguinte, não são tributáveis.

Em sentido muito semelhante se orientam a doutrina e a jurisprudência alemãs, ao distinguir entre as contraprestações pagas pelo empregador em razão do vínculo de emprego (as quais constituem rendimento do trabalho) das simples *vantagens* ou *comodidades (Annehmelichkeiten)* — as quais, embora se traduzam num benefício para o trabalhador, não têm relação direta com o vínculo de emprego. A jurisprudência do *Bundesfinanzhof* estabelece a linha divisória entre as atribuições patrimoniais que constituem rendimentos das demais, em função do critério do *interesse predominante do empregador* (*überwiegendes eigenbetriebliches Interesse des Arbeitgebers*). À luz deste critérios, não têm sido consideradas rendimento do trabalho as vantagens que têm a sua causa numa *relação institucional de serviço*, de tal modo que o trabalhador delas não pode furtar-se. Exemplos, destes casos são os serviços proporcionados pela empresa de guarda de crianças nas creches da própria empresa, a colocação à disposição de centros esportivos, a distribuição de bebidas para consumo durante o serviço, o estacionamento gratuito, a redução do preço do "automóvel do ano" nas vendas a empregados da indústria automobilística, o fornecimento de curso de cultura oriental para empregados a serem transferidos para sucursal no Japão — isto é, todas as modalidades ou figuras que trás denominamos de "liberalidades sociais". Com base nesta jurisprudência, a doutrina mais recente caracteriza as vantagens realizadas no interesse próprio da empresa como um *enriquecimento forçado* do trabalhador, na medida em que tais vantagens não são objeto de livre negociação no mercado, mas *impostas* pela política da empresa.[23]

Verifica-se, assim, estreita consonância entre os pontos de vista da doutrina e da jurisprudência alemã e norte-americana. O conceito alemão de *vantagem* ou *comodidade imposta* corresponde, com efeito, ao conceito norte-americano de *condições de emprego*. Por sua vez, o critério alemão do *interesse preponderante da empresa* tem o seu correspondente no critério norte-americano da *convenience of the employer* — que, en-

22. Cfr. Surrey/Warren, *Federal Income Taxation, cit.*, 120 ss.

23. Cfr. Georg Crezelius, *Steuerrecht II — Besonderes Steuerrecht*, Munique 1991, 94; Wolfgang Jakob, *Einkommensteurer*, Munique 1991, 86 ss.; Günter Schaub, *Arbeitsrechtshandbuch* (7ª ed.), Munique 1992, 420-421; Hanau, *in* Reinhard Richardi/Otfried Wlotzke (org.), *Münchener Handbuch zum Arbeitsrecht*, I, Munique 1992, 1114; Dieter Gaul, *Das Arbeitsrecht im Betrieb*, I (8ª ed.), Heidelberg 1986, 278-279.

tre nós, recobre a dupla modalidade de concessão gratuita do uso de instrumento de trabalho e de liberalidade social.

Em Portugal, a doutrina também distingue, em sentido muito similar, as utilidades que os trabalhadores aufiram e que correspondam a *contraprestações sinalagmáticas* da relação trabalhador/empresa (e que são verdadeiras remunerações ou rendimentos do trabalho tributáveis) das utilidades ou benefícios concedidos pela empresa *por sua iniciativa e necessidade estrutural e funcional* e não por força impositiva da relação laboral (excluídas do âmbito de incidência do imposto — que assim não incidirá sobre a concessão gratuita do uso de instrumentos de trabalho ou sobre "liberalidades sociais").[24]

D) A distinção entre remunerações do trabalho, instrumentos de trabalho e liberalidades sociais

Entre nós, o fato de o conceito legal de rendimento pressupor, como se viu,não só a existência de um benefício, mas também que este corresponda a uma remuneração ou contraprestação, leva a extrair conclusões idênticas. Assim, só podem ser conceituados como rendimento as vantagens suscetíveis de livre negociação entre as partes no interesse preponderante do empregado e que, por conseguinte, representam "produto" ou contraprestação do trabalho. Mas já não representam rendimento benefícios insuscetíveis de livre e prévia negociação, que a empresa, como instituição, impõe no seu interesse preponderante (a que, diga-se, não são alheias as suas funções e responsabilidades sociais, como adverte o artigo 154 da Lei das SA) a quem quer que entre ao seu serviço e aos quais o trabalhador não pode furtar-se, quer seja a título de "instrumento de trabalho", quer seja a título de "liberalidades sociais".

Há, pois, que distinguir a *relação individual de emprego*, instituída por contrato (expresso ou tácito, mas sempre livremente estipulado) da *situação estatutária espontânea e unilateralmente pela empresa*. Só no que toca à primeira é que os benefícios concedidos representam *remuneração do trabalho* e, por conseguinte, rendimento. Os benefícios decorrentes da segunda situação constituem ou *condições* ou *instrumentos de trabalho* ou *liberalidades sociais*, sem a natureza de remuneração e de rendimento, por lhes faltar, simultaneamente, a origem contratual e o caráter sinalagmático de retribuição.

A pedra de toque para distinguir estas situações está em que, enquanto a *remuneração do trabalho*, em qualquer modalidade ou forma, é livremente pactuada e judicialmente exigível da empresa pelo trabalhador, a *condição estatutária de trabalho*, na sua dupla modalidade de "instrumento de trabalho" ou "liberalidade social", é estabelecida unilateralmente pela empresa, no seu interesse preponderante, pelo que o trabalhador não só não pode dela eximir-se (a chamada *riqueza imposta* da doutrina alemã), como não pode exigi-la judicialmente. Assim, por exemplo, nada impede que a empresa retire aos seus administradores a utilização de veículos, reduza a categoria destes, imponha a freqüência de clubes ou retire esta vantagem, coloque à disposição certos empregados ou reduza ou retire esta facilidade, tudo a seu critério exclusivo, caso do contexto resulte que tais estipulações não foram objeto de convênios comutativos, sinalagmáticos, equilibrados, "do ut des", mas sim concedidos espontaneamente a uma generalidade de benefíciários, como instrumentos de trabalho ou liberalidades sociais.

Paralelamente, há que distinguir o pagamento (ou reembolso) pela empre-

24. Cfr. Vítor Faveiro, *Noções Fundamentais de Direito Fiscal Português*, vol. II, Coimbra 1986, 139 e 147.

sa, de *despesas pessoais* dos seus empregados, o que representa contraprestação derivada da relação individual de emprego e, assim, rendimento tributável, do pagamento (ou reembolso) pela empresa, de *despesas funcionais*, incluídas no âmbito da situação estatutária e que, por serem realizadas no interesse preponderante da empresa, não constituem contraprestação do trabalho, nem, por conseguinte, rendimento.

À luz dos critérios atrás expostos, certas situações enumeradas pela lei e pelos Pareceres Normativos atrás citados não apresentam dúvidas, desde que — e repita-se com a maior ênfase — tenham sido objeto de estipulações e revistam caráter remuneratório. Constituem inegavelmente *despesas pessoais*, cuja cobertura é suscetível de livre negociação nos quadros da relação individual de de emprego e cujo reembolso ou pagamento representam remuneração adicional e rendimento tributável: a) o pagamento de despesas particulares mediante utilização de cartões de crédito; b) o pagamento de despesas com passagens e estadas em períodos de férias; c) o pagamento de despesas com instrução de dependentes; d) o pagamento de salários de empregados domésticos; e) a aquisição de alimentos ou quaisquer outros bens para utilização pelo beneficiário fora do estabelecimento da empresa (artigo 74, II, "a" da Lei 8.383, de 30 de dezembro de 1991).

Todavia, quatro casos referidos no artigo 74 da Lei n. 8.383, referidos como integrando a remuneração do beneficiário, requerem uma análise diferenciadora. São eles: (I) o *rendimento imputado* pelo uso de veículo e respectivos gastos de conservação, custeio e manutenção; (II) o *rendimento imputado* pelo uso de imóvel e respectivos gastos de conservação, custeio e manutenção; (III) os pagamentos relativos a clubes e assemelhados; e (IV) o salário e respectivos encargos sociais de empregados postos à disposição ou cedidos.

Na seqüência lógica de todo o anteriormente exposto, estas hipóteses apenas constituem remuneração do beneficiário se e quando correspondam a uma contraprestação pelo exercício do trabalho ou função, sendo objeto de livre negociação no âmbito da relação individual de emprego ou função.

Mas os citados preceitos legais já não podem impôr a mesma conseqüência nos casos em que tais benefícios não sejam contraprestação, mas política unilateral da empresa, em benefício não de um, mas de toda a comunidade de beneficiários compreendida nas *condições* ou *instrumentos de trabalho* ou nas *liberalidades sociais*. E apesar da amplitude da sua expressão literal, não podem impôr essa conseqüência porque à lei ordinária não é legítimo conceituar como rendimento aquilo que não é produto do trabalho, isto é, aquilo que não é *remuneração* comutativa e sinalagmática do trabalho, pois a tal se opõe o artigo 43 do Código Tributário Nacional, com força hierárquica de lei complementar.

Diga-se desde já que o próprio Fisco não se afasta deste entendimento, na medida em que o Parecer Normativo 11, de 30 de setembro de 1992, do Coordenador Geral do Departamento da Receita Federal, entende que o regime fiscal dos salários indiretos, notadamente o decorrente do artigo 74 da Lei n. 8.383/91 somente é aplicável aos casos em que se está perante uma remuneração. Segundo o item 11 deste Parecer "no âmbito da legislação tributária, e em sintonia com as disposições das leis trabalhistas, serão computados, para fins de apuração do montante mensal da remuneração, *todos os pagamentos efetuados em caráter de remuneração pelos serviços efetivamente prestados à pessoa jurídica*, inclusive as despesas de representação e os benefícios e vantagens concedidos pela empresa *a título de salários indiretos*".

Nada temos a opor a esta interpretação do Fisco, aliás inteiramente em sintonia com a nossa tese. Mas se o regime fiscal dos salários indiretos, descrito na lei e no Parecer Normativo 11/92 é aplicável aos benefícios que tenham caráter remuneratório, segue-se que ele é ininvocável sempre que não revistam tal caráter, como é o caso dos "instrumentos de trabalho" e das "liberalidades sociais".

E) O caso específico dos veículos e automóveis

É, pois, em face desta regra de *interpretação conforme* que entendemos não poderem integrar-se no conceito de "remuneração" e, portanto, de rendimentos, as hipóteses atrás consideradas quando exprimam meros "instrumentos de trabalho" ou "liberalidades sociais", estabelecidos unilateralmente pela empresa e que não são objeto de livre negociação com o dirigente ou empregado.

No que concerne a veículos e imóveis, o inciso I do artigo 74 adotou o conceito de *rendimento imputado* (*imputed income*), ou seja, a categoria de rendimento em espécie que corresponde ao valor de uso de bens duradouros[25] isto é, a contraprestação de arrendamento mercantil ou o aluguel, ou quando for o caso, os respectivos encargos de depreciação atualizados monetariamente até a data do balanço — acrescidos ainda da conservação, custeio e manutenção.

Observe-se que este preceito legal não se refere às hipóteses de reembolso de despesas de aluguel e similares com veículos ou imóveis em nome do próprio empregado e no seu interesse exclusivo, caso em que se trata em princípio de despesas pessoais, cujo pagamento representa rendimento tributável, conforme entendimento do Fisco (Parecer Normativo CST 18/85 e Ato Declaratório [Normativo] CST 4/77).[26] Refere-se, sim, a veículos e imóveis, de propriedade da empresa ou de terceiros, e cujo uso é cedido aos beneficiários, no interesse preponderante da empresa.

Nestas situações, importa, porém, distinguir os casos em que a cessão do uso é no interesse individual do trabalhador, como tal livremente estipulada, daqueles em que essa cessão resulta de imposição decorrente do interesse predominante da empresa. No primeiro caso, a cessão do uso constitui contraprestação do trabalho e, por conseguinte, salário indireto *rendimento imputado* tributável sujeito ao regime do artigo 74º da Lei 8.383/91 e do Parecer Normativo 11/92. Mas não assim no segundo caso, em que a cessão do uso representa mero *instrumento de trabalho*, sem a natureza de rendimento, escapando assim do âmbito de aplicação daquele regime.

Esta distinção foi colocada com extremo rigor e precisão, no que concerne a imóveis e veículos, pelo tributarista português Vítor Faveiro, que aliás ocupou durante longos anos o cargo de Diretor Geral das Contribuições e Impostos (equivalente ao Departamento da Receita Federal):

"Casos que exigem uma consideração e qualificação casuística são os do fornecimento, pelas empresas, de habitação ao seu administrador-delegado, pois é manifesta uma pluralidade de elementos ponderáveis como fundamento para se considerar uma parte importante do custo de casa — aluguel pago pela empresa, ou amortização de eventual compra — como *um encargo normal, estrutural ou orgânico da própria empresa*: o administrador-delegado *está permanentemente em exercício de funções*, potencial ou efectivo, tendo de receber no seu domicílio clientes nacionais e estrangeiros, por vezes de elevada categoria social ou comercial, e aí realizar acções so-

25. Cfr. Surrey/Warren, *Federal Income Taxation cit.*, 127.

26. E reiterada no item 15 do Parecer Normativo CST 11/92 "caso o veículo utilizado tenha características de automóvel particular, resta claro que todo o custo incorrido deverá ser incorporado à remuneração da empresa".

ciais de representação da empresa, tendo por isso, de suportar incómodos que não suportaria em sua casa; tem de realizar, daí ou aí, comunicações a qualquer hora, com os serviços da empresa, com entidades oficiais ou com clientes; tem de manter ou consentir, no seu domicílio, serviços ou instrumentos de interesse de empresa; pode ter necessidade de convidar entidades nacionais ou estrangeiras, a instalar-se no seu domicílio, em visita à empresa, de negócios ou de cortesia, e de manter, para o efeito, espaço e instalações adequadas a essa eventualidade. Ora, a maioria ou a quase totalidade das características dos custos de uma casa nestas condições, com estes requisitos e com este destino, é muito diferente de uma casa que o administrador-delegado teria ou poderia obter para sua habitação normal: em dimensão, em localização, em categoria, em mobiliário, em decoração, em equipamento e em funcionamento. Daí que se o fornecimento, absolutamente gratuito, de casa em tais condições não isenta o administrador-delegado da imputabilidade de utilidade complementar para além da remuneração normal do trabalho, e havida como uma remuneração em espécie, e o estabelecimento de uma renda ou compensação, mesmo que *inferior àquela que o administrador-delegado teria de pagar se obtivesse uma casa, por sua conta e livre das aplicações ao serviço da empresa* afasta quaisquer possibilidades de se considerar sujeita a imposto profissional para além de remuneração efectiva. Isto, mesmo que se trate de uma casa alugada pela empresa e por que pague uma renda muito superior à renda, ou compensação que lhe pague o administrador-delegado pelo facto de aí ter também a sua residência."[27]

"No que respeita a *automóveis próprios da empresa* afectos a utilização normal por certos trabalhadores que tenham de se deslocar com freqüência, durante as horas de serviço ou fora delas, também se trata de *instrumentos afectos ao serviço da empresa*, cujo custo, manutenção e consumo obviamente lhe pertence, sem que a sua afectação normal a certos trabalhadores — e designadamente a administradores, directores ou técnicos — que tenham de se deslocar, com certa normalidade ao serviço da empresa mesmo fora dos horários regulares seja havida, sequer, como regalia social, tanto mais que os mesmos carros podem ser utilizados, durante ou fora dos horários normais, por outros trabalhadores, igualmente para serviços da empresa. A circunstância de, em casos pontuais, os carros serem porventura utilizados particularmente por alguns trabalhadores, constitui uma eventualidade insusceptível de sujeição a regulamentação rígida na qual se consagre a contabilização ou determinação dos valores da utilidade privada ocasionalmente fruída pelos trabalhadores em causa. Essa eventualidade já é, de resto, considerada pela empresa na sua própria estrutura e organização quando decide afectar carros seus ao serviço predominante ou exclusivo de trabalhadores de funções permanentes, correspondendo à aceitação de práticas correntes da vida social em que há sempre uma margem de tolerância na rigidez das estruturas dos comportamentos que, sem ele, tornariam impossíveis as relações humanas e o funcionamento das empresas (...)."[28]

É exatamente nesta linha que o próprio Fisco brasileiro já se tinha pronunciado quando, no Parecer Normativo CST 18/85, considerou como *salário indireto* tributável, o pagamento de despesas com veículos *não utilizados na atividade operacional da pessoa jurídica*. E isto precisamente porque, sendo o veículo afeto ao uso pessoal do beneficiário e não no interesse preponderante da em-

27. Cfr. Vítor Faveiro, *Noções Fundamentais de Direito Fiscal Português*, vol. II, *cit.*, 151-152.

28. Cfr. Vítor Faveiro, *op. cit.*, 158.

presa, o pagamento da respectiva despesa constitui remuneração do trabalho, integrada no conceito de salário tributável, e não instrumento de trabalho excluído *a priori* do conceito de remuneração e, por conseguinte, não tributável.

O artigo 74, inciso I, da Lei 8.383/91, apesar da abrangência da sua formulação literal, não tem o sentido de considerar como rendimento tributável — em si mesmo considerado, e independentemente das circunstâncias e do contexto — algo que não é rendimento por natureza (mas sim instrumento de trabalho ou liberalidade social, por oposição à retribuição propriamente dita), pois a tanto se oporia, como já se viu, a regra de *interpretação conforme* com o artigo 43 do Código Tributário Nacional e a própria interpretação do Parecer Normativo 11/92, tendente a restringir o regime dos salários indiretos às hipóteses de remuneração. O seu alcance é antes o de, no âmbito das cessões de uso que constituem rendimento (por serem verdadeiros salários indiretos, *in natura*, como tal estipulados), esclarecer os valores que devem ser considerados como rendimento, designadamente *rendimento imputado*.

São exemplo de cessões gratuitas de uso de veículos ou de imóveis que não constituem remuneração e, portanto, rendimento:

— a colocação à disposição de automóveis utilizados pelos administradores preponderantemente no exercício de suas funções na empresa e de características por esta definidas;

— a colocação à disposição de aeronave necessária para deslocações impostas pela atividade operacional da empresa;

— a colocação à disposição de imóvel de características e localização definidas e exigidas em função do exclusivo interesse da empresa.

Em nenhum destes casos o benefício atribuído é livremente negociado pelas partes como contraprestação dos serviços prestados, mas sim concedido e até imposto pela empresa como *condição* ou *instrumento do trabalho*, tendo em vista o contexto econômico e social do caso concreto. Em nenhum destes casos pode o administrador, assessor ou terceiro exigir judicialmente da empresa a sua atribuição, ou obstar a que as vantagens em causa sejam unilateralmente reduzidas ou eliminadas. Não pode, por conseguinte, falar-se em remuneração do trabalho nem em rendimento tributável do beneficiário. O artigo 74 da Lei 8.383/91 é-lhes, pois, inaplicável.

A previsão de casos de "utilização mista" pelo Parecer Normativo 11/92 (item 16 e seguintes), em vista a determinar a parte proporcional do tempo em que o veículo não esteve ao serviço da empresa não tem qualquer fundamento legal e chega a ofender regras elementares de bom-senso.

A questão toda está em saber se o uso gratuito do veículo foi concedido preponderantemente no interesse pessoal do direito (caso em que reveste caráter remuneratório de salário indireto e submetendo-se, por conseguinte, ao artigo 74 da Lei 8.383/91) ou se foi concedido no interesse preponderante da empresa (caso em que não tem caráter remuneratório, sendo um "instrumento de trabalho" não sujeito ao regime do referido artigo 74). Nesta última hipótese, não há que averiguar se, acidental ou eventualmente, o seu uso possa ter sido pessoal, da mesma forma que o diretor pode usar o telefone da empresa para comunicações pessoais, o papel da empresa para redigir uma carta privada, o restaurante da empresa para receber um parente.

F) O caso específico dos clubes e empregados

O que acaba de expôr-se em relação a veículos e imóveis aplica-se de pleno a clubes e empregados. São exemplo de casos que não podem integrar-se no conceito de remuneração e, portanto, de rendimentos sujeitos ao regime do artigo 74 da Lei 8.383/91 e do Parecer Normativo 11/92:

No que concerne a clubes:

— a empresa produtora de material esportivo (tênis, hipismo, golfe) que impõe aos seus administradores a obrigação de ser membro e frequentar os clubes mais prestigiados da modalidade;

— a empresa que impõe aos seus administradores a obrigação de ser membro e frequentar os clubes frequentados por homens de negócios do país;

— a empresa que, dentro da sua linha de imagem, impõe aos seus administradores uma política de relações sociais para contatos com clientela sofisticada em clubes de alto nível.

No que concerne a empregados postos à disposição ou cedidos:

— a empresa que impõe a seu administrador a obrigatoriedade de se fazer assistir permanentemente de secretária pessoal isenta de horário e de local de trabalho;

— a empresa que impõe a seu administrador a obrigação de oferecer regularmente *cocktails* e recepções a fornecedores e clientes, pondo à sua disposição empregados contratados pela própria empresa;

— a empresa que impõe aos seus administradores que, por razões de comodidade e segurança, se façam sempre acompanhar de motorista e guarda pessoal.

G) O problema da disponibilidade jurídica e econômica

Atrás se demonstrou exaustivamente que os "instrumentos de trabalho" e as "liberalidades sociais" não configuram remuneração de trabalho e, por conseguinte, "produto" do trabalho susceptível de se caracterizar como rendimento tributável.

A esta regra, porém, acresce uma outra: é que, nos termos do artigo 43 do Código Tributário Nacional só pode haver renda tributável aí onde houver *rendimento disponível* para o seu titular. Quer isto dizer que não basta haver rendimento — ou seja, "produto" do capital, do trabalho, ou da combinação de ambos —, é ainda necessário que, se existir tal "produto", seja ele *disponível* (jurídica ou economicamente) para o seu titular.

Já atrás se demonstrou — e exaustivamente — que os "instrumentos de trabalho" e as "liberalidades sociais" não constituíam remuneração do trabalho e, por conseguinte, "produto" ou "rendimento" tributável em matéria de imposto de renda.

Por isso poucas palavras são necessárias para esclarecer que — ainda que pudessem como tal ser considerados — não seriam tributáveis pela razão de que em relação a eles não se verificaria o requisito adicional, mas indispensável, da disponibilidade econômica ou jurídica. E isto porquê?

Em matéria de "instrumentos de trabalho" porque o uso gratuito dos bens colocados a serviço instrumental do beneficiário para o desempenho das suas tarefas (caso não tenham sido objeto de prévia e livre estipulação e caso não tenham caráter retributivo — em que, então sim, configuram verdadeiros salários — conquanto indiretos) não contém qualquer dos atributos da disponibilidade: não é exigível, nem alienável, antes ao contrário é revogável e redutível.

E o mesmo se diga em matéria de "liberalidades sociais" (nas mesmas condições) que também não podem ser exigidas, alienadas ou objeto de atos de disposição de qualquer natureza. Pode falar-se em disponibilidade jurídica ou econômica de direito a frequentar clubes de negócios ou lazer, de esquemas de previdência, de mecanismos de reembolso de despesas médicas, de realização de *check up* médico? Decerto que não.

H) A questão da dedutibilidade dos instrumentos de trabalho e das liberalidades sociais

Fossem os instrumentos de trabalho e as liberalidades sociais atos puramente gratuitos e não se questionaria sequer a questão de sua dedutibilidade como despesas operacionais da empresa, ao invés do que sucede com os salários indiretos ou *in natura* que, por serem verdadeiras remunerações de trabalho, são sem hesitação despesas necessárias à operação da pessoa jurídica, caso aliás expressamente reconhecido pelo Parecer Normativo 11/92.

A dúvida tem razão de ser em função do elemento "gratuito" que se insinua na fisionomia destas duas modalidades. Mas esta hesitação logo se dissipa se se atentar em que tanto numa como noutra o caráter gratuito da cessão do uso dos bens (no caso de instrumento de trabalho) ou da concessão de vantagens ou comodidades (no caso de liberalidades sociais) não é suficiente para as caracterizar como liberalidade pura, ou seja, no interesse exclusivo do beneficiário, visando o seu enriquecimento, pois são feitas no interesse da própria empresa, visando finalidades — como a função social e as responsabilidades sociais desta — que retiram ao elemento gratuito dos atos em causa o caráter de liberalidade pura.

Como atrás se disse, a manutenção ou pagamento de serviços médicos, de clubes de lazer, de alimentação apropriada, de esquemas de previdência e seguro, não são realizadas "uti singuli", isto é, em atenção à pessoa individual dos destinatários, mas sim tendo em vista a função que desempenham na empresa e o interesse que esta tem no bem-estar, na saúde, na cultura, no lazer dos seus empregados.

Estamos longe dos tempos descritos por Charles Dickens e Karl Marx — os primórdios da industrialização e do capitalismo cruel, sem alma — em que tais despesas de finalidade social seriam impensáveis e evidentemente indedutíveis por Fiscos avaros e implacáveis. Hoje, porém, não é assim. Se a própria Lei das sociedades por ações, no seu artigo 154, declara que a função e responsabilidades sociais das empresas são parâmetros que devem nortear a conduta dos administradores e que eles podem praticar atos gratuitos em benefício dos seus empregados — então é evidente que eles são dedutíveis, porque *necessários* para a consecução dos objetivos das mesmas, entendidos hoje em termos mais amplos.

Se tais despesas foram realizadas no interesse da empresa, elas são dedutíveis, observados evidentemente os limites de "razoabilidade", insuscetíveis de uma definição precisa, mas sempre controláveis por critérios ou "margens de livre apreciação" das autoridades. Não se trata, em suma, de "pagamentos por mera liberalidade" a que o Parecer Normativo CST 18, de 23 de dezembro de 1985, recusa, a justo título, o direito à dedução.

Essencial para a dedutibilidade, numa palavra, é que a despesa tenha sido incorrida com motivação no interesse da empresa e não no enriquecimento do beneficiário.

V — Conclusões

Em face do anteriormente exposto, podem assim sintetizar-se as principais conclusões deste parecer:

1. De harmonia com os artigos 457 e 458 da CLT, são essenciais ao conceito de salário e de remuneração do trabalho a origem contratual e o caráter remuneratório;

2. Neste conceito se incluem salários indiretos, *in natura*, que obedeçam ao duplo requisito atrás indicado;

3. Deste conceito estão, porém, excluídos os "instrumentos ou condições" de trabalho consistentes na concessão gratuita de uso de bens da empresa ao empregado para que este os utilize no interesse preponderante daquela e que não têm origem contratual nem caráter remuneratório;

4. Deste conceito estão também excluídas as "liberalidades sociais" estabelecidas no âmbito de política social da empresa, que têm como destinatários uma pluralidade de pessoas que exercem certas funções, que são concedidas em função dos deveres e responsabilidades sociais da empresa, não tendo origem contratual nem caráter remuneratório;

5. Aos "instrumentos de trabalho" e às "liberalidades sociais" não sendo remuneração do trabalho, nem salário, não são aplicáveis os princípios do direito do trabalho, notadamente o princípio da irredutibilidade;

6. Os instrumentos de trabalho e as liberalidades sociais, por não constituírem remuneração do trabalho, não estão sujeitos a contribuições previdenciárias e à contribuição para o FGTS;

7. Os instrumentos de trabalho e as liberalidades sociais, por não constituírem remuneração do trabalho não estão sujeitos a imposto de renda, estando porém submetidos a este imposto os verdadeiros salários indiretos, *in natura*, ou seja, os contratualmente estipulados com caráter remuneratório;

8. O artigo 74 da Lei 8.383, de 30 de dezembro de 1991, tem de ser interpretado restritivamente (como aliás o fez o próprio Parecer Normativo 11/92), no sentido de apenas se aplicar aos casos que configurem verdadeiros salários indiretos e não instrumentos de trabalho ou liberalidades sociais;

9. Ainda que se tratasse de salários indiretos, grande parte dos casos submetidos a nosso exame não seriam tributáveis por em relação a eles não ocorrer a disponibilidade jurídica e econômica dos rendimentos, conforme exije o artigo 43 da CTN;

10. As despesas com instrumentos de trabalho e liberalidades sociais são dedutíveis porque necessárias ao desempenho da função social da empresa, não consistindo em meras liberalidades, mas em atos gratuitos praticados no seu interesse preponderante.

É este o nosso parecer s.m.j.

Rio de Janeiro, 23 de agosto de 1993

CADERNOS DE DIREITO TRIBUTÁRIO

DUPLA (MÚLTIPLA) TRIBUTAÇÃO INTERNACIONAL RENDAS DE EMPRESAS: "DUPLA TRIBUTAÇÃO JURÍDICA INTERNACIONAL" E "DUPLA TRIBUTAÇÃO ECONÔMICA INTERNACIONAL"

HELENO TAVEIRA TORRES[1]

Pesquisador na II Universidade de Roma "Tor Vergata" — Centro interdisciplinare di Studi Latino Americani — Pós-graduado no Curso de Aperfeiçoamento em Direito Tributário Internacional da I Universidade de Roma "La Sapienza"

1. ASPECTOS GERAIS — 2. A NOÇÃO JURÍDICA DE DUPLA TRIBUTAÇÃO: 2.1 Os modos de manifestação da bi(multi) tributação: âmbito espacial — interno e internacional; 2.2 Aspectos terminológicos; 2.3 A dupla (múltipla) tributação internacional como fenômeno; 2.4 refutação à teoria da múltipla tributação enquanto resultado negativo; 2.5 A relação entre o fenômeno da dupla (múltipla) tributação internacional e o direito interno e internacional: a legitimidade; 2.6 As causas da dupla (múltipla) tributação internacional de rendas de pessoa jurídica — 3. A DEFINIÇÃO DE DUPLA (MÚLTIPLA) TRIBUTAÇÃO INTERNACIONAL: 3.1 O tratamento doutrinário tradicional sobre a definição da dupla (múltipla) tributação internacional e a atual perspectiva; 3.2 A definição da dupla (múltipla) tributação internacional; 3.3 A pluralidade de normas; 3.4 A identidade do fato gerador dotado de elemento de estraneidade — 4. A TIPOLOGIA DA DUPLA (MÚLTIPLA TRIBUTAÇÃO INTERNACIONAL. "DUPLA TRIBUTAÇÃO JURÍDICA INTERNACIONAL" E "DUPLA TRIBUTAÇÃO ECONÔMICA INTERNACIONAL", O FIM DE UM PARADIGMA: 4.1 Aspectos gerais; 4.2 A necessária distinção sob as vestes de uma nova terminologia e a inexistência da "dupla tributação econômica internacional" — 5. A DUPLA (MÚLTIPLA) EXAÇÃO INTERNACIONAL: 5.1 Configuração; 5.2 Os tipos da dupla (múltipla) exação internacional: societária e de transferência

Resumo

O presente estudo busca apresentar uma definição plasmada em elementos exclusivamente jurídicos para o fenômeno da dupla (múltipla) tributação internacional, considerando-o como *a (dupla)*

1. Particulares agradecimentos aos profs. Raffaello Lupi, José Souto Maior Borges, Augusto Fantozzi, Giovanni Puoti, Gian Carlo Croxatto e Carlo Garbarino, pela atenção e disponibilidade para discussões sobre o tema.

múltipla subsunção internacionalmente legítima, provocada pela dupla (múltipla) incidência de normas tributárias de diversos Estados soberanos sobre um mesmo fato gerador dotado de elementos de estraneidade. Sob a égide de tal definição, elimina-se qualquer possibilidade para a permanência da distinção doutrinária: dupla tributação *jurídica* internacional e dupla tributação *econômica* internacional, considerando que esta última simplesmente não existe, propondo, para sua descrição, a expressão *dupla exação internacional.*

1. Aspectos gerais

O fenômeno da dupla tributação internacional, melhor, da múltipla tributação internacional, representa o fruto de um inevitável concurso entre normas oriundas de sistemas jurídicos de Estados paritariamente independentes e dotados de poder normativo primário, que desconhecem limitações às suas atividades legiferantes, bem como do desenvolvimento e atual forma de organização das relações econômicas internacionais, o que lhe torna de difícil resolução, haja vista a grande dependência a um esforço conjunto por parte dos países interessados, que nem sempre estão realmente interessados em sua resolução, face aos interesses extra-fiscais[2] de cada um deles.

Tal *patologia tributária* (legítima) possui como causa, geralmente, a diversidade dos *princípios de conexão* adotados pelos Estados com relação aos fatos geradores dotados de elemento de estraneidade, seja com relação às pessoas envolvidas (conforme o princípio *worldwide income taxation*), seja face ao lugar da fonte de produção da renda ou do benefício do contribuinte (pelo princípio da *territorialidade*), ou mesmo a distinção entre os critérios de *qualificação* das rendas tributáveis, da tipologia do imposto ou dos sujeitos envolvidos entre os modos de *localização* das fontes de rendas, dos sujeitos passivos ou do período de ocorrência.[3]

O desenvolvimento do presente capítulo buscará apreender os aspectos teóricos mais amplos e de maior indagação sobre o fenômeno da dupla (múltipla) tributação internacional de rendas de empresas, numa tentativa de individuar sua estrutura e tipologia, dentro do possível, com categorias exclusivamente jurídicas.

2. A noção jurídica de dupla tributação

2.1 Os modos de manifestação da bi(multi)tributação: âmbito espacial — interno e internacional

Dentro da aplicação das normas no espaço, surge o problema da possibilidade de aparecimento de uma dupla tributação, através de um concurso de normas sobre um mesmo fato gerador. Tal concurso de normas pode formar-se tanto no interior de um dado sistema jurídico, como externamente, nas relações entre sistemas jurídicos postos em concurso por um determinado fato tributário, formando assim, respectivamente, a dupla tributação interna ou a dupla tributação internacional.

2. Não se pode esquecer da crescente necessidade financeira dos Estados que, para fazer frente às suas despesas, por vezes excessivas e nem sempre produtivas ou de destinação social, tendem a alargar sempre mais as bases de arrecadação de tributos, procurando alcançar o máximo possível de situações passíveis de figurarem como hipóteses de incidência, de normas tributárias. Para uma discussão mais acurada sobre este aspecto, ver: Pistone, Antonio. "Diritto tributario internazionale", *In: L'ordinamento tributario*, Padova: CEDAM, 1986, v. III, p. 1-7.

3. A existência da dupla tributação não se articula ao redor de uma norma definida de direito internacional, mas sim em torno aos respectivos ordenamentos internos em conflito, pela contradição dos fundamentos do poder tributário dos mesmos.

Para individuar a forma da manifestação espacial deste fenômeno, a dupla tributação, deve-se observar a estrutura do fato gerador correspondente às hipóteses de incidência das normas postas em concurso, se são compostos por elementos completamente "internos" ao sistema ou se apresentarem *elementos de estraneidade*[4] na sua configuração. *A dupla tributação interna* verifica-se no *âmbito* de um ordenamento tributário autônomo e soberano, no qual as normas postas em concurso são próprias deste sistema e possuem, como suporte fático, um mesmo fato tributário ocorrido no próprio território, em forma de um *concurso de competência tributária*. A *dupla tributação internacional*, por sua vez, origina-se do concurso entre o poder de tributar de vários Estados independentes e soberanos, cujas respectivas normas possuem na hipótese de incidência um idêntico suporte fático, com a presença de elementos de estraneidade. Enquanto a primeira dá-se no interior de um mesmo Estado cujas normas conflitantes dizem respeito à distribuição de competência realizada pelo mesmo *poder de tributar*, no outro caso, ao invés, existe um conflito externo, entre *poderes de tributar*, oriundos naturalmente de Estados soberanos e independentes.

A presença de *soberanias fiscais* diversas em concurso é decisiva para a delimitação do que venha a ser a *dupla tributação internacional*, diferentemente da dupla tributação interna, que resulta do concurso de *exercício de competência tributária*, de todo *interno*, entre as pessoas políticas de direito interno — no caso de Estados Federados. A dupla tributação internacional deriva da sobreposição da soberania fiscal de vários sistemas jurídicos, entre si independentes, ao regularem determinados fatos geradores de elementos de estraneidade.

Enquanto na maioria dos ordenamentos, vige uma limitação explícita (ou implícita) à existência da *dupla (múltipla) tributação interna*, através do princípio *non bis in idem*, no âmbito internacional não encontra-se qualquer limitação à mesma. Ou seja, *internamente* não é admitida, legislativamente, a sua existência, enquanto que, *internacionalmente*, tal expectativa de proibição sequer é posta em discussão. A não compreensão desta separação, por motivos a serem desenvolvidos oportunamente, levou a uma grande parcela da doutrina mais autorizada a pensar a dupla (múltipla) tributação *internacional*, sob os moldes da dupla tributação interna, como sendo um elemento negativo, um fato ilícito praticado pelos Estados, a ser evitado, portanto. E é exatamente por ser um concurso de soberanias tributárias que nenhuma limitação, de caráter internacinal, pode ser posta contra o seu exercício, que é soberano, evidentemente.

O *Direito Tributário* trata de cada uma destas formas sob o enfoque particular e inerente à cada uma delas. A *dupla tributação interna* é matéria exclusiva do *Direito Tributário interno*, digamos assim, mas, quanto à dupla tributação *internacional*, o tratamento da mesma é realizado pelos específicos setores internacionalísticos do Direito Tributário. É realizado pelo *Direito Tributário Internacional* no que concerne à estruturação do sistema de tributação das rendas, com a disposição dos critérios de conexão, qualificação e localização dos aspectos inerentes aos fatos geradores dos componentes renditurais, além do estabelecimento de medidas unilaterais tendentes à evitar a existência do fenômeno. Em paralelo, atuando conjuntamen-

4. *Elementos de estraneidade* são aqueles elementos que se encontram na hipótese de incidência de uma norma tributária impositiva e que possuem conexão de natureza *real* (situação ou localização do bem, da fonte ou das pessoas relacionadas) ou *pessoal* (residência ou nacionalidade dos sujeitos) com mais de um ordenamento jurídico.

te, o *Direito Internacional Tributário*[5] ocupa-se da correlação entre as normas de ordenamentos tributários diversos e dos interventos normativos e principiológicos a serem realizados sob a égide do ordenamento de direito internacional, que podem incidir sobre os diversos ordenamentos tributários, quando conexos através de tratados internacionais predispostos para o tratamento tributário das rendas e do capital e a evitar a dupla tributação internacional, com as devidas normas tendentes a realizar uma limitação ao poder de tributar dos Estados contratantes.

A dupla tributação *interna* não faz parte exclusiva do nosso objeto de estudo, pelo que deixamos de tratar a mesma em maiores profundidades, até porque o nosso sistema constitucional eliminou qualquer possibilidade de existência de uma dupla tributação interna. No Brasil a Constituição Federal realiza a distribuição de competência entre as pessoas políticas (União, Estados, Distrito Federal e Municípios), com a distribuição dos respectivos tributos que cabem a cada uma dessas pessoas políticas, de tal modo a eliminar qualquer possibilidade para uma possível existência de *bitributação*, por efeito de um concurso de pretensões impositivas entre as diversas pessoas políticas.

2.2 Aspectos terminológicos

O rigoroso cuidado com a terminologia não é exigência gramatical ou de estilo, mas uma exigência fundamental para construir qualquer ciência,[6] independentemente daquilo que é mantido pela *praxis* ou pelo uso doutrinário.

Um claro exemplo é visto na aplicação da expressão "dupla tributação internacional", universalmente admitida e mantida nos dias atuais por mera comodidade. Poucos são os autores que observam que a mesma é muito restritiva face aos atuais fenômenos de transferência e movimentação de riqueza no vigente mercado internacional, motivo pelo qual o fenômeno em tela, muitas vezes, corresponde ao concurso de vários ordenamentos jurídicos sobre um determinado fato gerador, implicando não apenas numa dupla tributação internacional (correspondendo à presença de dois Estados envolvidos) mas sim a uma *múltipla tributação internacional*. Por exemplo, o caso no qual um mesmo contribuinte é tributado pelo Estado da fonte de pro-

5. Assim, Vogel, Klaus. On double taxation conventions. A commentary to the OECD —, UN and US Model Conventions for the Avoidance of Double Taxation of Income and Capital, Boston: Kluwer, 1991, p. 3, quando diz: "The law of double taxation is a branch of what is commonly called *international tax law*. Traditionally, this term has been used to refer to all international as well as domestic tax provisions relating specifically to situations involving the territory of more than one State, so-called 'cross-border situations'".

6. Carvalho, Paulo de Barros. *Curso de direito tributário*, SP: Saraiva, 1992, p. 158; Sem dúvidas, o cientista que pretenda alcançar uma precisão terminológica em qualquer um dos setores dogmáticos não pode contentar-se com o uso de uma terminologia inadequada, apenas porque foram consagradas pela *práxis* ou pelo uso doutrinário. Tal comportamento leva o estudioso a sérios riscos, entre eles o de não ser compreendido naquilo que pretenda transmitir, ou, o que é bem pior, a tornar-se um mero transmissor de idéias, a serviço da repetitividade, daquilo que sempre foi dito de modo pouco sério e rigoroso — simples para a compreensão dos nécios, mas uma traição ao labor científico de busca da verdade. O convite à manutenção do que é tradicional é tentador, mas o erro de permanecer no superficial, palmilhando um campo de pesquisa sem o necessário rigor científico são de uma mediocridade tal que não permitem o prosperar de quaisquer que seja a empreitada científica. Tal comportamento encontra-se assimilado no que Souto Maior Borges denomina de *satelização da inteligência*, que se expressa através do acontentar-se em gravitar em torno de célebres autores, sem qualquer contestação ao que disseram estes, como se tudo que fora estabelecido por estes fosse a quintessência do saber: "Essas pessoas gravitam em torno do pensamento alheio como satélites apenas iluminadas pelo fulgor do astro-rei." Borges, J. Souto Maior. *Ciência feliz: sobre o mundo jurídico e outros mundos*. Recife: FCCR, 1994, p. 24.

dução da renda, pelo Estado de residência e pelo Estado de nacionalidade (caso resida em um país diverso deste, o qual utilize o princípio *world-wide income*), ao mesmo tempo e sobre o mesmo rendimento.

Sem dúvidas, a correção terminológica requer o uso do termo *múltipla tributação internacional de rendas*, porque compreende tanto a bitributação quanto a tripla tributação, a penta tributação etc. Mas a prática consuetudinária está de tal modo enraizada que qualquer consideração neste sentido faria com que se corresse o risco da incompreensão. O termo "*dupla tributação internacional*", ou "*bitributação internacional*", será usado no curso deste trabalho apenas nos casos em que apresentem uma exclusiva relação entre dois Estados, sendo utilizado o termo *dupla (múltipla) tributação internacional* para indicar o fenômeno enquanto tal, sob seus aspectos gerais.

2.3 A dupla (múltipla) tributação internacional como fenômeno

A doutrina, de um modo geral, mantém, acertadamente, o estudo da dupla (múltipla) tributação internacional como sendo um *fenômeno* a ser conhecido,[7] ou seja, como um dado empírico objeto de conhecimento e experiência.

Um fenômeno juridicamente relevante assume conotações de *instituto* apenas quando vem disciplinado com específicas qualificações, em um sistema jurídico, dotando-se de particulares previsões normativas.

A dupla (múltipla) tributação internacional não é explicitamente vetada por nenhum ordenamento jurídico, tampouco pelo ordenamento internacional, e seu tratamento não é voltado exclusivamente para sua resolução, mas sim para a definição dos limites de atuação do poder de tributar de cada Estado, motivos pelos quais não seria correto considerar a dupla (múltipla) tributação internacional como um instituto jurídico.

Os *tratados para evitar a dupla tributação internacional*, que trazem a disciplina mais completa sobre a mesma, não podem serem vistos como a estrutura própria para afirmá-la como um instituto jurídico, porque a preocupação central está em definir a competência dos Estados envolvidos, repartindo as pretensões impositivas de acordo com um tratamento das rendas transnacionais[8] mediante limitações aos respectivos poderes de tributar, enfim, estabelecendo o tratamento para as rendas transnacionais.

Deste modo, erra quem atribui à *dupla (múltipla) tributação internacional* o caráter de instituto jurídico, devendo, pois, ser considerado exclusivamente como fenômeno.

2.4 Refutação à teoria da múltipla tributação enquanto resultado negativo

As teorias tradicionais, predominantes ainda hoje, insistem em considerar a dupla (múltipla) tributação internacional como um resultado negativo (a ser evitado) provocado pela sobreposição de pretensões impositivas de Estados soberanos. Esta noção é completamente desconexa da realidade jurídica do fenômeno.

A múltipla tributação internacional possui um sentido *negativo* apenas sob um ponto de vista econômico-financeiro, o qual considera a dupla (múltipla) tributação internacional como sendo um elemento incluído no âmbito das "distorções fiscais de investimento", enquanto um obstáculo à perseguição da eficiên-

7. Ver Miraulo, Ana. *Doppia Imposizione internazionale*, Milano: Giuffrè, 1990, p. 12-3.

8. O rendimento é transnacional quando sua fonte ou o beneficiário estão relacionados com mais de um ordenamento tributário, sendo objeto de mais de uma pretensão impositiva.

cia fiscal na alocação dos recursos e na efetuação dos investimentos. Todavia, enquanto categoria jurídica, é perfeitamente legítimo, haja vista não constituir qualquer ilícito, nem fiscal nem, muito menos, de Direito Internacional. A geração de distorções fiscais às atividades econômicas internacionais, portanto, é uma questão parafiscal, extrajurídica, que não deve prevalecer para fins de definição do fenômeno em análise. Melhor dizendo, relaciona-se com as formas de *neutralidade tributária internacional* (externa ou interna) e aos instrumentos predispostos para obtê-la,[9] entre os quais encontram-se os métodos para evitar a dupla (múltipla) tributação internacional.

A natureza jurídica do fenômeno da dupla (múltipla) tributação internacional é, portanto, ser, o mesmo, essencialmente, um concurso de normas jurídicas oriundas de entes soberanos, o que não implica na existência de um ilícito fiscal a ser corrigido e coibido. Mas tal concurso de normas oriundo da justaposição de soberanias fiscais não implica em necessária disparidade entre legislações, pois a dupla (múltipla) tributação pode ser realizada entre Estados dotados de idêntico regime fiscal.[10] Não existe, assim, qualquer possibilidade para as afirmações que pretendem alcançar uma concepção negativista para o fenômeno da dupla (múltipla) tributação internacional, e nisto reside a sua pedra de toque, que como fato lícito deve ser visto, compreendido, estudado e tratado.

2.5 A relação entre o fenômeno da dupla (múltipla) tributação internacional e o direito interno e internacional: a legitimidade

As questões sobre a necessidade de evitar a dupla tributação sempre é colocada, em corolário às teorias negativistas, em termos de "*justiça*" *fiscal internacional* e similares, como se, com a dupla (múltipla) tributação internacional, houvesse um descumprimento de uma norma jurídica qualquer, sendo, portanto, algo ilegal,[11] ou como se afetasse a qualquer dos princípios jurídicos básicos da ordem internacional.

Estas questões são inócuas, não se sustentam, pois não existe uma norma de direito, interno ou internacional, disposta a vetar a existência da dupla (múltipla) tributação internacional, até porque os Estados não reconhecem qualquer limitação de direito internacional ao seu direito de tributação.[12]

9. Contrariamente, ver: Garbarino, Carlo. *La tassazione del reddito transnazionale*, Padova: CEDAM, 1991, p. 391-8, que considera como sendo o papel do Direito Tributário Internacional e do Direito Internacional Tributário o tratamento da neutralidade fiscal internacional; a neutralidade fiscal, diz respeito à determinação da carga tributária global sobre os contribuintes, em consideração sobre sua afetação econômica, caso apareça como sendo superior àquela que seria efetuada caso não houvesse, sobre certo fato gerador, um concurso de normas impositivas. Mas isto é intrínseco às análises de política fiscal ou de economia, mas não para uma análise exclusivamente baseada sob elementos jurídicos.

10. Como diz Cartou, Louis. *Droit fiscal international et européen*, 2ª ed., Paris: Sirey/Dalloz, 1986, p. 20: "La double imposition est la conséquence de la juxtaposition des souverainetés fiscales et n'est pas nécessariement due à des disparités entre les lésgislations: des duobles impositions peuvent se produire entre deux Etats dotés de régimes fiscaux identiques".

11. Contrariamente, Miraulo (1990, p. 12-3), que vê na dupla tributação internacional um fato ilícito e ilegítimo.

12. Garbarino (1991, p. 416), Fantozzi, Augusto; Vogel, Klaus — "Doppia imposizione internazionale". *Digesto — discipl. privat., sez. comm.*, Torino: UTET, 1989, v. V, p. 183; Vogel (1991, p. 4-5); Croxatto, Gian Carlo. "Diritto internazionale tributario". *Rassegna Tributaria*, Roma: EIT, 1989, a. XXXII, n. 10, out., p. 449-50; Faveiro, Vitor Antonio Duarte — *Noções fundamentais de direito fiscal português*, Coimbra: Ed. Coimbra, 1984, v. I, p. 633-4; Miraulo (1990, p. 11); Micheli, Gian Antonio. Problemi attuali di diritto tributario nel rapporti internazionali, *Diritto e pratica tributaria*, Padova: CEDAM, 1965, v. XXXVI, p. 1, p. 221; Plagnet, Bernard — *Droit fiscal international*, Paris: LITEC, 1986, p. 56; Del Giudice, Michele. *Il concetto di doppia imposizione*

Não é possível falar em *limitação internacional ao direito de tributar dos Estados* (a não ser quando estabelecido mediante concurso de vontade, através dos Acordos internacionais), isto é praticamente um dogma estabelecido doutrinariamente,[13] motivo pelo qual a dupla (múltipla) tributação internacional não pode ser considerada como sendo algo ilegítimo, uma vez que não se pode individuar qualquer norma internacional que possua o escopo de vetar sua existência, mesmo que seja uma norma consuetudinária.

E na verdade tal possibilidade seria de *per se* dificilmente concebível, haja vista tratar-se de um fenômeno que surge através do concurso de normas postas por Estados soberanos, cada um no âmbito de seus direitos e liberdades legiferantes. Não há qualquer ilegitimidade ou antijuridicidade na existência de tal concurso de normas tributárias, que deflague a formação da dupla (múltipla) tributação internacional porque, para um dos Estados há um motivo, evidenciado nos correspondentes elementos de conexão, legítimo para realizar a tributação do rendimento ou do capital transnacional.[14] Assim, não existindo para o Estado, enquanto ente da *Comunidade Internacional*, a obrigação de observar determinados limites de direito internacional geral na própria atividade legislativa geral (no caso, em matéria tributária), por conseqüência, não há qualquer possibilidade de que uma atividade legislativa tributária desenvolvida sobre fatos dotados de elementos de estraneidade, venha a ser considerada como sendo internacionalmente ilícita, em consideração de eventuais critérios de conexão acolhidos pela legislação interna de um determinado Estado.

Cada Estado possui um sistema tributário dotado de *autonomia técnica* (é um sistema completo, com todas as normas e mecanismos necessários para realizar a tributação, elaborados diretamente pelo próprio Estado) e de *exclusividade de aplicação* (disposto para aplicação com exclusão de interferência de qualquer outro sistema tributário no seu âmbito de soberania fiscal),[15] motivo pelo

internazionale (*in senso giuridico*). Il Fisco, Roma: EIT, 1990a, n. 10, p. 1487; Nas palavras de Uckmar, ''La comunità internazionale formata da Statisovrani dotati di potestà normativa primaria e indipendente. Ogni Stato può imporre la propria potestà tributaria a tutti gli eventi che implicanno una relazione economica col proprio ordinamento Statuale, anche nei casi in cui le stesse fattispecie siano collegate, per qualche elemento, ad altri ordinamenti giuridici. Ogni Stato può imporre tributi a chiunque si trovi nell'ambito della propria potestà di imperio, sia esso cittadino o straniero.'' Victor. I tratatti internazionali in materia tributaria. *Amatucci*, Andrea (coord.). *Trattato di diritto tributario*, Padova: CEDAM, 1994, v. I, T. II, p. 728; Mas é uma conclusão que já estava em Dorn, Herbert. Diritto finanziario e questione fondamentali sulle doppie imposizioni. *Rivista di diritto finanziario*, Padova: CEDAM, 1938, a. 2, nº 16, vol. 2, p. I, p. 123. Vale assinalar a influência propiciada por este artigo em praticamente toda a doutrina que procura especificar a definição do fenômeno da dupla tributação internacional, tendo sido ''reproduzido'' por muitos notáveis autores. Trata-se de um inegável marco científico; Tixier; Gest, Gilbert; Gest, Guy. *Droit fiscal international*, Paris: PUF, 1991, p. 45, por sua vez, afirma, seguindo Maxime Chrétien: ''Il n'existe aucune règle universelle limitant la libertè des Etats souverains dans le domaine fiscal. Aucune règle génrale obligatoire n'édicte une *prohibition* pure et simple *de la double imposition* une telle prohibition risquerait d'ailleurs d'être sans effer car; le plus souvent, la double imposition est involontaire; elle résulte de la nature des choses, de la diversité naturelle des sistèmes fiscaux''.

13. Assim, Fantozzi, Vogel (1989,p. 183), quando dizem: ''Se ciascun ordinamento rispetta i princippi dell'ordinamento internazionale anche nell'imposizione di fatti che presentano elementi di straneità, il suo comportamento non può certo divenire antigiuridico per il sollo fatto che uno altro Stato pervenga in modo ugualmente legittimo all'imposizione dello stesso pressuposto''.

14. Sobre estas características, ver Tixier; Gest (1991, p. 15-6).

15. Na doutrina menos recente, encontamos afirmações em sentido contrário, como: ''In senso tecnico si ha (a dupla tributação) quano una comunità richiede un tributo senza averne il diritto, ovvero pretende più di ciò che le appartiene.'' Colarusso, Alfonso. *Le doppie imposizioni nei rapporti internazionali*. Padova: CEDAM, 1930, p. 1.

qual é plenamente legítimo ao mesmo não ceder em sua disponibilidade de realizar a tributação daqueles fatos que reconheça como sendo dotados de elementos de conexão com seu território, com o seu ordenamento jurídico. Não ferindo, portanto, qualquer princípio do ordenamento internacional (por ser um legítimo exercício da soberania tributária de cada um dos Estados componentes da sociedade internacional), o seu comportamento não pode certamente vir a ser classificado como antijurídico[16] apenas porque o ordenamento de um outro Estado preveja, no seu âmbito de autonomia[17] de modo tão igualmente legítimo, o mesmo fato gerador como tributável.

A consequência de um eventual veto sobre a dupla tributação internacional que se expressasse no ordenamento internacional não poderia ser outra coisa a não ser a *inaplicabilidade das normas jurídicas* de ambos os Estados, o que seria completamente repudiável e fora de qualquer discussão, por ser limitativo da soberania tributária dos Estados. Uma proibição geral pelo Direito Internacional Tributário pode vir concebida, tão-somente, através de normas de repartição do poder impositivo, estabelecidas nas hipóteses de formação de um acordo bi(pluri)lateral exclusivamente destinado para este fim. Mas, neste caso, há pleno consentimento dos Estados signatários em abrirem mão das suas prerrogativas soberanas sobre a tributação dos fatos para os quais foram estipulados os respectivos tratados. Por outro lado, é importante ressaltar que a não existência de limitações à previsão de hipóteses de incidência normativas, dotadas de elementos de estraneidade, não implica em uma negação da existência de limitações provenientes de tratados internacionais à atividade legislativa dos Estados em matéria tributária, como é o caso das limitações relativas à *nação mais favorecida* e o *princípio da igualdade entre residentes e não residentes — non-discrimination principle*.

A única limitação que poder-se-ia argumentar seria a de vetar qualquer tentativa de tributar os estrangeiros residentes no exterior,[18] mas isto é mais que intuitivo, pela falta de conexão entre os sujeitos e as atividades ou o território do Estado pretendente. Além disso, não trata-se de uma real limitação, mas de uma prática consuetudinária mantida pelos Estados.[19] Uma restrição de tal ordem não teria nenhum efeito, pois a administração de um Estado que estipulasse tal alcance normativo, não poderia jamais realizar a cobrança do respectivo crédito tributário. Em verdade, trata-se de uma autolimitação logicamente estabelecida por parte dos Estados, por ser um evidente *non sense*.

2.6 As causas da dupla (múltipla) tributação internacional de rendas de pessoa jurídica

As *causas* são importantes para individuar em comum o método e os critérios interpretativos e aplicativos das disposições dos ordenamentos internos e daquele internacional, prevalentemente convencional, que disciplinam o fenômeno em tela.

16. Fantozzi (1991, p. 165).

17. Diz Vogel (1991, p. 9), com grande precisão: "Double taxation resulting from the interaction of the domestic laws of two (or more) States, will be consistent with international law as long as each individual legislation is consistent with international law".

18. Assim, ver Croxatto (1989, p. 450-1).

19. Neste sentido, diz Croxatto (1989, p. 450-1): "Infatti il constatare la sussistenza di un comportamento uniforme da parte degli Stati non consente di affermare la esistenza di un limite di diritto internazionale consuetudinario alla attività legislativa in materia tributaria, perchè a tale fine è necessario dimostrare che la limitazione non è posta dagli Stati in modo autonomo, mas che essa è osservata dagli Stati in quanto considerata un obbligo di diritto internazionale".

A dupla tributação é, em geral, causada pelo fato de que os critéros fixados em dois ou mais ordenamentos jurídicos, para a tributação de uma determinada fatispécie, são coincidentes ou diametralmente opostos (a depender do tipo de critério), a ponto de transformarem a mesma em um fato gerador tributável ao mesmo tempo no âmbito de diversos ordenamentos.

Duas são fundamentalmente as estruturas adotadas pelos diversos ordenamentos no que concerne a tributação de rendas.

A primeira encontra-se nos países que possuem um evoluído sistema de tributação *pessoal*, através do qual tributa todos os rendimentos, onde quer que sejam realizados ou produzidos, dos sujeitos que possuem uma relação de natureza pessoal com o ordenamento ou o território do respectivo Estado, seja por nacionalidade ou por residência (*world-wide principle*). Nesta os sujeitos são submetidos à tributação com o seu rendimento onde quer que sejam produzidos, independentemente do local da fonte do rendimento, nacional ou estrangeira.

A segunda, encontra-se nos países que adotam ainda um sistema de tributação a caráter real ou cedular, que dá relevância aos elementos de conexão de natureza objetiva, que se identifica com o lugar da produção do rendimento (*princípio da territorialidade*), melhor dizendo, privilegiando a fonte do rendimento (*source income taxation*).

A realidade dos ordenamentos é muito complexa, motivo pelo qual é possível encontrar-se também sistemas mistos, que adotam para certas situações uma sistemática de natureza pessoal (*world-wide income*) e, para outras, de natureza objetiva, mantendo a tributação limitada aos confins territoriais.

Quando existe um fato que se interpõe entre as jurisdições que adotam sistemas conflitivos: pessoal (nacionalidade ou residência) — territorial, surge a possibilidade de concurso de pretensões impositivas sobre o respectivo fato, causando a dupla (múltipla) tributação internacional.

As causas da dupla (múltipla) tributação internacional, quanto ao aspecto do concurso de ordenamentos jurídicos (*double taxation by competing authorities*) pode resumir-se em:

a) conflito entre dois ordenamentos que consideram a renda proveniente da mesma fatispécie como tendo sido produzida dentro dos respectivos territórios e, conseqüentemente, tributáveis por cada um destes (tributação com base na fonte de rendas);

b) conflito entre dois ordenamentos onde um dos quais, com referência à mesma fatispécie renditual, fundamenta sua incidência na conexão pessoal do contribuinte, com pretensão ultraterritorial, enquanto o outro Estado (fonte) adota o critério *objetivo* de conexão, pela conexão da fonte efetiva do rendimento ao território, conforme o princípio da territorialidade.

c) conflito entre dois ordenamentos quando ambos fundam suas pretensões no princípio de conexão *pessoal* da *residência* do contribuinte,[20] sendo este considerado residente, conforme as leis internas dos respectivos países, em ambos os Estados.

Também existe como causa, mesmo sem um contraste objetivo entre as previsões dos ordenamentos jurídicos, a diversidade de interpretações que as autoridades administrativas ou judiciárias dos países envolvidos podem dar ao mesmo conceito jurídico que constitui critério de conexão para o fato nos diferentes ordenamentos.

20. Sobre este aspecto, em maiores detalhes: Mayer, Siegfried. ''La doppia residenza fiscale nelle convenzioni contro le doppie imposizioni''. *Corriere tributario*, Milano: IPSOA, 1990, n. 13, p. 905-907.

3. *A definição de dupla (múltipla) tributação internacional*

3.1 O tratamento doutrinário tradicional sobre a definição da dupla (múltipla) tributação internacional e a atual perspectiva

Com base nestas preliminares considerações, mister analisar a possibilidade de formação de uma definição para o fenômeno em tela, constituindo, assim, um *genus*, reconduzível às várias *species* de manifestação.

A doutrina anglo-saxônica, inglesa e americana, não dedicaram muita atenção à definição do fenômeno da dupla tributação internacional, o que já reflete uma certa preocupação maior com os aspectos práticos do fenômeno do que propriamente em organizar sistematicamente uma teoria geral para o mesmo.

Na doutrina italiana, à parte as originárias formulações do problema por Garelli e Salvioli, o primeiro relevante contributo em termos de definição vem apresentado por Fasolis[21] que opera uma distinção entre dupla tributação *formal* e dupla tributação *material*,[22] baseando-se em aspectos axiológicos (justiça fiscal), considerando que apenas neste último tipo encontrar-se-ia a *injustiça fiscal*.

Para Fasolis, a *dupla tributação formal*, verificar-se-ia, por sua vez, quando em razão da "convergência de vários poderes tributários"[23] fosse aplicado um tratamento diverso aos sujeitos residentes. A expressão *dupla tributação material* denotaria, ao invés, o fenômeno da dupla incidência sobre o mesmo rendimento. Fasolis distinguia, além disso, entre dupla tributação *material subjetiva* e dupla tributação *material objetiva*. A *subjetiva* existiria quando por parte de vários poderes impositivos fosse realizada a incidência de normas jurídicas sobre a mesma fonte de renda; existiria a dupla tributação *objetiva* quando o mesmo rendimento fosse, por sua totalidade, tributado várias vezes pela mesma autoridade fiscal. A dupla tributação *subjetiva* se verificaria, segundo Fasolis, em dois casos: a) quando o mesmo rendimento é tributado junto ao mesmo sujeito com o mesmo imposto por duas autoridades fiscais entre si coordenadas; b) quando as diversas autoridades fossem da mesma ordem e entre si independentes. Para Fasolis esta seria a forma de dupla tributação material injusta em sentido estrito, e por isso forma o objeto de todo o seu trabalho. Este foi, sem dúvidas, a contribuição mais importante em termos de doutrina sistemática e teórica sobre a dupla (múltipla) tributação internacional, sendo objeto de muitos outros estudos desenvolvidos em seguida, como em Udina Griziotti (neste, observa-se uma predominância de fatores determinantes de origem econômica e financeira e que, por este perfil, influiu e ainda influi toda a doutrina italiana), entre outros.

A impostação *sistemática-formalística* é aquela que, apesar das limitações, tem mais amplamente contribuído à definição da dupla (múltipla) tributação internacional.

A doutrina mais autorizada[24] define a dupla tributação internacional so-

21. Ver nota 1 deste capítulo.

22. Miraulo também usa uma classificação semelhante (1990, p. 7-8).

23. Fasolis, Giovanni — *Le doppie imposizione*, Città de Castello: Lapi, 1914, p. 5 e 9-27.

24. Dorn (1938, p. 131) definia a dupla tributação internacional nos seguintes termos: "la doppia (múltipla) imposizione si verifica, allorchè più titolari di sovranità tributaria indipendenti (in ispecie più Stati indipendenti) sottopongono lo stesso contribuinte per lo stesso oggetto contemporaneamente ad un'imposta della stessa specie". Esta definição mantém-se até hoje entre os autores mais respeitados, como Fantozzi, Vogel (1989, p. 186); Udina, Manlio — *Il diritto internazionale tributario*, Padova: CEDAM, 1949, p. 250; Borrás, Alegria. *La doble imposición: problemas jurídico-internacionales*, Madrid: Instituto de Estudios Fis-

bre a base de pelo menos cinco critérios: aplicação de impostos comparáveis — por parte de dois ou mais estados — a cargo do mesmo contribuinte — pelo mesmo pressuposto — e o mesmo período de imposto.

Afirma-se que a dupla (múltipla) tributação internacional verifica-se quando vários titulares de soberania tributária, independentes um do outro, submetem o mesmo contribuinte, pelo mesmo fato gerador, contemporaneamente, a um imposto da mesma espécie.[25] Também, vê-se definições que possuem como ponto de partida o concurso de normas que se verifica quando o poder tributário de diversos ordenamentos fiscais soberanos submetem, com o mesmo tributo, um mesmo objeto. Esta é uma concepção clássica que se encontra ainda hoje entre os mais renomados tributaristas.

Tixier,[26] em sua monumental obra doutrinária, distingue os elementos da dupla tributação jurídica internacional: a identidade do sujeito passivo, a identidade do rendimento submetido à tributação, a identidade do tributo cobrado pelos Estados envolvidos e a identidade do período do imposto.

Fantozzi e Vogel, após considerarem as dificuldades de construção de uma conceituação do fenômeno, até porque, como salientam, este, por não ser um conceito encontrado normativamente e portanto não ser capaz de produzir efeitos jurídicos, não é dotado de qualquer função normativa, mas somente descritiva, seguem idêntica linha de raciocínio, apenas reduzindo a importância da *identificação do sujeito* e privilegiando principalmente a pressão fiscal suportada pelo contribuinte. Para estes autores, a dupla (múltipla) tributação internacional "(em sentido próprio ou jurídico), verifica-se quando dois ou mais Estados aplicam impostos iguais ou análogos ao mesmo fato gerador, se a tributação total resultante supera aquela que resultaria pela tributação total por parte de cada um dos Estados envolvidos, isoladamente".[27]

Além destes autores, o comitê fiscal da OCDE também considera este aspecto consequencial para a estruturação da noção de dupla tributação internacional, que, pela sobreposição de incidência de normas sobre o fato gerador, faça com que o contribuinte passe a suportar uma carga fiscal mais gravosa do que aquela que suportaria caso estivesse tão-somente sob a égide de uma única jurisdição fiscal.[28]

Tal tipo de posicionamento não é aceitável, por estar completamente eivado de elementos economicistas, que superam a seara jurídica, além de, mesmo no âmbito do sistema financeiro encontrar-se debilmente estabelecido. Sem dú-

cales — Ministerio de Hacienda, 1974, p. 30, segue a mesma orientação ao definir a dupla tributação internacional como sendo "aquella situación por la cual una misma renta o un mismo bien resulta sujeto a imposición en dós o más paises, por la totalidad o parte de su importe, durante un mismo período imponible (si se trata de impuestos peródicos) y por una misma causa."; Del Giudice (1990a, p. 1490), na mesma linha de raciocínio: "la doppia imposizione giuridica internazionale è la conseguenza dell'aplicazione di imposte di natura analoga, da parte di due o più Stati, a carico di uno stesso soggetto, per la stessa materia imponibile e per il medesimo periodo di imposta".

25. O comitê fiscal da OCDE define a dupla tributação internacional "comme résultant de la perception d'un impôt comparable dans deux (ou plusieurs) Etats auprès d'un même contribuable, sur une même période de temps".

26. (1991, p. 7 e 19-20).

27. (1990, p. 186-7); Vogel, Klaus. *Il Diritto Tributario Internazionale*. Amatucci, Andrea (coord.). Trattato di diritto tributario, Padova: CEDAM, 1994, v. 1, T. II, p. 713: "La doppia imposizione è dunque la riscossione di imposte comparabile in due o più Stati per lo stesso oggetto imponibile, nel caso in cui l'ammontare complessivo delle imposte riscosse è più alto di quello che si realizzarebbe nel caso di imposizione di ciascun singolo Stato interessato."; Fantozzi (1991, p. 165).

28. Spitz, B. *International tax planning*, Londres: Butterworths, 1972, p. 24; Fantozzi, Vogel (1989, p. 187); Tixier; Gest (1991, p. 24).

vidas, um sentido propriamente jurídico não é encontrado nesta definição. É, *data venia*, falível. O pecado capital vem da assunção do resultado da carga tributária suportada como sendo um elemento determinante para a respectiva definição da dupla (múltipla) tributação internacional. Partindo deste raciocínio, então, mesmo que haja concurso de pretensões impositivas, entre Estados cuja alíquota seja menor que aquela aplicada pelo Estado de residência, e este conceda um crédito de imposto ordinário, eliminando a dupla (múltipla) tributação internacional pré-existente, o fenômeno não se verificaria. Ora, a concessão de um crédito de imposto pelos impostos pagos no exterior — que impede que o contribuinte tenha que suportar uma carga tributária superior a que teria a suportar caso investisse exclusivamente no interior do Estado de residência — pressupõe a existência de um concurso de pretensões impositivas, que deflagra, com a ocorrência do fato gerador, o surgimento do fenômeno da dupla (múltipla) tributação internacional. Assim, um conceito de dupla (múltipla) tributação internacional deve apreender os elementos que antecedem aos efeitos desencadeados pelo surgimento do fenômeno, descrevendo este, portanto, e não seus aspectos conseqüenciais e, neste caso, setoriais de tal conseqüência.

Um trabalho interessante, mas que não recebeu maiores atenções por parte da doutrina, que se organiza em abandono da terminologia tradicional e aprecia o fenômeno com as expressões "dupla tributação *direta*" e "dupla tributação *indireta*", é o "Relatório Neumark".[29] Neste, o autor, examinando o art. 220, do Tratado CEE, que estabelece que os Estados executarão entre si, onde resulte necessário, negociações com o escopo de assegurar, a favor dos próprios cidadãos, a eliminação da dupla tributação fiscal no interior da Comunidade, concluiu que o art. 220 não se referia à dupla tributação direta (aplicação de duas ou mais legislações fiscais a um mesmo objeto ou a um mesmo contribuinte), mas sim a dupla tributação dita indireta, que manifesta-se "quando em uma dada operação de troca, o devedor não pode deduzir da sua base de cálculo um pagamento (ou débito), enquanto o credor, que tenha o seu domicílio fiscal em um outro Estado, vem também ele, no seu Estado, submetido ao imposto correspondente ao quantum que foi anteriormente pago (ou que lhe é devido); fica entendido que tal situação jamais se apresentaria caso o devedor e o credor fossem ambos domiciliados no mesmo Estado".

Realmente, todo o seu percurso discursivo é marcado por uma certa "confusão" terminológica, além de uma ampliação demasiada do conceito vigente de *dupla tributação econômica*, principalmente pelos exemplos fornecidos (particularmente quando fala das hipóteses de não dedução da base de cálculo do devedor de pagamentos normalmente incluídos na base de cálculo do credor), nada obstante limitar sobremaneira os aspectos relativos à formação da *dupla tributação* sobre os lucros societários — dupla tributação internacional *indireta* —, por referir-se quanto aos rendimentos de empresas, apenas ao caso de tributação de dividendos intersocietários, excluindo as hipóteses de distribuição de lucros aos acionistas que sejam pessoas físicas. Por estes motivos, a doutrina, de um modo geral, parece não ter dado muita importância à sua contribuição.

Garbarino,[30] por sua vez, nega a possibilidade de estruturação de uma de-

29. Neumark, Fritz. Relatório do Comitê Fiscal e Financeiro, Bruxelles: CEE — Comissão, 1962.

30. (1991, p. 397-8), "Una nozione giuridica di doppia imposizione internazionale può dunque essere delineata in relazione a specifiche fattispecie impositive e con riguardo all'effettivo concorso o conflitto di pretese impositive che insorge tra due Stati sovrani dotati di potestà impositiva ilimitata".

finição que seja suficientemente capaz de agregar todos os modos de manifestações do fenômeno e por este motivo não apresenta uma definição da *dupla tributação internacional* porque, para este autor, tal empresa só é possível após análise dos sistemas tributários postos em concurso e do fato gerador que desencadeia a formação do concurso de pretensões impositivas.

Para o mesmo, de um ponto de vista formal, apresenta-se o conceito jurídico de dupla tributação, evitando generalizações insustentáveis e inócuas, quando opera-se uma punctual interpretação das normas dos dois ordenamentos jurídicos que se encontram em conflito no resguardo de uma certa atividade produtiva de rendas. Tal análise resolve-se em concreto, na interpretação coordenada das normas dos dois ordenamentos que estabelecem critérios de localização e tratamento das várias categorias de rendas com fins a atribuir a competência para o exercício do poder de recolher o tributo a um ou ao outro Estado, ou no estudo interpretativo e integrativo das normas presentes na Convenção Internacional estipulada entre ambos, com fins de repartir as pretensões impositivas — a função substancial das convenções estipuladas para eliminar ou evitar a dupla tributação internacional. Uma noção jurídica de dupla tributação internacional pode ser delineada, apenas, em relação a específicos fatos geradores e com respeito ao efetivo e concreto concurso ou conflito de pretensões impositivas que aparecem entre dois Estados soberanos dotados de poder de tributar ilimitado. O conceito de dupla tributação vai referido, assim, à análise comparada das pretensões de tributação de dois Estados que possuem como objeto um determinado fato gerador, utilizando um método de análise que se vale essencialmente de uma valoração comparatística das noções jurídico-tributárias internas dos dois Estados à luz do instrumento convencional.

O conceito de dupla tributação jurídica internacional, pois, não pode ser apreendido em uma definição formalmente generalizadora, enquanto cada conceito se baseia sobre conceitos jurídicos-tributários de um particular ordenamento, freqüentemente não reconduzíveis a elementos comuns. Enfim, *uma definição geral não é aplicável à totalidade dos ordenamentos*. Ao considerar-se um conjunto de normas de um certo ordenamento jurídico e ao valorizar-se o mesmo, em sua totalidade, em confronto de um outro, se compreende como as dupla tributação jurídica internacional, nas relações bilaterais, nada mais seja do que o êxito ou o resultado da não perfeita integração e complementariedade dos dois sistemas de normas nacionais voltadas a prevenir a dupla tributação internacional.

A prevenção da dupla tributação internacional emerge exatamente da coordenação entre as normas internas dos sistemas envolvidos, que possuem como objeto a localização e o tratamento do rendimento sobre base internacional. A perfeita coordenação é dificilmente alcançável, e isto rende necessárias outras normas, sejam de natureza interna que bilateral, para *eliminar* as duplas tributações internacionais que eventualmente possam surgir.

Esta tese, permeada de originalidade, nada obstante uma certa influência da doutrina anglo-saxônica, não é sustentável, principalmente porque não se pode considerar, em sede de definição, uma análise atomística do fenômeno, dos elementos que provocam o surgimento do mesmo, apenas — conhecer os sistemas em concurso e o fato gerador — na apreensão externa da ocorrência fenomenológica da ocorrência no mundo jurídico e factual de uma dupla (múltipla) tributação internacional. Tal necessária análise *interna* vem tão-somente em um segundo momento, quando passa-se ao tratamento da mesma, buscando a respectiva supressão ou redução dos efeitos provocados pela existência da mesma. E neste segundo momento, para aplicação das normas convencionais e unilaterais, é que faz-se realmente necessária uma verificação punctual dos elementos suficientes para a configuração da dupla tributação internacional, com análise dos sistemas envolvidos e do fato gerador. Além disso, esta tese presume uma estreita correspondência entre todos os sistemas jurídicos existentes, o que é uma completa utopia, além de considerar o fenômeno independente de uma possibilidade da múltipla relação entre Estados, mas tão-somente sob uma ótica bilateralista.

O que se observa nas tentativas e perspectivas de estabelecer uma definição para a dupla (múltipla) tributação internacional, portanto, é uma tentativa de fuga das teses já classicamente admitidas, através, seja da interferência de elementos financeiros ou econômicos, seja de uma analítica referência aos elementos que compõem o fato gerador, nada obstante a axiomática referência a dois elementos básicos: concurso de pretensões tributárias e um mesmo e único fato gerador.

3.2 A definição da dupla (múltipla) tributação internacional

Por tudo que já foi dito até agora, *mutatis mutandis* faz-se necessário apresentarmos uma definição para o fenômeno da dupla (múltipla) tributação internacional, que se faz proposta nos seguintes termos: o fenômeno da dupla (múltipla) tributação internacional é a (dupla) múltipla subsunção internacional legítima, provocada pela dupla (múltipla) incidência de normas tributárias de diversos Estados soberanos sobre um mesmo fato gerador dotado de elementos de estraneidade.

Certamente esta não é a primeira vez que um autor procura conceituar a dupla (múltipla) tributação internacional com base na *identidade do fato gerador* e no *pluralismo das normas impositivas* incidentes sobre o mesmo.[31] Todos que o fizeram tiveram suas teorias criticadas pela excessiva simplificação do fenômeno, mas tais críticas eram geralmente acompanhadas de avaliações de direito financeiro, com o envolvimento de elementos extra-jurídicos tendentes à resolução de particulares aspectos vinculados aos critérios pessoais, materiais, temporais ou espaciais inerentes ao fato gerador; quando não por este caminho, através de divagações sobre a justiça tributária internacional, sob o signo de um *romantismo jurídico*. Ambos os perfis são falíveis.

O entendimento mais rigoroso de uma definição geral (jurídica) para o fenômeno da dupla tributação envolve o necessário concurso de normas tributárias, já em modo de subsunção, com a existência de um mesmo correpondente fato gerador. A pluralidade de normas e a identidade do fato gerador são elementos incondicionais para a formação da definição de dupla tributação internacional. Enquanto teoria que pretenda alcançar uma definição geral (jurídica) para um fenômeno que existe exclusivamente em função do conflito espacial de normas jurídicas de Estados diversos outro não pode ser o caminho, como veremos.

3.3 A pluralidade de normas

As normas em concurso devem pertencer a ordenamentos tributários distintos, dando origem a uma *colisão* de sistemas fiscais.[32]

31. Por exemplo, Croxatto (1989, p. 452) diz: "Il fenomeno della doppia imposizione internazionale, cioè del concorso di norme tributarie di ordinamenti di ordinamenti giuridici statuali diversi nei confronti di una stessa situazione di fatto".

32. Xavier, Alberto — *Direito tributario internacional do Brasil: tributação das operações internacionais*, 3ª ed., SP: Saraiva, 1994, p. 34.

Estas normas, postas legitimamente pelos Estados, por força das respectivas soberanias fiscais, concorrem internacionalmente haja vista a identidade existente entre as hipóteses de incidência e as inerentes diferenças entre os elementos de conexão adotados.

Deste modo, sem dúvidas, a dupla (múltipla) tributação internacional é configurada pela *duplicidade das hipóteses de incidência normativas* (oriundas de soberanias diversas), sobre um mesmo fato gerador, mas *não é hipótese de incidência, pressuposto, para a incidência de qualquer norma*. Ou melhor, o fenômeno aparece pela duplicidade de normas mas não serve como suporte fático para incidência de qualquer norma, proibitiva ou permissiva. O concurso de normas é a sua essência e sua razão de ser, mas este fato não desencadeia a indidência de uma norma particular que compreenda o mesmo na sua hipótese de incidência, determinando a formação de um instituto próprio ou definindo sua tipologia. A dupla (múltipla) tributação internacional é, portanto, a existência da *duplicidade de hipóteses de incidência* sem uma hipótese de incidência exclusiva.

No que concerne à elucidação dos aspectos inerentes à esta temática já foram feitas considerações relativamente vastas, pelo que julgamos desnecessários maiores comentários, até porque ao tratarmos da identidade do fato gerador serão retomadas as questões preponderantes aos elementos da definição supra apresentada.

3.4 A identidade do fato gerador dotado de elemento de estraneidade

O *fato gerador* precisa acondicionar em si quatro elementos fundamentais para que seja possível a *subsunção* jurídico-normativa, os aspectos material, subjetivo, temporal e espacial, correspondentes à *hipótese de incidência* normativa.

Intuitivamente, no caso de *concurso de normas* dotadas de elementos de estraneidade, sobre rendas transnacionais, o *fato gerador* deve apresentar uma identidade entre os seus elementos e aqueles presentes abstratamente nas respectivas normas jurídicas em concurso.

De modo perfeitamente legítimo, os respectivos Estados podem instituir normas tributárias dotadas de *elementos de estraneidade*, que possuam como *hipótese de incidência* a aquisição ou produção de rendimentos transnacionais.

Com a ocorrência no mundo fático do fato dotado de elemento de estraneidade descrito abstratamente na hipótese de incidência, dá-se a subsunção do fato à norma, com a imediata incidência das respectivas normas de imposição e o surgimento dos conseqüentes efeitos jurídicos. E subsunção internacionalmente legítima porque não existe qualquer limitação para a formação de normas jurídicas tributárias dotadas de elementos de estraneidade.

Com a dupla incidência nasce, para efeitos da legislação interna de cada Estado, como causalidade inexorável, uma obrigação tributária específica, relativa ao fato de adquirir ou produzir rendas transnacionais em determinado período de tempo (pouco importa se instantânea ou não a incidência) por um mesmo sujeito passivo.

Como diz Paulo de Barros Carvalho, "a regra-matriz de incidência tributária é, por excelência, uma regra de comportamento, preordenada que está a disciplinar a conduta do sujeito devedor da prestação fiscal, perante o sujeito pretensor, titular do direito de crédito."[33] Ou seja, após a incidência, surge a obrigação do sujeito titular da renda auferida de realizar a correspondente prestação tributária ao sujeito ativo da relação obrigacional, o Estado, ao qual pertence

33. (1992, p. 161).

a norma que realizou a referida subsunção. Mas quando tal subsunção dá-se sob a presença de elementos de estraneidade (normativamente determinados) e, ao mesmo fato, correspondem outras subsunções, realizadas por países diversos, tem-se a dupla tributação internacional, pela identidade do fato gerador dotado de elementos de estraneidade, apto para a incidência das respectivas normas, aplicáveis pela conexão apresentada entre os elementos constantes do fato gerador e os ordenamentos em concurso.

Para fins da definição do fenômeno da dupla (múltipla) tributação internacional, não interessa a referência atomística na mesma dos elementos que necessariamente compõem o fator gerador e que devem, todos, serem idênticos, para que se configure o fenômeno em tela. Assim, a referência à expressão *identidade do fato gerador* é de todo já suficiente. Dizer que o fato gerador é idêntico, para idênticas ou análogas normas provenientes de diversos ordenamentos em concurso, significa o mesmo que dizer que existe a identidade do sujeito passivo, a identidade do rendimento submetido à tributação, a identidade do tributo cobrado pelos Estados envolvidos, a identidade do período de imposto e a identidade e localização espacial, porque os elementos constantes do mesmo correspondem perfeitamente à descrição abstrata das respectivas hipóteses de incidência em concurso.

O *critério material* é expresso de acordo com o tributo correspondente, conforme as propriedades escolhidas pelo legislador para identificá-lo objetivamente. São as expressões genéricas designativas do comportamento do sujeito ativo (dar, fazer, ser), comportamento este que há de estar delimitado por condições espaciais e temporais, para que o perfil típico esteja perfeito e acabado, como descrição normativa de um fato.

Deve tratar-se de impostos comparáveis ou de mesma natureza. Em alguns países, as leis internas indicam critérios segundo os quais se pode determinar quando e a quais impostos estrangeiros podem ser considerados equivalentes àquele do Estado.[34] Se um imposto é idêntico ou não àquele previsto na convenção, deve-se decidir sobre a base do sistema total do país considerado.

O *critério espacial* é individualizado por dados relativos ao lugar de ocorrência do fato, estreitamente ligados à competência do ente impositivo (expressa no poder de tributar), por força dos elementos de conexão, para fins de localização espacial do respectivo fato.

Quanto ao *critério temporal*, a norma jurídica deve revelar o marco de tempo no qual deva entender-se o fato por ocorrido. Não se trata dos aspectos correspondentes a aplicação da lei tributária no tempo,[35] é distinto, neste caso, o marco de tempo deve assinalar o surgimento de um direito subjetivo para o Estado e de um dever jurídico para o sujeito passivo, que nada tem que ver com os aspectos relativos à validade ou vigência no tempo das normas em concurso.

Tempo, assim, que a subsunção da norma que contém a hipótese de incidência dotada de elemento de estraneidade ao correpondente fato gerador somente ocorrerá quando os elementos constantes deste fato gerador estejam plenamente de acordo com a mesma.

Tratando-se de mais de uma subsunção, relativa ao mesmo fato gerador, de normas tributárias oriundas de diversos Estados, temos a dupla (múltipla) tribu-

34. O Modelo OCDE, art. 2º, 4, prevê que a convenção "se aplicará também aos impostos de natureza idêntica ou análoga que entrarão em vigor depois da data de assinatura da presente convenção e alcançará tanto aos impostos atuais como aos que os substituirão".

35. Como diz Carvalho (1992, p. 173), "o âmbito eficacial da lei no tempo está para o critério temporal das hipóteses tributárias, assim como o grau de eficácia territorial da lei está para o critério de espaço dos supostos das normas fiscais".

tação internacional, com a identidade dos critérios materiais, pessoais e temporais atinentes a tal fato. Por este motivo, a análise atomística dos critérios destinados a servirem como base para a definição geral do fenômeno, em forma de *topoi*, é completamente inútil, uma vez que tais critérios são requisitos necessários da própria existência do fato gerador. Não existe subsunção se os critérios materiais, espaciais, pessoais e temporais descritos na norma jurídica não forem identificados no suporte fático, no fato gerador.

Na *dupla exação internacional*, mais conhecida por "dupla tributação econômica internacional" (*economic double taxation*), tudo muda porque o fato gerador não é o mesmo, porque são diferentes praticamente todos os critérios que compõem as hipóteses de incidência das normas dos ordenamentos tributantes. Nesta, sequer existe concurso de ordenamentos, como veremos logo mais. Fala-se em "dupla tributação econômica internacional" não pelo concurso de normas ou pela identidade do fato gerador, mas pelo fato de produção da riqueza[36] sofrer uma dupla ação fiscal dos poderes de tributar de países diferentes.

4. *Tipologia da dupla (múltipla) tributação jurídica internacional" e "dupla tributação econômica internacional", o fim de um paradigma*

4.1 Aspectos gerais

Uma determinação tipológica das modalidades de manifestação do fenômeno da dupla (múltipla) tributação internacional requer, antes de tudo, uma derivação a partir das categorias, exclusivamente jurídicas, evidenciadas no conceito apresentado.

O raciocínio que prevalecerá para dirimir as inquietantes questões sobre dicotomia *dupla tributação econômica e dupla tributação jurídica*, paradigma que será brevemente contestado, será palmilhado por categorias exclusivamente jurídicas, sem interferência de elementos do sistema econômico.

Provar-se-á que a decantada *dupla tributação econômica internacional* é uma quimera, uma proposição falseada já do ponto de partida, algo que não corresponde ao que convencionalmente denominou-se de *dupla tributação jurídica internacional* dentro do paradigma utilizado pelos doutrinadores. E, avançando a partir deste pressuposto, apresentar-se-á uma nova e mais precisa terminologia para identificar os tipos até então tratados como sendo de manifestações próprias da *dupla tributação econômica internacional*.

Somos cônscios que é uma posição condivisa apenas, por enquanto, com a nossa consciência, haja vista tal terminologia e modo de distinção entre ambas as formas de dupla tributação internacional não terem sido contestadas até o presente momento. Prevalece na doutrina uma inquietante repetitividade, talvez pela mundialmente reconhecida falta de preocupação científica, com os setores do Direito Tributário Internacional e do Direito Internacional Tributário, no plano de elaboração de uma válida e rigorosa teoria geral.

4.2 A necessária distinção sob as vestes de uma nova terminologia e a inexistência da "dupla tributação internacional"

Os estudos da dupla tributação internacional, por muito tempo, plasmaram-se sobre a dicotomia relativa à rela-

36. Vogel (1991, p. 2) define a dupla tributação econômica nos seguintes termos: "is used to describe the same economic transaction, item of income or capital is taxed in two or more States during the same period, but in the hands of different taxpayers".

ção entre "dupla tributação jurídica" e "dupla tributação econômica", mas tal proposição não resiste ao menor e mais simples teste de refutação, é facilmente verificável como falsa.

Para que a *dupla tributação econômica internacional* pudesse ser admitida enquanto "dupla tributação" e, assim, conduzida à definição geral de dupla (múltipla) tributação internacional, necessitaria, de início, ser, pelo menos indiretamente, correspondente aos elementos da respectiva definição, o que não se verifica, como demonstraremos.

Faz necessário, preliminarmente, reconhecer que a fenomenologia apresentada pela *dupla (múltipla) tributação internacional*[37] reside na aplicação de duas ou mais legislações fiscais soberanas, de estruturas diversas ou também análogas, contemporaneamente, a um mesmo suporte fático dotado de elementos de estraneidade. A esta corresponde o conceito dantes elencado, é a dupla (múltipla) tributação internacional propriamente dita.

Todavia, existem certos casos particulares que provocam um *duplo pagamento de imposto* sobre a riqueza produzida ou transferida, nos quais os critérios *pessoais, temporais, materiais e espaciais* são distintos, presentes inclusive, por tais distinções, em *fatos geradores distintos*, porque distintas são as normas que incidem, sem a existência de qualquer concurso normativo, nada obstante serem normas próprias de ordenamentos jurídicos de Estados diversos. E mais, são fatos que ocorrem exclusivamente no interior de cada um dos Estados envolvidos.

Sem sombras de dúvidas, estes casos não podem ser reconduzidos ao âmbito da definição de dupla (múltipla) tributação internacional supra referida, exatamente porque não dispõem de identidade do fato gerador nem tampouco de um concurso de soberanias tributárias, de pretensões impositivas. Em suma, não podem ser considerados casos de dupla (múltipla) tributação internacional propriamente ditos, uma vez que o que verdadeiramente existe é tão somente um duplo pagamento de impostos sobre um mesmo elemento renditual, independente de qualquer concurso de normas, para o qual seria melhor aplicável a denominação de *dupla (múltipla) exação internacional*.

37. Em substituição da terminologia correntemente adotada como *dupla tributação jurídica internacional*.

5. *A dupla (múltipla) exação internacional*

5.1 Configuração

Como evidenciado acima, a decantada *dupla tributação econômica* não existe enquanto fenômeno próprio do *genus* dupla (múltipla) tributação internacional. Em verdade, o fenômeno, neste caso, diz respeito exclusivamente aos efeitos, em termos de ônus fiscais, que são produzidos sobre um determinado e específico elemento renditual, positivo ou negativo, pela ação de dois ou mais sistemas impositivos, ao tributarem particulares atividades ou específicos atos, envolvidos com tal elemento, que constituem independentes pressupostos de imposição e que incidem, conseqüentemente, sobre a utilidade do mesmo.

Mas apreciar os tipos relativos à tal manifestação sob a égide das conseqüências econômicas relevantes, faz privilegiar a análise economicista em detrimento dos aspectos jurídicos, por valorizar a *conseqüência*, a afetação econômica sobre a riqueza produzida — a mesma riqueza sendo tributada duplamente —, quanto aos aspectos da neutralidade fiscal internacional.

A análise sob um ponto de vista de *neutralidade fiscal*, pela qual se determina a direta influência da dupla (múltipla) tributação internacional sobre a atividade econômica, com a determinação dos elementos econômicos que são afetados, além do nível da carga tributária suportada, não são ocupações próprias do Direito Tributário, mas sim da ciência econômica.

Além desses motivos, a expressão *dupla tributação econômica*, é pouco precisa. O termo *econômica* aparece como sendo uma qualificação da dupla tributação, como se fosse uma forma particular de manifestação daquilo que se define como dupla (múltipla) tributação internacional, que acondiciona os elementos *pluralidade de normas* e *identidade do fato gerador*. Se é dupla tributação, deve ser redutível à definição desta, não há outra possibilidade.

Por estes motivos, o termo *dupla (múltipla) exação* aparece mais rigoroso, porque denota algo distinto do termo *tributação*, que é denotativo de um esquema mais complexo e vasto, por fazer supor não a *existência de uma dupla incidência de normas*, mas apenas os efeitos de uma *dupla cobrança* de impostos, independentemente dos aspectos subjetivos, materiais, espaciais ou temporais das normas, além de não relacionar-se com uma possibilidade de concurso de normas, exatamente porque, para este caso, não existe tal concurso.

5.2 Os tipos da dupla (múltipla) exação internacional: societária e de transferência

A *dupla (múltipla) exação internacional de rendas de empresas* manifesta-se particularmente em duas situações: com referência à determinação dos preços de transferências (*transfer price*) entre empresas coligadas, dependentes ou controladas, basicamente no interior dos grupos de empresas, bem como sobre a distribuição dos lucros de empresas, quando a sociedade é tributada, também, pela produção dos mesmos.[38] A estes tipos tributários denominaremos de, respectivamente: *dupla (múltipla) exação internacional de transferência e dupla (múltipla) exação internacional societária.*

Para que se possa compreender a efetiva distinção entre a dupla (múltipla) tributação internacional e os *tipos* exclusivos da dupla (múltipla) *exação* internacional mister confrontar tais tipos com os elementos inerentes da definição de dupla (múltipla) tributação internacional, a presença de uma pluralidade de normas e a identidade do fato gerador dotado de elementos de estraneidade.

Quanto à *pluralidade de normas*, originárias de Estados soberanos, temos que não se estabelece qualquer concurso de normas, pois a hipótese de incidência das normas dos Estados tributantes possuem critérios subjetivos, temporais e materiais (os pressupostos) completamente diferentes.

Quanto à *identidade do fato gerador dotado de elemento de estraneidade*, muito menos, pois, devendo estar de acordo com a hipótese de incidência da norma, o mesmo aparece em completa falta de relação com os outros fatos geradores.

No plano interno, âmbito exclusivo para o respectivo tratamento,[39-40] a dupla (múltipla) exação internacional societária não é considerada como dupla (múltipla) *tributação*, também porque, caso assim fosse, seria proibida pelo princípio do *non bis in idem, ilegítima*, por-

38. Sobre este argumento, veja-se: Del Giudice, Michele. *Doppia imposizione economica internazionale: misure unilaterali contro le doppie imposizioni*. Il Fisco, Roma: EIT, 1990b, n. 11, p. 1658-61.

39. Tanto é assim, que o modelo OCDE/92 não propõe um modo específico de solução, deixando a cargo dos Estados interessados a tarefa de, mediante pactos recíprocos, eliminarem este conflito de tributação.

40. Assim, veja-se: Del Giudice (1990b, p. 1658).

tanto. No plano internacional, por outro lado, o problema sequer se coloca porque não existe qualquer concurso de normas tributárias ou de pretensões impositivas, e os fatos geradores não são idênticos, antes, são outros, completamente diferentes. Deste modo, a única terminologia adequada é a denominação de *dupla exação internacional societária*, quando tratar-se de rendas transnacionais.

5.2.1 A configuração dos lucros distribuídos: características

No tocante à distribuição dos lucros das empresas de capital, ocorre uma dupla cobrança de impostos sobre os lucros distribuídos em forma de dividendos, aos sócios, haja vista o imposto pago em prescedência pela sociedade.[41-42]

A doutrina menos recente aludia à situação na qual a tributação dos lucros poderia vir, sem qualquer corretivo, a ser aplicada tanto sobre a sociedade como sobre o sócio, sob a justificativa de uma pretendida *autonomia de capacidade contributiva* existente entre ambos. Mas hoje é uma opinião em desuso, principalmente face aos atuais sistemas de tributação das pessoas físicas — sócios — sob alíquota progressiva, que leva em consideração os vários tipos de renda, que são cumulados com os lucros societários, perdas eventuais que tenha sofrido no período, deduções etc.

Os lucros, nos quais estão compreendidos os dividendos, representam o fruto do qual se avantaja quem na em presa societária investiu um capital de risco,[43] quando da realização do conferimento. O precipiente do lucro distribuído não se qualifica como um credor da sociedade, apenas, mas condivide toda gestão social, onde a remuneração do capital de risco investido vem quando a empresa alcança uma realização de ganhos e na medida em que haja uma vontade coletiva expressa a favor da distribuição de tais ganhos produzidos aos respectivos sócios e acionistas, de acordo com o volume de participação de cada um (conforme o contrato social). Tais ganhos devem corresponder a ganhos reais, realmente conseguidos, e resultantes do balanço, regularmente aprovado.[44]

O *dividendo*, portanto, como diz Lovisolo,[45] quanto à sua origem, condivide a natureza do lucro produzido pela sociedade, enquanto, quanto à sua destinação, se configura como a renda, que os sócios tragam pelo próprio investimento em capital de risco.

Em termos de qualificação jurídica, altera-se o ângulo visual, mas a renda que inicialmente foi *produzida* pela sociedade, vem, depois, *distribuída* aos sócios e acionistas, sendo sempre a mesma renda. No regime fiscal de alguns países, ambos os momentos são considerados como sendo fatos geradores aptos à incidência das normas de imposto sobre a renda, fazendo com que, o mesmo ganho seja tributado duplamente.

De um ponto de vista estritamente jurídico, tal sistemática é perfeitamente le-

41. Cfr. Fantozzi (1991, p. 419); Sacchetti, Gian Paolo — Credito di imposta per i dividendi e stabili organizzazioni di soci non residenti. Dir. prat. trib., Padova: CEDAM, 1974, v. XLV, I, p. 846-53; Lovisolo, Antonio. Il sistema impositivo dei dividendi, Padova: CEDAM, 1980, p. 107-75.

42. Sobre as transferências de ativos entre sociedades, ver também: Kergall, Yan. "Transfer of assets into and out of a taxing jurisdiction". *Cahiers de droit fiscal international*, Amsterdam: IFA, 1986, v. LXXIa, p. 17-36.

43. Para um estudo de maior profundidade sobre a estrutura societária como tipologia definida pelo risco suportado pelos sócios, ver: Spada, Paolo. *La tipicità delle società*. Padova: CEDAM, 1974, p. 97 e ss.

44. Somente sob esta caracterização se pode falar em lucro distribuído tributável, como sentencia muito bem Lovisolo, Antonio — Gruppo di imprese e imposizione tributaria, Padova: CEDAM, 1985, p. 101: "non può configurarsi, infatti, un dividendo tassabile, ove non esista un utile della società che sia stato regolarmente distribuito ai soci".

45. (1985, p. 107).

gítima, uma vez que o pressuposto do imposto, o critério pessoal, espacial, material, e o critério temporal (e sendo o sócio pessoa física, o tipo de imposto — IRPF) das normas incidentes são diversos.

Não existem dúvidas que, no que concerne aos dividendos, não exista *dupla tributação*, por não existir concurso de normas jurídicas. É tão somente um problema de justiça fiscal, a necessidade de eliminar tal inconveniente, pois, no final das contas, os sócios, que empregaram seu capital no momento do conferimento, sob o risco, que mantém o capital social da empresa, é quem sofre a dupla ação de cobrança de impostos, uma *diretamente* (pela distribuição) e outra, *indiretamente* (sobre o lucro produzido pela empresa). O lucro, fruto do capital social empregado pelos sócios, termina por sofrer duplamente a ação do poder de tributar. Mesmo que a empresa seja considerada dotada de uma capacidade contributiva própria, por ser considerada um ente autônomo, em realidade, é isto que ocorre. E é exatamente o reconhecimento desta circunstância que permite a detração do valor correspondente ao imposto pago pela sociedade do *quantum debeatur* de imposto devido pelo sócio, através do sistema de crédito de imposto ou pela concessão de isenção sobre uma das fases mencionadas — postos como métodos idôneos para eliminar esta forma de dupla exação.

Portanto, a noção de lucro (dividendo) tributável é antes de tudo derivada da necessária *conditio sine qua non* da distribuição, qual seja, a existência de um lucro certo e real (não fictício) produzido pela sociedade. Para os fins fiscais, o lucro, neste caso, se configura como aquela *excedência ativa* da sociedade, que deixa imutável o capital social e consente a formação da reserva legal, como verificado no balanço social que, aprovado, consente a respectiva distribuição de tais lucros, momento no qual incide a norma tributária de imposição.

5.2.2 Aspectos particulares ao Direito Internacional Tributário e ao Direito Tributário Internacional

Mas, além desta concepção comercialística, o direito tributário procura estabelecer a tributação não apenas dos dividendos distribuídos, mas também de todas as formas de lucros, reais ou fictícios, melhor, distribuídos disfarçadamente, como veremos ao tratarmos da *transferência oculta de benefícios*. O lucro real vem, portanto, calculado não apenas sob o signo do valor formalmente apresentado no balanço, mas procura alcançar fatos concretos, fora da forma de exteriorização jurídica apresentada. O Modelo OCDE, no art. 10, define o que vem a ser dividendo, onde considera não apenas os dividendos *per se*, mas todo tipo de lucro distribuído, inclusive os tipos de distribuição semelhantes aos dividendos. É portanto uma noção amplíssima.

A dupla exação internacional societária independe, como já visto, da dupla tributação internacional sobre rendimentos, não se confundem. O problema de coordenar a tributação das empresas com a tributação do sócio é o mesmo que existe do interior no Estado, como diz Raffaello Lupi,[46] só que entre ambos há uma fronteira, nada obstante manter-se como dupla (múltipla) exação internacional societária, e não como dupla tributação internacional de rendas.

Naturalmente, com sujeitos não residentes temos uma situação completamente diversa,[47] porque a dupla exação, mesmo que realizada sobre pessoas diver-

46. (1993, p. 1.002).

47. O problema que se coloca é o de haver uma tributação sobre a empresa em um Estado e outra sobre o sócio no país de residência deste. Para maiores detalhes sobre o assunto, veja-se o competente estudo: Van Raad, Kess. Recognition of foreing enterprises as taxable entities — general reports — *Cahiers de Droit Fiscal International*, Amsterdam: IFA, 1987, v. LXXIIIa.

sas, é atuada por Estados diversos que não possuem qualquer relacionamento com o fato gerador primeiro — a produção de lucros — ou com o(s) seguinte(s) — a distribuição — motivo pelo qual não se sentem responsáveis pelo encargo econômico suportado pelos sócios ou acionistas. O reconhecimento destas circunstâncias leva muitos Estados a não reconhecerem a possibilidade de admissão de concessão de crédito de impostos aos sócios pelos impostos de rendas pagos pela pessoa jurídica estrangeira na qual participa.

Os métodos empregados para eliminar a dupla exação internacional serão examinados juntamente com os métodos apropriados para a redução ou eliminação da dupla (múltipla) tributação internacional.

5.2.3 A dupla exação internacional da transferência

5.2.3.1 Aspectos gerais — Quanto à transferência de preços[48] ou *transfer price*, a dupla (múltipla) exação internacional verifica-se com as retificações realizadas, com base no *valor normal* dos bens transferidos ou dos serviços prestados no exterior, efetuadas pelos setores de administração fazendária dos respectivos Estados, sobre as operações financeiras ocorridas entre empresas dependentes (estabelecimento permanente) e a matriz, controladas[49] e controlante (*holding*) ou *coligadas*.[50]

Nesta hipótese, a retificação da contabilidade da empresa pode fazer surgir um lucro, antes encoberto pela operação (com preço inferior ou majorado em relação ao valor normal), que logicamente será tributado no Estado de residência da empresa. Tal atitude implica em uma dupla exação internacional, porque este lucro, tributado com os acréscimos da retificação, já sofreu a ação de cobrança de impostos no Estado de residência da outra empresa coligada.

5.2.3.2 A noção de *tranfer price* — O fenômeno dito *transfer price* verifica-se quando, em uma determinada operação entre sujeitos ligados por uma relação de dependência, jurídica ou econômica, o correspectivo pagamento de um bem ou serviço prestado é fixado em um

48. Para maiores considerações sobre este interessante tipo de dupla tributação internacional, ver: Combarros, Victoria. ***Régiment tributario de las operaciones entre sociedades vinculadas en el impuesto sobre sociedades***, Madrid: Tecnos, 1988; Maisto, Guglielmo. *Il "transfer price" nel diritto tributario italiano e comparato*, Padova: CEDAM, 1985; Carbone, Sergio. Pressupposti soggettivi e profili contrattuali della disciplina del "prezzo dei transferimmenti internazionali di ricchezza" nei recenti sviluppi del ordinamento italiano. *Dir. prat. trib.*, Padova: CEDAM, 1981, v. LII, I, p. 419-39; Uckmar, Victor. Aspetti internazionali. La nozione di "valore normale" e il *transfer price*. La doppia imposizione. *In: il reddito di impresa nel nuovo testo unico*, Padova: CEDAM, 1988; Carbone, Sergio. Pressupposti soggettivi per l'adozione del *transfer price. In: idem*, p. 255-73; Visconti, G. Moro. Il valore normale dei beni. *Il Fisco*, Roma: EIT, 1988, n. 43, p. 6815-17; Asorey, Ruben O. Argentina: transfer pricing and the new criminal tax law. *In: Bulletin*, Rotterdam: IBDF, 1991, fev., p. 74-5; Comittee on fiscal affairs — the us proposed regulations dealing with tax aspects of transfer pricing with in multinational enterprises. *Bulletin of International Bureau of Fiscal Documentation*, Rotterdam: IBDF, 1993, jan., v. 47, n. 1, p. 21-5; um estudo comparatístico (26 países) de grande importância, principalmente no que concerne ao estudo dos métodos de comparação de preços, encontra-se em: Maisto, Guglielmo. "Transfer pricing in te absence of comparable market prices". *Cahiers de droit fiscal international*, Amsterdam: IFA, 1992, v. 77a, p. 19-76; veja-se ainda, no mesmo, na parte segunda, o relatório nacional — Brasil — p. 313-20.

49. O direito brasileiro distingue as sociedades controladas das coligadas e define aquelas como: a sociedade na qual a controladora, diretamente ou através de outras controladas, é titular de direitos de sócio que lhe assegurem, de modo permanente, preponderância nas deliberações sociais e o poder de eleger a maioria dos administradores (Lei 6.404, 15/12/76, art. 243, § 2º).

50. São coligadas as sociedades quando uma participa, com 10% (dez por cento) ou mais, do capital da outra, sem controlá-la (Lei 6.404/76, art. 243, § 1º).

certo nível divergente daquele que seria formado em uma transação entre sujeitos independentes, em condições de livre concorrência[51] (*arm's lenght principle*). O mesmo fenômeno ocorrente entre uma empresa e os seus estabelecimentos permanentes que, face à autonomia para os fins tributários, têm suas operações de transferências tributadas normalmente, como fosse um relacionamento entre sociedades independentes.

O fenômeno gravita, pois, sobre a discordância entre o valor objetivo de mercado de uma operação comercial ou financeira (entendido como *valor normal*) e aquele (*anormal*) pactuado entre sujeitos ligados por uma coincidência dos interesses jurídicos ou econômicos e pela unicidade do escopo.

Isto ocorre em função da busca de otimização dos preços das operações realizadas internamente aos grupos de empresas sob uma liberdade de determinação de tais valores.[52] À ótica do direito tributário, tal operação consente uma transferência artificial de riqueza tributável entre as empresas, quando localizadas em Estados diversos, mediante a escolha do preço de troca dos bens e serviços entre as mesmas, alterados em relação às normais operações de mercado.

Através do sistema de *transfer price* os grupos multinacionais podem desfrutar as diferenças existentes entre os sistemas tributários envolvidos, otimizando a alocação dos fatores tributáveis entre as unidades operacionais de produção,[53] com a pretensão de custos ou aumento de lucros. Transferindo rendas do Estado de produção para países que acordam tratamentos de menor alíquota até a isenção daquele elemento renditual, recorrendo ao instrumento da superfaturação ou subvaloração do bem produzido ou do serviço prestado. O crescimento da utilização do mecanismo de *transfer pricing*, inerente à natural propagação do fenômeno de formação de grupos de empresas, induziram os Estados a disciplinarem fiscalmente tais transferências de preços sobre bens ou serviços prestados, sob a consideração dos "valores normais" relativos aos mesmos, com fins de determinação exata dos custos e ganhos originados nas operações com sujeitos não residentes mas ligados, em razão de dependência, à empresa. É o *transfer pricing*, sem dúvidas, um mecanismo que permite uma ampla evasão tributária.

A maioria dos ordenamentos prevêem atualmente,[54] em via geral, normas que permitem a retificação de pre-

51. Sobre o conceito de tranfer pricing, ver: Camozzi, Mario. *In: Ordine dei Dottori Commercialisti di Milano*. "Le imposte dirette nel diritto tributario internazionale italiano", Milano: Giuffrè, 1993, p. 139.

52. É difícil estabelecer quando o preço de transferência deva ser realmente considerado como um motivo de evasão fiscal, haja vista a peculiar característica de formação dos grupos de empresas, de união de esforços em torno de objetivos comuns, motivo pelo qual a otimização de preços nem sempre deveria ser vista como uma ação evasiva.

53. Assim se pronuncia o Comitê fiscal da OCDE (1993, p. 21): "The spread of the activities of Multinational Enterprises (MNEs) poses particulary difficult problems for all tax authorities in that it is not easy to determine the allocation of taxable profits in highly integrated groups. Whenever goods and services cross national boundaries within a multinational group, a transfer price is required in order to determine the division of the tax base between the countries in which the MNE is operating. Because that transfer price may be manipulated in order to affect the division of the tax base between the different countries involved, it is generally agreed that, for tax purposes, it may be appropriate to correct the allocation of profits between menbers of a corporate group to eliminate the effect of such manipulations".

54. A sua previsão normativa, enquanto disciplina de matéria fiscal, remonta aos anos trinta (Estados Unidos — United States Revenue Act, 1928, secção 45; Bélgica — Lei de 28.7.1948). Todavia, apenas recentemente é assistido com uma convergência de atenção por parte das legislações dos vários países, graças, também, ao esforço de várias organizações internacionais. Em particular, o Conselho da OCDE, em 1979, publicou um importante relatório, o *Transfer pricing and multi-*

ços de transferências de bens ou serviços entre tais empresas dependentes, controladas ou coligadas, quando o preço praticado nas operações internas não correspondam àqueles normalmente praticados entre empresas em regime de livre concorrência (*arm's lenght principle*). No plano internacional, já está amplamente reconhecido que, respeitando o princípio *arm's lenght*, ou seja, considerando o preço determinado sobre a base do princípio da livre concorrência, o Estado de residência da empresa transferente, que realiza a transferência de preços à outra empresa (transferida), é responsável pelas providências necessárias para eliminar a possibilidade de ocorrência da dupla exação internacional.

Esta matéria é rica em criatividade empresarial de gestão de preços em mercado internacional, com métodos cada vez mais sofisticados. Por este motivo, inúmeros estudos têm sido dedicados à mesma, principalmente no que concerne às possibilidades e modalidades das retificações dos preços conforme o valor normal, bem como aos mecanismos jurídicos que permitem de proceder a ajustamentos da base de cálculo das empresas residentes em dependências de retificações por aumentos efetuados no estrangeiro.

Nos países que disciplinam os preços de transferências, há um controle de todas as operações realizadas pelo contribuinte com as partes estrangeiras conexas, nada obstante alguns países limitarem o campo de abrangência a certas transações empresariais (transferência de royalties, serviço de transporte de mercadorias etc.), como um *tratamento isolado* dos elementos rendituais alterados.

Através do controle dos preços de transferências é possível verificar, independentemente dos aspectos contábeis, o efetivo relacionamento entre as várias atividades do ciclo produtivo de uma empresa que opera internacionalmente, bem como as rendas por esta alocadas nos diversos centros de imputação que a compõe, verificando se a cada um destes são corretamente atribuídos os recursos que derivam, pela sua função, atividade e efetiva contribuição, da realização do respectivo ciclo produtivo.

O problema de transferência de *royalties* entre as empresas de um mesmo grupo de empresas é o problema que maior preocupação causa à disciplina do *transfer price*.

O fluxo internacional de transferência de tecnologia[55] tem assumido dimensões dantes inimagináveis e o seu contínuo crescimento é determinado principalmente pela sempre maior dificuldade para as empresas industriais, de um completo domínio sobre as inovações tecnológicas, caracterizantes de uma economia de escala. A tecnologia, como qualquer bem, tem o seu preço, que pode ser alterado nas relações de *transfer price* entre as empresas coligadas.

Os pressupostos básicos para a verificação do fenômeno são os seguintes:

nationals, no qual são estabelecidos critérios diretivos de determinação do valor normal das operações postas em prática entre empresas associadas. Nos Países mais desenvolvidos, este instituto se afirma com relevância a partir da década de 70, nos Estados Unidos e Alemanha, em 1972 (atualmente, nos EUA, previsto na secção 482 do *Internal Revenue Code*), na Itália, em 1973, na França, em 1980, e no Reino Unido, em 1983. O Brasil não possui um tratamento específico sobre o *transfer pricing*. A Argentina adotou em 1990, em uma lei contra a sonegação fiscal (Lei 23.771, em vigor a partir de 8.3.90), a disciplina aplicável ao mesmo.

55. Vários são os tipos de contratos que podem ser utilizados para realização de transferência de tecnologia, a saber, por exemplo, os contratos de: *Know how, franchising, management, marketing*, assistência técnica, para realização e projetos (*turn-key*) etc. Para uma detalhada explicitação das oportunidades de uso de cada um destes, além de referências ao respectivo modo de tratamento fiscal, ver: Uckmar, Victor; Giuliani, Federico. Transferimento di tecnologia nei pasei dell'Europa centro-orientale: profili fiscali e valutari. *Dir. prat. trib.*, Padova: CEDAM, 1989, LX, II, p. 1.057-60.

1. *pressupostos subjetivos*:

a. os sujeitos da operação — sociedade não residente e empresa sujeita ao imposto de rendas;

b. a relação recíproca — relação de controle;

2. *pressupostos objetivos*:

a. o tipo de operação — cada operação que gera componentes de rendas de empresa;

b. a transferência de preços — a divergência entre o preço pactuado e o valor normal;

c. a relevância fiscal — a incidência sobre o rendimento de empresa de tal divergência.

Para que haja a figura do *transfer price* os aspectos subjetivos e objetivos devem estar presentes.

5.2.3.3 Pressupostos subjetivos — Quanto ao aspecto subjetivo temos que a transação efetuada pela empresa deva ser realizada com uma sociedade não residente no território do Estado que, direta ou indiretamente, controla a empresa, é controlada ou são controladas pela mesma sociedade que controla a empresa. Os sujeitos relevantes são, portanto, uma sociedade não residente e uma empresa conexa por uma relação de controle. O mesmo diga-se para as sociedades coligadas.

Quanto ao *estabelecimento permanente*, enquanto unidade operativa mínima à qual se deve imputar fases de um ciclo produtivo (de qualquer modo unitário do ponto de vista jurídico), seja nas relações com a matriz, seja com uma estrutura de *grupo de empresas*, enquanto máxima agregação de várias empresas e unidades operativas, formalmente distintas mas partícipes de um ciclo produtivo total, para o qual uma valoração unitária é imprescindível, é considerado autônomo e, como tal, sujeito às disciplinas tributárias do *transfer price*. Um *grupo* é formado por várias empresas, as quais podem ser dotadas de vários estabelecimentos permanentes. A relação que se estabelece entre a *holding* e um estabelecimento permanente não tem qualquer diferença, caso tal relação fosse estabelecida diretamente com a matriz, por tratar-se da mesma pessoa jurídica. O mesmo se diga quanto à relação entre uma determinada empresa controlada e um estabelecimento permanente da *holding* ou de qualquer outra empresa controlada que faça parte do mesmo grupo.

Existe *grupo de empresa*, para a OCDE,[56] quando uma empresa de um Estado contratante participa direta ou indiretamente à direção, ao controle ou ao capital de outra empresa, bem como nos casos em que as mesmas pessoas participem direta ou indiretamente à direção, ao controle ou ao capital de duas ou mais empresas.

Se deve ressaltar que independe se os bens transferidos ou os serviços prestados foram realizados partindo da *holding* para uma empresa controlada ou vice-versa. A relação de subordinação, para este caso, não é importante.

5.2.3.4 Os pressupostos objetivos — A disciplina é aplicável a todas as operações que geram componentes de rendas. Tais operações entram no âmbito da previsão normativa se são encontradas diferenças entre o valor normal e o pagamento efetuado, ou se a substituição do primeiro pelo segundo gera um aumento no rendimento da empresa. Limita-se, portanto, a sua atuação, ao fenômeno de ''emigração'' do tributável, ou ''imigração'' do dedutível.

Ocorre, em verdade uma passagem oculta de lucro de uma empresa a outra, que não pode ser verificada à luz de estritos mecanismos jurídicos, mas sempre sob a sua configuração econômica — daí ser considerada pela doutrina como sen-

56. Art. 9º, 1.

do uma forma de "dupla tributação econômica". Exatamente por isso, o mecanismo normativo de correção dos preços vem para pôr em claro a situação correspondente à realidade jurídica e econômica que foi encoberta através de um negócio apenas formalmente correto. O importante não é, pois, o revestimento jurídico-formal da operação, mas sim a realidade jurídico-econômica estabelecida.[57]

Neste aspecto, entram as discussões sobre o que venha a ser o valor normal de operações entre empresas. A concepção mais comum sintetiza-se na admissibilidade do mesmo como sendo o *preço de livre concorrência*, determinado através de um confronto dos preços praticados. Tais preços devem ser referidos a bens ou prestação de serviços de mesma natureza, mesma espécie ou similares, considerados conforme o mesmo estágio de comercialização e no mesmo tempo e lugar.

Entende-se por *valor normal*, conforme o informe OCDE de 1979, § 2º, *o preço que seria pactuado entre partes não conexas envolvidas em transações iguais ou análogas em condições iguais ou análogas no mercado aberto*.

O valor normal deve estar relacionado com o preço praticado em uma única e exclusiva operação, consistindo no cumprimento de uma obrigação contratual, que possa ser comparado com aquele que é praticado em operações análogas ou idênticas, baseado nas condições reais do mercado no qual é realizada a operação e correspondente às funções realizadas pelas empresas associadas.

Em base ao *método de confronto de preços*, se deve ter sempre em mente o necessário relacionamento entre o preço verificado na transação com aquele que viria a ser praticado por transações comparáveis entre empresas independentes.

São inúmeros os métodos experimentados para determinação do *valor normal*. Estes são, de um modo geral, ou relacionados com os aspectos *internos* das operações, quando o mesmo é verificado com referência a transações realizadas entre uma das empresas do grupo e uma empresa independente; ou com os aspectos *externos*, quando toma-se por referência uma transação entre empresas independentes e estranhas ao grupo de empresas no qual foi praticada a operação cujos preços podem vir a serem ajustados. O uso de um não exclui o outro e podem ser utilizados contemporaneamente. Além destes, vários são os métodos passíveis de utilização, como é o caso do *valor de alfândega*, pelo qual os preços são avaliados pelos preços de livre concorrência praticados no mercado e de conhecimento do Fisco etc.[58]

Normalmente, as regras de determinação de preços nas transações entre entidades conexas, são realizadas sem ter consideração da residência da sociedade controlante, apesar de notáveis exceções. Este critério corresponde à respeitabilidade do princípio da *não discriminação da sociedade*, previsto no art. 24, 6, do modelo OCDE, pelo qual as empresas residentes controladas por pessoas residentes em outro Estado contratante não devam estar sujeitas a requisitos mais estritos que os aplicados às empresas residentes controladas por sujeitos residentes.[59]

A disciplina da determinação dos preços nas transferências, na maioria dos países, é complementada por outras disciplinas, como é o caso da "distribuição

57. A legislação do Reino dos Países Baixos prevê o ajuste de preços relativo às transações realizadas entre empresas, que deriva do princípio geral do Direito Tributário interno que estabelece que *para os fins fiscais é mais pertinente a substância que a forma*.

58. Sobre os métodos de comparação de preços, o melhor estudo apresentado até o presente momento pela doutrina é o do italiano Guglielmo Maisto (1992,p. 217-51), nos estudos do *International Fiscal Association*.

59. Maisto (1992, p. 213).

dos benefícios ocultos". Frequentemente, o transferimento oculto de lucros não constitui mais que um dos objetivos em função dos quais vem atuada uma particular política de preços intersocietários.[60] E realmente, enquanto o *transfer price* pretende geralmente alcançar uma alocação territorial optimal dos rendimentos, ou a reduzir os efeitos da progressividade da tributação, *anteriormente à formação dos lucros*; com a *distribuição oculta dos lucros*, tende-se a realizar uma ilegítima passagem de rendas da sociedade ao sócio, numa evasão fiscal deste, ou em evasão fiscal também da sociedade que, havendo embolsado ocultamente somas de dinheiro que não deseja fazer aparecer na própria contabilidade da empresa, a faz, ocultamente, passar aos respectivos sócios, diretamente.[61] Assim, a empresa é ficticiamente depauperada, com uma diminuição dos ganhos ou um aumento dos custos.[62] A atribuição das *vantagens anormales*, conexas a uma operação de *transfer pricing*, constitui uma das hipóteses mais relevantes de distribuição (ou atribuição) oculta de rendas que ocorre entre empresas conexas, uma forma incontestável de evasão fiscal de particular sofisticação.

O Brasil não dispõe de uma disciplina tributária sobre o *transfer pricing*. Os únicos tratamentos sobre a matéria encontram-se no âmbito de alguns Tratados Bilaterais contra a dupla tributação internacional. Nada obstante esta lacuna normativa, existe a previsão sobre a *distribuição disfarçada de lucros*,[63] como corolário do combate ao princípio da distribuição oculta de lucros, mas nestes

60. Lovisolo, (1985, p. 63).

61. Sobre este tipo de evasão fiscal, ainda que sinteticamente, ver: Uckmar, Victor. Tax avoidance/Tax evasion. *Cahiers de droit fiscal international*, Amsterdam: IFA, 1983, v. LXVIIIa, p. 18 — 189; Também, Lovisolo (1985, p. 63-7).

62. O Regulamento para Cobrança e Fiscalização do Imposto de Renda e Proventos de qualquer Natureza. Dec.-Lei 1.041, 11.01.94 (RIR), no art. 432, enumera as formas presumidas de distribuição disfarçada de lucros nos negócios de pessoas jurídicas e, no art. 437, consagra a tributação de tais lucros disfarçados: "o lucro distribuído disfarçadamente será tributado como rendimento do administrador, sócio, acionista ou titular que contratou o negócio com a pessoa jurídica e auferiu os benefícios econômicos da distribuição, ou cujo cônjuge ou parente até o terceiro grau, inclusive os afins, auferiu esses benefícios." Ver também as leis 7.713/88, arts. 2º — 4º e a lei 8.134/90, art. 2º. Calculado o lucro real (RIR, art. 436), com base nos fatos de distribuição disfarçada, sob o preço correspondente ao *valor de mercado* ("valor de mercado é a importância em dinheiro que o vendedor pode obter mediante negociação do bem no mercado" — art. 434, § 1º, RIR), incidirá sobre o mesmo o imposto de renda de pessoa jurídica, além de multa, cujo lançamento (de ofício) só poderá ser efetuado após o término da ocorrência do fato gerador do imposto da pessoa jurídica ou das pessoas físicas beneficiárias dos lucros distribuídos disfarçadamente (*RIR*, art. 438). Sobre os aspectos internacionais das formas de tributação presumida, ver: Sadka, Efraim; Tanzi, Vito. "A tax on gross assets of enterprises: as a form of presumptive taxation." *Bulletin of International Bureau of Fiscal Documentation*, Rotterdam: IBDF, 1993, fev., p. 66-73.

63. RIR, art. 432-8; Para um estudo mais rigoroso sobre a relação entre a distribuição disfarçada e a possibilidade de adoção de uma disciplina para o *transfer price* no Brasil, ver: Leite, Eduardo de Cerqueira. "Transfer Pricing in Brazil". *Bulletin of International Bureau of fiscal documentation*. Rotterdam: IBDF, 1991, fev.m p. 76-9. Este autor, após discorrer sobre a inexistência de uma disciplina do referido instituto no Brasil e tratar da distribuição disfarçada de lucros, conclui que não seja, a adoção de uma disciplina para o *transfer price* no Brasil, algo importante, por ser a mesma uma técnica insatisfatória para alcançar seus objetivos, além de não implicar numa justiça fiscal com as partes envolvidas no transferimento de preços: "The transfer pricing rules of Brazil have not yet reached a technically satisfactory level of fiscal justice. They are too strict in some instances (e.g. lending to individuals) and too flexible in others (e.g. lending to legal entities). In addition, the tules are inconsistent with current business practices (e.g. royalties and fees) and inconsistent with legal principles of taxpayer security (as in the case of other transactions). The trend, however, is to enlarge the scope towards a more comprehensive and detailed description of the legal types of questionable transactions." (p. 79); Para um estudo sobre a distribuição disfarçada de lucros, Dória, R. Sampaio. *Distribuição disfarçada de lucros e imposto de renda*, 2ª ed., SP: Resenha Tributária, 1977.

casos não existe qualquer relação com a dupla exação internacional de transferências.

5.2.4 A relação entre o tratamento interno e as previsões convencionais sobre o *transfer pricing*

A disciplina do *transfer pricing*, prevista nos acordos internacionais para evitar a dupla tributação, não pretendem uma eficácia direta, no sentido de alterar as disposições internas sobre a matéria, exatamente porque, sobre a mesma não existe qualquer sobreposição de pretensões impositivas e, por consequência, não havendo pluralidade de normas em concurso, não há possibilidade para determinação e separação de competência entre os Estados envolvidos para exercerem os respectivos poderes de tributar.[64] Portanto, a norma convencional sobre o *transfer pricing* não possui uma função de introduzir critérios de valoração do rendimento transnacional das empresas, a ser retificado, por não serem funções inseridas no contexto da repartição do poder impositivo, porque não existe o concurso de normas tributárias sobre um mesmo fato gerador. A retificação de preços de transferência realizada por um país nada tem a ver com a tributação sobre a renda de pessoa jurídica realizada no outro Estado.

E, de fato, onde um dos dois estados não possua uma disposição *ad hoc* no direito interno, a convenção não poderá instituir um critério de valoração (no lugar daquele da repartição) não previsto pela norma unilateral. Nos fatos geradores sobre o qual ambos os estados disponham, ao invés, de uma norma sobre *transfer pricing*, a disposição convencional seria substancialmente repetitiva e não se justificaria a inclusão nos acordos bilaterais.[65] E o motivo não é outro. Não existindo uma *dupla* (*múltipla*) *tributação internacional* sobre os preços de transferências, mas sim apenas uma *dupla exação internacional*, não poder-se-ia tratar do mesmo em âmbito de Tratado Bilateral sem implicar numa abusiva interferência na Soberania dos Estados, pois a tributação dos mesmos não possuem quaisquer relação com elementos de estraneidade, pois realizam a tributação de fatos ocorridos exclusivamente no interior do Estado. A simples existência de uma fronteira entre as empresas envolvidas em nada altera o procedimento de correção de preços, que se realiza como se ambas fossem residentes, até porque não se deve levar em consideração a residência das mesmas.

O Modelo OCDE não faz referência aos métodos que possam ser aplicados para a resolução do problema da dupla tributação indireta em transferência. É um assunto exclusivamente nacional e o dispositivo convencional serve apenas de ilustração, com fins de proporcionar um março para os ajustes dos lucros, sem qualquer referência aos modos de redução ou de eliminação do problema.[66] Trata-se de uma norma de estrutura, sem qualquer aplicação impositiva, logo, não vinculada para o comportamento das partes contratantes.

5.2.5 *Transfer price* e procedimento amigável

Pelo art. 25 do modelo OCDE de 1992, tem-se o método do procedimento

64. Contrariamente, Maisto, ao afirmar que as normas relativas à disciplina tributária do *transfer pricing* seguem o esquema típico das disposições de direito internacional público sobre conflito de normas, pois são destinadas à solução dos conflitos normativos e a consequente e necessária repartição do poder de tributar entre dois Estados contratantes. Guglielmo — La disciplina del prezo di transferimento e il regime impositivo delle royalties. *I quad. rass. trib. — il diritto tributario nei rapporti internazionali*, Roma: EIT, 1986, p. 110.

65. A função da norma convencional consistiria, pois, no proteger as empresas dos Estados contratantes das operações realizadas intra-grupo discordantes do princípio *arm's lenght*, da livre concorrência.

66. De modo contrário, ver Maisto (1992, p. 252-3).

amigável como mecanismo procedente para a resolução da dupla exação internacional, através da disciplina do *intercompany pricing*, aplicável também quando da operação deriva não um aumento, mas sim um decremento do rendimento tributável. Este mecanismo permite à Administração tributária de um País contratante ser uniformemente orientada no sentido de compreender as retificações de custos e ganhos efetuados em aplicação da disciplina do *intercompany pricing* pela Administração do outro País contratante.

Procedimento amigável é aquele que se instaura entre as Administrações financeiras (autoridades competentes) de dois países para resolver problemas conexos à aplicação das convenções contra a dupla tributação internacional nos casos em que a cobrança tributária (do débito atual, total ou parcial do imposto em relação a tal hipótese) não resultando conforme ao teor das convenções respectivas, vem a esta adequado mediante específicos acordos, ocorridos entre as pessoas supra indicadas.

É evidente que as retificações de custos e ganhos em aplicação da disciplina em questão, mesmo quando derive uma diminuição do rendimento tributável, somente é possível quando existam acordos em tal sentido entre as Administrações, que tenham estipulado acordos contra a dupla tributação internacional e que, em força destes, tenham ativado a possibilidade de realização de tais procedimentos amigáveis. Faz-se útil ressaltar que, na vida prática, este tipo de procedimento funciona precariamente e poucas são as vezes em que um Estado reconhece o direito do outro Estado de tributar os lucros oriundos de uma certa transferência de preços, permitindo reembolso ao contribuinte ou colocando em uso qualquer forma para eliminar a dupla exação.

5.2.6 Considerações finais

É realmente árduo tentar uma *reductio ad unitatem* de um fenômeno tão amplo e multiforme, como o da dupla exação internacional, em suas modalidades, reduzindo-o apenas à algumas palavras, mas basicamente é esta a sua configuração.

Faz-se necessário ressltar em sede conclusiva que a disciplina fiscal do *transfer pricing* não possui natureza penalística, nos moldes da *distribuição disfarçada dos lucros*. O travalho de retificação dos preços não é seguido da aplicação de multas ou outras penalidades.

Nada obstante uma vasta gama de trabalhos científicos terem sido publicados sobre a matéria, o referido instituto ainda continua sndo trtado de um modo pouco sério e rigoroso, mesmo nos países desenvolvidos. Além das dificuldades inerentes às análises fiscais e contábeis, o seu pouco tratamento deve-se o fato da escassa sensibilidade existente com respeito às questões fiscais internacionais, à ineficácia da Administração fiscal, que não conhece bem das questões de tributação internacional ou mesmo à pouca possibilidade de controle sobre a contabilidade das empresas residentes, por dificuldades estruturais, além de um judiciário inespecializado em questões fiscais, realidades praticamente universais.

CUSTAS PROCESSUAIS

ANTÔNIO SOUZA PRUDENTE
Juiz Federal em Brasília

1. Introdução — 2. Custas, no processo histórico — 3. Custas processuais — conceito amplo — 4. Custas processuais, na sistemática do nosso Código de Processo Civil — 5. Custas processuais, na Lei de Execução Fiscal — Orientação Jurisprudencial — 6. Taxa Judiciária — espécie do gênero custas — 7. Atividade jurisdicional do Estado e direito constitucional à jurisdição — 8. Da Imunidade Tributária, em matéria específica de Taxa Judiciária — 9. Da Responsabilidade pelo pagamento das custas processuais — 10. Conclusão.

1. Introdução

Neste momento histórico-nacional, em que se busca, com evidente atraso, a revisão e o aprimoramento da legislação ordinária, no propósito de afiná-la à sistemática constitucional vigente e, de forma emergencial, às normas definidoras dos direitos e garantias fundamentais, expressos na Constituição Federal, impõem-se algumas considerações sobre o conceito de *custas processuais* e suas interferências em nosso ordenamento jurídico, a fim de se evitar o equívoco dominador dessa figura, que tanto gravita no exercício do direito de ação e na linha de desenvolvimento do livre acesso à Justiça, pelo devido processo legal, com vistas a garantir a plena cidadania.

2. Custas, no processo histórico

Observa o processualista José de Moura Rocha, lembrando lições de Júlio Carril, que pela primeira vez, a condenação em custas contra o demandado temerário, vencido em juízo, apareceu na *Lex I do Cod. Th. de fructibus et litis expensis* de Valenciano e Valêncio. Esta orientação foi mantida na lei do Imperador Leão, quando se admitia, em favor dos clérigos, a supressão da *Temeritas*, como requisito para a condenação em custas. Mas, na hipótese, exigia-se a *petitio non justa et legitima*, o que significou uma avançada e importante reforma na sistemática greco-germânica.

A Constituição de Zenão inovou na matéria ao estabelecer que "o juiz deve condenar nas custas o vencido". No direito justinianeu fixou-se a noção objetiva da imposição das custas ao vencido, pela simples razão de sê-lo (vencido).

Na Idade Média, o direito germânico trouxe, em seu processo, algumas referências aos gastos judiciais, como a retribuição dos representantes em juízo, a remuneração às testemunhas, os direitos aos notários e aos chanceleres, além de gastos com traslados, dentre outros motivos.

A partir do século XI, os glosadores começaram a construir teorias sobre *custas*, partindo de interpretação dos textos romanos. Criou-se a teoria dominante do *vicius victori*, "pois o objeto da condenação nas custas não é o de castigar a derrota como tal, mas o dolo do litigante e com ele o litigante de boa fé ficava isento do pagamento das custas. Como conseqüência disto e da análise do direito justinianeu, formularam-se as seguintes máximas: a) só está obrigado ao pagamento das custas quem litiga por calúnia ou temeridade, quer dizer, sem justa causa; b) fica isento de custas quem tem a seu favor *justa causa litiganti*; c) a justa ignorância é justa causa e absolve do pagamento das custas" (Júlio Carril).

Ao longo dos séculos XII, XIII e XIV, os legistas e canonistas construíram doutrina processual sobre custas, que teve predominância até o século XIX. A condenação em custas ao vencido era a regra, mas com grande quantidade de exceções. Ela era aplicada ao litigante que não tinha razão. Como castigo era aplicada ao litigante temerário, ao revel. Mas, havendo por parte do vencido, boa intenção ou motivo justificado para pleitear, ficava o vencido eximido da imposição de custas, ou seja, de sua condenação em custas.[1]

Nos tempos atuais, de acordo com a doutrina alemã, as custas processuais são de duas espécies: *custas judiciais* e *extrajudiciais*. As *custas judiciais* (Kösten, Gerichtskösten) subdividem-se em dois grupos: I) as *taxas judiciais*, percebidas pelo Estado, e II) os *desembolsos* que o mesmo Estado realiza, para o cumprimento de diligências, pagamento de viagens e funcionários judiciais, despesas com peritos e testemunhas, etc. As *custas extrajudiciais* são os honorários de advogado, de procuradores e despesas feitas pelo litigante, para a defesa de seus direitos. "Estas criam uma relação de direito privado", conforme destacam Rosenberg e Goldschimdt.

Na França, constituem-se *custas* os gastos efetuados pelo advogado, no seu mister (selos, notários, etc), tais como os direitos de registro de atos, os honorários dos oficiais juridicários, os gastos de viagens com o advogado, correspondências, consultas e algum jurista, sob a forma de parecer o mesmo fora da atuação propriamente judiciária.

No direito espanhol, são custas todos os gastos ocasionados na sustentação do pleito ou de qualquer assunto judicial, ou seja, os honorários, selos e despesas com auxiliares da justiça, nas atuações judiciais.

No processo mexicano, afirma Palhares que "por custas entendem-se os gastos que são necessários para fazer iniciar, tramitar e concluir um juízo. Hão de ter uma relação direta com o processo, de tal maneira que, sem elas, não possa este concluir-se legalmente".

No Uruguai, ensina Eduardo J. Couture, que as custas ou custos constituem a indenização do vencido ao vencedor, quando o Juiz, por força da lei ou por apreciação da conduta daquele (o vencido), condena-o no ressarcimento dessa parte dos gastos causídicos.[2]

Vê-se, pois, ao longo da história, a larga abrangência do conceito de custas, que não se compadece das restrições equivocadas, nos dias de hoje, tanto na doutrina quanto na seara da jurisprudência.

1. Rocha, José de Moura, "Custas Judiciais" — *Enciclopédia Saraiva do Direito*, Editora Saraiva, 1979, v. 22, pp. 158/162.

2. Couture, Eduardo J. *Vocabulário Jurídico*. Ediciones Depalma-Buenos Aires, 1988, p. 187.

3. *Custas processuais — conceito amplo*

A palavra *custas* deriva do verbo latino *constãre* (constõ, ãs, ãre), no sentido de ter o preço ou o valor, designando a *soma de despesas* ou o *dispêndio* que se tem no andamento de um processo.

São os custos de litígio, as despesas que necessariamente devem fazer os sujeitos da lide, para obter a atuação da lei, mediante a resolução judicial, que pretendem (Podétti, *apud* Júlio Carril).

Na ligação de Giuseppe Chiovenda, compreendem-se no conceito de *custas*, além das taxas de selo e registro, relativas aos atos processuais, também os *emolumentos* de cartório e dos oficiais de justiça, os honorários dos advogados, de procuradores, as despesas com testemunhas, peritos, diligências, a determinar conforme os casos, ou conforme as taxas legais referentes aos atos de que se trate, ou conforme a quantia efetiva da despesa considerada, ou conforme a avaliação do juiz.

Observa, ainda, o renomado processualista, que "a taxação não compreende as despesas dos atos *reconhecidos supérfluos*" sendo que a própria lei considera como supérflua a intervenção de mais de um procurador para representar várias pessoas que tenham interesse, por uma ação ou obrigação individual; assim como a assistência dos procuradores aos interrogatórios e a um juramento não realizados em audiência; bem assim, a viagem dos procuradores na causa, para assistirem a atos realizados na jurisdição de um tribunal, que não aquele perante o qual corre o processo e junto ao qual desempenham o mandato.[3]

Não devem, ainda, ser considerados, como custas, os gastos desnecessários à tramitação processual, tais como os gastos proibidos pela lei e pela ética. Assim, as gorgetas e propinas, no intuito de alcançar favores de algum funcionário, obviamente, não se consideram custas, porque resultam de atividade criminosa (Código Penal, arts. 317 e 333).

Custas processuais são as despesas ou gastos necessários a se iniciar, desenvolver e terminar um processo, nos termos legais.

4. *Custas processuais, na sistemática do nosso Código de Processo Civil*

A nossa legislação processual civil, em matéria de custas, inspira-se na doutrina alemã e na italiana, com fulcro na responsabilidade objetiva do vencido.

Apregoa Chiovenda o princípio geral de que "a parte vencida é condenada ao pagamento das custas do processo (art. 370). Se várias forem as partes condenadas, repartem-se proporcionalmente as custas, ou na medida de seu interesse na contenda. Se as partes forem condenadas por obrigação solidária, poderão as custas ser atribuídas a cada qual, solidariamente. Caso a sentença não dispuser sobre a repartição, far-se-á proporcionalmente (art. 371).

O fundamento dessa condenação é o fato objetivo da derrota; e a justificação desse instituto está em que a atuação da lei não deve representar uma diminuição patrimonial para a parte a cujo favor se efetiva; por ser interesse do Estado que o emprego do processo não se resolva em prejuízo de quem tem razão, e por ser, de outro turno, interesse do comércio jurídico que os direitos tenham um valor tanto quanto possível nítido e constante.[4]

O nosso Código de Processo Civil identifica o conceito de custas com o de despesas processuais, na dicção de que "as despesas abrangem não só as custas

3. Chiovenda, Giuseppe, *Instituições de Direito Processual Civil*. Editora Saraiva, v. III, pp. 207/211.

4. Chiovenda, Giuseppe, *op. Cit.*, p. 212.

dos atos do processo, com também a indenização de viagem, diária de testemunha remuneração do assistente técnico" (CPC, art. 20, § 2º). O *etc* está implícito, evidentemente, na extensão processual dessas despesas.

De lege ferenda, melhor seria a redação seguinte: "As *custas* abrangem não só as *despesas* dos atos do processo, como também a indenização de viagem, diária de testemunha e remuneração do assistente técnico, dentre outras necessárias e que tenham relação direta com o processo".

Adotando, ainda, o conceito histórico e amplo de custas, o CPC estabelece que "as sanções impostas às partes, em conseqüência de má-fé, serão contadas como custas e reverterão em benefício da parte contrária; as impostas aos serventuários pertencerão ao Estado". (art. 33).

De ver-se logo, que tais custas não têm natureza tributária, pois, *de lege lata*, tributo é prestação pecuniária, que *não constitua sanção de ato ilícito* (CTN, art. 3º). As custas impostas a serventuários, com caráter punitivo e destinadas aos cofres do Estado, são meros *ingressos* a compor a receita pública, sem conotação tributária.

As custas processuais, na sistemática vigente, regem-se pelos princípios da *antecipação* ou do *adiantamento* das despesas e da *responsabilidade objetiva do vencido*, que deve arcar com todos os ônus da sucumbência.

Neste sentido, o CPC determina que "salvo as disposições concernentes à justiça gratuita, cabe às partes prover as despesas dos atos que realizam ou requerem no processo, antecipando-lhes o pagamento, desde o início até sentença final; e bem ainda, na execução, até a plena satisfação do direito declarado pela sentença" (art. 19, *caput*). "O pagamento de que trata este artigo será feito por ocasião de cada ato processual" (art. 19, § 1º). "Compete ao autor adiantar as despesas relativas a atos, cuja realização o juiz determinar de ofício ou a requerimento do Ministério Público" (art. 19, § 2º). "A sentença condenará o vencido a pagar ao vencedor as despesas que antecipou e os honorários advocatícios. Essa verba honorária será devida, também, nos casos em que o advogado funcionar em causa própria" (art. 20, *caput*). E, ainda, o juiz, ao decidir qualquer incidente ou recurso, condenará nas despesas o vencido" (art. 20, § 1º).

A Lei 4.215, de 27.4.63 (EOAB), que é contemporânea e da mesma hierarquia da Lei 5.869, de 11.1.73, que instituiu o CPC vigente, ao cuidar dos *honorários profissionais* (Capítulo VI), determina que "a prestação de serviço profissional assegura aos inscritos na Ordem o direito aos honorários contratados ou, na falta de contrato, aos que forem fixados na forma desta lei" (art. 96, *caput*), reconhecendo, assim, a validade jurídica dos *honorários advocatícios contratados, extra-autos*, além daqueles judicialmente fixados, na sentença, *intra-autos*, em benefício ressarcitório da parte vencedora, pois, diz, expressamente, que "na falta de estipulação ou de acordo, os honorários serão fixados por arbitramento judicial" (art. 97, *caput*), admitindo, inclusive, que "se o advogado ou o provisionado fizer juntar aos autos, até antes de cumprir-se o mandado de levantamento ou precatório, o seu contrato de honorários, o juiz determinará lhe sejam estes pagos diretamente, por dedução da quantia a ser recebida pelo constituinte, salvo se este provar que já os pagou" (art. 99, *caput*) e "tratando-se de honorários fixados na condenação, tem o advogado ou provisionado direito autônomo para executar a sentença nessa parte, podendo requerer que o precatório, quando este for necessário, seja expedido em seu favor" (art. 99, § 1º).

Nesse contexto, orienta a jurisprudência, com acerto, que "mandando o art. 20 pagar honorários "ao vencedor" e não ao advogado do vencedor, segue-se que, "salvo previsão expressa do contrato, o advogado tem direito à verba honorária neste ajustada, não à do objeto da condenação, que pertence à parte vencedora" (TFR — 6ª Turma — AC 78.387-SP, Rel. Min. Torreão Braz. Julg. em 17.11.82. V. Unânime — *DJU* de 9.12.82, p. 12.731).

Fixando-se no princípio chiovendiano de que a atuação da lei não deve representar uma diminuição patrimonial para a parte vencedora, a cujo favor se efetiva, destaca-se a seguinte orientação pretoriana: "Tendo o advogado recebido, a título de honorários, parcela do valor judicialmente obtido, não lhe é lícito receber também a verba honorária resultante da sucumbência, salvo se houver pacto, nesse sentido, celebrado entre eles e seus constituintes. Os honorários e as despesas resultantes da sucumbência são, em princípio, destinados à parte, para compensar o vencedor do que despendeu com a contratação do seu advogado e com os gastos da causa" (STJ — 4ª Turma. REsp. 15.338-0-RJ — Rel. Min. Sálvio de Figueiredo. V. Unânime — *DJU* de 8.6.92, p. 8.621). "Na ausência de convenção em contrário, os honorários da sucumbência constituem direito da parte e se destinam a reparar ou minimizar seus prejuízos, em função da causa ajuizada. Inexistindo avença, condiciona-se o direito autônomo do advogado, para postular, executivamente, em seu próprio nome, os honorários da sucumbência, ao não recebimento de remuneração do seu constituinte" (STJ — 4ª Turma. Resp 16.489-0-PR. Rel. Min. Sálvio de Figueiredo. Julg. em 12.5.92. V. Unânime. *DJU* de 8.6.92, p. 8.622).

Com essa inteligência, vem decidindo, acertadamente, o colendo STJ, *in verbis*: "Honorários de advogado — Condenação — Direito autônomo à execução. Código de Processo Civil, art. 20 — Lei 6.215/63, artigo 99, § 1º. O advogado tem direito autônomo a executar a sentença, na parte em que impuser condenação em honorários, se já não os tiver recebido de seu constituinte. Ser-lhe-á lícito, ainda, proceder à execução, na medida em que a condenação exceder o que percebeu, posto que não se destina a verba a enriquecer a parte, fazendo com que do processo resulte-lhe proveito maior que o reconhecimento integral de seu direito. Hipótese em que o advogado percebia pagamento mensal, fazendo jus, ainda, a percentual sobre o efetivamente recebido. Impossibilidade de execução autônoma dos honorários, sem antes proceder aos necessários ajustes, para que se saiba a quanto poderia ainda ter direito" (REsp 1.973-SP. Rel. Min. Eduardo Ribeiro. *DJU* de 28.5.90).

De concluir-se, pois, que o advogado não tem direito a haver, além dos honorários ajustados, também a verba fixada na sentença, se não houver previsão expressa no contrato de honorários, extra-autos.

A todo modo, a norma do artigo 20, *caput*, do CPC, consagrando o princípio da responsabilidade objetiva do vencido pelas custas do processo (*custas judiciais e extrajudiciais*), a não se permitir que a parte vencedora sofra qualquer prejuízo patrimonial, quando não fora atingida pelos efeitos processuais da sucumbência, autoriza as partes, ainda, na fase de instrução do processo de conhecimento, a carrearem aos autos seus contratos de honorários, para serem acertados, na linha do amplo contraditório constitucional (CF, art. 5º, incisos LIV e LV), com vistas na composição do título judicial-executivo (sentença/acórdão), que imporá ao vencido os ônus totais da sucumbência, com o peso, inclusive, da verba honorária previamente contratada. Somente, assim, o vencedor fará jus ao nome, porque sairá indene da batalha judicial. Do contrário, e como tem sido, a parte vencedora nunca deixa de sofrer as seqüelas financeiras do processo, como se, de alguma forma, fosse vencida.

Os honorários advocatícios, contratados com a parte, para a realização do processo, ou judicialmente fixados, nos autos do processo, integram, sem dúvida, o universo das custas processuais, em sentido amplo, e devem ser pagos pelo vencido.

Observe-se, com Celso Agrícola Barbi, que tais princípios se aplicam não só ao processo de conhecimento e ao de execução, segundo a lei, mas, igualmente, têm aplicação no processo cautelar e nos procedimentos especiais, que não se excluem dessa disciplina legal, porque *ubi eadem ratio, ibi eadem jus dispositio*. Submetem-se a esse disciplinarmento, no que couber, os procedimentos de jurisdição voluntária (CPC, art. 34).[5]

De lege lata, tem-se, assim, a presença norteadora do princípio do *adiantamento das despesas* ou *custas processuais*, com ressarcimento imediato, que há de reger todas as causas judiciais, abrangendo o *processo de conhecimento* e o de *execução*, bem ainda, o *cautelar* e o *especial*, até *plena satisfação do direito declarado pela sentença*.

A exceção legal ao princípio citado ampara, tão-somente, *os beneficiários da justiça gratuita*.

Ninguém ousaria afirmar, decerto, que a União Federal, os Estados, o Distrito Federal, os Municípios e suas respectivas autarquias, ou o Ministério Público, são beneficiários da gratuidade de Justiça, posto que esse privilégio necessário é privativo das *pessoas pobres*, na forma da lei (CF, art. 5º., inciso LXXIV), do *autor popular*, salvo comprovada má-fé (CF, art. 5º., inciso LXXIII) e dos autores das ações constitucionais de *habeas corpus*, de *habeas-data* e dos *atos necessários ao exercício da cidadania* (CF, art. 5º., inciso LXXVII).

5. Barbi, Celso Agrícola, *Comentários ao Código de Processo Civil*, Editora Forense, 1ª ed., 1975, vol. I, Tomo I, p. 184.

De ver-se, também, que a verba honorária, contratada pela parte, ou fixada pelo juiz, na sentença, ainda que não se submeta ao princípio da antecipação das despesas, se encarta, topograficamente, *de lege lata*, na Seção das despesas processuais, integrando o conceito amplo de custas.

O Código não adota, como regra geral, a responsabilidade solidária dos vencidos, pelo pagamento das custas processuais, pois determina que "concorrendo diversos autores ou diversos réus, os vencidos respondem pelas despesas e honorários em proporção" (CPC, art. 23). Confiram-se, nesta linha de determinação, o disposto nos artigos 21, 24, 25, 26, § 2º. e 32, do CPC.

Apresentam-se, como exceção ao princípio da responsabilidade objetiva da parte vencida, pelo pagamento das custas processuais, as normas dos artigos 22, 29, 31 e 35 do CPC, que afirmam a responsabilidade pessoal por culpa ou má-fé comprovada, nos autos. Por último, convém esclarecer que se as despesas dos atos processuais, efetuados a requerimento do Ministério Público ou da Fazenda Pública, serão pagas afinal pelo vencido" (CPC, art. 27), não se afasta, aqui, a aplicação do princípio da antecipação dessas despesas, por aqueles entes privilegiados, quando se apresentem indispensáveis ao desenvolvimento válido e regular do processo (*v.g.* despesas com perícias, diligências dos oficiais de Justiça, publicações de editais, etc.), posto não serem beneficiários da justiça gratuita (única exceção prevista no artigo 19, *caput*, do CPC), e para tanto, devem incluir, em seus orçamentos verba própria para esses gastos processuais.

Nesse sentido, observa Theotônio Negrão que "dos arts. 27 e 19, § 2º., combinados, resulta: — que o autor (mesmo que seja a Fazenda Pública: *RJTESP*

110/307) é obrigado a adiantar as despesas de atos determinados de ofício pelo juiz ou a requerimento do MP; — que a Fazenda Pública, sendo autora, é obrigada a adiantar as despesas judiciais dos atos que requerer (contra: *RT* 632/105, maioria); sendo ré, o autor terá de adiantar as despesas dos atos por ela requeridos."[6]

Em reconhecendo que "a questão não é pacífica "anota, ainda, o citado autor que "se a autarquia requer perícia e o perito oficial pleiteia adiantamento para despesas necessárias, deve a requerente prover tais despesas" (TFR — 2ª Turma — Ag. n. 50.754/PR. Rel. Min. José Cândido — j. em 2.12.87 — Unânime — *DJU* de 26.2.87, p. 2.803). "As despesas de condução do perito devem ser adiantadas pelo expropriante, pois é inadmissível que tais gastos, pela sua amplitude, corram por conta de pessoas que apenas colaboram para atingir-se o objetivo da ação, sem exercerem cargo público, como é o caso do avaliador" (*RTFR* 102/25).

A colenda 4ª Turma do egrégio TFR/1ª Região, no julgamento do Agravo de Instrumento 93.01.06124 — 4/DF, de que foi Relatora a eminente Juíza Eliana Calmon, confirmou, por unanimidade, decisão do Juízo Federal da Sexta Vara da Seção Judiciária do Distrito Federal, no entendimento de que "a Fazenda Pública em juízo deve responder antecipadamente pelas despesas da prova pericial, sendo inconcebível que o perito do Juízo seja pago após o término do processo e por precatório — art. 19, § 2º, do CPC". Em sua lúcida votação, observou a ilustre Relatora que "a questão, polêmica sob o aspecto doutrinário e jurisprudencial, não resiste a um posicionamento firme, se visto sob o aspecto prático. E isto porque é impensável que possa o julgador valer-se de um bom profissional da sua confiança, o qual precisa, muitas vezes, efetuar despesas para desenvolver o "munus", e deixar que a sua remuneração seja feita a final e por precatório. O privilégio que se queira outorgar à Fazenda, normalmente, como na hipótese dos autos, em que visa à obtenção de vantagem econômica, esbarra na impossibilidade de materialização do preceito".

Entendo, pois, à luz dos precedentes jurisprudenciais, em referência, que a interpretação literal e isolada da norma do artigo 27 do CPC há de ser evitada por Juízes e Tribunais, a fim de que suas decisões não tenham efeitos paralisantes da dinâmica processual e da rápida distribuição da Justiça, posto que, no "Estado democrático de Direito", *ninguém será obrigado a fazer ou deixar de fazer alguma coisa senão em virtude de lei* (CF, art. 5º, *inciso* II).

O Estado-Juiz não deve, sem amparo na sistemática legal, obrigar o perito, que se dispôs a auxiliá-lo, no deslinde da causa, a retirar de seus vencimentos ou salários, necessários à sua subsistência, as despesas que haverá de ter, na realização da perícia, para ser ressarcido, ao final, pela Fazenda Pública (federal, estadual ou municipal e suas respectivas autarquias), através do instrumento injusto do precatório, com dilatado tempo, em parcelas corroídas pela inflação galopante, que ainda campeia, neste país.

5. *Custas processuais, na Lei de Execução Fiscal — Orientação Jurisprudencial*

A Lei 6.830, de 22 de setembro de 1980, que dispõe sobre a cobrança judicial da Dívida Ativa da Fazenda Pública, determina que a "Fazenda Pública não está sujeita ao pagamento de custas e emolumentos. A prática dos atos judiciais de

6. Negrão, Theotônio, *Código de Processo Civil e Legislação Processual em Vigor*. 24ª ed. 1993, p. 90.

seu interesse independerá de preparo ou de prévio depósito (art. 39, *caput*). Se vencida, a Fazenda Pública ressarcirá o valor das despesas feitas pela parte contrária" (art. 39, parágrafo único).

O extinto e sempre egrégio Tribunal Federal de Recursos, interpretando, literalmente, os dispositivos legais, em tela, sumulou a matéria, nestas letras: "A Fazenda Pública, nas execuções fiscais, não está sujeita a prévio depósito, para custear despesas do avaliador" (*Súmula n. 99*) — Referências: Incidente de Uniformização de Jurisprudência n. Ag. 42.260-SP — Segunda Seção, em 10.11.81 — *DJU* de 5.2.82. CPC, art. 27. Lei 6.830, de 22.9.80, art. 39 — Segunda Seção, em 17.11.81 — *DJU* de 24.11.81, p. 11.855. 2 — "A Fazenda Pública, nas execuções fiscais, não está sujeita a prévio depósito, para custear despesas do oficial de justiça" (*Súmula n. 154*) — Referências: Ag. 44.759-SP. Segunda Seção, em 22.5.80. CPC, art. 27. Lei 6.830, de 22.9.80, art. 39. Segunda Seção, em 22.5.84, *DJU* de 30.5.84, p. 8.512.

Nessa linha de convicção, o colendo Tribunal Federal Federal da 3ª Região, sumulou, também, sua jurisprudência nesta matéria, *in verbis*: "A Fazenda Pública — nesta expressão incluídas as autarquias — nas execuções fiscais, não está sujeita ao prévio pagamento de despesas para custear diligência de oficial de justiça" (*Súmula n. 4*). Referências: Incidente de Uniformização de Jurisprudência no AI 3150/90-SP (90.03.20242-7). Tribunal Pleno, em 8.8.91 — *DJU* de 26.8.91. Lei 6.830, de 20.9.80, art. 39, CPC, art. 27.

Não prevalecem, contudo, o entendimento das súmulas supracitadas, em face do sensível e acertado julgado do Supremo Tribunal Federal, nestes termos: "Despesas processuais. Privilégio da Fazenda Pública. Transporte do oficial de justiça para realização de penhora. — No caso, o que pretende a Fazenda Estadual, com base nos artigos 27 do CPC e 39 da Lei 6.830/80, é que o oficial de justiça financie as atividades, em última análise, de seu patrão. — Nenhum desses dispositivos determina que o serventuário da justiça retire de sua remuneração — que é paga pelo próprio Estado — as quantias necessárias ao pagamento das despesas com condução para o exercício de suas funções, e depois, ou as receba ao final do vencido, se a Fazenda for vencedora ou não as receba ao final de ninguém, se a Fazenda for vencida, certo como é que, neste último caso, em face dos termos do parágrafo único do artigo 39, "se vencida, a Fazenda Pública ressarcirá o valor das despesas feitas pela parte contrária", o que evidentemente não abarca as despesas feitas pelo oficial de justiça em diligência do interesse da Fazenda. — A questão não é, portanto, sequer de injustiça — que seria clamorosa —, mas de ausência de obrigação legal, a caracterizar a hipótese típica do princípio de que ninguém é obrigado a fazer ou não fazer alguma coisa senão em virtude de lei (artigo 153, § 2º, da Carta Magna). — Se o privilégio da Fazenda for entendido na extensão por ela pretendida, deve o Estado consignar, no orçamento, verba própria para essas despesas, no que diz respeito aos cartórios oficializados, uma vez que, quanto aos não oficializados, essas despesas sairão dos emolumentos a estes devidos, e que são receita pública, como fixado pela jurisprudência desta Corte. Recurso Extraordináro não conhecido." (Recurso Extraordinário 108.845-1-SP. Rel. Min. Moreira Alves — 1ª Turma/STF — Unânime — *DJU* de 25.11.88, p. 31.067).

De ver-se, pois, na inteligência jurisprudencial do Alto Pretório, que a Fazenda Pública (União, Estados, Distrito Federal, Municípios e suas respectivas autarquias) não deve usar de seus privilégios, para dificultar ainda mais a situação aflitiva dos servidores públicos, de quem se não pode exigir o sacrifício extremo de empregar seus minguados vencimentos, no cumprimento de diligências no interesse único do erário público, sem retorno.

Tais despesas não têm caráter tributário, mas sim indenizatório, e por isso se submetem ao princípio da antecipação e do ressarcimento imediato pela parte a quem aproveite a diligência requerida ou oficiada.

6. Taxa Judiciária — espécie do gênero custas

A natureza tributária da taxa judiciária já fora reconhecida e proclamada, por mais de uma vez, pelo Alto Pretório, na fala de que "as custas, conceituadas como espécie de taxa, ou com outra qualificação na órbita jurídica, constituem, sempre, não há negar, especial retribuição devida ao Estado, em razão de prestação de serviço público. Desde que não se qualificam como renda privada, infrutífera é a argüição de afronta às regras inscritas nos arts. 21, inciso IV, 18, § 2º, e 21, § 2º, inciso I, da Lei Magna." (Representação 895-GB. Rel. Min. Djaci Falcão — *RTJ* 67/327). No mesmo sentido, *inter plures*, pronunciou-se o Supremo Tribunal Federal, no julgamento da Representação 1.074-1-MT, de que, também, foi Relator o eminente Ministro Djaci Falcão (*DJU* de 7.12.84, p. 20.987) e no julgamento do Recurso Extraordinário 116.208-2-MG, de que fora Relator o douto Ministro Moreira Alves, nestas letras: "Custas e emolumentos. Natureza Jurídica. Necessidade de lei para sua instituição ou aumento. — Esta Corte já firmou o entendimento, sob a vigência da Emenda Constitucional 1/69, de que as custas e os emolumentos têm a natureza de taxas, razão por que só podem ser fixados em lei, dado o princípio constitucional da reserva legal, para a instituição ou aumento de tributo. — Portanto, as normas dos artigos 702, I, g, e 789, § 2º, da Consolidação das Leis do Trabalho não foram recebidas pela Emenda Constitucional 1/69, o que implica dizer que estão elas revogadas. Recurso Extraordinário conhecido e provido" (*DJU* de 8.6.90).

Convém reparar-se, aqui, no entanto, o equívoco conceitual de *custas*, em que labora a Suprema Corte, tomando a espécie (taxa judiciária) como gênero, na convicção afirmada de que *custas* são espécie de *taxa judiciária*, quando, em verdade, o fenômeno é inverso: *taxa judiciária é que se caracteriza e se apresenta, juridicamente, como espécie do gênero custas*.

Nessa inteligência, tenho visualizado a distinção entre *custas de natureza tributária* (*taxas judiciárias* — espécie do gênero tributo) e *custas não tributárias* (despesas indenizatórias, contraprestacionais, multas processuais, etc.).

Observo, ainda, com honrosa vênia, que o Supremo Tribunal Federal não foi feliz ao considerar, indistintamente, todas as empresas do processo como taxas judiciárias, situando-as como contraprestação de serviço público específico e divisível, custeado pelo Estado.

De ver-se, assim, que aquela excelsa Corte já decidiu, noutra oportunidade, em sessão plenária, que "em face das restrições constitucionais a que se sujeita a instituição de taxa, não pode o Poder Público estabelecer, a seu arbítrio, que, à prestação de serviço público específico e divisível, corresponde contrapartida sob a forma, indiferentemente, de taxa ou de preço público" (RE 89.876-RJ. Rel. Min. Moreira Alves — *RTJ* 98/230).

Há de se distinguir, como conseqüência, na composição de *preparo* dos feitos iniciais (CPC, art. 257) e dos recursos, que dele dependam (CPC, arts. 519, *caput*, 527 e respectivo § 1º e 533, *caput*), as *custas tributárias* (taxas judiciárias) daquelas *não tributárias* (contraprestacionais, ressarcitórias e punitivas), tais como as decorrentes de diligências dos Srs. Oficiais de Justiça, de realização de perícias, de fotocópias para traslados e outras dessa natureza, bem ainda, as resultantes de penalidades processuais (CPC, arts. 488, inciso II, 529 e 538, § único).

Conforme *De Plácido e Silva*, nesta razão, praticamente, o preparo se revela em todas as diligências para a feitura ou facção da conta das despesas do processo, de um período a outro, ou de *partes dele*, e no *respectivo pagamento*, que se efetiva pela entrega da soma apurada pelo *contador do juízo* ou escrivão do feito, para que este, por sua vez, a distribua a quem de direito. O preparo pode ocorrer em várias contingências. Há, assim, o *preparo da ação, o preparo da apelação*, o *preparo do agravo*, etc. Cada um deles mostra a conta das custas relativas à parte do processo, a que corresponde, e o respectivo pagamento efetivado por uma das partes litigantes. E, em qualquer circunstância, o preparo é operação ou medida, a que se deve atender, para que o processo, salvo exceções legais, prossiga em seu andamento, seja em primeira ou em segunda instância."[7]

7. *Atividade jurisdicional do Estado e direito constitucional à jurisdição*

No campo das atribuições essenciais do Estado de Direito, a atividade jurisdicional assume proeminência, configurando-se, para os cidadãos, a *garantia-matriz* de todas as demais, conforme nos ensina José Afonso da Silva, nestas letras: "A máxima garantia dos direitos humanos, no Estado Democrático — aquela que pode ser chamada *garantia matriz*, porque, sem ela, as outras nada significam — está na existência de órgãos jurisdicionais dotados de independência e imparcialidade, com capacidade, de fato e de direito, para solucionar conflitos de interesses interindividuais, e, especialmente, os que se manifestem entre a pessoa e o Estado".[8]

A nossa Constituição Federal, em vigor, *assegura a todos, independentemente do pagamento de taxas, o direito de petição aos Poderes Públicos, em defesa de direitos ou contra ilegalidade ou abuso de poder* (art. 5º, inciso XXXIV, alínea "a"), apregoando, definitivamente, o princípio maior da segurança jurídica, na fala determinante de que "*a lei não excluirá da apreciação do Poder Judiciário lesão ou ameaça a direito*" (art. 5º, inciso XXXV).

A Carta Magna nos garante, assim, em termos amplos, o direito público-subjetivo, coletivo e difuso de ação, como manifestação efetiva do direito de petição aos Poderes Públicos, dentre os quais se destaca o Poder Judiciário.

Com o banimento da justiça privada e a assunção do monopólio do exercício da força pelo Estado, a decisão quanto aos conflitos de interesse, entre os indivíduos e entre estes e o Poder Público, passou a ser condição essencial da própria concepção do Estado de Direito.

No pensar de Couture, se o exercício da força não está originariamente (salvo casos excepcionais, como, por exemplo, o desforço possessório, a legítima defesa, o estado de necessidade e a violência praticada no estrito cumprimento do dever legal), em mãos dos particulares, para a solução dos conflitos de interesses, eles são obrigados a recorrer ao Judiciário, para verem satisfeitos seus direitos. O recurso ao Judiciário, portanto, se apresenta, como algo inarredável,

7. E. Silva, De Plácido, *Vocabulário Jurídico*. Ed. Forense, 7ª ed., vols. III/IV, RJ, 1982, p. 429.

8. Da Silva, José Afonso, *Ação Popular Constitucional*, Editora Revista dos Tribunais, p. 84.

a ser atendido, obrigatoriamente, se alguém pretende fazer valer, no plano fático, os direitos de que é titular.

Para o reconhecimento e a defesa dos direitos e interesses privados, coletivos e difusos, dos direitos e garantias fundamentais do cidadão, concernentes à vida, à liberdade, à segurança e à propriedade, quando contestados ou violados, só existe um caminho, que é o do exercício do direito de petição ao Poder Judiciário, o qual se manifesta, efetivamente, através da instrumentalidade do devido processo legal, em que se materializa o direito público-subjetivo de ação, de que nos fala Enrico Túlio Liebman.

Se o governado optar por outro caminho-exercício arbitrário das próprias razões — incorre em crime contra a Administração da Justiça (Código Penal, art. 345).

Como bem observa José Afonso da Silva, considerando que está vedada a Justiça privada, no Estado moderno, e um órgão do Poder Público se instituiu para substituí-la, não se pode negar a ninguém o direito subjetivo de deduzir, em Juízo, sua pretensão, contra aquele que a ela opõe resistência.

Adotamos, aqui, a tese de Juan Couture, na fala de que o Poder Judiciário não tem por que ser excluído dos órgãos e autoridades, ante os quais os particulares podem exercer o direito de petição. Este direito começou a perder sua identidade e alterou suas formas originárias, quando o governo representativo começou a subministrar novos instrumentos de petição indireta, mediante deputados e senadores. De outro lado, porém, foi fortalecendo-se, paulatinamente, perante o Judiciário, em razão da existência de leis processuais, cada vez mais aperfeiçoadas, que regulam seu exercício e asseguram sua eficácia.

Tanto que esse direito, exercido ante o Poder Legislativo, tem perdido boa parte de sua eficácia, por força do sistema parlamentar-representativo, e tenha debilitada sua importância, perante o Executivo, em razão de não existir uma lei regulamentadora do mesmo, que criasse um dever correlativo de apreciação por parte do poder administrador-executivo, que sua signficação, perante o Judiciário, tem crescido consideravelmente.

Com isto, o direito de petição assume uma característica particular. Enquanto, perante os outros poderes, configura somente uma relação entre o particular e a autoridade, ante o Poder Judiciário, envolve um terceiro, que se vê, assim, ainda que contra sua vontade, vinculado à petição.

Esta circunstância explica que, tradicionalmente, ainda muitíssimo antes que o direito de acesso ao Tribunal fosse elencado entre os direitos de petição, o debate forense tenha sido regulamentado, através da lei processual e tenha criado de parte do poder público um dever jurídico de pronunciar-se a respeito da pretensão.

A existência de uma lei regulamentadora, como é a lei processual, de caráter instrumental, e o dever jurídico de decidir a controvérsia, que foi sempre o correlativo de parte do poder público, foram sempre as notas dominantes do ato jurisdicional. A existência dessa mesma lei regulamentadora e da sentença, como ato de pronunciamento do poder público foram, provavelmente, as razões decisivas, para que a ação civil tivesse, historicamente, uma força muito maior que a petição, perante o Poder Legislativo e o Poder Executivo.

A tese que sustentamos, aqui, consiste em que a lei processual constitui a norma regulamentadora do direito de petição. Pretendemos afirmar, assim, porque nos parece óbvio, que o direito de ação constitui uma forma típica do direito constitucional de petição. Este é o gênero, de que a ação é espécie.

O direito de petição foi, em sua formulação originária, um direito privado (*private bill*). Logo adquiriu, em notórios textos de direito constitucional, um caráter de garantia (*right of petition*).

Quando o direito de petição apareceu formulado, como um direito individual, no *Bill of Rights* de 1.689, a estrutura dos poderes não havia chegado ainda à conformação que a aguardava, posteriormente, em especial, a partir do século XVIII, sobre a base de uma nítida distinção entre Legislativo, Executivo e Judiciário. O Rei era, simultaneamente, legislador, governante e Juiz. Toda outra forma de autoridade emanava dele, por delegação. Os exemplos de autoridade popular foram, ao largo da história, verdadeiros momentos de exceção até o século XVIII.

O direito de petição se exerceu, pois, originalmente, perante quem reuniria em si todas as faculdades da autoridade.

Quando o princípio da divisão de poderes, arquitetado por Montesquieu e preconizado por Aristóteles, na Grécia, começou a desenvolver-se, o direito de petição se desdobra e assume caracteres específicos, perante cada um desses poderes. As velhas formas processuais se mantêm, porém, troca-se a condição dos juízes a quem elas se dirigem.

O dever de pronunciamento, por parte do Juiz, é de tal modo rigoroso, ante o exercício do direito de ação, que sua omissão configura causa de responsabilidade judicial.[9]

Em nosso ordenamento jurídico-processual, "o juiz não se exime de sentenciar ou despachar, alegando lacuna ou obscuridade da lei. No julgamento da lide, caber-lhe-á aplicar as normas legais; não as havendo, recorrerá à analogia, aos costumes e aos princípios gerais de direito" (CPC, art. 126).

9. Couture, Eduardo Juan, *Fundamentos Del Derecho Procesal Civil*. Depalma, 1988, 3ª ed. (póstuma), pp. 74/79.

8. Da imunidade tributária, em matéria específica de Taxa Judiciária

Leciona Hugo de Brito Machado que *imunidade* é obstáculo decorrente de regra da Constituição à incidência de regra jurídica de tributação. O que é imune não pode ser tributado. A imunidade impede que a lei defina, como hipótese de incidência tributária, aquilo que é imune.[10]

Ives Gandra Martins mostra quatro formas desonerativas da tributação, a saber: *imunidade, isenção*, não-incidência e *alíquota zero*. Na *imunidade* não nascem, nem obrigação, nem crédito tributário, por absoluta vedação constitucional; na *não-incidência* não nascem ambos, por omissão legislativa ordinária; na *isenção* nasce a obrigação, mas não nasce o crédito, por vedação imposta pela lei complementar e veiculada por lei ordinária; e na *alíquota zero* nascem ambos, reduzidos à expressão nenhuma.[11]

Diz, ainda, o ilustre Professor que a imunidade é o mais relevante dos institutos desonerativos. Corresponde à vedação total ao poder de tributar. A imunidade cria área colocada, constitucionalmente, fora do alcance impositivo, por intenção do constituinte, e área necessariamente de salvaguarda absoluta para os contribuintes nela hospedados. A relevância é de tal ordem que a jurisprudência tem entedido ser impossível a adoção de interpretação restritiva a seus comandos legais, sendo, obrigatoriamente, a exegese de seus dispositivos, ampla. Na imunidade, hão há nem o nascimento da obrigação fiscal, nem do conseqüente crédito, em face de sua substância fática estar colocada fora do campo de atuação dos poderes tributantes, por imposição constitucional. Independente,

10. Machado, Hugo de Brito, *Curso de Direito Tributário*, Forense, 1992, p. 151.

11. Martins, Ives Gandra, *Sistema Tributário na Constituição de 1988*. Ed. Saraiva, 1989, p. 149.

portanto, das vontades legislativas das competências outorgadas pela Lei Maior.

No julgamento do RE 101.441-RS, o Supremo Tribunal Federal consagrou a interpretação extensiva para a imunidade, mantendo restritiva, nos termos artigos 111 do CTN, para as demais formas desonerativas.

A nossa Constituição Federal, em vigor, trata da imunidade tributária, em matéria de impostos, na Seção específica "Das limitações do Poder de Tributar" (art. 150, inciso VI, alíneas *a*, *b*, *c*, e *d* e respectivos § § 1º., 2º., 3º. e 4º.).

Se a Carta Magna de 1967, com a Emenda 1/69, cuidava de imunidades tributárias, tão-somente, no que tange a impostos, já a nova Lei Maior, de 5.10.88, cria, também, imunidade tributária, em matéria de *taxas*, inclusive *judiciárias*, com estas letras: "Art. 5º., inciso XXXIV — São a todos assegurados, independentemente do pagamento de taxas: a) o direito de petição aos Poderes Públicos, em defesa de direitos ou contra ilegalidade ou abuso de poder;"

Trata-se, aqui, sem dúvida, de imunidade tributária, com relação às taxas judiciárias, que são espécies de custas processuais.

A norma do artigo 5º., inciso XXXIV, alínea a, de nossa Constituição Federal é auto-aplicável, como o são todas as normas definidoras dos direitos e garantias fundamentais, nela inseridas (CF, art. 5º., inciso LXXVII, § 1º.).

No Fórum de debates, realizado pelo Centro de Estudos Judiciários do egrégio Conselho da Justiça Federal, nos dias 4 e 5 de março do ano corrente (1994), sobre o tema "*A Justiça Federal e sua Importância Política*", foi acolhida proposição de nossa autoria, no subitem "*A Questão do Acesso à Justiça*", com esta redação: "Ressaltar aos órgãos judiciários superiores a necessidade e urgência de um reestudo das regras de custas, a fim de que possam os Juízes dar plena eficácia ao disposto no art. 5º., XXXIV, "a", da Constituição Federal."

O direito público-subjetivo de ação, que identificaram os estudos de Enrico Túlio Liebman, e que se exercita, na lição magnífica de Eduardo J. Couture, como a espécie mais expressiva do amplo direito de petição aos Poderes Públicos, apresenta-se, historicamente, desde a Carta Magna de 1215, como exercício de liberdade dos homens livres.

Observa Couture que "a Suprema Corte dos Estados Unidos tem dito que a idéia de governo republicano implica a possibilidade de que os cidadãos possam reunir-se, pacificamente, para pedir ao poder público a reparação dos agravos. Porém, na realidade, o direito dos cidadãos é mais amplo. Não se trata somente de tutela efetiva, diante do agravo recebido, senão do direito de expor qualquer petição".[12]

Quando o direito de petição se exerce perante o Poder Judiciário, sob a forma de ação civil, este poder jurídico não só resulta virtualmente coativo, para o demandado, que tem de comparecer e defender-se, se não deseja sofrer as conseqüências prejudiciais da *ficta confessio*, senão que também resulta coativo para o magistrado, que deve pronunciar-se, de uma ou outra forma, sobre o requerimento, que lhe é dirigido.

O direito de ação tem sede no dispositivo constitucional que assegura a todos o direito de petição aos poderes públicos (art. 5º., inciso XXXIV, alínea a), como garantia do direito fundamental à liberdade (art. 5º., *caput*), pelo livre acesso à Justiça, que se oferece, no devido processo legal.

A nossa Constituição Federal garante o *direito à jurisdição*, na voz de que a "a lei não excluirá da apreciação do Poder Judiciário lesão ou ameaça a direito" (art. 5º., inciso XXXV).

12. Couture, Eduardo Juan, *op. Cit.*, p. 77.

Em sendo assim, o conceito de jurisdição, como poder, é insuficiente, porque a jurisdição é poder-dever. Com a faculdade de julgar, o juiz tem o dever de fazê-lo (CPC, art. 126).

O direito de petição, quando se instrumentaliza perante o Poder Judiciário, sob a forma de ação, adquire maiores garantias a seu titular ou titulares, face ao instituto da *coisa julgada*, que em sua configuração materal, nosso Código de Processo Civil define, como sendo a eficácia, que torna imutável e indiscutível a sentença, não mais sujeita a recurso ordinário, especial ou extraordinário (art. 467).

Entre a autoridade da coisa julgada e a efetiva vigência do direito há uma relação de meio e fim. A coisa julgada se concebe como meio de desfazer a incerteza do direito e como forma de fazê-lo coativo, nos casos de resistência ou omissão de seu cumprimento.

A coisa julgada e sua eventual coercibilidade são inerentes à jurisdição. O caráter de irrevisibilidade que dá, às decisões judiciais, a autoridade da coisa julgada, não aparece em nenhum dos outros modos de atuação do poder público.

A função jurisdicional, pois, não tem preço. A Jurisdição, conforme já visto, é direito de todos e dever do Estado.

Já vai longe o tempo, em que o Rei vendia jurisdição, como denuncia *André Maurois*.[13]

Neste passo, vale a observação de Hamilton Dias de Souza e Marco Aurélio Greco, na voz de que "para superar essa concepção de que as partes "pagavam" a Justiça, ou desembolsavam um "preço" para obter a manifestação real, é que se busca, *através da Magna Carta, a verdadeira institucionalização da função jurisdicional*. Esta é a razão pela qual figura de maneira enfática a seguinte disposição da Carta Magna de 1.215: *To no one will we sell, to no one deny or delay right our justice.*

Notem-se os termos usados: "a ninguém venderemos (*Will we sell*) *direito ou justiça*".[14]

O Estado não deve vender o exercício da função jurisdicional, mediante taxas, essa função pública que lhe é inerente, como dever constitucional.

Ninguém pagará tributo (taxa) para ter acesso pleno à Justiça.

Esta conclusão não afasta, contudo, a responsabilidade processual das partes; pelas custas ou gastos gerados no interesse direto ou indireto do processo, de acordo com a regulamentação legal, sem caráter tributário.

A Constituição Federal, de 5.10.88, já não repete a norma contida no artigo 8º, inciso XVII, alínea "e", da Carta Magna de 1967, com a redação equivocada da Emenda Constitucional 7, de 1977, na dicção de que competia, exclusivamente, à União legislar sobre "*taxa judiciária*, custas e emolumentos remuneratórios dos serviços forenses, de registros públicos e notariais" (*sic*), mas, agora, sem o equívoco conceitual cometido, anteriormente, diz que compete à União, aos Estados e ao Distrito Federal legislar, concorrentemente, sobre *Custas dos serviços forenses* (art. 24, inciso IV).

O conceito constitucional de *custas*, agora, é bem mais amplo, como historicamente o fora, sem abranger, evidentemente, a "taxa judiciária", cuja cobrança, *a imunidade* declarada na alínea *a*, do inciso XXXIV, do artigo 5º de nossa Lei Fundamental, afastou, definitivamente, para garantir mais, ainda, o efetivo *acesso à Justiça*, de que nos fala Mauro Cappelletti e Bryant Garth, perplexos com os dados colhidos nos Rela-

13. Maurois, André, *História da Inglaterra*. Edição Irmãos Pongetti, RJ, p. 79.

14. Dias de Souza, Hamilton e Greco, Marco Aurélio, *A Natureza Jurídica das Custas Judiciais*. Ed. Resenha Tributária, 1982, p. 72.

tórios Alemão e Norte-Americano para o Projeto de Florença, onde se noticia que uma causa de valor correspondente a oito meses de salário na Alemanha, envolvendo duas instâncias, terá um custo de aproximadamente, metade do montante da controvérsia.[15]

O conceito constitucional de *custas* afina-se, agora, com o de despesas dos atos que as partes realizam ou requerem, no processo, desde o início até sentença final e, bem ainda, na execução, até a plena satisfação do direito declarado pela sentença (CPC, art. 19, *caput*), abrangendo não só as custas dos atos do processso, como também, a indenização de viagem, diária de testemunhas, remuneração de assistente técnico (CPC, art. 20, § 2º), além de outros gastos necessários aos processo, sem incluir, contudo, as taxas judiciárias, por força da imunidade tributária, constitucionalmente declarada, na espécie.

9. Da Responsabilidade pelo pagamento das custas processuais

A resolução formal dos litígios pelo Poder Judiciário, mesmo sem a taxa judiciária (espécie do gênero custas), continua muito dispendiosa no Brasil e na maior parte das sociedades modernas.

Como observa Mauro Capelletti, se é certo que o Estado paga os salários dos juízes e do pessoal auxiliar e proporciona os prédios e outros recursos necessários aos julgamentos, os litigantes precisam suportar a grande proporção dos demais custos necessários à solução de uma lide. O alto custo para as partes é particularmente óbvio, sob o "Sistema Americano", que não obriga o vencido a reembolsar ao vencedor os honorários despedidos com seu advogado. Mas os altos custos também agem como uma barreira poderosa, sob o sistema, mais amplamente difundido, que impõe ao vencido os ônus de sucumbência, tais como ocorre na Austrália, na Áustria, na Bélgica, no Canadá, na Inglaterra, na França, na Alemanha, na Holanda, na Suécia e Brasil, dentre outros. Nesse caso, a menos que o litigante em potencial esteja certo de vencer — o que é de fato extremente raro, dadas as normais incertezas do processo — ele deve enfrentar um risco maior do que o verificado nos Estados Unidos. A penalidade para o vencido em países que adotam o princípio da sucumbência é aproximadamente duas vezes maior — ele pagará os custos de ambas as partes.[16]

Pondera, de outro lado, Eduardo Couture, no sentido de que o direito de petição (ação) não pergunta, antecipadamente, ao autor, se tem razão ou não para movimentar a jurisdição. O autor tem um direito, que ninguém pode discutir, que é o de dirigir-se à autoridade; esta, que não pode, por força do ordenamento vigente, recusar a demanda aparente infundada, *in limine litis*, não tem mais que prolongar o estado de incerteza conatural ao litígio, durante o tempo necessário para chegar até a coisa julgada. Porém, quem suportará as conseqüências desse estado de incerteza? Quem fará frente aos gastos que o litígio envolve e aos danos e prejuízos que são sua conseqüência?

Para que a ação possa funcionar na ampla medida de liberdade que lhe assegura a Constituição, é preciso que a lei estabeleça, com certa severidade, a cargo do autor carente de razão, as conseqüências patrimonais de sua liberdade. É preciso repetir, uma vez mais, que liberdade sem responsabilidade é anarquia e responsabilidade sem liberdade é opressão.

Também, no processo, se faz necessária, a liberdade. Se o direito tivesse en-

15. Cappelleti, Mauro e Garth, Bryant, *Acesso à Justiça*. Trad. de Ellen Gracie Northfleet. Ed. Sérgio Antônio Fabris, 1988, pp. 15/16.

16. Cappelleti, Mauro e Garth, Bryant, Aut. *et op. cit.*, pp. 16/17.

contrado uma forma que permitisse rechaçar a demanda infundada, desde o dia de sua porpositura, a responsabilidade de acionar seria mínima. Porém, essa fórmula não foi ainda encontrada. Faz-se mister, em conseqüência, que a responsabilidade seja tão efetiva, que ninguém tenha a tentação de pôr em jogo, maliciosamente, este precioso instrumento de liberdade civil. A Constituição o dá em salvaguarda do próprio direito e não em prejuízo do direito do próximo. Tudo quanto se faça para usá-lo em defesa de um direito efetivo, será mover-se dentro das suposições naturais da ordem constitucional; tudo quanto se faça para exercê-lo em prejuízo alheio, será, também, usá-lo contra as suposições naturais da ordem constitucional.

Vistos deste ângulo, todo o tema da responsabilidade processual adquire um novo sentido. Não somente o tema de condenação em custas se apresenta como um fenômeno de responsabilidade de direito político, senão, também, que as teorias da responsabilidade objetiva e da responsabilidade por culpa assumem uma especial coloração institucional. A fórmula de que "aquele que perde, paga" não seria senão a paráfrase de sentido político-processual do princípio geral da responsabilidade que põe a cargo de cada um as conseqüências de sua própria conduta. Aquele que tem assegurada sua liberdade de requerer a proteção da autoridade assume naturalmente os riscos que esse fato comporta. A liberdade que supõe poder conduzir a demanda infundada até o fim do debate, pagala-á o que goza dessa liberdade. Quando se põe em jogo essa máquina tão delicada que é justiça civil, enfrenta-se o risco de que os resultados sejam contrários ao interesse daquele que a move.[17]

17. Couture, Eduardo Juan, *Estudios de Derecho Procesal Civil*. Ediciones Depalma, Buenos Aires, Tercera Edición, Tomo III, 1989, pp. 338/339.

Não se deve olvidar, aqui, portanto, dos deveres das partes e de seus procuradores, na realização do processo judicial, sendo obrigados, por lei, a expor os fatos em juízo conforme a verdade; a proceder com lealdade e boa-fé; a não formular pretensões, nem alegar defesa, cientes de que são destituídas de fundamento; e a não produzir provas, nem praticar atos inúteis ou desnecessários à declaração ou defesa do direito (CPC, art. 14, incisos I a IV), pois responde por perdas e danos aquele que pleitear de má-fé como autor, réu ou interveniente, deduzindo pretensão ou defesa contra texto expresso de lei ou fato incontroverso; alterando a verdade dos fatos; usando do processo para conseguir objetivo ilegal; opondo resistência injustificada ao andamento do processo; procedendo de modo temerário em qualquer incidente ou ato do processo e provocando incidentes manifestamente infundados (CPC, art. 16 e 17, incisos I a VI).

A responsabilidade pelo pagamento das custas decorrentes de sanções impostas a quem age de má-fé, na condução do processo, há de ser *pessoal*, pois é princípio e garantia fundamental, que "nenhuma pena passará da pessoa do condenado, podendo a obrigação de reparar o dano e a decretação do perdimento de bens ser, nos termos da lei, estendidos aos sucessores e contra eles executados, até o limite do valor do patrimônio transferido" (CF, art. 5º, inciso XIV).

Nesse sentido, dispõe, corretamente, a nossa lei processual civil, ao determinar que "as despesas dos atos, que forem adiados ou tiverem de repetir-se, ficarão a cargo da parte, do serventuário, do órgão do Ministério Público ou do juiz que, sem justo motivo, houver dado causa ao adiamento ou à repetição (CPC, art. 29) e que "as sanções impostas às partes em conseqüência de má-fé serão contadas como custas e reverterão em benefício da parte contrária; as impostas aos serventuários pertencerão ao Estado'' (CPC, art. 35).

O nosso Código de Processo Civil, contudo, nega vigência ao princípio constitucional da *reponsabilidade pessoal do infrator* (CF de 1967 c/c a Emenda 1/69, art. 153, § 13 e CF, de 1988, art. 5º., inciso XLV), quando determina que ''o réu que, por não argüir na sua resposta fato impeditivo, modificativo ou extintivo do direito do autor, dilatar o julgamento da lide, será condenado nas custas a partir do saneamento do processo e perderá, ainda que vencedor na causa, o direito a haver do vencido honorários advocatícios'' (CPC, art. 22); que ''as despesas dos atos manifestamente protelatórios, impertinentes ou supérfluos serão pagas pela parte que os tiver promovido ou praticado, quando impugnados pela outra'' (CPC, art. 31); que o autor da ação rescisória depositará a importância de 5% (cinco por cento) sobre o valor da causa, a título de multa, caso a ação seja, por unanimidade de votos, declarada inadmissível ou improcedente (CPC, art. 488, II); que ''se o agravo de instrumento não for conhecido, porque interposto fora do prazo legal, o tribunal imporá ao agravante a condenação, em benefício do agravado, no pagamento do décuplo do valor das custas respectivas'' (CPC, art. 529) e, ainda, ''quando forem manifestamente protelatórios, o tribunal, declarando expressamente que o são, condenará o embargante a pagar ao embargado multa, que não poderá exceder de 1% (hum por cento) sobre o valor da causa'' (CPC, art. 538, § único).

Ora, em todos esses casos como em otros similares, a litigância de má-fé é obra exclusiva do advgado e não da parte material ou processual, que será representada e juízo por advogado legalmente habilitado (CPC, art. 36), sendo certo que a procuração geral para o foro, conferida por instrumento público ou particular assinado pela parte habilita o advogado a *praticar todos os atos do processo* e não a *abusar do processo*, pois o seu Código de Ética Profissional lhe impõe, como dever fundamental, ''além da defesa dos direitos e interesses que lhe são confiados, o zelo do prestígio da sua classe, da dignidade da magistratura, do aperfeiçoamento das instituições de Direito, e, em geral, do que interessa à ordem jurídica'' (CEP, Seção I, item I), devendo o advogado informar o cliente dos riscos, incertezas e demais circunstâncias que possam comprometer o êxito da causa, evitando tudo o que possa induzir o cliente a demandar, ressalvando o esclarecimento de seus direitos e recusando o patrocínio da causa que considere ilegal, injusta ou imoral, cumprindo-lhe, salvo impedimento relevante, motivar a recusa, quando o cliente o solicite (CEP, Seção II, item I, alíneas *d, e* e *g*), sob pena, inclusive, de reponsabilidade disciplinar (Lei 4.215/63), art. 103, incisos I, VII, XV e XVI).

Nesse contexto, sem dúvida, ''o advogado é indispensável à administração da justiça, sendo inviolável por seus atos e manifestações no exercício da profissão, nos limites da lei'' (CF, art. 133).

Destacam-se, no ponto, da obra clássica do renomado Eduardo Couture, os termos do 4º. mandamento do Advogado, *in verbis*: ''Teu dever é lutar pelo direito; porém, quando encontrares o direito em conflito com a justiça, luta pela justiça''.

Em comentários explicitantes do referido mandamento, observa o eminente processualista que o direito não é um fim, mas um meio. Na escala dos valores, não aparece o direito. Aparece, no entanto, a justiça, que é um fim em si, e a respeito da qual o direito é tão-somente um meio para atingi-la. A luta deve ser, pois, a luta pela justiça.

As questões não se dividem em pequenas ou grandes, mas em justas ou injustas. Nenhum advogado é demasiadamente rico para recusar causas justas porque sejam pequenas, nem tão pobre para aceitá-las, quando injustas, por serem grandes.

Muitos advogados por confundirem os meios com o fim, mesmo de boa-fé, crêem aplicável ao litígio fadado ao insucesso a máxima médica que aconselha prolongar a todo o custo a vida do enfermo, à espera de que se produza um milagre.

Os incidentes protelatórios, assim como os recursos infundados, constituem uma subversão de valores. Poderão todos esses ardis forenses ser *eficazes* em alguma oportunidade; entretanto, muito raramente serão justos. Em algum caso, poderão significar uma vitória ocasional; mas na luta o que importa é ganhar a guerra e não simples batalhas. E se, em determinado caso, algum advogado haja vencido a guerra mediante ardil, que não esqueça que, na vida de um advogado, a guerra é sua própria vida, e não efêmeras batalhas.

A confusão dos fins e dos meios poderá passar inadvertida em algum caso profissional. Porém, ao longo de toda a vida de um advogado não pode passar despercebida.

A verdadeira prova para o advogado surge quando lhe é proposto um caso injusto, economicamente vantajoso, e que, além disso, sua simples propositura, alarmaria de tal modo o demandado que lhe proporcionaria uma imediata e lucrativa transação. Nenhum advogado será plenamente tal, senão quando saiba recusar esse caso, sem encenação e sem alarde.

Mais grave ainda é a situação em que nos coloca nosso melhor cliente, aquele rico e ambicioso, cuja amizade é para nós fonte segura de proveitos, quando nos propõe uma causa sem fundamento. O advogado necessita, ante essa situação, de absoluta independência moral. Só então poderá constatar que seu verdadeiro valor como advogado não foi adquirido na Faculdade ou no dia do juramento profissional: sua autenticidade como advogado revela-se no dia em que pode dizer a esse cliente, com a dignidade de sua profissão e com a simplicidade afetuosa de sua amizade, que a causa é indefensável.

Até esse dia, ele terá sido apenas um aprendiz e, se esse dia não chegar, terá sido como o aprendiz da balada imortal, que sabia provocar tempestades, porém não sabia como contê-las.[18]

10. Conclusão

Com estas considerações, pedimos vênia às opiniões contrárias, para concluir, nestas letras:

I — A compreensão exata do conceito amplo de custas, na sistemática de nosso ordenamento jurídico é de fundamental importância, para o exercício pleno do direito de ação, na linha de desenvolvimento do livre acesso à Justiça, mediante a garantia do devido processo legal, para a plenitude da cidadania.

II — Historicamente, a larga abrangência do conceito de custas não se compadece das restrições conceituais, em manifesto equívoco, nos dias de hoje, tanto nas cogitações da doutrina quanto na seara da jurisprudência, por força mesmo dos equívocos e contradições legislativas.

III — *Custas processuais* são as despesas ou gastos necessários a se iniciar, desenvolver e terminar um processo, nos termos legais, até a resolução definitiva da causa.

IV — As custas processuais, na sistemática processual vigente, regem-se pe-

18. Couture, Eduardo Juan, *Os Mandamentos do Advogado*. Trad. de Ovídio A. Baptista da Silva e Carlos Otávio Athayde. Sérgio Antônio Fabris Editor, Porto Alegre, 1979, pp. 40/42.

los princípios da *antecipação ou do adiantamento das despesas* e da *responsabilidade objetiva do vencido*, que deve arcar com todos os ônus da sucumbência.

V — Os honorários advocatícios, contratados com as partes, para a realização do processo, ou judicialmente fixados, os autos do processo, e, em qualquer caso, com eles relacionados, integram o universo das custas processuais, em sentido amplo, e devem ser pagos pelo vencido.

VI — A exceção legal ao princípio do adiantamento das custas processuais favorece, tão-somente, os beneficiários da justiça gratuita, em cujo rol não se incluem as entidades integrantes do conceito de Fazenda Pública (União, Estados, Municípios, Distrito Federal e respectivas Autarquias) nem o Ministério Público.

VII — Até a vigência da Constituição Federal, de 5.10.88, as custas processuais, na disciplina de nossa legislação processual civil, classificavam-se em *custas tributárias* (taxas judiciárias, como espécie do gênero tributo) e *custas não tributárias* (despesa indenizatórias, contraprestacionais e decorrentes de multas processuais).

VIII — A nossa Constituição Federal, em vigor, assegura a todos, independentemente do pagamento de taxas, o direito de petição aos Poderes Públicos, em defesa de direitos ou contra ilegalidade ou abuso de poder (art. 5º, inciso XXXIV, alínea *a*), apregoando o princípio maior da segurança jurídica, na fala determinante de que "a lei não excluirá da apreciação do Poder Judiciário lesão ou ameaça a direito" (art. 5º, inciso XXXV). Tais *normas-princípios* são *auto-aplicáveis*, como o são todas as normas definidoras dos direitos e garantias fundamentais, inseridas na Lei Fundamental.

IX — A função jurisdicional não tem preço. Após a Carta Magna de 1215, vigora o princípio de que "*a ninguém venderemos direito ou Justiça*". O Estado não deve tributar, mediante taxas, o serviço público decorrente do exercício da função jurisdicional, que lhe é inerente, como dever constitucional e direito de todos.

X — O conceito amplo de *custas processuais*, já não admite a incidência de *taxas judiciárias*, em face da imunidade tributária, na espécie, que resulta da norma auto-aplicável do inciso XXXIV, alínea a, do artigo 5º de nossa Carta Magna. Falecem, assim, sem eficácia, os dispositivos da legislação ordinária, enunciativos de isenções legais, em matérias de custas (evidentemente tributárias). Por força dessa imunidade direcionada às taxas judiciárias, já não há espaço no conceito de custas para essas taxas, cuja existência a Lei Maior proíbe ao legislador comum.

XI — O exercício do direito de ação, como espécie do direito constitucional de petição, perante o Judiciário, se apresenta como um fenômeno de responsabilidade de direito político, que põe a cargo de cada um as conseqüências de sua própria conduta.

XII — A responsabilidade pelo pagamento das custas processuais, decorrentes de sanções impostas a quem age de má-fé, na realização do processo, com atos atentatórios à dignidade da Justiça, há de ser *pessoal* (CF, art. 5º, inciso XLV), a não se permitir que a parte material ou processual sofra as conseqüências patrimonais das ações anti-éticas de seu advogado e bastante procurador, cuja atividade legal é indispensável à administração da Justiça (CF, art. 133).

Brasília (DF), em 22 de março de 1994

"LUCRO INFLACIONÁRIO": FICÇÃO OU REALIDADE?

AROLDO GOMES DE MATTOS
Advogado no Rio de Janeiro

1. A temática do problema — 2. O Sistema Constitucional Tributário Brasileiro — 3. O "lucro real" como hipótese de incidência do imposto de renda das pessoas jurídicas — 4. A apuração do "lucro tributável" — 5. Do "saldo credor na conta da correção monetária do balanço" — 6. Dos aspectos material e temporal do "lucro inflacionário" e do "lucro inflacionário realizado" — 7. Do fato gerador do imposto de renda por ficção legal — 8. Do princípio contábil que determina a "não paridade de tratamento entre lucro e prejuízo" — 9. Um precedente judicial: — 10. A base de cálculo da contribuição social sobre o lucro — 11. Conclusões.

1. A temática do problema

1.1 As empresas que apuram "saldo credor na conta da correção monetária do balanço", do qual resultam os impropriamente denominados "lucros inflacionários" e "lucro inflacionário realizado", vêm sofrendo uma antecipada e injurídica tributação por parte do imposto de renda e da contribuição social.

1.2 Na verdade, essa tributação ultrapassa os limites da capacidade impositiva da União, violando frontalmente as hipóteses de incidência e bases de cálculo daqueles tributos (CF, art. 153, II, c/c CTN, art. 43, e CF, art. 195, I), além de desrespeitar os princípios da capacidade contributiva (art. 145, § 1º, idem), e o da igualdade na tributação (art. 150, I, idem), e, por via de conseqüência, o da não imposição de tributos com efeitos confiscatórios (art. 150, IV, idem).

1.3 Ora, aquele saldo credor, enquanto pendente de efetiva materialização, não é jurídica ou contabilmente "lucro", *lato sensu*, nem "lucro inflacionário" ou "lucro inflacionário realizado", *stricto sensu*. Também não apresenta qualquer parcela indicativa de riqueza nova ou de acréscimo patrimonial, disponível para os seus sócios ou acionistas. É tão-somente um "ajuste", um "acerto" de natureza contábil, meramente escritural e decorrente do fenômeno inflacionário na elaboração das demonstrações financeiras.

1.4 Calha aqui lembrar a antiga e ainda oportuna advertência feita por Henry Tilbery: "O Poder Público não deve tirar proveito das conseqüências da inflação que não conseguiu debelar; por exemplo, não deve fazer incidir a tributação, atingindo a substância.

"(...)

"Nessa hipótese a tributação teria efeito de desapropriação" ("A indexação do Sistema Tributário Brasileiro", *in Correção Monetária no Direito Brasileiro*, Ed. Saraiva, 1983, p. 23).

1.5 Todavia, a legislação tributária, contrapondo-se a essa advertência e extravasando das suas limitações constitucionais, considerou aquele "ajuste" ou "acerto" contábil parcela tributável, como se fosse "renda" ou "lucro", o que, evidentemente, não é, atingido desse modo a substância, ou seja, o próprio patrimônio societário.

1.6 Veja-se, por exemplo, a conseqüência danosa desse especioso critério fiscal: determinada empresa, cujas demonstrações financeiras foram publicadas em "O Globo", edição de 25.4.94, acusou os seguintes resultados:

— prejuízo operacional ... CR$ (322.023.311.85)
— saldo credor da conta de correção monetária. CR$ 274.663.676,89
— prejuízo do exercício... CR$ (47.359.634.96)
— provisão para imposto de renda (???) .... CR$ 146.897.175,52

1.7 Como explicar ou justificar, sob qualquer ponto de vista (jurídico, econômico, financeiro ou contábil) que, apesar de um expressivo "prejuízo operacional" de CR$ 322.023.311,85 e de um "prejuízo do exercício" de CR$ 47.359.634,96, venha ainda tal empresa sofrer um imposto de renda no valor de CR$ 146.897.175,52 ? Não estaria aí, em situação de franca desigualdade com as demais que só pagam esse mesmo imposto quando e na medida em que auferirem lucros? Terá que imolar parte do seu patrimônio para solver esse ônus tributário ? É lícito dela cobrar contribuição social sobre o "lucro" se teve prejuízo?

1.8 A questão, pois, desafia detido exame e estudo. Trata-se de tema árduo, complexo, de alta relevância, e ainda não abordado pela doutrina com a devida e necessária profundidade. É o que ousamos fazer adiante iniciando com o caso do imposto de renda e terminando com o da contribuição social.

1.9 Com efeito:

2. *O sistema constitucional tributário brasileiro*

2.1 No escólio de Geraldo Ataliba, a propósito da CF/67, mas inteiramente aplicável à CF/88, o sistema constitucional tributário brasileiro "é o mais rígido de quantos se conhece, além de complexo e extenso. Em matéria tributária tudo foi feito pelo constituinte, que afeiçoou integralmente o sistema, entregando-o pronto e acabado ao legislador ordinário a quem cabe somente obedecê-lo, em nada podendo contribuir para plasmá-lo" (*Sistema Constitucional Brasileiro*, Ed. RT, 1968, item 9.21).

2.2 Assim, adotou a Constituição do Brasil (Título VI, Capítulo I), com o auxílio da Lei Complementar (CTN, Lei 5.172/66), normas para qualificar e tipificar os impostos, desenhando, com precisão e nitidez, o campo de incidência de cada um e a competência do respectivo ente político para instituí-lo e cobrá-lo.

2.3 Cabe, pois, ao legislador complementar ou ordinário, cada um dentro da sua competência *ratione materiae*, quando regrar e instituir os impostos, obedecer, sem qualquer flexibilidade, os exatos limites e contornos traçados na Lei Superior, não lhe sendo possível, em hipótese alguma, inovar na matéria. É, como se vê, um autêntico "totalitarismo normativo", na feliz expressão de Miguel Reale, ou uma questão de subordinação a "estrutura constitucional da produção legislativa", como pontifica Yonne Dolácio de Oliveira: "Nota peculiar relevante de nosso sistema constitucional consiste em exigir, na criação e alteração dos tributos, que o Legislador dos titulares de competência impositiva, tenha sua atuação controlada e limitada através de sua subordinação ao que se pode chamar de estrutura constitucional da produção legislativa'' (*in Curso de Direito Tributário*, Edição CEJUP, v. I. 2ª ed., 1994, p. 145).

2.4 Ainda dentro dessa conformação, a novel Constituição Federal, superando acesa dissensão doutrinária que havia sido deflagrada na vigência do texto anterior, deixou claro no seu art. 146 que é tríplice a função da lei complementar em matéria tributária, ou seja: ''I — dispor sobre conflitos de competência, em matéria tributária, entre a União, os Estados, o Distrito Federal e os Municípios;

''II — regular as limitações constitucionais ao poder de tributar;

''III — *estabelecer normas gerais* em matéria de legislação tributária, especialmente *sobre*:

''a) definição de tributos e de suas espécies, bem como, em relação aos impostos discriminados nesta Constituição, a dos respectivos *fatos geradores, bases de cálculo* e contribuintes;

''b) ...''

2.5 Em decorrência desse preceito, hão de ter os impostos o seu perfil (aspectos materiais, espaciais, pessoais e temporais da hipótese de incidência) desenhados previamente na legislação complementar, competindo aos entes tributantes, quando da sua instituição, obedecer rigorosamente os parâmetros nela fixados.

2.6 Um desses impostos é o incidente sobre a ''renda e proventos de qualquer natureza'', de competência da União Federal (art. 153, III), cuja hipótese de incidência será abordada adiante.

3. *O ''lucro real'' como hipótese de incidência do imposto de renda das pessoas jurídicas*

3.1 O Código Tributário Nacional, que regrou a hipótese de incidência do imposto de renda, entre outras, foi recepcionado pela atual Constituição Federal na qualidade de lei complementar, não só em razão da matéria como também pela sua compatibilidade com o novo sistema.

3.2 Reza seu art. 43: ''O imposto de competência da União, sobre a renda e proventos de qualquer natureza, tem como fato gerador a aquisição da disponibilidade econômica ou jurídica:

''I — de renda, assim entendido o produto do capital, do trabalho ou da combinação de ambos;

''II — de proventos de qualquer natureza, assim entendidos os acréscimos patrimoniais não compreendidos no inciso anterior''.

3.3 Luciano da Silva Amaro, dando ênfase ao aspecto do acréscimo patrimonial, assim focaliza o assunto:

''Nessa ordem de idéias, o Código Tributário Nacional procurou conceituar, apartadamente, ''renda'' e ''proventos'', como se se tratasse de segmentos distintos (ainda que contíguos), rachado ao meio o universo das formas de acréscimo patrimonial'' (*Imposto sobre a Renda e Proventos de Qualquer Natureza*, *in* Ed. Resenha Tributária, 1986, p. 404).

3.4 Idêntico destaque foi dado por Gilberto de Ulhôa Canto: ''O que o imposto sobre a renda e proventos de qualquer natureza pode tributar é (a) a aquisição, (b) de disponibilidade econômica ou jurídica (c) de acréscimos de patrimônio. Ele não se legitima como simples tributo sobre o patrimônio, já que grava o acréscimo que ele acuse, quando o contribuinte tem disponibilidade econômica ou jurídica sobre o mesmo'' (''Imposto sobre a Renda e Proventos de Qualquer Natureza'', *in Cadernos de Pesquisas Tributárias* 11/31).

3.5 Nesse mesmo diapasão posicionou-se Rubens Gomes de Sousa. Depois de afirmar que o fato gerador do imposto de renda é o acréscimo patrimonial verificado entre duas datas predeterminadas, conclui: "Com efeito, a característica fundamental da renda (termo genérico que, como vimos, inclui a espécie "lucro") é a de configurar uma aquisição de riqueza nova que vem aumentar o patrimônio que produziu e que pode ser consumida ou reinvestida sem o reduzir" (*Pareceres — I — Imposto de Renda*, Ed. Resenha Tributária, p. 67).

3.6 Também a jurisprudência consagra o acréscimo patrimonial como dado-chave e fundamental para o descobrimento do conceito "renda": "Na verdade, por mais variado que seja o conceito de renda, todos os economistas, financistas e juristas se unem em um ponto: renda é sempre um ganho ou acréscimo do patrimônio" (RE 89.791-RJ, 1.ª T, Rel. Min. Cunha Peixoto, *in RTJ* n. 96, p. 781).

3.7 Somente, pois, pode ser considerada como hipótese de incidência do imposto de renda, a aquisição da disponibilidade jurídica ou econômica de renda e proventos, que venham resultar em acréscimo patrimonial.

3.8 Cômpar com esse entendimento, Sebastião Reis acrescenta que tal acréscimo patrimonial deve estar livre e à disposição de seus titulares: "81. No concernente ao art. 43 do CTN, relembre-se que, consoante emerge de itens retro, a competência constitucional da União Federal para cobrar imposto de renda e proventos de qualquer natureza, ante-supõe ocorra efetivo acréscimo patrimonial, *cuja disponibilidade econômica ou jurídica esteja adquirida pelo contribuinte*, e que, ante a falta de definição legal, é de entender-se a aquisição da disponibilidade em causa como a situação em que o titular tem o poder de dar à renda ou ao provento livre e imediata destinação, utilizando-os quer por força de detenção física definitiva, quer em razão de título jurídico, independentemente de posse física" ("IR — Compensação de Juros", *in Revista de Direito Tributário* 50, Ed. RT, p. 143. Grifos nossos).

3.9 A disponibilidade econômica (*cash basis*), que significa dinheiro em caixa ou fruto produzido e colhido, e a jurídica (*accrual basis*), que pressupõe valores ganhos ainda não recebidos ou frutos produzidos mas não percebidos, ambas acima gizadas, materializam-se em bens (*lato sensu*). Sobre essa importante particularidade do fato gerador do imposto de renda, foi submetido ao Plenário do XI Simpósio Nacional de Direito Tributário, realizado em São Paulo, em 18/10/86, sob a coordenação de Ives Gandra da Silva Martins e com a presença de uma plêiade de tributaristas da mais alta suposição, o seguinte questionamento: "Que se entende por aquisição de disponibilidade econômica ou jurídica da renda ou proventos de qualquer natureza?"

3.10 Eis a resposta dada por expressiva maioria: "A aquisição de disponibilidade jurídica de renda e proventos de qualquer natureza é a *obtenção de direitos de crédito*, não sujeitos a condição suspensiva.

Aquisição de disponibilidade econômica de renda e proventos de qualquer natureza é a *obtenção da faculdade de usar, gozar ou dispor de dinheiro ou de coisas nele conversíveis*, entradas para o patrimônio do adquirente por ato ou fato jurídico" (*in Caderno de Pesquisas Tributárias*, v. 12, Editora Resenha Tributária, p. 413. Grifos nossos).

3.11 Explicou ainda mais o aludido art. 43 do CTN, nos seus incisos I e II (transcritos no item 3.2 retro), que o aumento patrimonial ou riqueza nova, disponível, econômica ou juridicamente, há de se originar, *numerus clausus*:

— do produto do capital (dividendos, juros, aluguéis, lucros, etc);

— do produto do trabalho (esforço humano), ou

— da combinação de ambos.

3.12 A esse propósito, assim se manifesta Roque Antonio Carrazza, ligando ademais a idéia do acréscimo patrimonial ou riqueza nova ao princípio da capacidade contributiva: "O CTN, pois, reforça a idéia (que defendemos em parecer anterior) de que o IR só pode incidir sobre a aquisição de disponibilidade de riqueza nova, em dinheiro ou equivalente, advinda do capital, do trabalho ou da combinação de ambos.

Observamos que a expressão "produto do capital, do trabalho ou da combinação de ambos", encerra a idéia de um resultado, advindo de um investimento (capital) ou de um esforço/atividade (trabalho), que leva, sempre a um *plus*, em relação à situação anterior, isto é, uma riqueza nova, indicando maior capacidade contributiva daquele que a auferiu" ("Novas Considerações sobre a Intributabilidade", *in Rev. de Direito Tributário* 55, Ed. RT, p. 160).

3.13 Nessa mesma toada, Marçal Justen Filho extraiu as conclusões abaixo acerca do conceito constitucional de "renda":

"a) A liberdade outorgada pela Constituição ao legislador federal, para definir "renda", é limitada.

b) O legislador federal não pode, a pretexto de definir "renda":

b.1) eleger situações que não seja economicamente relevante ou evidenciadora da titularidade de riqueza;

b.2) adotar regime que importe "ficção" da existência de renda;

b.3) produzir tributação sobre a renda com efeito de confisco;

b.4) adotar conceituação que frustre a eficácia de garantias constitucionais, especialmente da discriminação de competências tributárias;

b.5) identificar "renda", "patrimônio", "propriedade", "operações de crédito", e outros conceitos constitucionais;

b.6) valer-se de lei ordinária para tributar hipótese que não se configure como "renda" ou outra situação-base atribuída à competência da União" ("Periodicidade do Imposto de Renda", *in Revista de Direito Tributário* — separata — setembro/93, Malheiros Editores, p. 11).

3.14 De todas as considerações acima produzidas pode-se intuir em apertada síntese, que a hipótese de incidência ou fato gerador do imposto de renda, segundo a lei complementar (CTN) que a definiu, com suporte de validade na Carta Magna (art. 146, III, *a*, transcrito no item 2.4 retro), é a conjugação dos seguintes pressupostos: (1) o acréscimo patrimonial ou riqueza nova, (2) disponível em bens (dinheiro ou outros valores), (3) derivado do produto do capital, do trabalho ou da combinação de ambos.

3.15 Nessas condições, qualquer situação ou relação fática expressiva de riqueza nova, para se constituir em fato gerador do imposto de renda, deverá preencher cumulativamente os três pressupostos acima; a inexistência de qualquer um deles importará, conseqüentemente, num fato qualquer não gerador de tal imposto.

3.16 Com essa estaca bem fincada, vejamos agora como foi ele instituído pela legislação ordinária, atualmente consolidada no Decreto n. 1.041/94, que baixou o Regulamento do Imposto de Renda.

3.17 Em primeiro lugar, acentue-se que, embora não tenha essa legislação enunciado explicitamente seus diversos fatos geradores, como sói acontecer, aliás, em quase todas as demais legislações instituidoras de tributos, são eles implicitamente identificados pelas respectivas bases de cálculo. Como se sabe, há, no caso, uma absoluta relação de pertinência e inerência entre ambos, que permite qualificar seguramente o primeiro pela decomposição do segundo.

3.18 Em segundo, que a renda tributável foi por ela tripartida, por mera conveniência de arrecadação, da seguinte maneira: "Tributação das Pessoas Físicas" (Livro I), "Tributação das Pessoas Jurídicas" (Livro II) e "Tributação na Fonte" (Livro III).

3.19 Quanto às pessoas jurídicas a base de cálculo foi assim estipulada: "Art. 179 — A base de cálculo do imposto, determinada segundo a lei vigente na data de ocorrência do fato gerador, é o lucro real (Subtítulo II), presumido (Subtítulo III) ou arbitrado (Subtítulo IV), correspondente ao período-base de incidência (Decreto-lei 5.844/43, art. 43, e Leis 5.172/66, arts. 44, 104 e 144, e 8.541/92, art. 2º)".

3.20 Das três espécies de lucro acima apontadas, a única que interessa ao presente estudo é a do "lucro real".

3.21 Dessa explanação, conclui-se confortavelmente que os pressupostos e as limitações constitucionais impostas à União para tributar o "lucro real", auferido pelas pessoas jurídicas, são, conjuntamente, os seguintes:

1º) que ele represente, em termos reais (e não em termos escriturais), um *plus* (aumento patrimonial ou riqueza nova);

2º) que esse *plus* esteja livre e à disposição de seus titulares, materializado em dinheiro ou bens equivalentes (disponibilidade econômica ou jurídica da renda), conferindo-lhes, com isso, a respectiva capacidade contributiva, e

3º) que seja produto do capital, do trabalho, ou da combinação de ambos.

3.22 Como é cediço, toda outorga de competência encerra ao mesmo tempo uma *autorização* e uma *limitação*. *Autorização* para o exercício pleno dessa competência; *limitação* pelo confinamento desse exercício aos parâmetros nela fixados. Assim, não pode o legislador tributário dilargar o campo de incidência delimitado pela Constituição Federal e explicitado pela Lei Complementar, pois, entender o contrário importaria em atribuir eficácia supraconstitucional a preceito de lei ordinária, o que seria uma verdadeira teratologia jurídica.

3.23 Isto posto, analisaremos adiante se, diante desse rígido confinamento, o "saldo credor na conta da correção monetária do balanço", do qual resultam os chamados "lucro inflacionário" e "lucro inflacionário realizado", pode ser considerado parcela integrante do "lucro real" e, nessas condições, submetidos à incidência do imposto de renda.

4. *A apuração do "lucro tributável"*

4.1 Estabelecido e delimitado assim o campo constitucional reservado à União para tributar o "lucro real", como hipótese de incidência do imposto de renda das pessoas jurídicas, estudemos agora como se faz sua apuração.

4.2 Inicia-se com o "lucro líquido", cujo levantamento está exaustivamente disciplinado na Lei das Sociedades por Ações (6.404/76), aplicável analogicamente às demais sociedades.

4.3 Basicamente, dispõe o capítulo XV dessa Lei, intitulado "Exercício Social e Demonstrações Financeiras" que "lucro líquido" é a diferença entre (1) as receitas e os rendimentos ganhos no período e (2) os seus respectivos custos, despesas, encargos e perdas, deduzida (3) dos prejuízos acumulados, da provisão do imposto de renda e das participações societárias, devendo-se ainda levar em conta (4) as "*contrapartidas dos ajustes de correção monetária*" (art. 185, § 3º. Grifos nossos).

4.4 Devem, portanto, ser computadas na apuração do "lucro líquido", para fins societários, as "contrapartidas dos ajustes de correção monetária", ou seja, o saldo "devedor" ou "credor" na "conta da correção monetária do balanço".

4.5 Desse "lucro líquido" partiu a legislação do imposto de renda, para determinar o "lucro real", que vem a ser, em outras palavras, o "lucro tributável", sua base de cálculo, assim:

"Art. 193 — Lucro real é o lucro líquido do período-base ajustado pelas adições, exclusões ou compensações prescritas ou autorizadas por este Regulamento" (Decreto-lei 1.598/77, art. 6º).

4.6 Ressalte-se que, ao prescrever ou autorizar as adições, exclusões ou compensações que podem ou devem ser feitas ao "lucro real", cumpre ao citado Regulamento obedecer, sem qualquer maleabilidade, os aludidos pressupostos e limitações constitucionais, vedado tributar, conseqüentemente, no período-base, qualquer parcela que refuja ao conceito jurídico-tributário atribuído a "renda".

4.7 Dentro, portanto, dessa inflexível conformação (Geraldo Ataliba), desse totalitarismo normativo (Miguel Reale) ou dessa estrutura constitucional de produção legislativa (Yonne Dolácio de Oliveira), todos citados no capítulo 2 deste trabalho, deveria ter sido excluído da composição do mencionado "lucro real" o indigitado "saldo credor na conta da correção monetária", enquanto representar mera abstração gráfico-contábil.

4.8. A sua inclusão só seria constitucional e tributariamente válida a partir do momento em que esse "saldo credor" se tornar um ganho efetivo ou um *plus* (aumento patrimonial ou riqueza nova), disponível para seus titulares em dinheiro ou bens equivalentes, como produto do capital, do trabalho ou da combinação de ambos.

4.9 Todavia, assim não dispôs a citada legislação, como se verá adiante.

5. Do saldo credor na conta da correção monetária do balanço

5.1. Devidamente explicitada a forma pela qual se apura o "lucro tributável", atecnicamente intitulado de "lucro real", como base de cálculo do imposto de renda das pessoas jurídicas, adentra-se agora comodamente no âmago propriamente dito da presente questão.

5.2. Como é consabido, o Direito compõe-se de fatos e normas, numa relação ontológica de conseqüência ("dever — ser"). Assim, visando aplicar corretamente as normas que regem a presente matéria, necessário se torna, num primeiro plano, considerar e avaliar o respectivo fato tributado, segundo a sua fenomenologia própria, para, ao depois, enquadrá-lo no respectivo "escaninho do direito", como ensina Gilberto de Ulhoa Canto: "A interpretação das normas de direito tributário, diz o Prof. Dino Jarach — um dos poucos juristas originais em direito tributário — é mais um problema de análise do fato do que da análise do direito. É mais uma operação material, no sentido de se ver se o fato, que se tem diante dos olhos, cabe num outro escaninho do direito. Raramente é um problema de entendimento da lei. É mais um sentido de se saber se aquela situação de fato foi contemplada pela lei" (*Interpretação no Direito Tributário*, Ed. Saraiva, 1975, p. 261)

5.3 No Direito Tributário sua análise é mais exponencial ainda diante da Conceituação ofertada pelo CTN ao fato gerador: "Art. 114 — Fato gerador da obrigação principal é a *situação* definida em lei como necessária e suficiente à sua ocorrência" (grifos nossos).

5.4 Bem por isso afirma Ruy Barbosa Nogueira: "... na interpretação científica do Direito Tributário não se pode ter em conta apenas o texto da lei, o sentido puramente gramatical, mas para se chegar ao sentido completo *é preciso fazer-se a apreciação também do estado de fato* ou, em outras palavras, compreender a "situação" descrita pela lei como "necessária e suficiente" para a ocorrência do fato gerador. É exatamente neste sentido que a legislação alemã, dispondo sobre a interpretação, manda se faça a "apreciação" não só da legislação (fonte formal), como dos "estados de fato" (fonte real) descritos na lei" (*in Curso de Direito Tributário*, Ed. Saraiva, 10ª ed. p. 59, grifos nossos).

5.5 Uma vez conhecidos e bem qualificados os respectivos fatos ou situações, fica o intérprete perfeitamente apto a efetuar sua subsunção a hipótese genérica e abstrata estabelecida pela lei tributária.

5.6 Em razão disso, impõe-se aqui perquirir, primeiramente, perante a ciência contábil, onde se conforma o "saldo credor na conta da correção monetária, esclarecendo a sua verdadeira gênese e origem, e, em seguida, valorá-lo ou não como "lucro tributável", dentro da sua acepção jurídica.

5.7 Investiguemos, pois, como ele se revela e se projeta dinamicamente num balanço patrimonial, figurando a seguinte hipótese:

BALANÇO PATRIMONIAL EM 31.12.92

ativo		**passivo**	
Permante:		*Patrimônio Líquido:*	
— Bens diversos	1.000	— Capital e reservas	800
		Exigível:	
		— Contas a pagar (sem correção monetária)	200
Total do ativo	1.000	Total do passivo	1.000

5.8 Suponhamos agora, apenas para simplificar a questão, que, no curso do ano seguinte, por motivos que aqui não vêm à baila, a empresa ficou rigorosamente paralisada, sem desenvolver qualquer atividade, e que, por outro lado, houve uma inflação no período de 50%. Feitos os respectivos lançamentos contábeis, na forma estipulada pelas legislações societária e tributária, o saldo na conta "correção monetária do balanço" registrou o seguinte resultado:

CONTA CORREÇÃO MONETÁRIA DO BALANÇO

débito		**crédito**	
- sobre o Ativo Permanente.............	500	- sobre o Patrimônio Líquido..........	400
		- saldo credor d/ conta..................	100
Total do débito............................	500	- Total do crédito..........................	500

Obs.: de acordo com a técnica da correção monetária do balanço, só são corrigíveis as contas do "Ativo Permanente" e do "Patrimônio Líquido", com exclusão dos demais, inclusive as do "Passivo Exigível".

BALANÇO PATRIMONIAL EM 31.12.93

ativo		**passivo**	
Permanente:		*Patrimônio Líquido:*	
- Bens diversos...........................	1.000	- Capital e reservas.......................	800
- Correção monetária...................	500	- Correção monetária..................	400
		- Soma...	1.200
		Exigível:	
		- Contas a pagar (sem correção monetária)...........	200
		Ajuste Contábil:	
		- Saldo credor da conta de correção monetária*............................	100
Total do Ativo..............................	1.500	Total do Passivo.........................	1.500

* Obs.: o saldo dessa conta deverá ser levado para "Resultado do Exercício" (ou "Lucros + Perdas"), por força da lei comercial (6.404/76, art. 185, § 3°, já citado no item 4.3), porém dele excluído para fins de apuração do "lucro real" (ou "lucro tributável"), conforme será demonstrado no decorrer deste trabalho.

5.9 Com os lançamentos acima, tal balanço patrimonial passou a refletir a seguinte posição:

5.10 Divisa-se, portanto, que o "saldo credor na conta de correção monetária", conforme exemplo acima, é mero "ajuste" (segundo, aliás, a denominação que lhe foi emprestada pelo dispositivo legal supra mencionado) e de estrita natureza contábil; ninguém é dele credor ou devedor, não significando para a sociedade ou para os acionistas qualquer disponibilidade econômica ou jurídica de renda.

5.11 Não é, outrossim, ingresso ou receita decorrente de qualquer resultado, ou seja, do produto do capital, do trabalho, ou da combinação de ambos.

5.12 Também não é qualquer parcela indicativa de lucro, que, para R.A. Silveira Lobo, é "... a *remuneração* do empresário, por reunir e organizar na empresa os fatores de produção. Corresponde ao acréscimo patrimonial líquido obtido com a atividade empresarial em determinado período (exercício social).

"Esse *acréscimo patrimonial* é apurado segundo técnicas contábeis consagradas no Código Comercial, na Lei de Sociedades Anônimas e na legislação relativa ao Imposto sobre a Renda.

"A lei concebe o lucro como o acréscimo patrimonial resultante da *comparação de todas as receitas e todas as despesas ou gastos incorridos* pela empresa no período considerado, sem distinguir se sua origem está relacionada a frutos de capitais ou a remunerações de trabalho.

"É o que se constata da leitura do Capítulo XV da Lei 6.404/76 (aplicável a todos os tipos societários por força do Decreto-lei 1.598/77), e, especialmente, do artigo 187 da citada Lei 6.401/76, que disciplina a demonstração do resultado do exercício" ("O Adicional do Imposto de Renda", *in ABDF*. Resenha 23, p. 28. Grifos nossos).

5.13 Não se tratando de "remuneração", de "acréscimo patrimonial" nem da "comparação de todas as receitas e todas as despesas ou gastos incorridos'', tal como acima exposto, segue-se que é totalmente despropositada a equiparação desse ''ajuste'' ou ''acerto'' contábil a ''resultado'' ou ''lucro'' propriamente dito, tal como fez desacertadamente o art. 415 do Regulamento do Imposto de Renda, *verbis*: ''O saldo credor da conta de correção monetária de que trata o inciso II do art. 396 será computado na determinação do lucro real, podendo o contribuinte optar pelo diferimento, com observância do disposto nesta Seção, da tributação do lucro inflacionário não realizado (Lei 7.799/89, art. 20)''.

5.14 Representa tal ''ajuste'' ou ''acerto'' — isto sim — um valor puramente simbólico, impalpável, inexigível, abstrato, neutro, um nada econômico ou coisa nenhuma, mera conseqüência híbrida da técnica utilizada no fechamento de balanço em épocas inflacionárias. Em outras palavras: é apenas uma ''mais valia monetária'', conforme será demonstrado adiante, e nada mais.

5.15 Esse ''ajuste'' ou ''acerto'', entretanto, poderá até ganhar conteúdo e relevância econômicos, porém somente nos casos remotos de incorporação, fusão, cisão total ou encerramento das atividades sociais, e assim mesmo se for transformado numa ''mais valia real ou efetiva'', ou seja, num acréscimo patrimonial tradutor de disponibilidade de riqueza nova.

5.16 Nesses casos haverá, então, inexoravelmente, a incidência do imposto de renda, tal como prescreve acertamente o citado Regulamento: ''Art. 420 — Nos casos de incorporação, fusão, cisão total ou encerramento de atividades, a pessoa jurídica incorporada, fusionada, cindida ou extinta *deverá* considerar integralmente realizado o valor total do lucro inflacionário acumulado, corrigido monetariamente''.

5.17 Note-se que a expressão por nós grifada (''deverá''), há de ser entendida *cum grano salis*, pois, ocorrido um daqueles eventos, o ''lucro inflacionário'' pode até se materializar, dependendo obviamente das circunstâncias. Se não, vejamos:

5.18 Aproveitando os números do balanço patrimonial configurado no item 5.9, e levando-se em conta a observação feita na parte *in fine*, tem-se:

— patrimônio líquido (capital + reservas + correção monetária) 1.200
— saldo credor na conta da correção monetária 100
— valor potencial do patrimônio líquido 1.300

5.19 Se o valor da operação pela qual a empresa incorporada, fusionada, cindida ou extinta for *igual* ou *inferior* ao ''valor potencial do patrimônio líquido'' (1.200), significa que o ''saldo credor na conta da correção monerária'' (100) não se realizou, tendo sido, assim, mera projeção contábil frustrada (''mais valia monetária'') e de nenhuma relevância para o fato gerador e base de cálculo do imposto de renda.

5.20 Porém, se *superior*, exprime que esse ''saldo'' foi devidamente realizado, na medida do valor excedido, tornando-se, desse modo, em ''mais valia efetiva'', computável no ''lucro real'' para efeitos de incidência do referido imposto.

5.21 Distinguindo essas duas espécies de ''mais valia'' (''efetiva ou real'' e ''monetária''), assim ensina Sebastião Reis, citando Rubens Gomes de Souza: ''No estudo do problema econômico e tributário da mais valia, *é essencial distinguir entre o que chamaremos mais valia efetiva e mais valia simplesmente monetária*: a primeira é a que traduz efetivo acréscimo no valor intrínseco dos bens capitais, ao passo que a segunda decorre tão-somente do reajustamento da representação contábil dos valores reais do ativo, em função das flutuações do poder aquisitivo do meio circulante. *Esta definição põe desde logo em evidência a diferença fundamental entre as duas espécies de mais valia: ao passo que as primeiras constituem um ganho efetivo, as segundas apenas constituem um reajuste gráfico das representações dos valores.* Essa diferença entre os dois tipos de mais valia é acentuada tanto pela diversidade das suas origens, como pelas diversidades de seus efeitos'' (obra citada, p. 146. Grifos nossos).

5.22 Nessas condições, enquanto o ''saldo credor na conta da correção monetária'' permanecer apenas como ''mais valia monetária'' (reajustamento gráfico das representações dos valores), não pode ser precipitadamente tributado, tal como fez o indigitado art. 415 do citado Regulamento, mas somente na hipótese e no momento em que se transformar em ''mais valia efetiva ou real'' (ganho irreversível).

5.23 Daí se depreende que a presente questão se desdobra em duas partes distintas, a saber: a primeira, quanto ao *valor* da ''mais valia real ou efetiva'' a ser tributado (aspecto material de hipótese de incidência), e a segunda, quanto ao momento da sua tributação (aspecto temporal).

5.24 É o que será esmiuçado a seguir:

6. *Do aspecto material e temporal do ''lucro inflacionário'' e do ''lucro inflacionário realizado''*

6.1 Quanto ao aspecto material: como rematado no item 5.20 supra, só haverá realização do ''saldo credor na conta da correção monetária do balanço'', inadequadamente denominado de ''lucro inflacionário'', se o valor da incorporação, fusão, cisão total ou extinção, for superior ao do patrimônio líquido (capital + reservas); nesse caso, a diferença positiva entre dois valores será tributável, porém, se negativa, não.

6.2 Todavia, o já citado Regulamento deu-lhe em tratamento completamente diverso e excêntrico:

''Art. 416 — Considera-se lucro inflacionário, em cada período-base, o saldo credor da conta de correção monetária ajustado pela diminuição das variações monetárias e das receitas e despesas financeiras computadas no lucro líquido do período-base (Lei 7.799/89, art. 21).

''§ 1º. O ajuste será procedido mediante a dedução, do saldo credor da conta de correção monetária, de valor correspondente à diferença positiva entre a soma das despesas financeiras como as variações monetárias passivas e a soma das receitas financeiras com as variações monetárias ativas (Lei 7.799/89, art. 21, § 1º).

''§ 2º. O Lucro inflacionário acumulado é a soma do lucro inflacionário do período-base com o saldo de lucro inflacionário a tributar transferido do período-base anterior (Lei 7.799/89, art. 21, § 2º'').

''§ 3º. O lucro inflacionário a tributar será registrado em conta especial do Livro de Apuração do Lucro Real — LALUR, e o saldo transferido do período-base anterior será corrigido monetariamente, com base na variação da UFIR diária entre o dia do balanço de encerramento do período-base anterior e o dia do balanço do período-base da correção'' (Lei 7.799/89, art. 21, § 3º).

6.3 Quanto ao aspecto temporal: em seguida, aquele Regulamento força, obriga, constrange, violenta, uma realização irreal e antecipada desse suposto ''lucro'' independentemente de ser ela positiva ou negativa, através de sofismas e manipulações contábeis, totalmente ilógicas, como se fosse possível, num passe de prestidigitação, transformar em ''lucro'' aquilo que verdadeiramente não é ''lucro'', e tornar ''realizado'' aquilo que não o foi.

6.4 Com efeito, estabeleceu seu art. 417 que "considerar-se-á" (ou seja, por presunção) realizada parte do "lucro inflacionário" na seguinte proporção: "Em cada período-base considerar-se-á realizada parte do lucro inflacionário acumulado proporcional ao valor, realizado no mesmo período, dos bens e direitos do ativo sujeito à correção monetária".

6.5 Para tanto engendra uma "fórmula matemática", sibilina e abstrusa, com a finalidade de calcular essa suposta proporcionalidade:

"§ 1º. O lucro inflacionário realizado no período será calculado com as seguintes normas (Lei 7.799/89, art. 22, § 1º):

"a) será determinada a relação percentual entre o valor dos bens e direitos do ativo sujeitos à correção monetária, realizados no período-base, e a soma dos seguintes valores:

"1. a média do valor contábil do ativo permanente no início e no fim do período-base;

"2. a média do saldo das demais contas do ativo sujeitas à correção monetária (art. 396, I, alíneas *b, c, d, e,* e *f*) no início e no fim do período-base;

"b) o valor dos bens e direitos do ativo sujeitos à correção monetária realizado no período-base será a soma dos seguintes valores:

"1. custo contábil dos imóveis existentes no estoque no início do período-base e baixados no curso deste;

"2. valor contábil, corrigido monetariamente até o dia da baixa, dos demais bens e direitos do ativo sujeitos à correção monetária e baixados no curso do período-base;

"3. quotas de depreciação, amortização e exaustão computadas como custo ou despesa operacional do período-base;*

* Obs.: vide item 6.16 adiante.

"4. lucros ou dividendos, recebidos no período-base de quaisquer participações societárias registradas como investimento;

"5. os valores correspondentes às liquidações do saldo de cada conta de mútuo, ressalvada a parcela utilizada pela mutuante para aumento de capital da mutuária;

"c) o montante do lucro inflacionário realizado no período-base será determinado mediante a aplicação da percentagem de que trata a alínea "a" sobre o lucro inflacionário acumulado (art. 416, § 2º)".

6.6 Tentando explicar o que parece ser *prima facie* inexplicável ou de difícil explicação, Trevisan Auditores e Consultores assim comentou tal dispositivo regulamentar: "Do saldo credor de correção monetária é excluído o excedente das despesas financeiras pelo fato de que parte do saldo credor *pode** originar-se de investimentos efetuados com recursos de terceiros que geram variação monetária, cujos efeitos devem ser eliminados para se determinar o lucro inflacionário" ("Provisão para Devedores Duvidosos — Instituições Financeiras", *in Revista de Direito Tributário* 59, p. 219. Grifos nossos).

6.7 Como o assunto é de certa complexibilidade e requeria maiores esclarecimentos, socorreram-se aqueles Auditores dos adminículos de Henry Tilbery: "No regime inflacionário, a empresa devedora com estas aplicações lucra à custa do credor — mas lucra na medida em que as dívidas não forem reajustáveis por variação cambial ou cláusula de indexação. Se houver encargos financeiros desta natureza, o respectivo débito da variação monetária dos financiamentos neutraliza o crédito da correção monetária do balanço, pelo menos em parte.

* (Obs.: o emprego do verbo "pode" transmite uma nítida insegurança quanto ao afirmado).

É por esse motivo *que a lei considera* como "lucro inflacionário" o saldo credor da correção monetária — não na sua íntegra — mas somente após deduzido o montante pelo qual as variações passivas excedem as variações monetárias ativas". (Grifos nossos). (Obs.: a expressão "que a lei considera" transmite a idéia de ficção ou presunção, tema esse que será abordado no capítulo seguinte).

6.8 Diante, pois, da tibieza demonstrada por Trevisan Auditores e Consultores, ao se utilizar do verbo "pode", e do apelo à ficção ou presunção feita por Henry Tilbery, ao empregar a expressão "que a lei considera", para concluírem que o referido "saldo contábil" refletiria um "lucro" do credor auferido a custa do devedor em regime inflacionário, extraem-se as seguintes conclusões básicas:

a) é uma heresia admitir-se, como foi admitido, que com esse regime inflacionário que assola o país, prestes a atingir quase meio século de teimosa insistência, alguém efetue empréstimos a outrem sem a devida correção monetária; ora, isso refoge completamente à realidade brasileira;

b) considere-se, ainda, que o credor, como parte mais forte na relação financeira, sempre se impõe perante o devedor, que é a mais fraca; assim, jamais poder-se-ia imaginar uma situação em que o devedor tenha lucro à custa do credor, numa total inversão e subversão da ordem natural das coisas;

c) o que pode acontecer — e freqüentemente acontece — é o credor *embutir* no preço, em operações a prazo, o valor da inflação prevista; daí dizer-se que o devedor teria auferido uma "receita", uma "renda" ou um "lucro" à sorrelfa, há uma distância e um *gap* intransponível;

d) situação semelhante seria a de um comerciante qualquer que adquirisse, *v.g.*, uma mercadoria por 100, mas que mercadologicamente vale 200 (esse é, aliás, o seu mister, comprar com intuito de lucro); pois bem, poderia nessa hipótese tal expectativa de lucro ser considerada prematuramente fato gerador do imposto de renda ou dever-se-ia aguardar o momento de sua efetiva realização?

e) diante desse quadro fático é, portanto, inadmissível que o legislador ordinário, através de cálculos extremamente laboriosos e complexos, como já visto, tivesse tentado tributar, ao arrepio do Texto Maior, as empresas que, excepcional ou esporadicamente, despenderam custos financeiros-inflacionários inferiores as taxas reais de mercado; ainda que isso seja indício de lucros potencialmente realizáveis, como o são provavelmente, essa tributação só será cabível e válida constitucionalmente no momento da realização positiva de tais lucros, *id est*, quando houver uma operação que resulte em receita e com a qual esses custos financeiros-inflacionários tenham pertinência;

f) impende aqui reavivar que o imposto em questão é sobre a "renda", mais precisamente sobre sua espécie "lucro" (receitas deduzidas dos respectivos custos e despesas), e não imposto sobre "custos financeiros inflacionários negativos";

g) ressalte-se, finalmente, que, em nenhum ponto dos trabalhos citados e ora comentados, foi contestada a natureza estritamente contábil do referido "saldo credor", nem foi afirmado, ao revés, que ele representaria "renda", numa posição jurídica extravagante ao fenômeno tributário definido no citado art. 43, II, CTN.

6.9 Com essas observações, *data venia*, vamos agora dar a nossa modesta versão sobre a índole dessa verba contábil, retornando para isso ao "balanço patrimonial" constante do item 5.7 retro. Note-se que dele consta uma parcela denominada "contas a pagar", no "passivo exigível", com a seguinte observação:

"sem correção monetária". Inexistem, por outro lado, no caso aventado, quaisquer outras variações cambiais ou monetárias, ativas e passivas, compensáveis entre si ou não.

6.10 Pois bem: como foi de 50% a inflação considerada no exercício (vide item 5.8 seguinte), segue-se que a empresa teria "lucrado" 100 a "custa do credor", pela sua não incidência sobre a dívida contraída (200). Atente-se que o valor desse "lucro" coincide com o do "saldo credor na conta da correção monetária do balanço", conforme se vê da parte *in fine* do referido item 5.9.

6.11 Essa seria a teorização dos financistas para explicar o fenômeno contábil do "lucro inflacionário". Agora, vejamos a dos contabilistas:

6.12 O "lucro inflacionário" é uma decorrência do "saldo credor na conta da correção monetária" e da técnica do fechamento dos balanços em regime inflacionário, que sempre surge quando o "ativo permanente" é superior ao "patrimônio líquido".

6.13 Os Profs. A Lopes de Sá e A. M. Lopes de Sá, cientistas e publicistas na área contábil, afirmam, peremptoriamente, que ele é uma ficção, não sendo "lucro contábil no sentido real": Lucro Inflacionário — Resultado obtido em decorrência de ajustes monetários, de acordo com a legislação fiscal brasileira defluentes da Lei 6.404/76 (Sociedades por Ações) e Decreto-lei 1.598/77.

"Saldo credor da conta de "Correção Monetária" computado no lucro líquido do exercício, porém ajustado pelas variações monetárias de taxas de câmbio ou coeficientes legais ou contratuais por direitos creditícios e por obrigações (perdas, no caso). *Não é um lucro contábil no sentido real*, mas o efeito de cálculos aritméticos e de um sistema de conveniências fiscais reguladas por lei.

"Não admitimos a expressão como a mais correta; todavia, é aquela adotada legalmente.

"Segundo a expressão literal da lei, tal "lucro" compõe-se de:

"a) Saldo Credor da Conta de Correção Monetária.

"b) Ajuste das variações monetárias defluentes das oscilações que os créditos (a receber) sofrem em decorrência compulsória (lei ou contrato) mediante taxas de câmbio, índices ou coeficientes e também obrigações ou dívidas.

"O saldo "credor" de correção monetária existirá sempre quando o Ativo Fixo (Imobilizações) for superior ao Patrimônio Líquido (Capital Próprio).

"Tal saldo, ajustado pelas "variações monetárias" (a favor ou contra) de relações creditícias, produz o denominado "lucro inflacionário", criado pelo Decreto-lei 1.598/77.

"Trata-se, por conseguinte, de uma figura "fiscal" e não "contábil", mas inserida na estrutura demonstrativa e na escrituração brasileira.

"Estabelece a lei que, quando as variações ativas dos ajustes monetários por operações creditícias superarem as passivas, o lucro inflacionário será, apenas, o saldo credor da conta de correção monetária sem ajuste" (*in Dicionário de Contabilidade*, Ed. Atlas. 8ª ed., 1993, p. 279. Grifos nossos).

6.14 Se o "lucro inflacionário" não é lucro contábil no sentido real, como acima dissertado, o mesmo acontece para o Direito Tributário, já que jamais poderá ser considerado ou equiparado, a toda obviedade, a um acréscimo patrimonial/riqueza nova para fins de incidência do imposto sobre a renda, enquanto latentes e pendentes de realização futura, incerta e duvidosa.

6.15 Isso seria o mesmo que instituir um "fato gerador presuntivo, aleatório e futuro", o que é totalmente incompossível dentro do nosso sistema constitucional tributário.

6.16 Um outro aspecto que merece destaque pelo seu enorme absurdo jurídico é o da realização forçada do suposto "lucro inflacionário". Observe-se que as cotas de depreciação, amortização e exaustão, aludidas no item 3, item 6.5 acima, estão atuando *simultaneamente*, como "custo ou despesa operacional" e como "lucro inflacionário realizado". Ora, isso é impossível, já que as duas hipóteses são excludentes. Cabe aqui aplicar-se, portanto, com toda propriedade, o "princípio da contradição" (o contrário do que é verdadeiro, é falso, ou a mesma coisa não pode, ao mesmo tempo, ser e não ser) e o "princípio do terceiro excluído" (entre duas proposições contrárias, não há outra opção entre a verdadeira e a falsa). Assim, deve a primeira (verdadeira) prevalecer sobre a segunda (falsa), porque o caso é de diminuição — e não de aumento patrimonial.

6.17 O despautério e a voracidade arrecadatória não pararam aí, entretanto: foi estipulado para esse "lucro inflacionário realizado" um valor mínimo mensal, por estimativa e por presunção, em qualquer hipótese, ocorrendo ou não sua pretensa realização, por força do aludido art. 417, § 4º:

"A pessoa jurídica deverá considerar realizado, mensalmente, no mínimo, 1/240, quando o valor assim determinado resultar superior ao apurado de acordo com o § 1º deste artigo, do lucro inflacionário acumulado e do saldo credor da diferença de correção monetária complementar IPC/BTNF (art. 424)" (Lei 8.541/92, art. 30).

6.18 Tal valor mínimo — e isso é uma das características desse teratológico, pretenso, esdrúxulo e imaginário "lucro inflacionário" — não é apurado *na* ou *pela* contabilidade, ou seja, através das respectivas demonstrações financeiras, como é o caso normal do "lucro do exercício", mas de levantamentos extra-contábeis registráveis no "Livro de Apuração do Lucro Real — LALUR", conforme expresso no art. 416, § 3º, do citado Regulamento, transcrito no item 6.2 acima.

6.19 Utilizou-se a legislação do imposto de renda, por conseguinte, de uma falácia, de um ardil, de um logro, ao estipular uma "fórmula matemática", com "valor mínimo mensal" arbitrado de forma esdrúxula, para tributar o hipotético "lucro inflacionário realizado", que não é "lucro" e muito menos "realizado", conforme já demonstrado.

6.20 Como apregoa Alfredo Augusto Becker, "na dissecação da hipótese de incidência do imposto de renda, em primeiro lugar, cumpre verificar se a base de cálculo (núcleo) do tributo é o fato econômico da existência de renda, pois somente no caso afirmativo é que se estará diante de um imposto de renda" (*in Teoria Geral do Direito Tributário*, Ed. Saraiva, p. 362).

6.21 É evidente que o conceito de renda acima empregado é o jurídico, sendo aqui irrelevantes, portanto, os de ordem econômica financeira ou de qualquer outra natureza.

6.22 Bem por isso, os *experts* da Trevisan Auditores e Consultores fizeram as seguintes constatações:

"A figura do lucro inflacionário gerou muitas discussões entre juristas e financistas. Esse conflito foi lembrado por Yuichi Tsukamoto e João Francisco Bianco em artigo publicado pela *Revista de Direito Mercantil*:

"O que nos tem surpreendido na análise do lucro inflacionário das empresas (seja lucro ou prejuízo), porém, é a diversidade de opiniões nas "explicações" do mesmo fenômeno econômico, dependendo da formação do profissional que efetua essa análise".

"Assim, *os advogados explicam o lucro inflacionário como mero ajuste contábil* representativo de um lucro em potencial, decorrente do ativo permanente da empresa ser superior ao seu patrimônio líquido. Já os *financistas preferem explicá-lo como lucro efetivo da empresa* pois originado da diferença a maior entre os ganhos com os passivos monetários e as perdas com os ativos monetários, ou seja, ativos e passivos expostos à inflação''. (Obra citada, p. 219).

6.23 Como visto, o conceito atribuído pelos advogados ao ''lucro inflacionário'', coincidindo, aliás, com o ponto de vista dos contabilistas (vide 6.13 retro), é o de mero ''ajuste contábil'', devendo, logicamente, ser desprezadas as elocubrações teóricas dos financistas a esse respeito, já que são impertinentes ao campo jurídico.

6.24 E como ''ajuste contábil'', falta-lhe a necesária e indispensável aptidão e consistência econômica para ser erigido em fato gerador do imposto de renda, já que não representa disponibilidade de aumento patrimonial ou riqueza nova advinda do capital, do trabalho ou da combinação de ambos, sem as quais não há como se legitimar sua tributação. A propósito, averba Misabel Abreu Machado Derzi:

''Por meio de lei ordinária e a título de imposto de renda, somente se legitimará a tributação da renda e dos proventos de qualquer natureza, assim entendido o acréscimo de riqueza, o ganho ou o aumento advindo do trabalho e do capital (ou patrimônio) em certo período de tempo'' (''Correção Monetária e Demonstrações Financeiras'', *in Revista de Direito Tributário* 59, Malheiros Editores, p. 129)

6.25 Ademais: é ainda importante acentuar que o lucro tributável nasce, não por geração espontânea ou por manipulações escriturais, como dá a entender o malfadado art. 417 do Regulamento do Imposto de Renda, mas pelo exercício efetivo da atividade social, com fins especulativos, ou seja, de uma transação ou da ''exploração e uso direto e indireto do patrimônio empresarial, afetado aos seus fins'' (Bulhões Pedreira, *in Finanças e Demonstrações Financeiras da Companhia*, Ed. Saraiva, 1989, p. 448).

6.26 Sem tal atividade, transação ou funcionamento, não há, logicamente, lucro e, conseqüentemente, fato gerador do imposto de renda. Veja-se o caso exemplificativo ofertado nos itens 5.7 e seguintes retro, no qual, inexistindo qualquer operação no ano considerado, ainda assim a legislação do imposto de renda conseguiu extrair de um ''nada econômico'', ou seja, do ''saldo credor na conta da correção monetária do balanço'', uma fantasiosa base de cálculo para imposição do tributo.

6.27 A existência, pois, de um fato econômico é imprescindível, como pontifica Amílcar de Araújo Falcão:

''Em sua essência, substância ou consistência é o fato gerador um fato econômico, ao qual o Direito empresta relevo jurídico'' (*in Fato Gerador da Obrigação Tributária*, 2ª ed., Ed. Resenha Tributária, p. 64).

6.28 Nesse mesmo sentir está Ruy Barbosa Nogueira. Depois de considerar que o imposto é forma de captação de riqueza em função da capacidade econômica ou contributiva, assevera: ''Qualquer exigência de *imposto* que incida sobre ''situação'' ou ''relação fática'' que não seja expressão de *riqueza*, especificada como ''patrimônio'', ''renda'' ou ''atividade econômica'' do contribuinte será simplesmente, *nula, nenhuma, inexistente*, por absolutamente inconstitucional'' (*in Imunidades*, Ed. Saraiva, 1992. Grifos nossos).

6.29 Concluindo: sendo restrito à ''renda'' a competência impositiva da União, na sua acepção exclusivamente jurídica, segue-se que a ela é vedado tributar valores sem solidez econômica e não indicativos de capacidade contributiva, como é patente o caso presente.

6.30 Daí, indaga-se: poderia, *per fictionem legis*, ser tal ''saldo credor'' equiparado à "renda" (aspecto material), quando é mero "ajuste" contábil, e ser ainda considerado "realizado" (aspecto temporal), quando ainda irrealizado?

6.31 É o que será ventilado adiante.

7. *Do fato gerador do imposto de renda por ficção legal*

7.1 Dá-se a ficção quando a lei atribui a determinado fato ou coisa efeito diverso do da sua natureza específica. É a chamada "mentira legal" que diz ser verdadeira uma situação contrária à verdade real. Ou, melhor dizendo, como ensina Antonio Roberto Sampaio Dória:

"A ficção, matéria geralmente de Direito Material, é a admissão, pela lei, de ser verdadeira coisa que de fato, ou provavelmente, não o é. Cuida-se, pois, de uma verdade artificial, contrária à verdade real. Não mais se cogita, como nas presunções, de probabilidade numa dada relação legal de causa e efeito, mas sim de improbabilidade, talvez até mesmo de impossibilidade, porquanto se dá como verdadeiro o que é de todo falso, como inexistente o existente, como existindo o que, na realidade, não existe" (*in* "Distribuição Disfarçada de Lucros", *RDP* 25, p. 70).

7.2 A aplicação da ficção legal em Direito Tributário sofre, entretanto, fortes restrições, pois não tem o legislador ordinário a menor liberdade para modificar conceitos utilizados em leis de hierarquia superior. Se assim não fosse, estaria ele investido de poderes supremos capazes de alterar a própria Constituição e as Leis Complementares, numa completa subversão de toda a ordem constituída.

7.3 Ora, a nossa Constituição é absolutamente rígida, hermética e exaustiva em matéria tributária, como vimos no segundo capítulo deste trabalho, cabendo à lei material tão-somente a função de instituir os tributos na forma e nos limites por ela traçados, não lhe sendo possível, mesmo através de ficções, ultrapassar tais limites.

7.4 Luciano da Silva Amaro é absolutamente categórico nesse sentido:

"E não é com ficções que se conseguirá contornar princípios da Lei Maior. Os ditames constitucionais que implicam limitações ao próprio legislador ordinário não podem ter o seu alcance manipulado por norma infraconstitucional. Eles representam a verdade *constitucional querida*, a qual é incontrastável pela *mentira legal* em que se traduz a ficção.

"(...)

"De que adianta *impor limites ao legislador ordinário* se este, criando mentiras, pudesse escapar às peias da Constituição?" ("IR — Irretroatividade e Anterioridade", *in DCI*, São Paulo, ed. de 4 e 5.10.83).

7.5 Para Gustavo Miguez de Melo as ficções em matéria tributária só são admissíveis quando promulgadas pelo próprio constituinte e não pela lei ordinária: "Ora, em matéria de instituição e cobrança de tributos, o próprio Legislador Constitucional é quem atribui relevância a determinados fatos e, implícita ou explicitamente, nega relevância a outros fatos ao definir competências tributárias. "Conclui-se pois serem inadmissíveis presunções *juris et de jure* (e as ficções) (a menos que as normas de que decorrem houvessem sido promulgadas pelo próprio Legislador Constitucional) que neguem relevância a tais fatos aos quais o Legislador Constitucional negou relevância" (*in Cadernos de Pesquisas Tributárias* 9, Ed. Resenha Tributária, p. 107).

7.6 Também assim entende Ricardo Mariz de Oliveira: "As ficções jurídicas e presunções legais absolutas são injurídicas para definir o fato gerador ou sua ocorrência, — as ficções jurídicas são admitidas em situações que não sejam de definição direta do fato gerador ou de sua ocorrência, mas digam respeito a outros aspectos da relação jurídica tributária e não contrariem normas constitucionais ou complementares'' (idem, idem, p. 305).

7.7 Não pode, pois, a lei tributária definir hipóteses de incidência mediante o uso de ficções. Se isso viesse a ocorrer estaríamos diante de uma ''barbaridade'', como bem exacerba Geraldo Ataliba:

''Dizer isso em um País como o nosso, que tem Constituição rígida, e que foi especialmente rígida em matéria de discriminação de competências tributárias, é dizer uma barbaridade. Por quê? Porque se eu aceitar que, por definição legal, se possa modificar a natureza intrínseca dos fatos a que se reporta a Constituição quando desenha um instituto jurídico, amanhã, como disse o Prof. Aires há pouco, será lícito afirmar, por definição legal, *que toda a despesa que o sujeito fizer será considerada renda*, toda a importação será considerada propriedade imobiliária e, assim, nós vamos ter, por definição legal, a subversão total dos padrões estabelecidos na Constituição (''Seminário sobre o Regime Tributário'', *in RDT* 33/202. Grifos nossos).

7.8 Se assim é quanto às hipóteses de incidência tributária em geral, a vedação ao uso das ficções legais é mais acentuada em se tratando particularmente do imposto de renda, já que são elas obstadas pela própria Constituição Federal, como averba Ives Gandra da Silva Martins:

''A Constituição Federal fala que o imposto só incidirá sobre a renda e os proventos de qualquer natureza. O que não for renda, nem proventos não é objeto da incidência, porque a Constituição Federal o veda. Se pretendesse criar hipóteses impositivas fictícias faria expressa menção ao fato'' (idem, idem, p. 63).

7.9 Em uníssono, afirma Roque Antonio Carrazza:

''Somos os primeiros a concordar que o Direito cria suas próprias realidades. Não raro, só com o emprego de ficções, presunções e equiparações ele consegue disciplinar o comportamento dos homens na vida social. Há, porém, um limite inafastável para isso: o emprego de ficções, presunções e equiparações não há de violar direitos constitucionais, como este, de as pessoas só poderem ser tributadas, por via do IR, quando auferirem rendas e proventos de qualquer natureza''. (''Novas Considerações sobre a Intributabilidade'', *in RDT* 55, Ed. Revistas dos Tribunais, p. 161).

7.10 Ora, em vista do que se depreende das lúcidas lições acima citadas, conclui-se que, se o Texto Maior e a Lei Complementar limitaram a incidência do imposto de renda aos casos de acréscimos patrimoniais adquiridos econômica ou juridicamente, como conseqüência do capital, do trabalho ou da combinação de ambos, tudo aquilo que não for enquadrável dentro desse conceito, tal como o indigitado ''lucro inflacionário'', não pode ser alcançado por esse tributo, nem mesmo por ficção legal.

7.11 Vejamos agora, para ilustrar ainda mais o assunto, um caso de ficção instituído pelo legislador tributário em absoluta incompatibilidade com a Carta Magna, que foi deslindado pela Suprema Corte em decisão assim ementada:

''Imposto de Importação. Ao considerar estrangeira, para efeito de incidência do tributo, a mercadoria nacinal reimportada, o art. 93 do Dec.-lei 37/66 criou ficção incompatível com a Constituição de 1946 (Emenda 18, art. 7º, I), no dispositivo correspondente ao art. 21, I, da Carta em vigor. Recurso Extraordinário provido, para concessão da segurança e para a declaração de inconstitucionalidade do citado art. 93 do Dec.-lei 37/66'' (RE 104.306-SP, em 6.3.86, unânime, *in RTJ* 117/782).

7.12 Em seu voto acentuou o Min. Relator Octavio Gallotti:

"No tocante à prevenção de excesso do uso das ficções jurídicas pelo legislador, recordo a advertência de meu saudoso pai, Min. Luiz Gallotti, ao pronunciar-se no julgamento do RE 71.758, considerando que "se a lei pudesse chamar de compra o que não é compra, de importação o que não é importação, de exportação o que não é exportação, ruiria todo o sistema tributário inscrito na Constituição".

7.13 Num outro caso, desta vez específico sobre a matéria aqui discursada, o Min. Oswaldo Trigueiro, no RE 71.758, deu ao aludido art. 43 do CTN sua verdadeira exegese:

"Quaisquer que sejam as mudanças doutrinárias sobre o conceito de renda, parece-me acima de toda a dúvida razoável que, legalmente, a renda pressupõe ganho, lucro, receita, crédito, acréscimo patrimonial, ou, como diz o preceito transcrito, aquisição de disponibilidade econômica ou jurídica. Concordo em que a lei pode, casuísticamente, dizer o que é ou não renda tributável. Mas não deve ir além dos limites semânticos, que são intransponíveis. Entendo, por isso, que ela não pode considerar renda, para efeito de taxação, o que é, de maneira incontestável, ônus, dispêndio, encargo ou diminuição patrimonial, resultante do pagamento de um débito.

"Para bem aplicar a Constituição, o Poder Judiciário tem que fazer uso de noções precisas e claras, não sendo de admitir-se como legítimo que o imposto de renda recaia sobre o que, evidentemente, não é renda, do mesmo que não se pode aceitar a incidência do imposto de importação sobre a mercadoria que não entrou no país nem o de exportação, sobre produtos que daqui não saíram".

7.14 Uma outra hipótese típica de ficção mórbida ocorreu com a incidência do ICM sobre importação de bens de capital: até o advento da EC 23/83, as legislações estaduais "equiparavam" esses bens a "mercadorias", aumentando, assim, o campo de incidência tributária estadual. Pois bem, tantas foram as decisões contrárias a essas "equiparações", que a matéria acabou propiciando a edição da Súmula 570 do STF, *verbis*: "O imposto de circulação de mercadorias não incide sobre a importação de bens de capital".

7.15 Ora, como toda outorga de competência encerra ao mesmo tempo uma autorização e uma limitação, vedado é à lei do imposto de renda, ainda que por meio de ficções, num juízo antitético, considerar receita o que é despesa, lucro o que é prejuízo, acréscimo o que é diminuição patrimonial, com o fito de alargar o campo de incidência do tributo.

7.16 Tanto é assim que, enfocando o caso em tela — "lucro inflacionário" realizado por ficção legal — o já citado Sebastião Reis doutrina:

"À luz do enfoque pertinente, constante da 2ª parte do parecer, o lucro inflacionário não realizado é produto de um reajuste nominal, economicamente neutro, no sentido de que não representa um ganho econômico, nem traduz um investimento real, concreto, e, assim, despido de conteúdo que signifique capacidade contributiva efetiva, é uma situação sem consistência material, para ser erigida em hipótese de incidência.

"Nessa ordem de considerações, o legislador, ao prescrever que a pessoa jurídica deverá considerar realizados, em cada período-base, no mínimo 5% do lucro inflacionário acumulado, independentemente da realização concreta correspondente, *lastreou a hipótese de incidência respectiva numa ficção legal, baseando-se num fruto artificial de técnica de correção monetária veiculada através de lançamentos contábeis*.

"Dessarte, reportando-se a tudo o que foi dito nos itens anteriores, a partir do sistema constitucional e do CTN, colhe-se que no direito tributário brasileiro, por força da Lei Maior e da Lei Complementar tributária, *não são admitidas ficções jurídicas na composição do fato jurídico tributário*, principalmente considerando-se que a lei ordinária deve conter a descrição completa do fato imponível, atento ao princípio da tipicidade cerrada, dominante no particular, e, nesse contexto, apresenta-se inconstitucional o art. 23 do Dec.-lei 2.341/87 no ponto sublinhado e discutido no parecer" (IR — Computação de Juros", *in RDT* 50, Ed. RT, p. 156. Grifos nossos).

7.17 Ex positis, conclui-se categoricamente que é defeso ao legislador ordinário utilizar-se de ficções para aumentar o campo de incidência tributária delimitado pela Constituição Federal e explicitado pelo Código Tributário Nacional; assim, não pode ser tributado algo que não se ajuste ao conceito jurídico de "renda", tal como está ocorrendo com o "saldo credor na conta da correção monetária", do qual resultam o "lucro inflacionário" e o "lucro inflacionário realizado".

8. *Do princípio que determina a "não paridade de tratamento entre lucro e prejuízo"*

8.1 Para melhor compreensão da eficácia e dos efeitos do princípio *in casu*, necessário se torna tecer algumas considerações preambulares.

8.2 Como dissertado no item 4.4 retro, as "contrapartidas dos ajustes da correção monetária", são computadas na apuração do "lucro líquido", por força da lei comercial. Podem elas resultar em "saldo devedor" ou "saldo credor", conforme forem os valores das contas não-monetárias do balanço monetariamente corrigido.

8.3 Dá-se "saldo devedor" quando a soma do "ativo permanente" for *inferior* a do "patrimônio líquido", e "saldo credor" no caso inverso, ou seja, quando a soma do primeiro for *superior* à do segundo.

8.4 Sendo verso e reverso da mesma moeda, poder-se-ia apressadamente intuir que o critério jurídico aplicável a ambos os saldos deveria ser exatamente o mesmo: se o "saldo devedor" é parcela *excluível* desse lucro, lógica e conseqüentemente o "saldo credor" deveria ser parcela *adicionável*.

8.5 Porém, refletindo-se mais acuradamente sobre o assunto, ver-se-á que essa logicidade é apenas relativa e não absoluta, já que o direito criou, no caso, a sua própria realidade. Se não, vejamos:

8.6 A base de cálculo do imposto de renda ("lucro real", conforme exposto no item 4.5 retro, é o "lucro líquido" ajustado pelas adições, exclusões ou compensações prescritas ou autorizadas pela respectiva legislação, ora, tendo sido expressamente por ela consentida a exclusão do referido "saldo devedor" (art. 316 do citado Regulamento) — e como isso estava dentro do seu poder discricionário, segue-se que nenhum empeço de ordem jurídica pode ser aqui oposto. Afinal, era-lhe permitido autorizar.

8.7 Já quanto ao "saldo credor", tem aquela mesma legislação certas amarras constitucionais, como os princípios da competência na instituição do imposto, da capacidade contributiva, da igualdade na tributação e da não imposição confiscatória. Nem tudo, portanto, era-lhe permitido obrigar.

8.8 Assim, diante dessas limitações, não poderia a legislação em foco impor às empresas considerar como "lucro" o "saldo credor na conta da correção monetária", por ficção jurídica, impondo, com isso, tributação sobre uma não-renda efetiva, aleatória, ou, melhor dizendo, sobre um simples registro gráfico-contábil ("mais-valia monetária").

8.9 Porém, se e quando for transformado em "mais-valia real e efetiva" (ganho definitivamente materializado), conforme já exposto nos itens 5.15 a 5.16 retro, aí, sim, deverá ser computado no "lucro real" e submetido à imposição tributária.

8.10 Com tais ponderações, podemos agora sobrepor ao tema aqui enfocado, como luva bastante confortável, o princípio de natureza contábil-tributária denominado de "Não Paridade de Tratamento entre Lucro e Prejuízo", que a nosso sentir, irá colocar uma definitiva pá de cal sobre o assunto.

8.11 Para melhor explicitar a eficácia desse princípio, mister se faz tecer algumas considerações propedêuticas a respeito dos "princípios de contabilidade geralmente aceitos".

8.12 A contabilidade é uma ciência que estuda, classifica, registra e sintetiza os atos e fatos que afetam uma determinada entidade, com o objetivo de demonstrar uma situação patrimonial (econômica e financeira), bem como os resultados auferidos (lucros e perdas), num determinado período.

8.13 Como em qualquer ramo de conhecimento científico, assenta-se ela num conjunto universal de dogmas, denominados "Princípios de Contabilidade Geralmente Aceitos" (*Generally Accepted Accounting Principles*).

8.14 A jurisdição de tais princípios foi feita pelas Leis das Sociedades por Ações (6.404/76, citada), quando assim estipulou:

"Art. 177 — A escrituração da companhia será mantida em registros permanentes, com obediência aos preceitos de legislação comercial e desta lei e aos *princípios de contabilidade geralmente aceitos*, devendo observar métodos ou critérios uniformes no tempo e registrar as mutações patrimoniais *segundo o regime de competência*".

8.15 Tais princípios foram implicitamente albergados pela legislação do imposto de renda:

"Art. 197 — A pessoa jurídica sujeita à tributação com base no lucro real deve *manter escrituração com observância das leis comerciais e fiscais*" (Decreto 1.040/94 citado) (Grifos nossos).

8.16 Por sua vez, o Conselho Federal de Contabilidade, órgão vinculado ao Ministério do Comércio, da Indústria e do Turismo, dentro da sua competência normativa específica para o caso, atualizou os "Princípios Fundamentais de Contabilidade", pela Resolução 750/93, publicada no *DOU* de 29.12.93.

8.17 Entre os que têm aqui relevâncias, são: — o "*Princípio da Oportunidade*", segundo o qual as variações patrimoniais devem ser feitas no tempo certo e com a extensão correta, de modo a manter íntegra a fidelidade das demonstrações financeiras, também conhecido como o "Princípio da Sinceridade", estatuído na citada Lei 6.404/76, art. 175, que obriga as empresas a exprimir com clareza naquelas demonstrações financeiras, a situação do patrimônio e as mutações ocorridas no exercício, e o — o "*Princípio da Competência*" que determina o reconhecimento das despesas quando incorridas, e das receitas quando houver o correspondente pagamento ou compromisso firme de efetivá-lo, vale dizer, quando ele for considerado líquido, certo e executável; como corolário desse princípio surge o do "Conservadorismo", que é o lado negativo do qual o da "Competência" é o positivo, pois veda, proíbe e tolhe o registro das receitas de forma antecipada.

8.18 Desses dois "Princípios Fundamentais de Contabilidade", emerge ainda um outro, com dupla natureza — contábil e tributária, designado da "Não Paridade de Tratamento entre Lucro e Prejuízo", que é assim dissecado por Mizabel Abreu Machado Derzi:

"O princípio universal que rege as leis do imposto de renda: a não paridade de tratamento entre lucro e prejuízo.

"Como já observamos, os autores alemães (V. Pluckebaum — Wedt — Eumcke — Niemeier, "Einkommenstemergesetz Kommentar", 1987, *op. cit.*; Tipke K. Stenerrecht, *op. cit*, p. 224-226) relatam a importância do *princípio da não paridade de tratamento entre o lucro e prejuízo.*

"*Observam que o lucro só é tributável se há mudança patrimonial — acréscimo de valor — efetiva, concreta, que se tornou em dinheiro ou em valor equivalente. Enfim quando está realizado. A mera probabilidade não leva à incidência do imposto. Entretanto, o prejuízo ainda não realizado, meramente causado, provocado, de provável redução futura do patrimônio, é considerado pela lei.* Por conseguinte, o legislador não trata, da mesma forma, o lucro e o prejuízo, pois a atividade da pessoa empresarial somente sobrevive por meio da *adequada proteção de seu patrimônio*" ("Os Conceitos de Renda e de Patrimônio", coleção *Momentos Jurídicos*, 1, Del Rey Editora, Belo Horizonte, 1992. Grifos nossos)

8.19 Daí se intui que, em razão dessa máxima jurídico-contábil, só se considera lucro tributável a parcela representativa de acréscimo patrimonial, quando materializada em dinheiro ou bem equivalente, excluída a sua mera probabilidade.

8.20 Já a parcela representativa de perda, mesmo que indique simples probabilidade de redução futura do patrimônio, deve ser imediatamente assim considerada no próprio exercício.

8.21 Eis o porquê da não paridade de tratamento entre ambas.

8.22 Segue-se daí que, no caso, a mera possibilidade de o "saldo credor na conta de correção monetária" (simples "mais valia monetária", escritural) transformar-se concretamente em "lucro" ("mais valia real ou efetiva") não leva à imediata incidência do imposto de renda; ao contrário, o "saldo devedor", ainda que seja considerado perda não realizada, *ad argumentandum.* deve ser assim concebida no próprio exercício de sua constatação.

8.23 Finalmente: releva salientar que a aplicação dos "Princípios Fundamentais de Contabilidade", inclusive o aqui invocado, é obrigação impostergável dos contabilistas, sob pena pecuniária ou de suspensão do exercício da profissão (Decreto-lei 9.295/46, arts. 27, alíneas *c*, *d* e *e*; resolução do CFC de 29.12.93, arts. 9º e 11).

9. Um precedente judicial

9.1 O assunto acaba de merecer adequada decisão por parte do E. Tribunal Regional Federal da 2ª Região, em acórdão assim ementado:

"Tributário — Imposto de Renda — Correção Monetária — Efeitos do DL 2341/87, Art. 1º e Art. 347 do RIR.

"— Jurisprudência reinante é no sentido de que o saldo credor de correção monetária surgido após a correção monetária das demonstrações financeiras (art. 1º do Decreto-lei 2.341/87 e art. 347 do Regulamento do Imposto de Renda)* não configura aquisição de renda ou de disponibilidade, não podendo constituir fato gerador ou hipótese de incidência.

"— Assim, deve-se declarar a inconstitucionalidade da norma atacada em face do art. 153, III da C.F. devendo-se retornar ao regime anterior (art. 361 do RIR) em que o valor inflacionário não era tributado por constituir mera atualização do valor histórico.

* Tal dispositivo pertence ao antigo Regulamento (Decreto 85.485/80), e corresponde hoje ao art. 316, do Decreto 1.041/94.

"— Não faz sentido corrigir um dinheiro que não consta mais do Patrimônio Líquido e que já foi tributado com o IR na fonte quando da distribuição efetuada aos sócios ou acionistas.

"— Não cabe falar, destarte, em realização ficta do lucro inflacionário" (Apelação em Mandado de Segurança 90.02.10337-9/RJ, Terceira Turma, unânime, Rel. Juiz Celso Passos, *in DJ* Seção 2, de 29.3.94, p. 13.249)

9.2 Como se percebe, a sustentação aqui desenvolvida, no sentido da intributação de lucro realizado fictamente, foi inteiramente prestigiada pela decisão judicial acima referida.

10. Da base de cálculo da contribuição social sobre o lucro

10.1 A base de cálculo dessa contribuição foi instituída pela Lei 7.689/88, modificada pela de 8.034/90, resultando na seguinte: "Art. 2º — A base de cálculo da contribuição é o valor do resultado do exercício, antes da provisão para o imposto de renda.

"a) ...

"b) ...

"c) o resultado do período-base, apurado com observância da legislação comercial, será ajustado pela:

"..."

10.2 Em seguida, prescreveu esse dispositivo legal uma série de adições e exclusões, mas sem fazer a menor alusão ao "saldo credor na conta da correção monetária", que deveria ter sido excluído do "resultado do período-base".

10.3 Assim, pelas mesmas razões expostas quanto à base de cálculo do imposto de renda, deve aquele "saldo", com parcela estranha ao "resultado do período-base", ser excluído da tributação da contribuição social *in casu*, até que sobrevenham eventualmente as hipóteses remotas de incorporação, fusão, cisão total ou encerramento de atividade, tal como já explicitado nos itens 5.15/5.16 retro.

11. Conclusões

11.1 A matéria aqui articulada pode ser assim resumida:

1) o Sistema Constitucional Tributário Brasileiro (CF, Título VI, do Capítulo I), coadjuvado pela Lei Complementar (CTN, Lei 5.172/66), albergou normas rígidas para qualificar, tipificar e instituir os tributos, cabendo ao legislador ordinário obedecê-las, sem qualquer flexibilidade, quando da sua criação e aumento;

2) a hipótese de incidência e o fato gerador do imposto de renda foram devidamente qualificados e limitados debaixo dos seguintes pressupostos, cumulativamente considerados:

a) que a renda e proventos representem, em termos reais (e não em termos escriturais), um *plus* (aumento patrimonial ou riqueza nova);

b) que esse *plus* esteja livre e à disposição de seus titulares, materializado em dinheiro ou bens equivalentes (disponibilidade econômica ou jurídica), conferindo-lhes, com isso, capacidade contributiva, e

c) que seja simultaneamente produto do capital, do trabalho ou da combinação de ambos ("mais-valia efetiva ou real").

3) o "lucro real" foi instituído como fato gerador e base de cálculo do imposto de renda das pessoas, jurídicas, conforme legislação consolidada no citado Decreto 1.041/94, art. 193, como uma das espécies do gênero "renda e proventos";

4) essa instituição, portanto, há de se conformar estritamente com os pressupostos e limitações constitucionais acima descritos;

5) conseqüentemente, defeso é a essa mesma legislação tributar uma "não renda e proventos", tal como ocorreu com o "saldo credor na conta da correção monetária", da qual resultam os denominados "lucro inflacionário" e "lucro inflacionário realizado" (arts. 415/417 do aludido Decreto), enquanto mero "ajuste" ou "acerto" ("mais valia monetária"), já que:

a) não representa ele, em termos reais (e não em termos escriturais), um *plus* (aumento patrimonial ou riqueza nova), ou um substrato econômico tributável, nem

b) está livre e à disposição de seus titulares materializada em dinheiro ou bens equivalentes (disponibilidade econômica ou jurídica de renda), conferindo-lhes, com isso, a respectiva capacidade contributiva, e, muito menos, é

c) produto do capital, do trabalho ou da combinação de ambos.

6) o referido "ajuste" ou "acerto" somente ganhará relevância e consistência jurídica como "renda" (aspecto temporal da hipótese de incidência) quando for transformado em "mais valia real e efetiva", ou seja, por ocasião de incorporação, fusão, cisão total ou encerramento das atividades sociais (art. 420 do citado Regulamento, transcrito e comentados nos itens 5.11 e seguintes);

7) nesse caso, a base de cálculo (aspecto material da hipótese de incidência), será a diferença para mais (ganho) entre o valor atribuído à operação da empresa incorporada, fusionada, cindida ou extinta e o valor do patrimônio líquido;

8) vedado é à legislação ordinária estabelecer esses dois aspectos através de ficções, tal como fez ao impor "fórmulas matemáticas" para tributar o suposto "lucro inflacionário realizado" (art. 417, § 1º, idem, transcrito e comentado nos itens 6.3 e seguintes), já que não chega a ser "lucro" e muito menos "realizado";

9) ainda que assim não fosse entendido, *ad argumentandum*, e pudessem tais aspectos ser legitimados por "mentiras legais" (presunção), aplica-se aqui o princípio de contabilidade geralmente aceito (Lei 6.404/76, art. 177), denominado de "não paridade de tratamento entre lucro e prejuízo", segundo o qual a mera probabilidade de o "saldo credor ou conta da correção monetária" transformar-se concretamente em "lucro", não leva à incidência do imposto de renda;

10) amparando amplamente a tese aqui esposada, decidiu o Egrégio Tribunal Regional Federal da 2ª Região, que "o saldo credor de correção monetária das demonstrações financeiras (art. 1º do Decreto-lei 2.341/87 e art. 347 do Regulamento do Imposto de Renda) não configura aquisição de renda ou disponibilidade, não podendo constituir fato gerador ou hipótese de incidência", e, finalmente.

11) aplicam-se ao fato gerador e a base de cálculo da contribuição social sobre o lucro as mesmas considerações feitas quanto ao imposto de renda.

11.2 Nessas condições, entendemos, s.m.j., que o "saldo credor na conta da correção monetária", do qual decorre o "lucro inflacionário", "realizado" ou não, é *ficção*, enquanto "mais valia monetária", ou seja, mero reajuste gráfico-contábil, e *realidade*, quando efetivamente se materializar e vier a ser transformado em "mais valia efetiva ou real", através de incorporação, fusão, cisão total ou encerramento de atividades da sociedade (regulamento citado, art. 420).

11.3 Assim, por ser mera ficção, um devenir, e um simples lançamento gráfico-contábil, não entra no cômputo do "lucro real", para fins de apuração da base de cálculo do imposto de renda e da contribuição social sobre o lucro, o que somente ocorrerá no momento em que se materializar e for transformado em efetiva realidade.

11.4 Esse é o nosso entendimento, s.m.j.

Rio de Janeiro, 18 de julho de 1994

CONFERÊNCIAS & DEBATES

A FAMÍLIA E O DIREITO TRIBUTÁRIO*

MISABEL ABREU MACHADO DERZI
Professora da Faculdade de Direito da Universidade Federal de Minas Gerais

1. Introdução

Muitas Constituições como a nossa consagram o dever de o Estado proteger a família, base da sociedade. O art. 226 da Constituição brasileira refere-se a uma *proteção especial*.

Qual o sentido de uma proteção especial? O que é a família perante o Estado e a sociedade atuais?

A resposta a tais indagações depende da concepção padrão ou freqüente de família, dos tipos socialmente aceitos e da essência peculiar de cada modelo de família.

A Constituição fala em *família*, no singular, referindo-se no *caput* do art. 226 à família legal, constituída pelo matrimônio. Isso está comprovado pelo fato de, nos §§ 3º e 4º, o Texto Magno equiparar as uniões concubinárias e as unidades formadas por qualquer um dos pais e seus descendentes à família legal, no que tange apenas ao dever atribuído ao Estado de conceder proteção especial. Há, portanto, *para tais fins limitados*, uma equiparação constitucionalmente adotada, que o legislador ordinário não pode ignorar. A Carta, ao mesmo tempo, determina em relação ao concubinato, que deve *a lei facilitar a sua conversão em casamento*, optando inequivocamente por uma legitimação da família.

E não poderia ser de outra maneira. A história do casamento e da família legal é uma história da emancipação e do crescimento paulatino da autonomia individual, à medida em que a família se liberta de outros poderes — especialmente religiosos — e se torna disponível para a regulação legal do Estado.

A secularização formal do poder — com a separação entre Estado e Igreja — muitas vezes, não veio acompanhada de uma realidade social plena. Resquícios de

* Exposição feita na XV Conferência Nacional da OAB, Foz do Iguaçu, setembro, 1994.

um ordenamento moral rígido, preestabelecido e fixo, até metafísico e permanente perduraram e ainda perduram *por meio* dos preceitos acolhidos nas leis do Estado ou *contra* eles.

Com a queda do patriarcado, o casamento deixou de ser o "contrato de adesão" irreversível a uma organização ou instituição fixa, rígida, metafísica e sacramental. Em tempo posterior, especialmente a partir da segunda metade do séc. XX, é patente o abandono do rigor extremado, o advento do divórcio em toda a parte, a igualdade entre cônjuges, a redução da tensão entre liberdade e vinculação, a erradicação total ou quase total da *culpa* na dissolução.

O Estado pode recuar na disciplinação da família e do casamento ou pode regulá-los à exaustão (embora isso não seja ainda conveniente). Mas o que não pode acontecer é o abandono integral porque outros poderes, especialmente religiosos-econômicos, assumirão por ele a organização da família, de uma forma sufocante como já ocorreu no passado.

2. *A proteção da família abarca todo o direito*

A proteção especial da família não se reduz à disciplina jurídica da lei civil, mas estende-se a todos os ramos jurídicos, em especial à compatibilização das normas constantes do Direito do Trabalho, do Direito Tributário e do Direito Social — entendido esse último no sentido amplo de direito da Seguridade Social, da Habitação e da Educação, enfim, do Título VIII da Constituição (Ordem Social).

É preciso não perder de vista que a *justiça é una* e que a concepção parcelada do fenômeno a prejudica. Devemos tomar como pressuposto fundamental, já registrado por bons juristas, o da unidade do justo (e conseqüentemente da igualdade). (V. J.J. Ferreiro Lapatza, "Justiça Tributária", *RDT* 46/7-16, São Paulo, p. 12; Ernesto Lejeune Varcárcel, "Aproximação ao Princípio Constitucional de Igualdade Tributária", *RDT* 15/16:31-74, São Paulo, p. 34). Mas isso que parece tão lógico, a unidade do justo e do Direito, pelo menos a compatibilização de suas partes integrantes, não é praticado entre nós. Basta considerar que não existe um autor ou doutrinador de Direito Tributário alemão que não coloque, entre os importantes princípios desse ramo jurídico, *a proteção da família*. Basta considerar que esse foi um dos temas mais discutidos na Europa e nos EEUU nas últimas décadas e que as legislações da Espanha, de Portugal, da Inglaterra e de outros países foram alteradas na década de oitenta, *em decorrência dele*, como veremos adiante. Em nosso País, entretanto, inexiste autor, pelo menos um, que se refira à importância da proteção da família *dentro do Direito Tributário*, como limitação ao poder de tributar.

Portanto, não são raras as contradições entre leis diferentes, de distintos setores do Direito (no sentido horizontal), entre leis e Constituição (na ótica vertical) e mais freqüentes ainda são os choques entre a realidade social e o conteúdo das leis.

3. *O polimorfismo social da família no casamento e daquelas a ela equiparadas para fins de proteção estatal*

No séc. XIX até quase a metade do séc. XX, os diversificados comportamentos sociais dentro da família se uniam, artificialmente, em *um modelo legal pobre, exemplar*. Esse modelo estava assentado em ordenamiento legal preestabelecido e de elevada rigidez, apenas orientador da conduta de poucos burgueses, cidadãos cultos e ricos, que identificavam aos seus, os interesses da Nação. Como lembra Joachim Gernhüber, na Europa, os pequenos burgueses, a população rural e o proletariado — dentro dos respectivos condicionamentos sócio-econômicos — relativizavam qualquer modelo existencial homogêneo do casamento e da família. Podemos falar então em poliformismo social da família (cf. Die Geordnete Familie. *Familienrecht*. 26:193-204, mar.1979).

A rigor, no Brasil, podemos falar em polimorfismo não apenas da família constituída pelo matrimônio, como também em polimorfismo social das demais, ou seja, daquelas equiparadas à família legal, como as uniões estáveis de fato e as entidades formadas por um dos pais e seus descendentes.

3.1 Polimorfismo social da família no casamento x família legal

Mesmo se considerarmos apenas a família constituída pelo matrimônio, encontramos uma diversificação de tipos sociais, que atualmente tornam inviável um modelo legal unitário. Alerta J. Gernhüber (v. *op. cit.* p. 194), que podemos falar em rejeições de conteúdo e de fundo a uma uniforme configuração legal da família. Coexistem então vários tipos de família e de casamento como:

- o tradicional, do pai provedor e da mãe-dona de casa;
- o de cooperação entre cônjuges-pais no trabalho doméstico e extra lar;
- o de dupla renda, em que ambos os esposos exercem atividade remunerada;
- o de fases diferentes ou intermitentes, em que o cônjuge feminino, no período de geração e de filhos menores, se dedica exclusivamente ao lar, para depois reassumir um trabalho remunerado;
- o de idosos;
- o de chefia feminina, etc.

Tais tipos sociais diversificados de famílias constituídas pelo casamento se ajustam mal a um pensamento uniforme ou ideal da lei, que muitas vezes não é flexível o bastante para abarcar comodamente a extensa variedade da realidade. Especialmente após a Constituição de 1988, que consagra o *Estado Democrático de Direito*, que é pluralista e cidadã, os choques entre nossa lei civil e a Constituição e entre nossa lei civil e a realidade se tornaram especialmente remarcantes.

3.2 O polimorfismo social das uniões concubinárias e das meias-famílias

Muito já se falou entre nós de concubinato, ou união de fato estável, que a Constituição Federal equipara, *apenas para os fins de proteção especial do Estado*, à família no casamento, sem entretanto se destacar também o amplo polimorfismo social dessas uniões estáveis. Ele realmente existe e são diversificados os modelos, porque são diversificadas as razões fundantes da recusa ao casamento. Podemos citar, entre outros, o concubinato:

- tradicional, em que as pessoas, por motivos sociais, psicanalíticos ou se entendendo emancipadas e dotadas de "senso crítico" próprio e planejador, repelem qualquer intromissão do Estado em suas relações privadas, guardando sempre "a porta aberta" à dissolução;
- alternativo, apenas existente por causa de impedimentos legais, para a concretização do casamento, forma muito comum em países como no Brasil, que tardiamente introduziram o divórcio, quebrando a indissolubilidade do matrimônio;
- experimental, em que os parceiros se encontram "noivos", embora vivendo em comum;
- reativo, em que um dos parceiros ou ambos tiveram anteriormente uma experiência familiar mal sucedida no casamento, repelindo agora qualquer intromissão da lei em suas relações privadas;
- de planejamento econômico, em que os parceiros se mantêm em concubinato por economia de imposto, quando a lei tributária não protege adequa-

damente as pessoas casadas (criando deduções ínfimas e ilusórias, a título de alimentos), para evitar a perda da pensão de viúva (quando a lei atribuir esse efeito ao segundo casamento) ou para obter bolsa integral de estudos no exterior.

O ponto comum entre todas essas uniões de fato, exceto quanto àquela que chamamos alternativa, ou àquela de planejamento econômico, é a repulsa ao modelo legal, à legitimação pelo casamento. Diferentemente da família formada no casamento, o concubinato guarda, na sua inerência intrínseca, uma certa fragilidade, uma certa transitoriedade — por mais tempo que dure — que a doutrina recente quer ignorar. Essa transitoriedade está na *vontade das partes*, que não querem se prender na lei ou pela lei, na *recusa ao casamento e suas conseqüências*, no cuidado de *guardar uma porta aberta à dissolução*.

Por isso, a Constituição Federal, aliás com sabedoria, equiparou o concubinato à família no casamento, *apenas para fins de proteção do Estado*, ou seja, respeitantes as peculiariedades que marcam a diferença essencial entre casamento e união de fato.

Quanto aos tipos concubinários alternativos ou de planejamento econômico, que esbarram em obstáculos legais ou vazios da lei, basta a eliminação das barreiras, como a introdução do divórcio, assim como a eliminação legal das penalidades econômicas impostas ao casamento, que a tendência dessas uniões de fato será a de aceitação do casamento. A doutrina e a jurisprudência têm o dever de apontar tais incongruências legais, a fim de que, como ressalta a Constituição Federal, *a lei facilite a conversão do concubinato em casamento*.

Acresce ainda que podemos encontrar vários tipos sociais distintos, caracterizadores das entidades formadas por um dos pais e seus descendentes (meia família). O que é mais interessante, entretanto, é observar que, inexplicavelmente, para fins de proteção do Estado, a Constituição desconsiderou outras entidades familiares similares, comandadas por arrimos de família, como uma pessoa solteira e ascendentes ou irmãos ou mais colaterais, igualmente dignas de idêntica proteção.

Resta indagar porém o que é *proteção especial do Estado*.

4. O conceito de proteção especial do Estado

A proteção à família, durante algumas décadas, foi um princípio visto como um incentivo, um estímulo à procriação, principalmente na fase em que a ocupação do território era fator considerado fundamental à segurança nacional. Também após as guerras e as crises de recessão, a necessidade de fazer crescer o índice de natalidade e de forçar o retorno das mulheres ao trabalho doméstico, deixando livre o mercado de trabalho para os homens, modelavam o princípio de proteção à família sob um ângulo muito diferente daquele que hoje tem assumido ou deveria assumir. Em geral, as legislações relativas ao imposto de renda, acompanhando o tratamento do Direito Civil dado à família, nomeavam apenas o cônjuge varão como sujeito passivo de imposto (*cabeça do casal*), pois somente ele administrava os bens, obrigavam à declaração conjunta entre cônjuges e, finalmente, não reconheciam o direito ao trabalho remunerado da mulher casada e ao segredo econômico e profissional. A esse espírito, hoje ultrapassado, correspondeu a lei de proteção à família brasileira (Dec.-lei 3.200, de 19 de abril de 1941) que estipulava alíquotas adicionais mais altas, incidentes sobre a renda das pessoas solteiras ou de prole reduzida.

Entretanto, a partir de certas decisões jurisprudenciais, especialmente da

Corte Constitucional da Alemanha, desde 1957, novos marcos doutrinários e nova fundamentação, ainda hoje notáveis, passaram em revisão o princípio de proteção à família e têm repercutido, na década de oitenta, na reforma e harmonização dos sistemas tributários europeus. Analisemos os novos enfoques do tema. Sobre o sentido da expressão *proteção*, disse o BVerfG: "...uma interpretação do art. 6º § 1, da Lei Fundamental, demonstra que ele não somente contém um reconhecimento e não somente atua como garantia constitucional, mas além disso, ao mesmo tempo constitui uma norma fundamental, quer dizer, uma decisão de valor para o direito privado e público do âmbito total do matrimônio e da família.

"O artigo 6º., § 1, da Lei Fundamental, em seu conteúdo literal garante a proteção especial do matrimônio e da família pela ordem estatal. Já essa formulação ampla dá um significado preciso à disposição — também — como norma fundamental para todo o direito relacionado com o matrimônio e a família. Somente essa interpretação se ajusta ao princípio preponderante do Estado de Direito — Social — e à classificação das normas dentro do direito fundamental".

"...Aqui se deduz a dimensão da determinação do conceito de 'proteção'; significa, segundo seu conteúdo literal, a promoção do bem a proteger, o rechaço de interferências ou prejuízos e, sobretudo, a renúncia do Estado a intervenções perturbadoras próprias. A regulamentada proteção especial, no art. 6º., § 1, da Lei Fundamental, pela ordem estatal em relação ao matrimônio e à família, inclui dois conceitos. *Positivo*, o dever para o Estado de preservar o matrimônio e a família não somente de prejuízo por outras forças, mas também de promoções com normas adequadas; *negativo*, a proibição para o mesmo Estado de prejudicar ou alterar o matrimônio."

Portanto, a proteção especial do Estado advém de ações *positivas*, como também de *negações, abstenções e não interferência*. É necessário que, dentro do Direito Civil, do Direito Tributário e Previdenciário, se esquematizem com coerência as normas de proteção — quer positivas, quer negativas — e, além disso, se respeitem os princípios de liberdade e autonomia individual, a polimorfia social e a intrínseca peculiariedade das uniões de fato, das famílias no casamento e das meias-famílias.

5. *A regulação protecionista no Direito Civil, no Direito Tributário e no Direito Social*

Já realçamos que o polimorfismo social da família não deve levar a uma abstenção total do Estado, pelos riscos que isso engendra, mas ao contrário se deve predicar pela admissão, na lei, de pluralismos tipológicos. Esse pluralismo, entretanto, não poderá agredir aqueles princípios mais fundamentais do ponto de vista sócio-jurídico: a igualdade entre cônjuges, o direito de planejamento pessoal das relações privadas, a emancipação do cidadão, especialmente da mulher.

Ao lembrar que o casamento é uma combinação de duas forças, aquelas de formação objetiva-cogente e aquelas de formação subjetiva, J. Gernhüber identifica a época atual com a era que dá passagem, em intensidade cada vez maior, às forças subjetivas, à liberdade individual, ao pluralismo. A lei, por cegueira tradicional, recusa consciente de novas formas existenciais ou teimosia cômoda, não acompanha, muitas vezes, tal evolução. Um núcleo de formação objetiva e cogente, centrado na igualdade entre cônjuges e no direito ao desenvolvimento integral da personalidade de cada membro familiar, deveria ser disciplinado pela lei civil, deixando-se mais espaço às variações subjetivas, às decisões periféricas no setor da escolha do domicílio familiar, do planejamento do orçamento doméstico, da identificação das funções de cada cônjuge, etc. (cf., *op. cit.*, p. 200).

Uma regulação legal que sirva antes de orientação, segurança jurídica, confiança e credibilidade compatíveis com a emancipação do cidadão e a maioridade feminina deve conviver com um núcleo de normas mais reduzido, objetivo e cogente, mesmo na hipótese das famílias no casamento, destinado aos sem-assistência, especialmente aos separados, por ocasião do divórcio (o direito ao nome, aos bens, à pensão e à repartição de aposentadoria e de amparo na velhice).

Em nosso País, todos esses problemas estão agravados. Face à Constituição de 1988 muitas normas do Código Civil perderam validade e guardam o ranço de um tempo passado, agressivo à igualdade entre cônjuges, à maior autonomia individual, à extinção total da culpa por ocasião do divórcio (mera falência do casamento) e suas conseqüências. Tal inércia legislativa não é apenas uma forma de ignorância às novas formas sociais de família no casamento, mas especialmente uma forma de conservadorismo.

Se acrescermos à inércia do legislador civil, uma total ignorância do legislador tributário e uma ausência de critérios das normas de seguridade social, podemos afirmar seguramente que o Estado brasileiro não apenas desprestigia a família no casamento como até mesmo estimula o divórcio.

Por outro lado, incompreensivelmente, existem projetos de lei cada vez mais numerosos de transformação pura e simples das uniões de fato em "casamento", sem o consentimento das partes, em desrespeito à autonomia da vontade, da maioridade feminina e da igualdade. Cuidam tais projetos de estender *os mesmos efeitos* do casamento ao concubinato, em desrespeito à liberdade pessoal.

Vejamos rapidamente os estudos aprofundados que sobre a questão vêm sendo feitos nos países industrializados.

A Alemanha incorporou, há décadas, o princípio constitucional de proteção à família ao Direito Tributário. Mas por família a merecer proteção ela admite apenas a família no casamento, ignorando as uniões de fato, inteiramente, até mesmo no Direito Previdenciário. Nos últimos vinte anos podem ser observados, pelo menos nos países da Comunidade Européia, uma preocupação doutrinária sistemática com a questão e o advento de mudanças legislativas e de jurisprudência constitucional.

A decisão mais antiga, que abordou a questão da tributação conjunta dos cônjuges foi prolatada pela Corte Constitucional norteamericana, cujo trabalho altamente construtivo é mundialmente reconhecido. Deu-se em 1930, no caso Poe X Seaborn, 282 US, 101 (cf. Michael J. Graetz. *Federal Income Taxation. Principles and Policies.* 2ª ed., Westbur, New York. The Foundation Press, Inc. 1988, p. 516-525). Desde 1913, cada indivíduo era tributado conforme sua própria renda, sendo indiferente o seu estado civil. Por causa do caráter progressivo da tributação, disso resultava que duas pessoas casadas, com a mesma renda total, eram tributadas de forma muito diferente. Mais onerosamente se a renda advinha de apenas um dos cônjuges e suavemente, se os rendimentos de ambos eram iguais.

"A decisão no caso Poe x Seaborn, de que, para a esposa, o imposto incidia pela metade da renda comum, não importando se os rendimentos eram ganhos somente pelo marido, introduziu um elemento adicional de desigualdade geográfica, na medida em que isso conferia aos casais unidos em matrimônio e residindo juntos um imposto largamente vantajoso em comparação a situações similares de casais, com a mesma renda total...

"...O Congresso respondeu em 1948, estendendo os benefícios da "divisão da renda" a todos os casais unidos em matrimônio...

"...Depois dessa lei, todos os cônjuges tinham permissão para preencher uma declaração conjunta e pagar duas vezes o imposto que um indivíduo solteiro pagaria se percebesse metade da renda total deles.

"...Enquanto a lei de 1948 foi uma boa notícia para os casados, ela colocou os solteiros em uma séria desvantagem." (Cf. Graetz, *op. cit.* p. 517-8).

Note-se que essa desvantagem é marcante exatamente porque a tributação é progressiva. Para os casais de apenas uma única fonte de renda (o trabalho de um dos cônjuges, por ex.) a renda é dividida por dois, sobre ela incidindo uma alíquota bem mais baixa. O imposto assim apurado é recolhido tanto pelo marido, quanto pela mulher, como dois contribuintes distintos (solteiros). Temos aí a introdução do sistema *splitting*, que perdurará durante décadas nos EEUU, resultado, em última análise, de uma decisão jurisprudencial.

Mas para nós o marco decisivo, que desencadeou um novo enfoque, sob o qual a proteção à família será examinada, a partir de então, veio com a decisão do Tribunal Constitucional Federal da Alemanha (BVerfG) de 1957. Ela considerou inconstitucional a declaração obrigatória em conjunto dos cônjuges, como se se tratasse dos rendimentos de uma só pessoa. A Corte entendeu ser ofensiva ao art. 6 da Lei Fundamental — que preconiza a proteção à família no casamento — a declaração conjunta, uma vez que ela submete a uma alíquota progressiva mais elevada, a renda unificada dos cônjuges, que ficavam dessa forma prejudicados frente aos solteiros. Já, nessa decisão, o Tribunal recomendou o *splitting*, então vigente nos EEUU, como uma solução conforme a Constituição, técnica que foi adotada pelo legislador alemão e que se encontra ainda hoje em vigor. Dessa decisão podem ser extraídos trechos primorosos, como já registramos, tanto sobre *a proteção à família legal, como sobre a igualdade entre os cônjuges e o direito à privacidade e ao trabalho da mulher casada*, que não pode ser forçada a declarar sua renda em conjunto com a do marido. (Cf. Entscheidungen des Bundesverfassungsgerichts. BVerfGE, 6º J.C. Mohr Tübingen, 1957).

À declaração de inconstitucionalidade da Corte alemã, do ano de 1957, se seguiu a da Corte Constitucional italiana, de 15 de julho de 1976, ou seja, cerca de dezenove anos depois. Esse tribunal declarou inconstitucionais os arts. 131 e 139 do D.P.R. de 29 de janeiro de 1958, n. 645, frente aos arts. 3º, 29, 31 e 53 da Constituição somente naquilo que se refere aos seguintes termos: "as rendas da mulher se acumulam às do marido" e sobre esse total se aplica a alíquota progressiva (V. Sentencia de la Corte Constitucional Italiana de 15 de julio de 1976, n. 179, sobre inconstitucionalidad de la Acumulación de Rentas Familiares en el Impuesto sobre la Renta de las Personas Fisicas. *HPE* n. 94: 436-450, Madrid, p. 436). Nos fundamentos de sua decisão, o Tribunal italiano reconheceu que a exigência da tributação conjunta oferece *um tratamento discriminatório contra os núcleos familiares legitimados em favor de uniões livres e das famílias de fato*. E considerou ainda que as normas viciadas, objeto da denúncia *violam o princípio da igualdade entre os sexos*, assim como violam o *direito à proteção igual da intimidade* das rendas da mulher (segredo profissional).

Doze anos após a decisão da Corte italiana (e trinta e um anos após àquela da Corte Constitucional alemã), o Tribunal Constitucional espanhol, seguindo a mesma linha, interpretou a capacidade econômica, considerando a pessoa física como único ponto válido de referência de dito princípio no imposto sobre a renda e sem que tal capacidade resulte modificada pelo matrimônio. Nas sentenças de 10 de novembro de 1988 e 20 de fevereiro de 1989, o Tribunal espanhol defendeu o princípio da *neutralidade* frente ao matrimônio, negando o aumento de capacidade econômica pelo fato de se pertencer ao grupo familiar, assim como também considerou discriminatório o regime tributário até então aplicável aos contribuintes casados, que estavam obrigados à declaração conjunta de renda, em favor daqueles outros que não o são. Enfim, como observam Antonio Bellver Sanchez e Oscar Portabales Gonzalez-Choren, se o art. 39 da Constituição da Espanha, em seu par. 1º, estabelece a obrigação dos poderes públicos de assegurar a proteção social, econômica e jurídica da família, no âmbito tributário "qualquer diferenciação que se estabeleça entre a família e outros grupos sociais haverá de favorecer aquela (conteúdo negativo da proteção), com medidas de incentivo e desenvolvimento da instituição". (Cf. "Imposto sobre a Renda das Pessoas Físicas. Tributação Familiar", *Revista de Direito Tributário*, n. 46: 40-55, São Paulo, RT, p. 55; ver também Maria Teresa Soler Roch. "Subjetividad Tributaria y Capacidad Económica de las Personas Integradas en Unidades Familiares", *Civitas. Revista Española de Derecho Financiero*, n. 66: 193-219, Madrid).

Pode-se registrar a década de oitenta como aquela que mais alterações legislativas trouxe, no âmbito do imposto de renda das pessoas naturais, em todo o mundo, como resposta às críticas doutrinárias e jurisprudenciais a uma alegada desconsideração da família no casamento, ou a uma consideração baseada em valores e princípios equivocados.

Após o Relatório Carter (EEUU), não apenas mudanças ainda na década de setenta são perceptíveis na grande República Norteamericana, como mais tardiamente, no final dos anos oitenta, países europeus (Bélgica, Espanha, Inglaterra, Portugal e outros) realizam adaptações norteando-se por princípios diferentes dos anteriores.

Em geral, as críticas se centralizam nos seguintes pontos comuns:

1. ofensa ao princípio da igualdade entre cônjuges, no que tange ao direito da mulher casada em manter um trabalho remunerado extra-lar, ser sujeito passivo no imposto de renda e de manter sigilo profissional de seus ganhos frente aos do marido;

2. situação desigual e desvantajosa das uniões legais, em comparação às uniões de fato, por meio da declaração obrigatória e conjunta, que submete o valor total da renda familiar ou do patrimônio (nos países em que existe tributação progressiva sobre o patrimônio) a alíquotas progressivas mais elevadas, imposta por algumas legislações;

3. crítica à consideração da família, unitariamente considerada, como entidade de capacidade contributiva, prevalecendo a posição da individualidade, ou da independência da capacidade contributiva de cada membro familiar, especialmente dos cônjuges (Relatórios Carter e Meade);

4. *neutralidade* do Estado diante do modelo ideal de casamento, não podendo a lei assumir o *papel pedagógico* de reconduzir a mulher ao trabalho doméstico, por meio de tributações mais agressivas à segunda renda familiar (em geral à da mãe de família);

5. dever de o Estado *não prejudicar os casados em relação aos não-casados*, admitindo alguns doutrinadores e legisladores até mesmo o inverso, uma posição legal de franco favorecimento ao casamento — tema controvertido — mas *nunca* uma posição legal de desestímulo ao casamento.

Apesar das críticas se centralizarem nesses pontos acima registrados, as soluções legislativas advindas de diversos países, especialmente na década de oitenta são diferentes. As razões dessas diferenças resultam da política econômica adotada, valores e princípios prevalentes. Existem hoje pelo menos três sistemas de tributação da renda da pessoa natural, a saber:

— o primeiro e mais elementar considera individualmente cada membro familiar e calcula a renda (rendimentos deduzidos dos encargos) de cada pessoa, ignorando a unidade familiar como titular de capacidade contributiva própria. É um sistema muito difundido atualmente, encontrando variantes em diversos países (Inglaterra, Brasil, Itália, Espanha, Canadá, Alemanha, etc.) pois alguns poucos ignoram o fato do casamento, mas outros — a maioria dentre os países industrializados — concedem isenções próprias, que contemplam a situação das pessoas casadas com encargos ou solteiras, que, não obstante, sejam arrimo de família (Inglaterra, Holanda, etc.);

— o segundo é uma variação da tributação independente, pois, embora considere as pessoas individualmente, faz derivar do *estado civil* e de certo modelo de casamento e de família, uma série de conseqüências, impondo para isso alíquotas mais ou menos suaves (EEUU). A legislação norteamericana, atualmente em vigor, prevê diferentes alíquotas, contemplando diferentes situações jurídicas, como lembra Stephen B. Cohen (*Federal Income Taxation. A Conceptual Approach*. Westbury, New York. The Foundation Press Inc., 1989, p. 767):

a) indivíduos casados, declarando juntos, que têm a alíquota mais benéfica de todas, desde que apenas um dos cônjuges obtenha ganhos ou que, se ambos são ativos, um deles perceba renda superior ao outro;

b) arrimos de família — geralmente uma pessoa solteira que mantém dependentes. Alíquota um pouco menos favorável do que aquela para os casados;

c) indivíduos solteiros — o terceiro tratamento da lei, menos benéfico do que os anteriores, mas mais favorável do que o último;

d) indivíduos casados, declarando separadamente. Configura a tributação menos benéfica, sendo hoje denominada de "penalidade do casamento";

— o terceiro considera a família como comunidade de ganhos e consumo e a tributa em conjunto, sem entretanto admitir qualquer prejuízo em relação aos solteiros, utilizando-se da técnica *splitting* restrita aos cônjuges, altamente vantajosa para as pessoas casadas em modelo tradicional, em caráter compulsório (Portugal) ou facultativo (Alemanha) ou *splitting total*, também chamado de *quociente familiar* (França).

Convém lembrar, portanto, que a declaração conjunta para os cônjuges, de forma cumulativa e compulsória não mais é adotada. Esse sistema tinha sido pensado em uma época em que apenas os homens eram responsáveis pelo orçamento financeiro da família, como lembra O. P. Wylie (*Taxation of Husband and Wife. The New Rules*. London. Butterworths, 1990, p. 2). Crescendo o número de mulheres no mercado de trabalho, cada vez mais elas se queixavam do fato de seus maridos serem responsáveis por seus impostos e reclamavam da falta de privacidade que o sistema em vigor produzia.

Admite-se a família como unidade de ganho e de consumo, determinando-se a cumulação dos rendimentos — especialmente daqueles advindos do trabalho — sem entretanto conferir qualquer obrigatoriedade a tal cumulação que é facultativa, restando aos cônjuges, como alternativa, a tributação independente do primeiro sistema. Portanto está erradicado — completamente — o sistema de cumulação obrigatória das rendas dos cônjuges pura e simples, de modo que paguem as famílias legalmente constituídas mais do que as uniões de fato ou mais do que dois solteiros que percebam juntos a renda familiar total. Sistema de cumulação ainda existe apenas com os benefícios do *splitting* ou sem eles, mas em caráter meramente facultativo, subsistindo, ao lado da declaração conjunta no que tange aos rendimentos advindos do trabalho, a opção de os cônjuges apresentarem a declaração de renda em separado, de forma independente como fariam os solteiros (Brasil, Inglaterra, Itália, Espanha).

Apesar desse fenômeno ter ocorrido universalmente, como já alertamos, no Brasil há uma total ausência de estudos dentro do Direito Tributário, do ponto de vista da proteção da família. Deduções por alimentos, no imposto de renda, são dadas em valores tão ínfimos e irreais, que, nos casamentos em que apenas um dos esposos aufere renda, melhor seria para eles se divorciarem, a fim de obterem a vantagem da dedução integral e real dos alimentos pagos aos dependentes. Também não se conhecem as vantagens do *splitting conjugal*, concedido na Alemanha ou em Portugal, nem tampouco o *quociente familiar* francês, ou as *alíquotas especiais* vigentes nos EEUU.

Juntem-se a isso as pensões integrais, de idêntico valor, concedidas pelo sistema previdenciário tanto ao cônjuge que esteve casado por quarenta anos com um segurado, como ao cônjuge que esteve casado por apenas um dia. É notável a total ausência de critérios para repartição de aposentadorias e pensões. Basta considerar que, se um segurado morre, deixando duas viúvas e uma concubina, os doutrinadores e a jurisprudência entendem razoável que a pensão seja dividida igualmente por três. Pouco importa que uma das viúvas dependentes tenha vivido por quarenta anos com o segurado, a segunda viúva por um dia e a concubina por cinco anos. As injustiças do sistema de multiplicam, inexistindo um estudo sistemático e integrado desses institutos.

6. Conclusões

Urge realizar uma total compatibilização das normas civis, tributárias, previdenciárias, de assistência à saúde, à educação e à habitação para uma adequada proteção à família no casamento e às demais a ela equiparadas, para fins de proteção estatal, respeitando-se os seguintes princípios: igualdade entre os sexos; liberdade individual e autonomia da vontade; maioridade dos cônjuges e dos parceiros, especialmente da mulher, respeito às polimorfias sociais tanto das famílias no casamento como fora dele e proteção aos filhos, menores e adolescentes.

Portanto, a proteção especial do Estado deve ser dada por meio de ações *positivas e promocionais*, quando necessário, mas ao mesmo tempo, *de abstenção e de não intervenção*, quando a negação marcar apreço pela liberdade.

Assim, normas de auxílio ou subvenção familiar à aquisição da moradia própria ou de assistência à educação são inconstitucionais, se excluírem dos benefícios a família concubinária ou as meias-famílias (que, pela Constituição, foram equiparadas à família no casamento). Em compensação, são ofensivas à liberdade individual aquelas que atribuírem às relações entre os parceiros, nas uniões concubinárias, os mesmos efeitos do casamento a que eles se recusam. Em compensação, são inadmissíveis aquelas normas tributárias, que onerarem com tributos mais elevados a renda da mulher casada que exerce atividade remunerada, porque marcam uma intervenção do Estado no modelo da família e uma quebra da igualdade entre os sexos.

Afinal, uma extensa regulamentação de distintas espécies de família, de casamento e de concubinato já existiu no antigo Direito Romano. Apontam os seus estudiosos que, no período pós-clássico, normas de estímulo ao casamento por meio da inferiorização da concubina e de seus filhos se fizeram sentir

(v. Moreira Alves, *Direito Romano*. Vol. II. Rio de Janeiro. Forense. 1972, p. 324).

Que a Constituição Federal, ao predicar facilidades da lei para conversão do concubinato em casamento, não seja compreendida nem na acepção apontada acima do Direito Romano, nem tampouco como agressão à liberdade individual e à recusa pessoal ao casamento, o que seria afrontoso ao pluralismo dos tempos atuais e ao *Estado Democrático de Direito* nela consagrado.

NOTAS & COMENTÁRIOS

TARIFA DE TRANSPORTE COLETIVO URBANO Competência do Município. Natureza jurídica de taxa. Limites ao seu "quantum". Competência do Estado-membro para a proteção ao consumidor. Ação Civil Pública

ESTEVÃO HORVATH

Doutor em direito pela Universidade Autonoma de Madri.
Professor assistente-diretor da Faculdade de Direito da Universidade de S. Paulo

Relata o consulente os excessivos reajustamentos nos preços das passagens do transporte coletivo urbano na Capital, solicitando as providências do PROCON, dado seu papel relevante na defesa dos interesses dos consumidores, no sentido de "assegurar o respeito aos corretos reajustes de transportes para todos os cidadãos paulistanos".

Argumenta-se, no ofício mencionado, que a cada aumento tarifário está o Executivo obrigado, por força da Lei Orgânica, do Município de São Paulo a apresentar planilhas de custos que jutifiquem aquela medida. Aduz-se que a análise realizada nas planilhas apresentadas pelo Sr. Prefeito, oferecidas no Ofício 10-03662/93-1, de 23 de setembro de 1993, demonstrou a existência de "inúmeras inconsistências e contradições nos dados apresentados".

O PROCON manifesta-se por intermédio de seu ilustrado Coordenador, o qual conclui que, "apesar dos aumentos serem realmente superiores aos índices inflacionários, não vemos possibilidade de atuação direta do PROCON em relação às denúncias apresentadas".

Passamos a opinar.

Em primeiro lugar, deve-se ressaltar a circunstância de constituir o transporte coletivo serviço público de competência municipal. Di-lo expressamente o artigo 30, V da Constituição da República, *verbis*: "Art. 30 — Compete aos Municípios:

"(...)

"V — organizar e prestar, diretamente ou sob regime de concessão ou permissão, os serviços públicos de interesse local, incluído o de *transporte coletivo, que tem caráter essencial.*

"(...) (grifou-se).

O conceito de serviço público, observado pelo prisma histórico filosófico, integra a noção ampla que se pode obter da expressão "necessidade pública".

De toda a imensa gama de situações que podem ser consideradas, subjetivamente, como necessidade pública, foram trazidas para o Direito aquelas decorrentes de decisão política. Explica-se: cada indivíduo pode encarar determinada necesidade como sendo pública ou não. Algumas dessas situações são simplesmente necessidades coletivas (que interessam diretamente apenas a alguma(s) categoria(s) de pessoas). Outras são meramente individuais e raras vezes podem ser vislumbradas também como sendo de interesse de toda a sociedade. Assim sendo, parece mais preciso o critério de deixar para o próprio povo, como um todo, a eleição daquelas situações que num determinado período histórico e em face de certas características sociais, culturais, econômicas, sejam classificadas como necessidades públicas.

É a Lei Maior da nação que traça, originariamente, o perfil do Estado que se pretende ter naquele momento e em razão daquelas circunstâncias. Régis Fernandes de Oliveira sintetiza nosso pensamento ao dizer, de forma simples e clara, que, em sentido amplo "pode-se falar que tudo aquilo que incumbe ao Estado prestar, em decorrência de uma decisão política, inserida em norma jurídica, é necessidade pública" (*in Manual de Direito Financeiro*, obra em co-autoria com Estevão Horvath e Teresa Cristina C. Tambasco, Ed. RT, 1993, 1ª ed., p. 11). Dentre estas incumbências enquadram-se os serviços públicos. Esta expressão, que para o leigo pode significar tudo o que o Estado faça ou deva fazer, para o jurista tem sentido próprio.

Serviço público é também conceito que pode ser considerado de forma ampla ou restrita, consoante nele sejam incluídas ou não as funções legislativa e jurisdicional, além das atividades exercidas pela Administração Pública. Os autores que o definem de forma restritiva, ademais, consideram-no como *uma* das atividades administrativas, perfeitamente distinta do poder de polícia do Estado. Tais são os ensinamentos extraídos de estudo acerca do tema pela profa. Maria Sylvia Zanella Di Pietro (*in Direito Administrativo*, 3ª ed., Ed. Atlas, S. Paulo, 1993, pp. 76/77). Esta mesma ilustre administrativista, reforça nosso entendimento acima esboçado quando assevera ser correta a afirmação de que "*todo serviço público visa atender a necessidades públicas*, mas nem toda atividade de interesse público é serviço público" (idem, p. 81, grifos do original). Sua definição é a de serviço público como "toda atividade material que a lei atribui ao Estado para que a exerça diretamente ou por meio de seus delegados, com o objetivo de satisfazer concretamente às necessidades coletivas, sob regime jurídico total ou parcialmente público" (idem, p. 80).

Celso Antônio Bandeira de Mello define serviço público como "toda atividade de oferecimento de utilidade ou comodidade material fruível diretamente pelos administrados, prestada pelo Estado ou por quem lhe faça as vezes, sob um regime de direito público — portanto consagrador de prerrogativas de supremacia e de restrições especiais — instituídas pelo Estado em favor dos interesses que houver definido como próprios no sistema normativo" (*in Prestação de Serviços Públicos e Administração Indireta*, S. Paulo, 1975, p. 20).

Por último, trazemos à colação a definição da Profa. Lúcia Valle Figueiredo que, em obra recente, define serviço público como "toda ativiade material fornecida pelo Estado, ou por quem esteja a agir, no exercício da função administrativa, se houver permissão constitucional e legal para isso, com o fim de implementação de deveres consagrados constitucionalmente, relacionados à utilidade pública, que deve ser concretizada sob regime prevalente de Direito Público" (*in Curso de Direito Administrativo*, Malheiros Editores, S. Paulo, 1994, p. 54/55).

Adotaremos aqui, para o desenvolvimento deste estudo, a noção de serviço público elaborada por Celso Antônio Bandeira de Mello, que é a que melhor se afinará com as conclusões a que chegaremos.

É a Constituição da Nação, conforme já se disse supra, o primeiro mas não o único — diploma que enumera (ou possibilita) a consideração de uma atividade estatal como serviço público.

Passaremos ao largo da questão relativa à competência para a organização do serviço de transporte coletivo pois este, concretamente, é expresso no texto constitucional, tendo sido atribuído aos Municípios. É o Município a pessoa política titular desse serviço público, podendo concedê-lo ou permiti-lo a terceiros, conforme autorizado pela Lei das Leis.

Em se tratando de serviço público, o Município (ou alguém por ele) *deve* prestá-lo, na forma da lei que o organizar e seguindo os princípios estabelecidos no ordenamento jurídico.

Questão relevante que se põe é saber-se qual a natureza jurídica da chamada "tarifa" que se paga pela utilização do transporte coletivo. Sem pretendermos exaurir o tema, que foi e é objeto de preocupação dos diversos autores que sobre ele debruçaram, traçaremos breve resumo, para depois manifestarmos nossa opinião. Cuida-se, em suma, de perquirir se tal "tarifa" é taxa ou preço público. O regime jurídico a que estará submetida essa paga em dinheiro será totalmente distinto se se concluir por uma figura ou por outra. Se for taxa, como espécie tributária, deverá obedecer a todos os princípios que informam a tributação. Caso se entenda que se trata de preço, ter-se-á uma contraprestação de cunho contratual.

Enquanto que a definição de taxa não encontra maiores obstáculos, de vez que é formulada pelo direito positivo (CF, art. 145, II e CTN, art. 77), o conceito jurídico de preço público traz em si algumas variantes doutrinárias. O grande Oswaldo Aranha Bandeira de Mello diz que "o preço público não passa de preço de atividade industrial jurídico-privada da Administração Pública autorizada por lei a prestar determinados serviços públicos, mediante tarifas fixadas por decreto executivo, como seu pagamento (*in* "Tarifa de Água", *Rev. de Direito Público* 20, p. 373). Para Gilberto de Ulhôa Canto, o preço, enquanto figura genérica, seria a "contraprestação pecuniária devida pela aquisição ou pelo uso de um bem, corpóreo ou incorpóreo, direito ou serviço, fixada em função da remuneração pretendida pelo prestador do serviço, conjugada com a utilidade desse bem, direito ou serviço para o respectivo adquirente, cessionário ou usuário" (apud por Sacha Calmon Navarro Coêlho, *in* "Taxa e Preço Público", obra coletiva inserida no *Caderno de Pesquisas Tributárias* 10, Co-edição Centro de Estudos de Extensão Universitária e Ed. Resenha Tributária, S. Paulo, 1985, p. 222).

Geraldo Ataliba assevera ser preço "a contraprestação de uma prestação contratual livremente fixada em partes iguais" (*in Hipótese de Incidência Tributária*, 5ª ed., Malheiros Editores, 1992, p. 142).

Para nós, preço público nada mais é que *preço*, na acepção de elemento componente de qualquer contrato. O qualificativo "público" decorre de ser aquele preço cobrado pelo Estado ou por interposta pessoa, devendo ser utilizado unicamente para remunerar atividades comerciais ou industriais, toda vez que o Estado intervier no domínio econômico, valendo-se da autorização competencial outorgada pela Constituição da República (art. 173).

A Lei Maior, ao organizar o Estado, separou claramente dois tipos de atividade: de um lado, os serviços públicos; de outro, a atividade econômica. Os primeiros, afora certas hipóteses sobre as quais descabe aqui dissertar (*v.g.* educação e saúde) são — e devem ser — exercidos pelo Estado, ou por quem lhe faça as vezes. A segunda compete, *preferencialmente*, aos particulares, sendo desenvolvida sob regime de direito privado.

Todo este escorço preliminar não teve por objetivo outra coisa que não estabelecer a distinção entre taxa e preço público e suas conseqüências jurídicas.

Quanto à taxa cobrada pelo exercício do poder de polícia, dúvidas não há, já que esta não se pode confundir com preço. A questão a ser elucidada reside na remuneração do serviço público, tendo em conta que a maior parte da doutrina entende ser possível tal contraprestação consistir em taxa ou preço público, indistintamente, de acordo com a vontade do poder público. De nossa parte, embora conscientes da posição minoritária a que nos filiamos, a correta exegese do diploma constitucional aponta para a impossibilidade de se considerar que se possa remunerar serviço público indiferentemente por meio de taxa ou de preço.

Deveras, a corrente doutrinária predominante acima referida tem como ponto de partida a Súmula 545 do Supremo Tribunal Federal, com o seguinte teor: "Preços de serviços públicos e taxa não se confundem, porque estas, diferentemente daqueles, são conpulsórias e têm sua cobrança condicionada à prévia autorização orçamentária, em relação à lei que as instituiu".

A característica da compulsoriedade é nota dominante para a distinção entre ambas as figuras. Entretanto, parece-nos que não pode ficar a critério do intérprete tomar um determinado serviço público e dizer que sua contraprestação será taxa ou preço. Ou se extraem do ordenamento jurídico critérios que permitam enquadrar o serviço público numa das duas categorias, ou se escancaram as portas à arbitrariedade. Ora, é fácil, perceber que o administrador público, podendo optar, indiferentemente, entre a cobrança de preço ou de taxa, escolherá o primeiro, dada a imensamente maior flexibilidade que este permite, ao prescindir da observância aos princípios que informam a tributação. A interpretação da lei deve ser procedida de forma inteligente e racional, de molde a permitir que o ordenamento jurídico tenha coerência e consistência.

Seria um sem-sentido admitir-se que toda vez que realizase uma atividade estatal, o Estado pudesse cobrar taxa, preço ou outra coisa qualquer, indiferentemente. Por isso, neste ponto filiamo-nos à teoria que considera que a prestação de serviço público, no Brasil ao menos, somente pode ensejar a cobrança de *taxa*.

Hamilton Dias de Souza e Marco Aurélio Greco, em artigo publicado na mesma coletânea já referida (*Caderno de Pesquisas Tributárias* 10). Prelecionam, reportando-se ao artigo 18 da Constituição de 1967/69 (que corresponde ao atual art. 145 II da Constituição de 1988), que "o dispositivo é imperativo, vale dizer, estabelece que a prestação de serviço público deve necessariamente ser remunerada por taxas, inexistindo campo facultativo dentro do qual o Poder Público poderia "escolher" se instituiria um preço ou uma taxa" (*op. cit.*, p. 114). Não nos parece oportuno aqui, tendo em vista os fins colimados por este estudo, alongarmo-nos na dedução dos argumentos trazidos pelos autores citados, pelo que remetemos o eventual leitor à leitura daquele brilhante estudo.

Tem o artigo 145, II, da Carta Magna, o seguinte teor:

"Artigo 145 — A União, os Estados, o Distrito Federal e os Municípios poderão instituir os seguintes tributos:

"I (...)

"II — taxas, em razão do exercício do poder de polícia ou pela utilização, efetiva ou potencial, de serviços públicos específicos e divisíveis, prestados ao contribuinte ou postos à sua disposição".

Não parece ser possível que o texto maior da nação tenha simplesmente feito uma recomendação no sentido de que, ao prestar um serviço público, o Poder Público *poderia* cobrar uma taxa. Esta possibilidade nunca lhe foi negada. Seria despicienda esta regra da Constituição, caso fosse aceita como mera "sugestão".

A própria distinção entre ser o serviço compulsório ou facultativo para propiciar a incidência de taxa ou de preço, respectivamente, não parece suficiente para o deslinde da questão. Para ilustrar, traremos à baila um trecho do voto do Ministro Moreira Alves proferido na representação de inconstitucionalidade do Decreto n. 16.685/81:

"Preço público é preço contratual, que constitui contraprestação de serviços de natureza comercial ou industrial — e que, por isso mesmo, pode ser objeto de concessão a particulares —, serviços estes prestados por meio de contrato de adesão. Para haver preço público é necessário existir contrato, ainda que tacitamente celebrado, e o contrato, ainda quando de adesão, dá a quem pretende celebrá-lo, se aderir às condições dele, a liberdade de não contratar, atendendo à sua necessidade por outro meio lícito. Quem não quiser tomar ônibus, e aderir, portanto, ao contrato de transporte, poderá ir, licitamente, por outros meios, ao lugar de destino. O que não tem sentido é pretender-se à existência de contrato quando o que deve aderir não tem sequer a liberdade de não contratar, porque, licitamente, não tem meio algum para obter o resultado de que necessita e a que atende o contrato de adesão. É até por isso que quando o Estado presta serviço que só ele pode prestar, não sendo o particular meio outro lícito de obtê-lo, não pode haver preço publico, porque não há contrato" (citado em nota de rodapé n. 29, por Ives Gandra da Silva Martins, *in* "Taxa e Preço Público", *Caderno de Pesquisas Tributárias* 10, cit., p. 175).

No próprio exemplo trazido à colação, podemos verificar a relatividade do conceito de facultatividade. Será mesmo que um operário, nos dias que ora correm percebendo mensalmente um salário-mínimo, têm a opção entre tomar ônibus para ir ao seu trabalho e locomover-se de táxi ou outro meio qualquer de transporte, a não ser aquela de ir a pé? O "andar a pé" seria aquele "outro meio lícito" a ser utilizado pelo operário para obter seu intuito de chegar ao seu local de trabalho? Quer-nos parecer que não. Por esta e por outras razões, cremos insuficiente, e até mesmo frágil, o critério da compulsoriedade ou facultatividade para a distinção aqui propugnada.

São significativas as palavras de Régis Fernandes de Oliveira, estampadas no trabalho que constituiu sua tese para obter a titularidade da cadeira de Direito Financeiro na Universidade de São Paulo, sob o título *Receitas Públicas Originárias*, em capítulo sob a denominação "O suposto contrato de transporte público" (pp. 140/141), *verbis*: "Como se pode aceitar que, sendo o tranporte coletivo de caráter essencial, assim determinado pela própria Constituição Federal, possa o prefeito, juntamente com a Câmara, por lei, conceder o serviço e ver-se a população desprovida de qualquer garantia de que os valores cobrados em decorrência de sua prestação não sejam alterados a qualquer tempo, inclusive tornando impossível ou extremamente difícil sua utilização, por parte das camadas mais pobres da população?

"Estaria na vontade do administrador a possibilidade de inviabilizar, por excessiva elevação dos valores cobrados, a própria prestação de serviços públicos? Imagine-se que os municípios tenham o valor do transporte como componente de seu orçamento. Já limitado pelos baixos salários que recebem. Como tal, e não sofrendo aumento o orçamento pessoal ou familiar no correr do mês, como admitir-se possa o Poder Executivo, por ato seu, alterar os valores cobrados, tornando insuportável, para o orçamento familiar, o uso do transporte coletivo? Será que estaria na livre disposição de uma só pessoa alterar aquilo que a Constituição consagrou como essencial? Não está o dispositivo constitucional limitando o agente administrativo, e também o Poder Legislativo, de forma tal que não podem esvaziar o conteúdo do direito que o Texto Maior consagrou?

"Pensamos que não pode haver alteração a qualquer tempo, porque de taxa se cuida. Como tal, sujeita-se aos princípios tributários, e, por conseqüência, ao da anterioridade. Logo, para que houvesse aumento no curso do ano fiscal, seria imprescindível que a lei previsse os reajustes, tornando clara a pretensão do Executivo".

A opção com a qual o intérprete se depara é a seguinte: a atividade realizada pelo Estado é serviço público ou não? Se for afirmativa a resposta, a contraprestação se fará, obrigatoriamente, mediante taxa.

Hamilton Dias de Souza e Marco Aurélio Greco resumem, à perfeição, a questão posta, ao afirmarem: "Hoje, o critério relevante não é mais o de saber se o pagamento é volutário ou compulsório, mas sim de verificar se a atividade concretamente executada pelo Poder Público configura um serviço público ou não. Onde houver serviço público, necessariamente haverá taxa, inexistindo opção do Poder Público em cobrar preço público pela sua prestação" (*op. cit.*, p. 116).

À mesma conclusão chegou o Plenário do Supremo Tribunal Federal, ao julgar o RE 89.876/RJ, relatado pelo mesmo ilustrado Ministro Moreira Alves, cuja emenda transcrevemos, parcialmente, a seguir:

"Tarifa Básica de Limpeza Urbana.

"— Em face das restrições constitucionais a que se sujeita a instituição de taxa, não pode o Poder Público estabelecer, a seu arbítrio, que à prestação de serviço público específico e divisível corresponde contrapartida sob a forma, indiferentemente, de taxa ou de preço público" (*RTJ* — 98/230). O restante da ementa trata novamente da compulsoriedade do serviço e, sob este aspecto, nos reportamos às considerações acima expendidas.

Geraldo Ataliba, em síntese lapidar leciona, com base nas ilações dos autores retrocitados:

"Pondo esta corretíssima conclusão em termos da Constituição de 1988, impõe-se afirmar que: *Se se tratar de atividade pública o correspectivo será taxa (art. 145, II); Se se tratar de exploração de atividade econômica (art. 173) a remuneração far-se-á por preço*" (*op. cit.*, p. 150).

Com base no que até aqui restou dito, cremos ser razoável a interpretação no sentido de que o importe pago pelo usuário de transporte coletivo tem a natureza jurídica de *taxa*. Como tal, deve obedecer a todos os princípios que informam a atividade tributária do Estado, dentre eles, especialmente, os da estrita legalidade e da anterioridade. Para mais, encontra a cobrança de taxa a limitação de seu importe, constante no *custo* do serviço.

Deveras, sendo a taxa "um tributo vinculado, cuja hipótese de incidência consiste numa atuação estatal direta e imediatamente referida ao obrigado" (Geraldo Ataliba, *op. cit.*, p. 134), a sua base de cálculo, quando se trate de prestação de serviço público, somente pode ser uma grandeza que meça esse serviço, tendo como limite máximo o seu custo.

Nada obriga a que o Poder Público institua taxa toda vez que presta um serviço público, pois este pode ser realizado graciosamente, se razões de interesse público assim o determinarem. Entretanto, em desejando remunerar-se, a contrapartida haverá de ser, necessariamente, uma taxa. O importe desse tributo poderá ser *uma parcela do custo* se, por exemplo, o Estado decidir subsidiar aquela atividade. O que deverá respeitar-se, sempre e em qualquer caso, é o limite máximo — o *custo total* do serviço.

Não estamos afirmando ser tarefa fácil de ser levada a cabo a obtenção do "quantum" exato do custo de um determinado serviço. Por outro lado, parece elementar que, ao organizar tal atividade, os estudos técnicos respectivos atingirão, ainda que aproximadamente, o valor total necessário a implementação e consecusão do mesmo.

Consoante já dissemos, no direito pátrio, *ex vi legis*, o transporte coletivo é serviço público, de *caráter essencial*, de competência dos Municípios (art. 30, V, da CF). A Lei Orgânica do Município de São Paulo, reforçando e concretizando esse dispositivo, disciplina o transporte urbano, nos seus artigos 172 e seguintes. De outra feita, em preceito que poderíamos dizer equiparável ao artigo 5º da Constituição da República, a mesma Lei Orgânica assim se expressa:

"Art. 7º — É dever do Poder Municipal, em cooperação com a União, o Estado e com outros municípios, assegurar a todos o exercício dos direitos individuais, coletivos, difusos e sociais estabelecidos pela Constituição da República e pela Constituição Estadual, e daqueles inerentes às condições de vida na cidade, inseridos nas competências municipais específicas, em especial no que respeita a:

"(...)

"III — *locomoção através de transporte coletivo adequando, mediante tarifa acessível ao usuário* (...).

Nota-se que o transporte coletivo, por tratar-se de serviço público, e ainda ser qualificado, constitucionalmente, como essencial, mereceu especial cuidado por parte do "constituinte" municipal consoante se pode inferir da simples leitura do preceito acima transcrito.

A complementar tal regra, vem o artigo 178 da LOM, rezando que as tarifas dos serviços públicos de tranportes deverão ser fixadas pelo Executivo, de conformidade com o artigo 7º, III, mencionado. O parágrafo único daquele artigo preconiza que "até 5 (cinco) dias antes da entrada em vigor da tarifa o Executivo enviará à Câmara Municipal as planilhas e outros elementos que lhe servirão de base, divulgando amplamente para a população os critérios observados".

Ora, se e verdadeira a proposição da hermenêutica Jurídica, segundo a qual "a lei não contém palavras inúteis", nem mesmo as normas consideradas de caráter programático são desprovidas de um mínimo de conteúdo e de eficácia. Da mesma forma, conceitos vagos, imprecisos ou indeterminados, tais como "transporte coletivo adequado" e "tarifa acessível ao usuário", devem possuir, ainda que mimamente, um alcance concretamente aferível pelo intérprete.

Na hipótese que se nos depara, temos que os conceitos supra referidos informarão, *necessariamente*, a fixação das "tarifas" dos tranportes coletivos. Em outras palavras, ter-se-á de que levar em conta esses conceitos ao se pretender estabelecer o "quantum" a ser pago pelo usuário desse serviço público. Não é, absolutamente, discricionário o ato que fixar a "tarifa" do tranporte coletivo. Numa sociedade onde, notoriamente, a maior parte da população tem dificuldade em arcar com o "preço" da passagem do ônibus, qualquer aumento que supere os índices de inflação, por exemplo, desrespeita as regras retromencionadas e é, para dizer o menos, ilegal além de lesivo ao povo.

A linha de raciocínio aqui desenvolvida nos leva a crer que, se em relação a qualquer serviço público, a taxa cobrada não pode superar — levando-se em consideração a totalidade dos usuários do serviço de que se trata — o custo total deste, no que concerne ao transporte coletivo, esse valor *deve* ficar aquém do custo da atuação estatal. Isto deve ocorrer ao menos quando o valor da passagem de ônibus tornar-se inacessível ao usuário.

Em se tratando de taxa, ademais da sujeição ao princípio da anterioridade para qualquer aumento, é forçosa a obediência à legalidade, o que significa a possibilidade maior de discussão dos critérios de aumento por parte de quem especialmente está incumbido de fazê-lo — os vereadores municipais.

Nem se diga que a sujeição de taxa de serviços de transporte coletivo aos princípios acima referidos inviabilizaria a sua cobrança, pois a lei poderia estabelecer previamente todos os critérios a serem utilizados para a sua majoração, assim quantitativos como os referentes à periodicidade em que se efetuaria. Firmados estes em lei, nada impediria, por exemplo, que *reajustamentos* mensais fossem efetuados levando-se em consideração deteminado índice mensurador de inflação.

Ainda quando o serviço público aqui analisado seja prestado por concessionário ou permissionário, cremos que a natureza jurídica do valor pago pelo seu utente permanece inalterada, isto é, continua sendo taxa. E que o que se tranfere, nesses casos, é simplesmente a execução do serviço; a sua titularidade será sempre do Município. O ente delegatário é posto no lugar do Poder Público (leia-se Município) e age em seu nome. Indagar-se-á, então: se assim é, o que ocorrerá na hipótese de a ''tarifa'' de ônibus restar defasada? Como fará o concessionário (ou permissinário) para recompor-se?

A resposta, a nosso ver até bastante simples, a estas questões encontra-se, expressa ou implicitamente, na própria Constituição e nos princípios informadores dos institutos de Direito Público. Vejamos.

Argumentam alguns que a faculdade de se instituir preço público para a remuneração de serviços públicos estaria em dispositivo constitucional que se reporta à ''política tarifária''. Transcrevamos tal preceito da nossa Carta Magna:

''Art. 175. Incumbe ao Poder Público, na forma da lei, diretamente ou sob regime de concessão ou permissão, sempre através de licitação, a prestação de serviço público.

''Parágrafo Único. A lei disporá sobre:

''(...)

''III — política tarifária.

''(...).

Em primeiro lugar, cumpre observar que nem sempre se utiliza o legislador de termos técnicos ao exercer seu mister. Não olvidemos que a Constituição anterior usava, *v.g.*, a expressão ''tarifas alfandegárias'' para referir-se aos impostos sobre comércio exterior (art. 153, § 29), os quais, como se sabe, nada têm a ver com preços, já que são espécies de tributo.

Em segundo lugar, quer-nos parecer que mediante uma interpretação sistemática do texto constitucional, pode-se extrair que tal ''política tarifária'' é mencionada para ser tomada em linha de conta — bem como servir para informar — a relação que se estabelecerá entre a concessionária e o Município. Expliquemo-nos melhor.

Há duas relações jurídicas, absolutamente distintas, quando o Município concede ou permite a outrem a execução do serviço de transporte coletivo. Uma é a que se estabelece entre o Município e o concessionário. Outra, aquela que se forma entre este último e o usuário. Dependendo do que diga a lei, 1) o concessionário repassará ao Município a quantia cobrada dos usuários do serviço e se remunerará nos termos do contrato de concessão, ou então 2) receberá diretamente do usuário a taxa (como sujeito ativo tributário) e este importe lhe servirá como remuneração pela execução do serviço — exemplo típico de "parafiscalidade".

O que pode ocorrer — e cremos que sucede com relativa freqüência — é que o concessionário pode começar a entender que sua remuneração passa a ser insuficiente — devido ao aumento dos custos, ou ao processo inflacionário por nós, infelizmente, tão conhecido e familiar. Daí, pretende majorar a "tarifa".

Ora, não se está pretendendo impedir que esse concessionário reivindique o que entende ser de direito. Nem se deseja forçá-lo a ter prejuízo com a sua atividade (a qual, para ele, tem caráter negocial, como outra qualquer). O que se quer é que ele vá reclamar também a quem de direito, ou seja, ao Município.

Se é mero agente arrecadador e repassador das taxas, conforme figuramos no primeiro caso, acima (n. 1), a relação contratual entre ele e o Município é mais notória ainda que na segunda hipótese. Trata-se de um contrato de concessão, como outro qualquer, que deve ter preservada sua "equação econômico-financeira". Daí o dever de o Município recompor esta última, como haveria de fazer em qualquer outro contrato administrativo que se desequilibrasse.

Quando se cuidar da segunda hipótese supramencionada — a qual acreditamos ser a mais comum —, a situação não difere muito da anterior. Com efeito, se a taxa que o concessionário estiver percebendo diretamente deixar de ser suficiente para manter o equilíbrio econômico-financeiro do contrato celebrado com a Municipalidade, esta deve ou propor a majoração da taxa — e assim remunerar devidamente o concessionário — ou utilizar recursos orçamentários outros, a fim de reequilibrar o contrato de concessão.

Em qualquer das situações, entretanto, o usuário do serviço público é estranho à relação jurídica assentada entre o Município e o concessionário. A forma pela qual aquele recomporá o equilíbrio do contrato firmado com este é assunto alheio ao usuário. Este último, contudo, tem o direito de que o valor que venha a ser forçado a pagar a título de "tarifa de transporte" lhe seja acessível. Se para isso, este serviço deva ser subsidiado com recursos orçamentários gerais, é matéria de cunho político-administrativo, que não diz respeito ao usuário.

Em face do que ficou dito, parece-nos que o desígnio constitucional quanto à matéria sob análise, é no sentido de impor que o serviço público de transporte coletivo seja uma *atividade subsidiada*, de vez que, conforme já asseveramos, não poderá ser o *valor total* do custo do serviço repartido entre os seus usuários, sob pena de se estar descumprindo o princípio que determina dever ser a passagem *acessível* a estes.

O Município *tem* de executar o serviço de transporte. Se obtiver lucro, excelente. Se o desempenhar com prejuízo, paciência. O interesse público exige que o serviço exista, em qualquer dessas circunstâncias.

Queremos deixar patente que nossas conclusões não se alterarão, ainda que se considere a "tarifa" de transporte coletivo como preço público, isto é, como uma verdadeira tarifa. Deveras, ainda que de preço se tratasse, o seu importe não é ilimitado.

Na atividade privada, o preço tem como limite aquele suportável pelo mercado, pois segue as regras que este estabelece.

Em se tratando de serviço público — antônimo jurídico de atividade econômica —, o limite máximo do preço a ser cobrado seria o *custo* do serviço de que se tratasse. Atente-se para a coincidência do limite de valor a ser cobrado pelo Município pela prestação do serviço de transporte coletivo, seja aquele considerado *taxa* ou *tarifa* (preço).

O preço público — a se admitir a sua possibilidade como contraprestação de serviço público — não pode ter como elemento da sua composição o "lucro", de vez que o que prevalece é o *interesse público* na realização daquela atividade. O Estado *pode obter* lucro ao executá-la; *não pode visar* lucro. Este é algo absolutamente acidental desempenho da atividade estatal.

Em todo caso, o balizamento do valor do preço a ser pago pelo usuário de transporte coletivo sofre as mesmas vicissitudes que se de taxa se cuidasse: a tarifa deve ser acessível. Logo, se a divisão do custo desse serviço pelo número de usuários implicar tarifa inacessível, o Município deverá sujeitar-se ao prejuízo decorrente da cobrança de tarifa inferior àquela que seria numericamente devida, sob pena de borrar-se o desenho constitucional e legal (LOM), incorrendo-se, destarte, em inconstitucionalidade.

A limitação a que se sujeitam os preços públicos, especialmente no que concerne àqueles cobrados em contrapartida à prestação dos serviços públicos é afirmada por autores de escol. Nem poderia ser diferente, sendo que na hipótese de que se trata, o excedente constituiria um tributo.

Em simpósio realizado pelo Centro de Estudos de Extensão Universitária, que deu origem à publicação aqui já tantas vezes citada, de volume sob o título "Taxa e Preço Público", vários participantes manifestaram-se no sentido acima apontado. Ouçamos alguns deles, ao responderem à questão: "identificado um verdadeiro preço público, há limites jurídicos à sua instituição ou ao dimensionamento do seu montante?

Ives Gandra da Silva Martins: "Ora, sempre que o preço público, enquanto preço público, estiver nos limites da justa remuneração, dúvida inexistindo sobre tal aspecto, levando-se em consideração os fatores anteriores, o mesmo se regerá pelo tipo de relação contratual inerente às relações de coordenação. Sempre que se situar em patamar superior à justa remuneração ou acima do valor de mercado de serviços semelhantes, o acréscimo terá a natureza jurídica de tributo, devendo merecer o tratamento menos flexível e mais rígido inerente às normas pertinentes ao direito tributário" (p. 177, grifamos).

Hugo de Brito Machado: "Feitas estas observações, diremos que é possível, através do controle da execução orçamentária, verificar se o valor cobrado dos usuários do serviço público é superior ao limite estabelecido no art. 167, II, da Constituição Federal (de 1967). E se resta configurada cobrança excedente, *diremos que o excedente configura imposto*, cujo fato gerador é a utilização do serviço" (p. 149, grifamos).

Hamilton Dias de Souza e Marco Aurélio Greco: "Em suma, em nossa opinião, a desproporção referida na pergunta pode trazer reflexos na natureza jurídica dos valores pagos pelo usuário que terá deixado de recolher uma taxa para estar recolhendo um imposto, cuja constitucionalidade deverá ser aferida de acordo com as características próprias dessa figura" (pág. 131).

Sacha Calmon Navarro Coelho chega a dizer: "A sobretarifa não é tributo (gênero) nem espécie qualquer deste, pois não sendo "a priori" gênero, jamais poderia ser espécie, ou seja, *taxa*, contribuição de melhoria, empréstimo compulsório, contribuição parafiscal ou imposto.

"Acaso fosse, seria ilegal e inconstitucional.

"*Tributo inconstitucional é contrasenso jurídico*.

"E, a conclusão é uma só: a sobretarifa é *requisição pecuniária forçada destituída de causa jurídica*" (p. 237, grifos do original).

Outro ponto que merece alguma reflexão é aquele atinente ao reajustamento das "tarifas" consoante índices que acompanhem a inflação. Por este prisma, o raciocínio a ser desenvolvido tampouco comporta problemática inextrincável. Deveras, partindo-se do pressuposto de que o estabelecimento da "tarifa" deu-se, num determinado momento, de forma devidamente ajustada à lei e aos custos da atuação de que se trata, o que se pode fazer posteriormente é reajustar o seu valor de acordo com índices inflacionários confiáveis. E que isto significa mera adequação do valor nominal ao valor real.

Assim, ainda, se a tarifa estiver adequada da forma acima exposta, o seu reajustamento não pode ultrapassar o índice de variação da inflação. É justamente a hipótese que ocorre *in casu*.

Ao examinar as planilhas enviadas pelo Sr. Prefeito, em cumprimento à Lei Orgânica do Município de São Paulo, e para justificar o aumento da passagem de ônibus, verificou o nobre Vereador oficiante o aumento da passagem em índice superior ao da inflação e também a variação diferenciada e despropositada da majoração, quando se comparam os valores das tarifas da CMTC e das concessionárias e bem assim entre as empresas que realizam transporte especial e aquelas que efetuam transporte comum.

Detectado o problema mencionado e comprovada a veracidade dos aumentos abusivos, caberia ao Estado de São Paulo "imiscuir-se" nesta questão que, em princípio, só diria respeito ao Município de São Paulo e aos cidadãos paulistanos?

Sem qualquer sombra de dúvida, pensamos que sim. A partir do momento em que o consumidor — na hipótese versada, o usuário do transporte coletivo — tem seus direitos lesados, o Estado-membro haure da Constituição da República a competência para auxiliar aquele pelos meios necessários à sua proteção.

De fato, cabe ao Estado, como um todo (União, Estados-Membros e Municípios) a promoção da defesa do consumidor (art. 5º, XXXII, CF). Tanto é assim que a própria Carta Magna, para reforçar e buscar tornar eficaz tal princípio, atribui competência concorrente ao Estado federado para legislar sobre "produção e consumo" (art. 24, V) e sobre "*responsabilidade por dano* ao meio ambiente, *ao consumidor*, a bens e direitos de valor artístico, estético, histórico, turístico e paisagístico" (art. 24, VIII).

Comprovada a correção do exame das planilhas elaboradas pelo ilustre edil, bem como os cálculos que demonstram o abuso no aumento das passagens de ônibus no Município de São Paulo, emerge notório o dano ao consumidor, fazendo nascer a legitimidade do Estado para propor ação civil pública, nos termos da autorização do artigo 5º, *caput*, da Lei Federal 7.347, de 24 de julho de 1985.

Pode, pois, a Procuradoria Geral do Estado, representando este último (art. 99, VII, da Constituição Paulista), propor aquela ação, se entender cabível e/ou conveniente (art. 2º, XVI, da Lei Complementar 478, de 11 de julho de 1986).

É o parecer, s.m.j.

Consultoria Jurídica da SJ, 14 de julho de 1994

NOTAS & COMENTÁRIOS

ICMS E IPI NA IMPORTAÇÃO QUESTÕES POLÊMICAS

JOSÉ EDUARDO SOARES DE MELLO
Doutor em Direito, Professor da Faculdade de Direito
da Universidade Católica de S. Paulo e da Fundação Getúlio Vargas

I — ICMS

1. Contribuinte pessoa física

A Constituição Federal de 1988 contém uma gama significativa de preceitos estabelecendo os princípios e os lineamentos básicos do tributo (art. 155, I, "b", §§ 2º e 3º).

Observando a sistemática assentada para demais tributos, de forma implícita, a CF não indica expressamente os sujeitos passivos (contribuintes e responsáveis).

Compete à lei complementar (inciso XII, "a" e "b") determinar o devedor tributário, e, sob esse aspecto, depara-se com a coexistência de dois diplomas jurídicos de mesma hierarquia:

a) DECRETO-LEI 406 DE 31.12.68

Considerando como contribuinte o comerciante, industrial ou produtor que promove a saída da mercadoria, o que a importa do exterior ou o que a arremata em leilão ou adquire em concorrência promovida pelo Poder Público, mercadoria importada e apreendida.

Também inclui, expressamente, na categoria de contribuintes, as sociedades civis e os órgãos da administração pública direta, autarquias e empresas públicas que promovam atividades mercantis, com habitualidade.

b) CONVÊNIO ICM N. 66 DE 14.12.88

Considerando como *contribuinte qualquer pessoa física*, ou jurídica, que realize operação de circulação de mercadoria ou prestação de serviços descritas como fato gerador do imposto.

De forma específica, relaciona importador, prestador de serviços de transporte intermunicipal e de comunicação, cooperativa, instituição financeira, seguradora, sociedade civil, órgãos de administração pública, prestadores de serviços não compreendidos na competência municipal, fornecedor de alimentação.

A existência de dois diplomas jurídicos, regrando a mesma matéria tributária não significa, simplesmente, que o mais recente tenha revogado o anterior (§ 1º do artigo 2º da Lei de Introdução ao Código Civil).

Com efeito, o Convênio ICM 66/88 foi baixado com fulcro no § 8º do art. 34 do Ato das Disposições Constitucionais Transitórias, disciplinando o seguinte: "Se no prazo de sessenta dias contados da promulgação da Constituição, não for editada a lei complementar necessária à instituição do imposto de que trata o art. 155, I, "b", os Estados e o Distrito Federal, mediante convênio celebrado nos termos da Lei Complementar 24, de 7 de janeiro de 1975, fixarão normas para regular provisoriamente a matéria".

Assim, o referido Convênio tornou-se necessário para instituir o imposto, na *matéria nova* (até então inexistente), ou seja a *nova competência* outorgada aos Estados e Distrito Federal, isto é, "sobre prestações de serviços de transporte interestadual e intermunicipal e de comunicação".

O Convênio apenas substituiu, ou fez as vezes, da Lei Complementar única e exclusivamente para preencher lacunas e permitir o exercício da nova competência das referidas pessoas jurídicas de direito público interno.

O citado art. 34, § 8º do ADCT não conferiu poderes aos Estados para alterarem matéria já regulada pelo legislador complementar (DL-406/68).

É cediço que do ICMS apenas o "S" (serviços de transporte e de comunicação) é que representou novidade na órbita tributária estadual, implicando na regulação da matéria, pelo veículo provisório do Convênio, na ausência de lei complementar. O ICM, não constituindo novidade, não poderia ser normatizado pela bitola do convênio.

Esta questão já foi superiormente examinada pela doutrina, por ocasião do exame da temática do "ICMS sobre semi-elaborados" (Miguel Reale, *RDT*, v. 48, p. 7 e ss; Geraldo Ataliba, *RDT*, v. 48, pp. 25/50).

O Judiciário, também, manteve a vigência e a eficácia da anterior legislação complementar (DL-406/68), desconsiderando ou repelindo as regras conveniais.

Aplicável o princípio da recepção, expressamente prestigiado no § 5º do art. 34 do ADCT: "Vigente o novo sistema tributário nacional, fica assegurada a aplicação da legislação anterior, no que não seja incompatível com ele e com a legislação referida — nos §§ 3º e 4º".

Constata-se, ademais, plena compatibilidade vertical entre o DL-406/68 e a CF-88 no que atina à materialidade tributária "operações relativas à circulação de mercadorias".

E, nessa trilha, não se vislumbra nenhuma implicação legal da pessoa física com a materialidade adstrita à importação de "mercadorias" ou de "bens".

O contribuinte do ICMS será unicamente a empresa que tem condição de realizar o negócio jurídico mercantil, relacionado com mercadorias, ou bens destinados ao ativo fixo ou consumo do estabelecimento.

A utilização dos vocábulos "mercadorias", "bens (do ativo fixo ou para consumo)" e "estabelecimento", significam exclusivamente atividade empresarial, profissional, peculiar à pessoa jurídica.

Mercadoria representa o bem econômico utilizado pelo comerciante dentro do ciclo mercantil (da produção ao consumo), com intuito lucrativo.

A finalidade de compra e venda é elemento característico do conceito de mercadoria. Outro objetivo que venha a ser dado à coisa desvirtuará tal conceito.

Aquele que compra um bem, como seu usuário final, não está realmente adquirindo uma mercadoria; e, mesmo que venha proceder sua venda, não poderá ser tipificado como comerciante, por faltar a característica profissional e o requisito de habitualidade.

O particular que adquire um automóvel, por exemplo, e, depois, o revende, não é caracterizado como contribuinte do ICMS, por praticar mero negócio civil.

Essa argumentação aplica-se integralmente no que tange ao "bem destinado a consumo ou ativo fixo do estabelecimento", por traduzirem típicas situações empresariais.

E, nessa temática, não tem respaldo jurídico regra inserida em legislação ordinária estadual caracterizando como contribuinte do imposto qualquer pessoa natural que promover a importação do exterior; e, dispondo, inclusive, que "o requisito da habitualidade não é exigido para caracterizar a sujeição passiva na entrada de mercadoria importada do exterior".

Tal situação, além de tudo, não se encontra prevista no DL-406/68, normatizador do ICM.

Advirto, todavia, que a questão é controvertida, conforme se infere de julgados ora colacionados:

"IMPOSTO — Circulação de mercadorias e serviços — Aeronave — Importação — Bem destinado ao uso do importador, sem intuito de vendê-lo — Isenção — Prevalência do artigo 155, incisos I e IX, da Constituição da República, sobre a Lei Estadual 6.374, de 1989, e o Convênio ICM 66, de 1988 — Conceito de mercadoria — Segurança concedida — Recurso provido" (Apelação Cível 178.967-2 — São Paulo — Décima Sexta Câmara Civil do Tribunal de Justiça de São Paulo — Relator Bueno Magano, Sessão de 18.12.91 — *Lex* 136, pp. 146/148).

"IMPOSTO — Circulação de mercadorias, aeronave — Importação para uso particular — Isenção — Inadmissibilidade — Incidência não circunscrita apenas às hipóteses de bens destinados ao comércio — Lei Estadual 6.374, de 1989, artigos 2º, inciso V, 23, inciso I, d, 7º, § 1º, e 13 e § 3º, e Convênio ICM nº 66/88, artigos 2º, inciso I, 21 e 27 — Imposto devido — Segurança denegada — Recursos providos" (Apelação Cível n. 181.523-2 — São Paulo — Décima Segunda Câmara Civil do Tribunal de Justiça de São Paulo — Relator Erix Ferreira, Sessão de 18.2.92 — *Lex* 135 — pp.119/126).

Sou de opinião que, por falta de sustentação constitucional, as pessoas físicas não devem sujeitar-se à incidência do ICMS na importação de quaisquer tipos de coisas (veículos, animais, eletrodomésticos, etc.) uma vez que não se vinculam à respectiva materialidade tributária.

2. Base de cálculo — valor da operação excluindo tributos e despesas

O Decreto-lei 406/68 estabeleceu:

"Art. 2º — A base de cálculo do imposto é: (...)

"IV — no caso do inciso II do artigo 1º (importação) a base de cálculo é o valor constante dos documentos de importação, convertido em cruzeiros à taxa cambial efetivamente aplicada em cada caso e acrescido do valor dos impostos de importação e sobre produtos industrializados e demais despesas aduaneiras efetivamente pagas".

O Convênio ICM 66/88, a seu turno (art. 4º, I), basicamente, mantém a mesma base imponível, acrescentando apenas o Imposto sobre Operações de Câmbio e multas aduaneiras.

O modo de apurar o valor do ICMS na importação, na forma disposta na legislação, tem sido aceita, não se tendo conhecimento de questionamento judicial.

Penso, contudo, que o ICMS deveria incidir unicamente sobre o valor da operação de importação da mercadoria, ou do bem destinado ao estabelecimento. No caso de compra — o preço — e demais espécies de aquisições, o valor real.

Não encontro cabal fundamento jurídico para acrescer-se ao valor (ou preço) de aquisição, demais tributos alfandegários, sequer despesas aduaneiras ou portuárias.

A base de cálculo constitui o aspecto fundamental da estrutura de qualquer tipo tributário por conter a dimensão da obrigação pecuniária, tendo a virtude de quantificar o objeto da imposição fiscal, como seu elemento nuclear (Becker).

Os demais critérios normativos são também assaz importantes na fixação dos componentes da relação jurídica, como as figuras do credor e devedor, as coordenadas de tempo e espaço, e, obviamente, as materialidades.

No entanto, a grandeza contida no tributo, transformada em expressão numérica, só é factível pelo conhecimento preciso da base imponível, caracterizadora do quantum devido pelo contribuinte.

Geraldo Ataliba define como "uma perspectiva dimensível do aspecto material da h.i. que a lei qualifica, com a finalidade de fixar critério para determinação, em cada obrigação tributária concreta do quantum deberatur" (*Hipótese de Incidência Tributária*, Ed. RT, 3ª ed., 1984, p. 10).

E, de modo mais incisivo, aponta: "a importância da base imponível é nuclear, já que a obrigação tributária tem por objeto sempre o pagamento de uma soma em dinheiro, que somente pode ser fixada em referência a uma grandeza prevista em lei e ínsita no fato imponível, ou dela decorrente, ou com ela relacionada" (ob. cit. p. 105).

A base de cálculo deve ater-se, irrestritamente, aos parâmetros constitucioinais, e, peremptoriamente, ao fato imponível, sendo certo que a materialidade de cada tributo, por si só, é suficiente para medir normativamente o quantum a ser devido pelo sujeito passivo da obrigação.

Não padece dúvida de que a valoração ínsita à base de cálculo, deve ser sempre (dogmaticamente mesmo) haurida no respectivo fato jurígeno, compreendido na materialidade disposta na Constituição.

Elementos estranhos ao valor da importação e mesmo a estranha — e não justificada — superposição de cargas tributárias, não se compaginam com o efetivo negócio jurídico realizado pelo importador.

Portanto, entendo que é inconstitucional obrigação de considerar, na base de cálculo do ICMS, valores posteriormente surgidos à entrada da mercadoria, ou do bem destinado ao estabelecimento, no território nacional.

3. *Alíquota zero*

A Constituição, em geral, não trata da fixação de critérios para a edição de alíquotas, estando esta matéria integrada unicamente no regime de reserva legal, salvo exceções contempladas na própria Carta Magna (art. 153, VI e §§ 4º e 5º; art. 155, 1º, IV, § 2º, IV, V, VI e VII e art. 156, § 4º, I).

Paulo de Barros Carvalho assinala que "congregada à base de cálculo, dá a compostura numérica da dívida, produzindo o valor que pode ser exigido pelo sujeito ativo, em cumprimento da obrigação que nascera pelo acontecimento do fato típico" (*Curso de Direito Tributário*, Saraiva, p. 209).

Geraldo Ataliba é incisivo: "o estudo da alíquota, a rigor, não pertence ao capítulo da hipótese de incidência, mas sim ao da estrutura dinâdmica da obrigação tributária. A alíquota, é, na verdade, integrante da parte mandamental da norma: a alíquota não está na hipótese legal, mas no mandamento. O mandamento principal, na norma tributária não é simplesmente "pague", mas "pague % sobre a base imponível", ou "pague uma moeda por quilograma" ou "uma moeda por metro", ou "uma moeda por litro", etc. (*Hipótese*... p. 108).

Estas considerações permitem visualizar com nitidez dissociação entre base imponível e alíquota; pois, enquanto a primeira constitui o elemento básico, a efetiva grandeza da materialidade tributária, a alíquota representa parte, quota ou fração desse determinado montante (a apontada base imponível).

E, embora componham a quantificação da norma jurídica de tributação, e configurem o elemento valorativo do quantum a ser devido pelo sujeito passivo, apresentam-se de formas nitidamente distintas.

A importância da alíquota é ressaltada por Aires Barreto ao observar "ser fator que, aplicada sobre a base calculada, conduz à determinação da dívida tributária, a alíquota submete-se ao princípio da estrita legalidade. Em outras palavras, a alíquota deverá estar indicada na lei criadora do tributo. É nesse sentido que classificamos as alíquotas como explícitas (expressas) — (*Base de Cálculo, Alíquota e princípios constitucionais*, RT, 1987, pp. 44/45).

A questão que se coloca é a seguinte: "Alíquota Zero equivale à isenção ou à redução da base de cálculo".

Entendo que a menção a "0" só poderia significar total desoneração tributária, e não flexibilidade para aumentar o gravame fiscal.

Ainda no magistério de Aires Barreto, *a designada alíquota zero representa nítida isenção, mercê do aniquilamento do critério quantitativo* (ob. cit. p. 57).

Paulo de Barros Carvalho é categórico: "queremos nos referir à técnica legislativa ou mesmo ao expediente do Poder Executivo, desde que exercitado nos limites da outorga da lei, de reduzir o valor percentual a zero... o preceito da isenção inibe um dos componentes imprescindíveis à organização intrínseca da norma-modelo de incidência roubando-lhe a juridicidade, pois, ainda que ocorra o fato hipoteticamente descrito, não se inaugura a relação jurídico tributária" (*A regra matriz do ICM*, pp. 382/384, 1981, inédito).

Ives Gandra da Silva Martins também não discrepa dessa linha jurídica, "verbis": *a alíquota zero não é senão uma das formas de isenção*, pois expressa, claramente, em lei e com as mesmas conseqüências jurídicas. Dizer o legislador que um produto é isento do IPI ou que a alíquota é zero é dizer, de forma clara e inequívoca, que por força de um favor legal, o produto referido não sofre qualquer incidência tributária. *Os termos se equivalem* e, por conseqüência, o que aplicado for para as leis de exclusão de exigência tributária quanto à isenção, aplicado deveria ser para a alíquota zero" (Verbete "Alíquota", Repertório Enciclopédico Carvalho Santos, RT. Coord. Teresa Alvim e Arruda Alvim).

A circunstância do Supremo Tribunal Federal haver expedido a Súmula 576 ("é lícita a cobrança do ICM sobre produtos importados sob o regime da alíquota zero") não pode constituir dogma jurídico nem uma sagrada verdade jurídica inquestionável ou perpétua.

Pondere-se que a edição pretoriana teve nascimento há quase vinte anos, tendo sido quase que integralmente alterada a composição do STF. Ademais, as próprias Súmulas, muitas vezes, com o correr do tempo, deixam de expressar o pensamento ou uma diretriz fixada numa determinada época.

Assim é que, mais recentemente, o Tribunal de Justiça de São Paulo houve por bem decidir o seguinte: "O douto Magistrado também teve oportunidade de se reportar à questão ligada à alíquota zero do imposto de importação, com a qual o produto está beneficiado. A matéria foi suscitada na inicial e merece, portanto, análise também. Sobre o tema verifica-se que ainda nesta Egrégia Câmara já se teve oportunidade de considerar que de acordo com manifestações do Supremo Tribunal Federal a alíquota zero na prática "se confunde com a isenção tributária" (Embargos no Recurso Extraordinário 77.712-SP), daí se segue que também neste ponto não existem óbices à concessão da segurança'' (Apelação Cível 129.289-2 Santos — Nona Câmara Civil — Re. Des. Lair Loureiro, Sessão de 15 de setembro de 1988, *Lex* pp. 176/177).

Como arremate, sublinho que somente a Lei Federal 8.032 de 12 de abril de 1990 veio dispor que ''os bens importados na alíquota 0 (zero) do Imposto sobre a Importação estão sujeitos aos tributos internos, nos termos das respectivas legislações'' (art. 7º).

Embora se trate de lei federal — de mesma hierarquia de lei estadual (face o princípio federativo) — força é convir que, anteriormente a 12 de abril de 1990, inexistia qualquer tipo de óbice à integral desoneração tributária por força, também, do princípio da irretroatividade das normas jurídicas.

Firmo à convicção de que não pode haver apego irrestrito à interpretação literal prevista no inciso II do artigo 111 do CTN, uma vez que o intérprete deve buscar o sentido do texto, sua compreensão, considerando o sistema jurídico, não se podendo entender que a simples letra da lei seria, por si só, suficiente ao se tratar de normas de isenção ou normas de desoneração tributária.

O que a expressão ''interpretação literal'' pode signficiar é que o sentido da lei deve ser aplicado com a maior exatidão a fim de não criar isenção nele não prevista, nem eliminar isenção que nele não se inclui.

Rubens Gomes de Souza já havia demonstrado a sem razão de ser da interpretação literal, sublinhando Baleeiro que é a atual tendência de nossos Tribunais e doutores para interpretação das cláusulas de isenção tributária em toda sua força de compreensão, sem o espírito restritivo dos velhos julgados (*Compêndio de Legislação Tributária* p. 77).

E conclui Carlos da Rocha Guimarães: ''A lei tributária (CTN) ao falar em interpretação literal não pretendeu eliminar o processo de compreensão efetiva do texto legal, mas de impedir que, por um processo integrativo (não estritamente interpretativo), se pretendesse preencher o que seu aplicador considerasse como lacuna da lei, ultrapassando os justos limites que o caso impõe, que são os de só admitir como interpretação o que se considere implícito na letra da lei'' (*Interpretação literal das isenções tributárias em proposições tributárias*, RT, 1975).

Com probidade científica, Paulo de Barros Carvalho argumenta que ''o desprestígio da chamada interpretação literal, como critério isolado da exegese, é algo que dispensa meditações mais sérias, bastando arguir que, prevalecendo como método interpretativo do Direito, seríamos forçados a admitir que os meramente alfabetizados, quem sabe com o auxílio de um dicionário de tecnologia, estariam credenciados a descobrir as substâncias das ordens legisladas, explicitando as proporções do significado da lei. O reconhecimento de tal possibilidade roubaria à Ciência do Direito todo o teor de suas conquistas, relegando o ensino universitário, ministrado nas faculdades, a um esforço estéril, sem expressão e sentido prático de existência'' (*Curso de Direito Tributário*, Saraiva, 1985).

Importante ressaltar que nem sempre os textos são claros, precisos, tranqüilos, revelando imperfeições, obscuridades, que não permitem ao intérprete aplicar a desoneração tributária mediante simples leitura.

E, Alípio Silveira ensina que ''o legislador brasileiro daria cópia de atraso injustificável, se obrigasse o aplicador, mesmo em certos casos, a limitar-se à interpretação literal, uma vez que a interpretação das leis é um processo mental único, uma síntese de vários elementos de natureza gramatical, ou literal, lógico, sistemático, teleológico, etc.'' (*Hermenêutica no Direito Brasileiro*, Ed. RT, 1968).

Maximiliano é claro: "As duas expressões — interpretação extensiva e restritiva — deixam na penumbra, indistintas, imprecisas, mais idéias do que a linguagem faz presumir; tomadas na acepção literal, conduzem a freqüentes erros" (*Hermenêutica e Aplicação do Direito*, Freitas Bastos, 1941).

Em conclusão, penso que as expressões "isentos", "livres de direito" e "alíquota zero" significam, em termos elementares, formas de desoneração de carga tributária.

4. Isenção — Befiex

Em exame o direito à isenção de ICM/ICMS na importação de bens amparados por Programa Especial de Exportação — BEFIEX — concedida pelo legislador nacional, relativamente a desembaraços aduaneiros ocorridos na vigência da CF-88.

Cumpre apurar se a legislação regradora do incentivo, à época da concessão, no âmbito estadual — no caso a Lei Complementar 4/69 — continuaria tendo eficácia após a promulgação da CF-88, quando os Estados passaram a ter competência exclusiva para outorgar estímulos fiscais, de qualquer natureza, inclusive isenções.

O fisco alega que os benefícios outorgados com fulcro na legislação federal cessaram a partir de 1.3.89 (art. 34, § 4º do ADCT), condicionando-se a nova concessão à edição de Convênio (Lei Complementar 24, de 7.1.75).

E, que tais benefícios, não conflitavam com a nova CF, que só exigiram confirmação após dois anos de sua promulgação (art. 41, § 1º do ADCT).

O contribuinte argumenta que à época da aprovação do BEFIEX, vigia, em sua plenitude, a LC-4/69, que dispunha:

"Art. 1º — Ficam isentas do imposto sobre operações relativas à circulação de mercadorias:

"(...)

"VI — as entradas de mercadorias cuja importação estiver isenta do imposto, de competência da União, sobre importação de produtos estrangeiros".

O programa de benefícios fora pactuado, usualmente, pelo prazo de 10 anos, tendo se incorporado ao patrimônio do contribuinte-importador pelo prazo do projeto, por se tratar de isenção onerosa, em razão da contrapartida da exportação de determinado valor para permitir a fruição das isenções.

Aplicável a SÚMULA 544 do STF:

"Isenções tributárias concedidas sob condição onerosa, não podem ser livremente suprimidas".

Atenta, também, para o disposto no § 2º do art. 41 do ADCT:

"Art. 41 — Os Poderes Executivos da União, dos Estados, do Distrito Federal e dos Municípios reavaliarão todos os incentivos — fiscais de natureza setorial ora em vigor, propondo aos Poderes Legislativos respectivos as medidas cabíveis.

"(...)

"§ 2º — *A revogação não prejudicará os direitos que já tiverem sido adquiridos, àquela data, em relação a incentivos concedidos sob condição e com prazo certo*".

Entendendo que há que se considerar o tipo de isenção, outorgado ao contribuinte, envolvendo condições recíprocas, direitos, vantagens e obrigações recíprocas, que não podem, unilateralmente, ser suprimidas sem que haja reparação.

Não é crível (e lógico) adimitir que, tendo a empresa firmado verdadeiro contrato de direito público no sentido de promover exportações, a fim de atender os reclamos do governo, firmando onerosos compromissos, possa, em meio ao prazo desse mesmo contrato, ver eliminada garantia legal consistente na outorga de incentivos.

É de se notar o caráter condicional da isenção de todos os tributos que decorre do Programa Befiex assumido, como se contém do art. 4º do Decreto-lei 1.219 de 15.05.72, a saber:

"Art. 4º — O descumprimento do compromisso de exportação, que vier a ser assumido na forma do art. 1º, obrigará a empresa ou empresas participantes ao pagamento dos impostos de que foram isentas, e que de outra forma seriam devidos, corrigidos monetariamente, e acrescidos de multa de até 50% — (cinquenta por cento) do valor dos impostos".

A doutrina tem pontificado no sentido de prestigiar as isenções condicionadas, como se colhe de ensinamentos de Antonio Roberto Sampaio Dória (*RDT*, vol. 38, p.37 e ss.), Aliomar Baleeiro (*Direito Tributário Brasileiro*, 10ª. ed, p. 592), valendo destacar trechos deste última obra:

"Sem dúvida, e em princípio, a regra deve ser a revogabilidade ou a redutibilidade de isenção em qualquer tempo em que o Estado entenda que ela já não corresponde ao interesse público do qual promanou. Mas há exceções, quando a isenção, pelas condições de sua outorga, conduziu o contribuinte a uma atividade de que ele não empreenderia se estivesse sujeito aos tributos da época. Então ela foi onerosa para o beneficiário. Nesses casos, a revogabilidade, total ou parcial, seria um ludíbrio à boa fé dos que confiaram nos incentivos acenados pelo Estado".

Por conseguinte, a vinculação da isenção do imposto sobre a circulação de mercadorias (ICM) ao imposto sobre a importação (II) é irretorquível, mantendo-se prevalecente para o ICMS, em decorrência do compromisso assumido pela empresa. Ademais, trata-se de respeito ao superior princípio do "direito adquirido", insculpido na Constituição de 1967 (art. 153, § 3º) e de 1988 (art. 5º, XXXVI).

Hugo de Brito Machado, argutamente, observa:

"... não se há de confundir a aquisição de um direito com o seu exercício. Como asseverou o eminente Ministro Carlos Mário Veloso, em magnífica sentença proferida quando Juiz Federal em Minas Gerais e Professor de Direito Constitucional da Faculdade de Direito da Universidade Católica de Minas Gerais, "se há reunião de todos os requisitos para aposentar-se, opera-se, de imediato, a aquisição de um direito, irrelevante a circunstância de não ter o titular exercido o direito que lhe competia" (*Direito Tributário*, Rev. Tribs, 1993 p. 141 e *RDP*, vol. 21, p. 175).

Caio Mario da Silva Pereira afirma:

"direito adquirido, *in genere*, abrange os direitos que o seu titular ou alguém por ele possa exercer, como aqueles cujo começo de exercício tenha termo prefixado ou condição — pré-estabelecida, inalterável ao arbítrio de outrem. São os direitos definitivamente incorporados ao patrimônio do seu titular, sejam os já realizados, sejam os que simplesmente dependem de um prazo para seu exercício, sejam ainda os subordinados a uma condição inalterável ao arbítrio de outrem" (*Instituições de Direito Civil*, 4ª. ed, Forense, RJ, 1974, p. 151/152).

Conclui Hugo de Brito Machado:

"À luz dessas considerações, tem-se como indiscutível que o direito adquirido:

"a) tem conteúdo patrimonial, mas não se restringe ao âmbito do direito privado;

"b) configura-se na relação jurídica de tributação, com a ocorrência do fato tributável;

"c) por isso mesmo, a lei nova que institua qualquer espécie de gravame não se aplica aos fatos tributáveis já consumados, em face da vedação contida no art. 153, § 3º, da Constituição Federal" (ob. cit. p. 142).

A circunstância da competência outorgada às pessoas jurídicas de direito público para instituir tributos (ou isenções) — compreendida como princípio federativo corrobora as assertivas apontadas, pois, à União, à época, detinha competência para instituir isenções estaduais (como foi o caso da Lei Complementar 4/69).

É de se registrar a jurisprudência firmada pelo Tribunal de Justiça de São Paulo, consubstanciada na ementa seguinte:

"IMPOSTO — Circulação de mercadorias — Programa BEFIEX — Direito de isenção — Inadmissibilidade — Artigo 151, inciso III, da Constituição da República — Uniformização — da jurisprudência nesse sentido". Incidente de Uniformização de Jurisprudência na Apelação Cível 188.098-2 — Relator Bueno Magano, Sessão de 13.11.92 — *LEX* 139 pp. 256/257."

Aguarda-se decisões do STJ e STF.

5. *Crédito de ICMS em aquisição no país, de bem estrangeiro importado por contribuinte de outro estado*

1. Situação fática

Empresa com sede no Estado A celebra contratos com empresas estabelecidas em outros Estados, relativamente à venda de bens importados.

Para tanto, promove à respectiva importação e o desembaraço aduaneiro no Estado B (ou qualquer outro), sendo que os bens são remetidos diretamente da alfândega (porto ou aeroporto) para os estabelecimentos dos clientes no Estado B.

A Importadora recolhe os tributos aduaneiros (inclusive o ICMS) no Estado e emite nota fiscal de entrada, e consequente nota fiscal de saída com lançamento do ICMS, destinado aos clientes no Estado B.

Indaga-se se o fato da circulação física da mercadoria ocorrer exclusivamente no Estado B permite o fisco B glosar os créditos de ICMS que sejam apropriados nas escritas fiscais das empresas que jurisdiciona.

2. Considerações preliminares

A sistemática das importações estabelece procedimentos flexíveis para permitir uma intensa operacionalidade do comércio internacional, desde que exista pleno amparo documental.

Nesse sentido, é permitido que produtos importados por empresa estabelecida em um Estado possam ingressar fisicamente em porto (ou aeroporto) de outro Estado, e, ainda, destinarem-se a um terceiro Estado.

Essa situação consubstancia racionalização das operações de importação, objetivando maior eficácia evitando-se dispêndios desnecessários.

Em termos objetivos, não haveria significado algum — na situação em análise — que uma empresa sediada no Estado A, tivesse que adotar um dos procedimentos seguintes:

a) desembaraçar os bens importados em A, proceder o seu ingresso físico no estabelecimento da mesma empresa e, depois, efetuar sua remessa para empresa em B;

ou

b) abrir estabelecimento em B, desembaraçar os bens (também em B), ingressá-los fisicamente no mesmo estabelecimento, para, então, remetê-los à empresa sediada no mesmo Estado (B).

Em termos tributários, o fisco B — certamente, não levantaria nenhuma objeção eis que os fatos físicos estariam consentâneos com as operações mercantis, observada, ainda, a territorialidade, não ensejando questionamento fiscal no tocante aos créditos que viessem a ser escriturados pelos adquirentes dos bens.

Todavia, tais procedimentos revelam-se onerosos, desnecessários e incompatíveis com as dinâmicas empresariais; e, sobretudo, impertinentes para fins tributários que devem considerar, preponderantemente, as operações "jurídicas" e não meras circulações "físicas".

3. O momento da incidência da ICMS e o local da obrigação tributária

A Constituição Federal dispõe sobre regra matriz da incidência do ICMS relativamente às importações, no seu artigo 155, § 2º, IX, "a", a saber: "IX (o ICMS) incidirá também:

"a) sobre a entrada de mercadoria importada do exterior, ainda quando se tratar de bem destinado a consumo ou ativo fixo do estabelecimento, assim como sobre serviço prestado no exterior, cabendo o imposto ao Estado onde estiver situado o estabelecimento destinatário da mercadoria ou do serviço".

Existem aspectos fundamentais a serem considerados com o escopo de tipificar e especificar o momento em que se deve reputar acontecido o "fato gerador" e o repectivo "local", em que deve ser cumprida a obrigação tributária concernente ao ICMS.

A materialidade do ICMS consiste na realização de "operações" relativas à circulação de mercadorias (e prestações de determinados tipos de serviços) — na forma instituída no art. 155, I, "b" da CF. Grava-se a efetivação de um negócio jurídico mercantil, tendo por objeto mercadoria no exercício de uma atividade profissional com intuito lucrativo.

Hoje já é tranquilo que o tributo recai sobre "circulação jurídica" (decorrente de "operação jurídica"), e não mera circulação física, ou mesmo econômica, pois é cediço que todo fato gerador de tributo decorre de um negócio, uma relação jurídica de natureza privada, embora revelando sempre um substrato econômico.

Porisso que Geraldo Ataliba ensina que "a direção constitucional deve ser interpretada juridicamente, com critérios jurídicos; interpretação informada por categorias e técnicas da ciência do Direito. O conceito único e decisivo a ser considerado há de ser o da circulação jurídica. Este nem sempre, nem necessariamente, coincide com o conceito econômico" (*RDT*, v. 43, p. 229).

O Supremo Tribunal Federal decidiu:

"IMPOSTO SOBRE CIRCULAÇÃO DE MERCADORIAS. FATO GERADOR. A simples circulacão física da mercadoria não implica na caracterização do fato gerador do ICM. Sem que exista um fato econômico de relevância jurídica não há que falar em fato gerador da obrigação tributária" (*RDA*, vol. 111, pp. 39 e ss., jan./março 1973 RE 72.412, Primeira Turma, Min. Djaci Falcão)

O Superior Tribunal de Justiça também já exagerou o entendimento seguinte:

"Tributário. ICM. Tranferência de mercadorias da filial para matriz e vice-versa.

"I — O simples deslocamento da mercadoria pelo seu proprietário, sem implicar circulação econômica ou jurídica, não legitima a incidência do ICM.

"II — Inocorrência da ofensa ao art. 6º, § 2º, do Decreto-lei 406/68.

"III — Recurso Especial não conhecido" (*Diário da Justiça*, Seção I, 26.10.92. RE 9.933-0 — SP, Segunda Turma, Rel. Min. Antonio de Pádua Ribeiro)".

E o Tribunal de Justiça de São Paulo, na mesma trilha: "o fato gerador dá-se com a operação relativa à circulação de mercadorias, e, portanto, o que importa é a data de tal operação e não o dia da saída física do bem produzido. Nesse sentido já tem assentado esta Colenda Câmara (*RJTJESP*, vol. 92/119) e por igual este Egrégio Tribunal" (*RJTJESP*, vol. 84/103 e 104, e mesma obra v. 114, p. 147).

Portanto, a circunstância de legislação ordinária estabelecer fato gerador do ICMS na mera transferência entre estabelecimentos da mesma empresa ou simples deslocamentos físicos dentro de uma mesma área geográfica — com base no Convênio ICM 66/88 (art. 2º., V e VI), não causa maior preocupação tendo em vista a diretria jurispridencial.

Do mesmo modo, o fato do preceito constitucional (art. 155, IX, a) não ter mencionado o vocábulo operações não possui maior importância, não só porque a matriz constitucional (inciso I, *b* do art. 155) é explícita, mas também porque a "entrada" constitui mero elemento temporal que decorre de um outro elemento fundamental (sua razão jurídica) qual seja, "operações mercantis".

A "entrada de mercadoria importada" decorre, e vincula-se de modo inexorável a anterior negócio jurídico (aquisição de bens no exterior), sendo irrelevante a ocorrência de efetivo ingresso físico no estabelecimento importador (o que pode ocorrer, até simbolicamente).

Não se trata, em absoluto, de "imposto sobre entrada", pois tal fato físico não tem significado básico jurídico, representando unicamente um mero marco de "tempo", colhido pelo legislador (do mesmo modo que "saída", "fornecimento", etc.), para efeito do recolhimento financeiro.

Porisso que o jurista Alcides Jorge Costa ensina que "a saída exterioriza o fato gerador ... Por isso, a lei equiparou a transmissão da propriedade da mercadoria à saída ..." (*ICM na Constituição e na Lei Complementar*, RT, 1978, p. 113/114).

Como os bens importados são remetidos do exterior à empresa estabelecida no Estado A, a esta compete promover sua liberação e atender às respectivas exigências tributárias (emissão de documentos, lançamento e recolhimento do ICMS). Pratica, sem dúvida, negócio jurídico relativo à importação, sendo inquestionável sua sujeição passiva.

Ademais, é fácil compreender a finalidade e o alcance da expressão "cabendo o imposto ao Estado onde estiver situado o estabelecimento destinatário da mercadoria" (parte final da redação da alínea "a" do inciso IX do artigo 155 da CF).

Com efeito, o ICMS não incide sobre mera entrada de bens no país, e não se torna devido pela simples liberação alfandegária, sendo certo que a titularidade do ICMS (sujeito ativo da relação jurídica fiscal) não cabe singelamente ao Estado onde ocorreu o mero ato físico do desembaraço aduaneiro, mas ao Estado em que se localiza o sujeito passivo do tributo, isto é, aquele que juridicamente promoveu o ingresso dos bens estrangeiros no país, e para onde se destinam (real ou simbolicamente).

No caso enfocado, é o Estado A onde se situa o estabelecimento de destino das mercadorias, na forma prevista, normalmente, em documentação de importação. Claramente se constata que o importador (obrigado ao ICMS) encontra-se estabelecido no Estado A, e é àquele Estado A (do destino das mercadorias) que deve ser recolhido no ICMS relativamente ao ingresso no país.

Importante sublinhar que, ainda que o importador A tenha contratado a revenda dos bens importados para clientes de outros Estados (B, C, etc.), esta situação não é causa suficiente para ser entendido que o Estado onde se encontra o estabelecimento destinatário (para os fins do designio constitucional) seja unicamente o Estado B (C, etc.), onde deveriam ser satisfeitas as obrigações tributárias.

Além do preceito constitucional não se referir (e nem se restringir) especificamente a "estabelecimento destinatário final", várias situações podem ocorrer para que os bens importados não venham ter por destino (transitório ou final) o Estado B, a saber:

a) o importador (A) promove a liberação dos bens que, a final, nem chegam a ser remetidos ao destinatário final (B);

b) o importador — em razão de ulteriores tratativas com o destinatário (B), efetua a remessa dos bens a estabelecimento localizado em terceiro Estado (C, etc.), sem que transite (ou não) por B;

c) o importador remete os bens ao destinatário contratado (B), e este, por sua vez, os reenvia a sujeito localizado em outro Estado.

Destarte, constata-se que não há nenhuma segurança, ou certeza, que o estabelecimento destinatário seja efetivamente o estabelecimento do cliente localizado no Estado B.

Em suma, ressalto que o fato dos bens importados transitarem unicamente no território B (devido a mera facilidade de trânsito ou economia) não é motivo jurídico para haver exclusiva incidência do ICMS em B, visto que a "circulação jurídica" é concretizada com sujeito passivo localizado em outro Estado (A).

4. Créditos de ICMS

Relativamente ao direito ao crédito do valor correspondente tributada pela empresa do Estado B, é legítimo o direito ao crédito do valor correspondente do ICMS (art. 155, § 2º, I da CF-88 e art. 28 do Convênio ICM 66/88).

Entretanto, não se pode ignorar que a Fazenda do Estado B pode observar critério diverso, não aceitando referidos créditos, na situação da espécie, sob a assertiva de que só consideraria a circulação física, e o fato dos bens importados transitarem exclusivamente no território B.

Pode entender que, para efeito de determinação da competência tributária, deve prevalecer o local da situação da mercadoria no momento da transmissão de sua propriedade.

Adoto postura diversa uma vez que a empresa do Estado realizou perfeito negócio jurídico com a empresa sediada no exterior e que, dessa forma, caracteriza-se como obrigada ao pagamento do ICMS relativamente à importação e ingresso dos bens no país; devendo o tributo ser recolhido aos cofres do Estado destinatário (no caso A). O negócio jurídico celebrado entre a empresa A e a emprêsa B implica em subsequentes efeitos tributários, ocorrendo o fato gerador do ICMS no Estado A.

Enfatizo que a sistemática das operações relativas à aquisição de bens estrangeiros permite a nacionalização em alfândega situada em distinto Estado do seu destinatário.

E, não padece dúvida de que o direito tributário caracteriza-se como um direito de superposição, ou seja, grava situações, atos, operações, negócios disciplinados pelo direito, para o fim de irradiar seus efeitos.

Nesta seara, é forçoso convir que o direito tributário (ICMS) irá incidir sobre os dois negócios jurídicos nitidamene distintos, e em momentos também diferenciados: a) importação pela empresa A (independente do local do desembaraço aduaneiro) gravada pelo ICMS incidente sobre a aquisição dos bens do exterior, devido ao Estado de destino (A), como disposto na alínea "a", do inciso IX do art. 155; b) — venda (ou outro negócio jurídico) do bem importado pela empresa de A à empresa de B, recaindo o ICMS sobre o respectivo preço (o que permitirá o subsequente aproveitamento do crédito fiscal pelo adquirente B).

Não há cabal fundamento jurídico na assertativa de que só interessaria o local da circulação física dos bens importados, visto que o ICMS — é importante repetir só onera a circulação "jurídica" ("operações"), como é o caso da própria transmissão da propriedade, ainda que a mercadoria não transite pelo estabelecimento do transmitente (§ 1º do art. 1º do DL-406/68 — recepcionado pela nova ordem jurídica — § 5º do art. 34 do ADCT).

E, por decorrência lógica, inconsistente qualquer glosa de crédito porque concernente a ICMS legítimo, decorrente de anterior "operação" realizada por empresa do Estado A, amparada por nota fiscal regularmente emitida.

Observa-se, por outro lado, que, *prima facie*, não se vislumbra aparente intuito sonegatório uma vez que o ICMS relativo à importação é regularmente recolhido no Estado A, o mesmo se verificando no que pertine ao ICMS devido na operação de venda do bem importado (também no mesmo Estado).

5. Conclusões

Possui amparo constitucional o procedimento da empresa estabelecida em A, ao considerar a importação como efetuada naquele Estado, com o ICMS recolhido também no mesmo Estado, independente do desembaraço aduaneiro processar-se em outra unidade da federação.

Entendo que o fato da circulação física da mercadoria importada ocorrer exclusivamente em B, é irrelevante para caracterizar o local das "operações de importação" e do "recolhimento do ICMS", ante a existência de dois negócios jurídicos distintos (importação por empresa de A e subsequente negócio com empresa de B).

Estes os fundamentos — de índole constitucional — para prevalecimento do direito ao crédito do ICMS por parte do adquirente B, em razão do cânone da não-cumulatividade e mesmo ante a regra matriz de incidência do imposto e a atribuição de competência tributária ao Estado de destino (local onde de encontra estabelecido o importador de bens do exterior).

6. O momento do fato gerador

Quando nasce a obrigação tributária relativa ao ICMS decorrente de "operações com mercadorias e bens destinados ao ativo fixo ou consumo?

a) desembaraço aduaneiro?

b) recebimento pelo importador?

c) entrada no estabelecimento do importador?

Os fatos imponíveis ocorrem em um determinado momento que deve ser fixado claramente pelo legislador porque, nesse preciso instante, nasce o direito subjetivo para a pessoa de direito público, e, correlatamente, uma obrigação para o sujeito passivo.

A norma contém a descrição genérica de um fato que ocorre numa circunstância de tempo certo e determinado, e que, embora possa ser composto ou integrado por diversos elementos, será sempre considerado uno e incindível.

Geraldo Ataliba define o aspecto temporal da h.i "como a propriedade que esta tem de designar (explícita ou implicitamente) o momento em que deve se reputar consumado (acontecido, realizado) um fato imponível" (*Hipótese de Inadência*, p. 87).

Classificá-los como simples ou complexos (acontecimento isolado ou congregado a diversos elementos instantâneos ou continuados (situações ou estados) não traz proveito em termos de estrutura de norma tributária.

Realmente, a incidência tributária ataca unicamente o resultado de uma situação, estado, operação ou atividade que, e enquanto não verificada, não faz eclodir o tributo, desencadeando efeitos que lhe são pertinentes.

Ao legislador compete estabelecer, em princípio, o momento (aspecto temporal) em que se deve reputar acontecida a materialidade do tributo prevista constitucionalmente. O instante do nascimento da obrigação tributária deve guardar efetivo vínculo com a matéria objeto de tributação, eis que todos os aspectos (ou critérios) da norma são intrinsecamente ligados.

Adverte Paulo de Barros Carvalho que "a eleição do momento adequando para a realização do fato jurídico tributário se faz no plano das elaborações legislativas, procedendo à classificação cientítifica de incidência, prevendo o momento exato para a ocorrência do fato imponível e que não fazem alusão a este momento" (*Curso*, p. 148).

Sampaio Dória assim se pronunciou: "em síntese, a obrigação tributária passa por estágio de previsão legal abstrata, por outro de concretização efetiva e, finalmente, se formaliza um documento que lhe permita a satisfação — o lançamento. Fica, pois, de todo evidente, que o elemento fundamental na criação da obrigação tributária é a ocorrência in concreto dos fatos abstratamente previstos em lei, vale dizer, a ocorrência do fato gerador, conceito nuclear em torno do qual gravita toda a teoria da obrigação tributária e, por consequência, também deve gravitar todo o corpo de princípios solucionadores dos conflitos das leis tributárias no tempo" (*Da Lei Tributária no Tempo*, Livraria Jurídica José Bushtasky, 1968, p. 117).

Em se tratando de ICMS, impõe-se a observância do preceito contido no art. 155, IX, "a" da CF (já transcrito ao longo destes estudos).

A própria norma constitucional referida determina a incidência do ICMS "... sobre a *Entrada* de mercadoria importada, ou do bem do ativo fixo ou destinado ao consumo..."; "no estabelecimento destinatário da mercadoria".

Do exame do superior dispositivo, conclui-se que o simples ato de importar ou desembaraçar bens importados não é representativo do aspecto temporal da hipótese de incidência do ICMS. O marco temporal, o momento da ocorrência do fato imponível do ICMS é representado pelo efetivo recebimento das mercadorias importadas, quando da sua *entrada* no estabelecimento do contribuinte.

Tem-se, pois, que a mera entrada dos bens importados em território nacional não constitui fato que gere obrigação de ICMS, ou mesmo o aspecto temporal desse fato. Tal momento não é relevante para configurar a obrigação de pagamento, mesmo porque já consagrado pelo Supremo Tribunal Federal, "verbis": "Súmula 577. Na importação de mercadorias do exterior, o fato gerador do ICM ocorre no momento de sua entrada no estabelecimento do importador"

A inconstitucional e ilegal exigência das autoridades administrativas — embasada na antiga Instrução Normativa 54/81 — norma hierarquicamente inferior à Constituição Federal — fere frontalmente os dispositivos citados e a referida Súmula, não se podendo admitir a alteração do fato gerador por parte de qualquer tipo de legislador.

Diversos Tribunais Regionais Federais, na vigência da Constituição de 1988, já fixaram entendimento sobre a matéria.

O TRF-3ª Região editou a seguinte súmula n. 3: "É ilegal a exigência da comprovação do prévio recolhimento do Imposto de Circulação de Mercadorias como condição para a liberação das mercadorias importadas".

E, nessa trilha jurídica decidiu:

"EMENTA - TRIBUTÁRIO. ICMS ALFADEGÁRIO. EXIGÊNCIA DE PRÉVIO RECOLHIMENTO PARA DESEMBARAÇO ADUANEIRO. ILEGALIDADE. FAZENDA ESTADUAL.

LITISCONSÓRCIO PASSIVO NECESSÁRIO. DESCABIMENTO.

"I — Remanesce ilegal a Instrução Normativa 54/81, da Secretaria da Receita Federal, à luz da nova ordem constitucional, que criou o ICMS e a legislação daí decorrente, posto que aquela norma administrativa não pode alterar o aspecto temporal do tributo, que continua sendo a entrada da mercadoria no estabelecimento importador. (...) (AMS 89.03.34422-9-SP — Terceira Turma — Rel. Juiz Márcio Moraes — Sessão de 22.5.91 - *LEX* nº 29, 1992, p. 430/434).

Confira-se decisão do TRF-1a. Região:

"EMENTA - TRIBUTÁRIO E PROCESSUAL CIVIL. LITISCONSÓRCIO FACULTATIVO. ICMS. ANTECIPAÇÃO DO FATO GERADOR. IMPORTAÇÃO. DESEMBARAÇO ADUANEIRO. CONVÊNIO ICM 66/88. INVASÃO DA ÁREA RESERVADA À LEI COMPLEMENTAR. ILEGALIDADE.

"— Os convênios previstos no § 8º do art. 34 do ADCT, celebrados entre Secretários de Fazenda dos Estados e do Distrituo Federal, não têm aptidão para definir o fato gerador do ICMS, matéria regulada na legislação precedente, recepcionada pela nova ordem constitucional (§ 5º do art. 34 do ADCT).

"— É ilegal a exigência prevista no Convênio ICM, 66/88 (art. 2º, inciso I), porque contrária ao disposto no Decreto-lei 406/68 (art. 1º, inciso II), que define como fato gerador do ICMS o momento da entrada da mercadoria no estabelecimento comercial, no caso de mercadorias importadas (Súmula 577/STF).

"— Remessa oficial desprovida. (Remessa "ex ofício 92.01.30455-2 — MG — Terceira Turma — Rel. Juiz Vicente Leal — DJ 29.03.1193 — Sessão de 8.2.93 — *LEX* 46, 1993, pp. 368/373).

Do mesmo modo, o TRF-2a. Região:

"EMENTA — TRIBUTÁRIO. ICMS. INSTRUÇÃO NORMATIVA SRF N. 54/81. ART. 146, ITEM III, LETRA A DA CF, § 8º DO ART. 34 do ADCT - SÚMULA N. 7/TRF

"I — A atual Constituição Federal, em seu art. 146, item III, letra a, é expressa no sentido de que cabe à lei complementar a definição dos fatos geradores, bases de cálculo e contribuintes, relativamente aos impostos nela determinados.

"II — A autorização para fixar normas reguladoras, contida no § 8º do art. 34 do ADCT não alcança o fato gerador do tributo.

"III — 'Inexistindo Lei Complementar específica, o fato gerador do ICMS, na hipótese prevista no art. 155, § 2º, item IX, letra a da Carta de 1988, continua a ser a entrada da mercadoria no estabelecimento destinatário' ".

"IV — Sentença confirmada". AMS n. 92.02.17676-0- RJ — Terceira Turma — Rel. Des. Valmir Peçanha — *DJ* de 29.04.93 — Sessão de 3.2.93 — *LEX* 53, 1994, pp. 472/76)

Portanto, de nenhuma eficácia qualquer regra convenial ou prevista em legislação ordinária que exija o ICMS por ocasião de desembaraço aduaneiro da mercadoria (ou bem) importado, ou no recebimento pelo importador, especialmente por violar o princípio da hierarquia normativa.

II — IPI

Inexistência do fato gerador

O legislador constitucional foi extremamente lacônico no tocante à previsão de seus elementos estruturais, não atingindo, com a mesma prodigalidade no que atina aos demais tributos, especialmente o ICMS.

São parcos os dispositivos que tratam do imposto em comento, tornando difícil a tarefa de desvendar seu aspecto nuclear, sua verdadeira essência, o que não significa que se deva abeberar em normas inferiores à Constituição.

A referência inicial está prevista no artigo 153, que outorga competência à União para instituir imposto sobre "produto industrializado", o que leva a perquirir se a hipótese normativa é suficiente para traçar o âmbito material do IPI, encontrar o verdadeiro sentido da expressão citada, e a sua real dimensão na compostura da regra de tributação.

Conceituar "produto industrializado" constitui espinhoso empreendimento em que se empenharam poucos juristas, tendo o hermeneuta que pautar-se por elementos técnicos, físicos, operacionais, ou a característica de industrialização deve ser captada em termos jurídicos? As definições legais constituiriam autênticos dogmas para os aplicadores das normas? Pode o legislador alterar a realidade natural das coisas, definindo como "industrialização" atividade que não possua tal natureza?

A resposta para tais indagações impõe afastar qualquer cogitação sobre a análise de textos infra-constitucionais, porque a legislação de ater-se aos parâmetros constitucionais, limitando-se a explicitá-los.

Para a composição (constitucional) do IPI há que ser examinada a existência de demais materialidades dispostas na Constituição que com ela possa se confrontar, ou delimitar seu âmbito de incidência, como é o caso específico do ISS e do ICMS.

É importante meditar a respeito destas questões, e proceder digressões face às características de "produto industrializado" ou "industrialização de produtos", que devem arranjar-se juridicamente com os conceitos de "mercadorias" e "prestação de serviços".

Padronização, massificação, escala, personificação e maquinários utilizados são aspectos que, de per si, não permitem formar convicção segura sobre a questão, uma vez que forradas de preconceitos hauridos em concepções estranhas ao direito e à realidade natural das coisas.

Imperioso adentrar no exame de duas questões fundamentais, prenhes de conceitos vagos e imprecisos, como é o caso da natureza da obrigação de "dar" ou de "fazer", e a distinção jurídica entre "industrialização e prestação de serviços".

"Operações" configura o verdadeiro sentido do fato juridicizado, a prática de operação jurídica como a transmissão de um direito (posse ou propriedade). Essas operações (jurídicas) têm produto industrializado por objeto, em razão do que, para a configuração (jurídica) do IPI, podem ser apontados os requisitos seguintes: a) existência de um produto industrializado; b) existência de razão jurídica.

Isoladamente, os termos "operações" e "produto industrializado" nada significam, podendo tais situações fáticas, não irradiar nenhum efeito jurídico.

Ao adjetivar o produto como "industrializado" o legislador excepcionou o meio ou o resultado produtivo, apartou todos os demais tipos de produtos que não resultem do processo de industrialização. Todos os esforços humanos sobre bens materiais que perfaçam um produto, e que não decorram ou se vinculem a "atos de indústria", exclue-se do âmbito material do IPI.

As produções científicas, artísticas, intelectuais, naturais, artesanais, ainda que sejam corporificadas e tangíveis, não se classificam como industriais.

A operação que serve de fato gerador do IPI é o negócio que transfere o domínio ou a posse do bem daquela pessoa que produziu, sendo certo que "operações", no texto constitucional não significa simples ato humano de produzir bens (industrialização), visto que a fabricação de produtos (mero ato material), por si só, nada representa, pois não se tributa esse esforço humano, qualificável por outra norma de incidência (ISS).

Sendo distintas as materialidades do ISS e do IPI, é necessário encontrar a essência, o núcleo, as notas características de cada um desses tributos, não sendo crível admitir-se que ambos tratem de simples atividades humanas, na elaboração ou esforço pessoal, na inexistência ou não de materiais (ou produtos), na preeminência ou não de equipamentos, ou mesmo na escala de elaboração, massificação, etc.

O grau, a escala e a importância da elaboração e obtenção dos bens não constituem elementos imprescindíveis ou fundamentais para se traçar um critério seguro e científico para delimitação das materialidades. Não se pode compreender que as duas materialidades envolvam fundamentalmente um "fazer", de maior ou menor intensidade, que, no caso do IPI, seria mais significativo e se traduziriam num bem corporificado; e, no caso do ISS, atos decorrentes de menor desempenho material e nem sempre materializados.

No IPI, a obrigação decorre da realização de "operações" no sentido jurídico (ato de transmissão de propriedade ou posse do bem), de um bem anteriormente elaborado (esforço humano que consistiu na sua transformação ou criação de uma nova utilidade). A obrigação consiste num "dar o produto industrializado", pelo próprio realizador da operação jurídica.

Embora tal realizador, anteriormente, tenha produzido um bem, consistente em seu esforço pessoal, sua obrigação principal consiste na entrega desse bem, no oferecimento de algo corpóreo, materializado, não por encomenda específica do adquirente.

No IPI grava-se "a operação realizada pelo próprio elaborador do bem (industrialização) na fase de sua produção"; no ISS não se cogita, propriamente, de um "dar" mas um exclusivo "fazer".

Em resumo, o cerne da distinção emerge da característica, do conceito, da nota fundamental do ato ou situação plasmada (materialmente) na Constituição. A "prestação de serviço" demanda esforço pessoal, humano (personalizado) que pode (ou não) traduzir-se em um bem corpóreo ou mesmo implicar na utilização de materiais, sem que tolha ou desvirtue sua efetiva natureza (obrigação de "fazer"). O IPI não se distingue do ISS pela qualificação, dificuldade, grandeza ou espécie de esforço humano, mas, basicamente, pela prática de "operações" (jurídicas, não tecnológicas), implicando em obrigação de "dar" um bem objeto de anterior elaboração.

Não se poderia sutilmente argumentar que, tratando-se de produto importado, o legislador poderia cogitar de imputar a obrigação do IPI ao referido importador, estabelecido no país, por compreender-se num dos polos da relação jurídica do negócio importação.

Realmente, ao tratar do IPI, a CF não fez a mesma ressalva contida no âmbito do ICMS, ao gravar *operações* e prestações *que se iniciem no exterior* (155,I,*b*).

Outrossim, a CF já conferiu competência à União para gravar a importação de "produtos estrangeiros" (art. 153, I), não tendo sentido a aplicação do inciso IV (do preceito) para as operações com o comércio exterior.

Em conclusão, não há embasamento jurídico na exigência de IPI, na importação de produtos, pela absoluta impossibilidade de realizar-se sua materialidade no — territórito nacional, e, também, pela circunstância lógica que o importador do produto não realiza as mencionadas operações.

NATUREZA E FINS DA IMUNIDADE DOS FUNDOS DE PENSÃO

WAGNER BALERA
Procurador Autárquico e Professor de
Direito Previdenciário na Universidade Católica de S. Paulo

Por definição constitucional, ao conjunto integrado de ações nas áreas da saúde da previdência e assitência social, de iniciativa dos poderes públicos ou de toda a sociedade se denomina seguridade social (art. 194).

Trata-se de conceito novo, incluso na Constituição Vigente, que não figurou na Carta de 1967.

Para que possam bem cumprir a sua missão constitucional de seguridade, o constituinte impôs obstáculo à tributação, pela via de imposto, às entidades que integram o setor da assistência social.

Destarte, quando o art. 150, IV, *c*, da Carta Magna fez referência a entidades de assistência social, deveria ter integrado naquela regra o conceito de sistema de proteção social que instituira o Título da ordem Social.

No arcabouço da proteção, o subsistema de assistência social integra, como parte, o sistema da seguridade social.

Assim sendo, a assistência, é parte de um todo composto ainda pela saúde e pela previdência social, assim a pública como o complementar.

Nada justifica, por conseguinte, que haja tratamento tributário distinto para bens — patrimônio, renda e serviços — de entes colocados a serviço do mesmo ideal de proteção constitucionalmente definido: a seguridade social.

Esses bens estão imunes pelo fato de estarem a serviço de idêntico escopo; por permitirem o adequado desempenho de funções de relevância pública e, inclusive, por já terem declarada, desde o início, a sua vocação constituicional.

Cumpre insistir nesse ponto por se tratar de questão conceitual, sem a qual o sistema que estudamos perde boa parte de seu sentido político, econômico e social.

Por decisão do constituinte, a atuação da seguridade social se fará em prol da coletividade com o concurso de toda a sociedade (expressão do art. 195) e se manifestará nas áreas da saúde pública e privada, da previdência pública e da previdência privada e, ainda, da assistência social, prestada pelo Estado e pelas entidades beneficentes juridicamente qualificadas.

A outorga constitucional da imunidade, por ter sido colocada em termos vagos, restringiu garatntia essencial para o sucesso do sistema brasileiro de proteção.

Interpretada a Constituição na sua integridade, nela não podemos encontrar dispositivos que dão algo (a imunidade) com a mão direita e retiram outro tanto de bens afetados aos fins sociais (mediante impostos) com a mão esquerda, para usarmos a imagem de Carlos Maximiliano.

É inteiramente descabido, ademais, que a lei descumpra a Constituição mediante o artifício da tributação das entidades de seguridade social de modo mais oneroso pela via de contribuições sociais.

Conquanto seja noção cediça que a imunidade só se refere a impostos, é curial que o escopo — os fins sociais — do obstáculo constituicional é fazer com que os bens da entidade de seguridade social estejam, única e exclusivamente, destinados ao cumprimento dos objetivos de proteção social para os quais foram criados.

A limitação constitucional à incidência de tributos é aceitável por força de constatação que chega à unanimidade; os Poderes Públicos não estão habilitados a gerir, na sua totalidade, os programas sociais a que faz jus a comunidade. Não estão habilitados a geri-los pelo vulto e dimensões dos programas e da comunidade assistida.

Se é assim, como admitir-se a incidêndia agravada de constibuições sociais — alíquotas maiores, como previsto na legislação de custeio — justamente sobre entes de previdência privada?

Dos entes institucionalmente voltados para a realização de fins públicos, que devem atuar como corpo auxiliar dos Poderes Públicos é retirado um quinhão maior de tributos.

Se isso tornasse viável o atendimento do escopo estatal na área social, ainda assim se veria contrariado o esquema constitucional de proteção que quer a concomitante participação dos Poderes Públicos e das entidades sociais na frente de batalha.

Pelo relevante serviço que são chamadas a prestar à comunidade, as entidades de seguridade social devem ter protegidos os seus bens, as suas rendas e os seus serviços. Desde que, é claro, os recursos amealhados não sejam desviados de suas precisas finalidades.

De fato, trata-se de fundos cujos haveres estão postos a serviço de certos fins de seguridade social designados pela Constituição e incorporados a esses entes, nos respectivos atos constitutivos, pelos instituidores.

Na verdade, os bens que integram o fundo social das entidades em questão serão, no devido tempo, revertidos à comunidade social.

A carga tributária que sobre eles pode incidir não deve ser, onde pode incidir, maior do que a carga tributária que afeta os demais contribuintes, afim de que nenhum obstáculo possa tolher a relação entre o fundo, o sistema de seguridade estatal e a inteira comunidade, a quem pertencem o patrimônio a renda e os serviços desses entes.

Força concluir:

a) o conceito constitucional de imunidade tributária é aplicável e todas as entidades que atuam nas três esferas da seguridade social;

b) a tributação das entidades que integram o sistema de seguridade social não pode ser maior do que a incidente sobre os demais contribuintes.

NOTAS & COMENTÁRIOS

REINTRODUÇÃO DO CONTENCIOSO ADMINISTRATIVO NA CONSTITUIÇÃO FEDERAL

RÔMULO MAYA
Professor da Universidade Federal do Rio Grande do Sul

1. Realizou-se nos dias 24 a 27 de agosto de 1993, em Fortaleza, o "III Encontro Nacional de Órgãos Julgadores de Segunda Instância de Processos Administrativo-Tributários Estaduais", congregando entidades de todos os estados do Brasil. Seu tema central foi "a busca da excelência no processo administrativo-tributário". Teve o evento o alto patrocínio da Secretaria da Fazenda do Estado do Ceará.

2. Dentro do tema central, entre outros, englobou-se o estudo da possibilidade de reintrodução do contencioso administrativo no texto constitucional, a exemplo do que já acontecera com a Carta outorgada em 1969.

3. No "Encontro", debateu-se, inicialmente, a conveniência de se atribuir jurisdição aos órgãos julgadores administrativos em matéria tributária, que ficariam assim equiparados ao Poder Judiciário. Ficaria modificado, em conseqüência, o chamado "princípio da unidade jurisdicional" ora vigente, conforme expresso no art. 5º, item XXXV da atual Constituição. Entre os debatedores da proposta, destacou-se o Prof. Hugo de Brito Machado, juiz do TRF da 5ª Região e jurista de nome nacional, que pronunciou aplaudida palestra sobre o problema.

4. À final, o Plenário concluiu pela inoportunidade de propor-se tal medida no momento, tendo em vista as profundas alterações que seriam necessárias para a sua efetivação, bem como a forte oposição que suscitaria por parte dos vários interesses eventualmente contrariados. Resolveu-se, então, que o "Grupo de Estudos" encarregado de examinar o assunto, sugerisse outras providências.

5. Aquele "Grupo", considerando a próxima revisão da Constituição Federal e a possibilidade de, através dela, aprimorar-se e fortalecer-se o julgamento administrativo tributário e, com o objetivo de alcançar a excelência na prestação jurisdicional administrativa mediante órgãos especializados e independentes, propôs que se introduzisse no texto constitucional, o "Contencioso Administrativo-Tributário", embora sem força jurisdicional. Para tanto, promover-se-iam iniciativas em prol dessa reintrodução junto às autoridades e poderes competentes. Sugeriu também o "grupo" que se condicionasse o ingresso no Judiciário ao exaurimento das instâncias administrativas, quando os recursos nela previstos tenham efeito suspensivo.

6. Sugeriu mais, que a lei previsse a revisão das decisões administrativas mediante recurso específico aos tribunais judiciais competentes.

7. Para consecução de tais objetivos, entendeu o "Grupo de Estudos" que se efetivasse, quando da próxima revisão, a inserção no texto constitucional dos seguintes artigos:

"Art. — Poderão ser criados contenciosos administrativos federais, estaduais, municipais e no Distrito Federal, sem poder jurisdicional, para decisão de questões tributárias, condicionando o ingresso no Judiciário à exaustão das vias administrativas, quando o recurso nelas previstos tenham efeito suspensivo."

"Art. — A lei assegurará ao sujeito passivo na instância administrativa o direito de requerer diretamente ao tribunal competente do Poder Judiciário a revisão da decisão nela proferida."

8. Sugestão semelhante foi apresentada pelo Instituto de Estudos Avançados da Universidade de São Paulo, como noticiou a "Gazeta Mercantil", edição de Porto Alegre, datada de 1º de julho de 1993. Do referido Instituto participam, entre outros, os ministros Sepúlveda Pertence e Carlos Mario Velloso do Supremo Tribunal Federal e a renomada processualista Ada Pellegrini Grinover. O assunto foi abordado ao tratarem de propostas para melhorar o Poder Judiciário, tendo em vista a revisão constitucional que se avizinha. Dentre as sugestões oferecidas incluiu-se, também, a de que fosse permitido que os tribunais administrativos (que hoje existem em todos os estados, no campo tributário) funcionassem como justiça de primeira instância. Recursos contra suas decisões poderiam ser interpostos diretamente à segunda instância do Judiciário.

9. Tanto uma como a outra das sugestões aprovadas, seja pelo III Encontro de Tribunais Administrativo-Tributários, seja pelo Instituto de Estudos Avançados, constituiriam indiscutível melhoria na prestação jurisdicional, economizando tempo considerável na decisão da lide pela supressão da instância singular judicial, evitando a coleta repetida da prova, já normalmente feita na via administrativa.

10. A título exemplificativo, lembraremos a ação anulatória de decisão administrativa que denegar a repetição de indébito tributário, estabelecida no art. 169 do Código Tributário Nacional.

11. Atualmente o sujeito passivo dirige-se à autoridade administrativa pleiteando a restituição, por ser mais barato e mais rápido. Procede-se a instrução e o julgamento na primeira instância. Se desfavorável a decisão recorre ao órgão colegiado de segundo grau. Se favorável há quase sempre o recurso de ofício. Negado provimento ao recurso na derradeira instância administrativa, cabe então a ação anulatória.

12. Tal ação terá início no juízo singular, normalmente uma vara especializada (Vara da Fazenda Pública). Nela se realizará novamente toda a instrução do processo, já levada a efeito na via administrativa. Além disso, deverá o interessado suportar os ônus das custas judiciais e demais despesas processuais. Decidida na primeira instância, caberia ainda o recurso ao tribunal judicial de 2º grau.

13. A possibilidade de dirigir-se o sujeito passivo diretamente à instância superior judicial para pedir a anulação da decisão administrativa denegatória da restituição, eliminaria os inconvenientes acima apontados.

14. Por estas e outras razões que se nos afiguram evidentes, entendemos ser do interesse público a inclusão das medidas aqui abordadas no texto futuro da nossa Constituição, após a sua revisão.

NOTAS & COMENTÁRIOS

EMPRÉSTIMOS COMPULSÓRIOS NA CONSTITUIÇÃO FEDERAL

MÁRCIO SEVERO MARQUES
Mestrando em Direito Tributário
da Faculdade de Direito da Universidade Católica de S. Paulo

I — PREMISSAS — 1. A Estrutura Lógica da Norma Jurídica — 2. Hipótese de Incidência Tributária (Endonorma Tributária) — 3. Classificação Jurídica dos Tributos — 4. Rigidez do Sistema Constitucional Tributário Brasileiro — 5. Tributos e o Sistema Constitucional Tributário Brasileiro — 6. Natureza Jurídica dos Tributos e Critério Objetivo para sua Definição — 7. Síntese Conclusiva da Parte I. II — EMPRÉSTIMOS COMPULSÓRIOS — 1. Conceito, Escorço Histórico e Natureza Jurídica dos Empréstimos Compulsórios — 2. Hipótese de Incidência dos Empréstimos Compulsórios — 3. O Artigo 148, I da Constituição Federal — 4. O Artigo 148, II da Constituição Federal — 5. Conclusão.

I — Premissas

1. A Estrutura Lógica da Norma Jurídica

A compreensão da fenomenologia da incidência tributária impõe o exame da estrutura lógica da norma jurídica[1] que, no Brasil, alcançou maior desenvolvimento a partir dos estudos de Hans Kelsen e Carlos Cóssio.

Debruçaram-se sobre o tema juristas de escol, tais como Lourival Vilano-

1. Devemos salientar que a norma jurídica representa o juízo que o intérprete faz do texto legislado. Paulo de Barros Carvalho explica: "A norma jurídica é significação que colhemos da leitura do texto do direito positivo. Trata-se de algo que se produz em nossa mente, como resultado da percepção do mundo exterior, captado pelos sentidos. Vejo os símbolos linguísticos marcados no papel, bem como ouço a imagem sonora que me é dirigida pelo emissor da ordem. Esse ato de apreensão sensorial propicia outro, no qual associo idéias ou noções para formar um juízo, que se apresenta, finalmente, como proposição.

"Dito de outro modo, experimentamos as sensações visuais, auditivas, tácteis, que suscitam noções. Estas, agrupadas no nosso intelecto, fazem surgir os juízos ou pensamentos que, por sua vez, se exprimem verbalmente como proposições. A proposição aparece como o anunciado de um juízo, da mesma maneira que o termo expressa uma idéia ou noção.

"A norma jurídica é exatamente o juízo (ou pensamento) que a leitura do texto provoca em nosso espírito. Basta isso para nos advertir que um único texto pode originar significações diferentes, consoante as diversas noções que o sujeito cognoscente tenha dos termos empregados pelo legislador. Ao enunciar os juízos, expedindo as respectivas proposições, ficarão registradas as discrepâncias de entendimento dos sujeitos, a propósito dos termos utilizados.

va, Maria Helena Diniz, Paulo de Barros Carvalho, Geraldo Ataliba, Alfredo Augusto Becker, Sacha Calmon Navarro Coelho, entre outros.[2] Sintetizemos o pensamento desses autores.

A norma jurídica, em sua estrutura lógica, decompõe-se em (I) endonorma, que estabelece uma prestação, e (II) perinorma, que estabelece uma sanção.[3] Ambas (endonorma e perinorma), por sua vez, são compostas de um antecedente e um consequente (hipótese e tese). O primeiro, consistente em uma proposição descritiva, que enuncia determinado fato — ou situação — de possível ocorrência no mundo fenomênico, e, o segundo, composto por uma proposição prescritiva, que determina uma prestação em face da realização, no plano concreto, daquele fato.

Esquematicamente temos:

Norma Jurídica Completa	Endonorma	Antecedente
		Conseqüente
	Perinorma	Antecedente
		Conseqüente

Onde a endonorma é composta por:

1. um antecedente: Dado um fato x (proposição descritiva).

2. um conseqüente: Deve-ser Y (proposição prescritiva).

E da mesma forma a perinorma compõe-se de:

3. um antecedente: Dado não-Y (proposição descritiva).

4. um conseqüente: Deve-ser Z (proposição prescritiva).

Exemplificamos, utilizando-nos da norma jurídica concernente ao imposto sobre a renda.

Desdobrando-se a endonorma, temos:

1. um antecedente: auferir renda

2. um conseqüente: deve-ser pago o imposto sobre a renda.

E a perinorma:

3. um antecedente: não ser pago o imposto sobre a renda.

4. um conseqüente: pagar o imposto sobre a renda, acrescido de multa, juros etc., além de sujeitar-se (o infrator inadimplente) às penalidades de ordem criminal, se caracterizadas no caso concreto.

Assim se apresenta a norma jurídica, decomposta esquematicamente (estruturalmente), para melhor compreensão de sua atuação dinâmica.

2. Hipótese de incidência tributária (endonorma tributária)

No campo do direito tributário a prestação determinada pela endonorma refere-se sempre à entrega de determina-

"(...)

"Se pensarmos que a norma é um juízo hipotético-condicional ('se ocorrer o fato x, então deve ser a prestação y'), formado por várias noções, é fácil concluir que nem sempre um só texto (de lei, p. ex.) *será suficiente para transmitir a integridade existencial de uma norma jurídica.*. Às vezes, os dispositivos de um diploma definem uma, algumas, mas nem todas as noções necessárias para a integração do juízo e, ao tentar enunciá-lo verbalmente, expressando a correspondente proposição, encontramo-lo incompleto, havendo a premência de consultar outros textos do direito em vigor" (*in Curso de Direito Tributário*, Saraiva, 1991, p. 8/9).

2. Verifique-se, a propósito, *Lógica Jurídica e As Estruturas Lógicas e o Sistema de Direito Positivo* (Lourival Vilanova): *A Concepção de Norma Jurídica como um Problema de Essência* (Maria Helena Diniz); *Curso de Direito Tributário* (Paulo de Barros Carvalho); *Hipótese de Incidência Tributária* (Geraldo Ataliba); *Teoria Geral do Direito Tributário* (Alfredo Augusto Becker); e *Comentários à Constituição de 1988 — Sistema Tributário* (Sacha Calmon Navarro Coelho).

3. Utilizamo-nos aqui da *Teoria Ecológica do Direito*, de Carlos Cássio, de forma que empregamos os termos "endonorma" e "perinorma", em detrimento dos termos "norma primária" e "norma secundária", tendo em vista que estas últimas expressões foram utilizadas em sentido contrário pelo referido autor Hans Kelsen, na primeira edição de sua obra *Teoria Pura do Direito*.

da soma em dinheiro aos cofres públicos, a título de tributo.

Geraldo Ataliba desenvolveu o estudo sobre a estrutura lógica da norma jurídica tributária, enfocando-a sob diversos aspectos, para a melhor compreensão da fenomenologia de sua incidência.

Ainda, distinguindo (I) a fórmula legislativa hipotética e abstrata do fato — ou situação de fato — descrita na endonorma tributária e (II) a realização concreta, no mundo fenomênico, daquele fato, nominou a primeira de hipótese de incidência tributária, e, a segunda, de fato imponível.

Sobre a hipótese de incidência tributária, deu-lhe a seguinte definição: "é a descrição legislativa (necessariamente hipotética) de um fato a cuja ocorrência 'in concretu' a lei atribui a força jurídica de determinar o nascimento da obrigação tributária".[4]

A análise da hipótese de incidência tributária, permite a definição — genérica e hipotética — dos sujeitos da relação jurídica a ser instaurada em face da realização do fato imponível, bem como o conteúdo substancial da obrigação tributária, suas coordenadas de tempo e de lugar.

Daí porque, para fins didáticos e visando a melhor identificação do fato imponível, o professor Geraldo Ataliba explicita os aspectos da hipótese de incidência tributária: pessoal, material, temporal, espacial e quantitativo.

O aspecto pessoal determina os sujeitos — ativo e passivo — da relação jurídica a ser constituída em face do acontecimento do fato jurídico tributário (fato imponível).

Ensina Aires Barreto[5] que o sujeito ativo, abstrata ou concretamente, pode ser inferido da própria lei, pois "*ou se elege como sujeito ativo a pessoa constitucional titular da competência tributária, explícita ou implicitamente, ou se atribui a mera capacidade tributária ativa a outra pessoa que não a competente para instituir o tributo, e, nesse caso, a designação haverá de constar, explicitamente, da lei*".

Com efeito, considerando-se que a hipótese de incidência deve ser obrigatoriamente veiculada por meio de lei, editada pela pessoa política de direito público interno a quem tenha sido outorgada a respectiva competência impositiva, o sujeito ativo haverá de estar, desde já, nela determinado.

Quanto ao sujeito passivo, ainda que sua definição só venha a ocorrer em face da realização do fato imponível, a lei haverá de apontar, genericamente, aquele a quem deva ser imputado o pagamento do tributo.

O aspecto espacial delimita o âmbito territorial (circunstâncias referentes ao lugar) de validade da hipótese de incidência tributária, o lugar em que os fatos tributários devam ser consumados.

O aspecto temporal diz com o momento (circunstância de tempo) de ocorrência do fato jurídico tributário, ou seja, o instante em que a lei considera realizada a hipótese de incidência tributária.

O aspecto material revela os dados substanciais da hipótese de incidência da norma de tributação, isto é, as circunstâncias materiais e objetivas que permitem identificar o fato ou estado de fato previsto no antecedente da endonorma tributária — é esse aspecto, conjugado com a base de cálculo, que permite a determinação da natureza jurídica do tributo, como veremos adiante.

O professor argentino Héctor Villegas[6] define-o da seguinte forma: "O as-

4. *In Hipótese de Incidência Tributária*. Malheiros, 1992, p. 69.

5. *In Base de Cálculo. Alíquota e Princípios Constitucionais*. Ed. RT, 1987, p. 35.

6. *In Curso de Direito Tributário*, tradução de Roque Antonio Carrazza, RT, 1980, p. 127.

pecto material do fato imponível (como hipótese) consiste na descrição objetiva do fato concreto que o destinatário legal tributário realiza ou da situação em que o destinatário legal se acha ou que, em relação a ele, se produz. É o elemento descritivo ao qual, *para completar o fato imponível como hipótese*, se adicionam, os demais elementos do fato imponível hipotético, que veremos *infra*...".

O aspecto quantitativo, por fim, compõe-se de alíquota e base de cálculo, e determina o montante do encargo tributário a ser recolhido ao erário.

A alíquota é simples "termo do mandamento da norma tributária",[7] necessário à quantificação do montante devido ao erário a título de tributo, e, a base de cálculo (base imponível), segundo o magistério do professor Geraldo Ataliba, é a perspectiva dimensível da hipótese de incidência, ou seja, a dimensão da materialidade do tributo.

Aires Barreto[8] dá-nos a seguinte definição da base de cálculo: "Consiste a base de cálculo na descrição legal de um padrão ou unidade de referência que possibilite a quantificação da grandeza financeira do fato tributário".

E Paulo de Barros Carvalho[9] a define nos seguintes termos: "Temos para nós que a base de cálculo é a grandeza instituída na conseqüência da regra-matriz tributária, e que se destina, primordialmente, a dimensionar a intensidade do comportamento inserto no núcleo do fato jurídico, para que, combinando-se à alíquota, seja determinado o valor da prestação pecuniária".

Traçados, em linhas gerais, os aspectos da hipótese de incidência tributária, passamos ao exame da classificação jurídica dos tributos.

7. Conforme Geraldo Ataliba. *In Hipótese de Incidência Tributária*, Malheiros, 1992, p. 101.

8. *In Base de Cálculo. Alíquota e Princípios Constitucionais*. Ed. RT, 1987, p. 38.

9. *In Curso de Direito Tributário*. RT, 1991, p. 226

3. *Classificação jurídica dos tributos*

Classificam-se os tributos em vinculados e não vinculados a uma atuação estatal.

Conforme ensina o professor Geraldo Ataliba,[10] as hipóteses de incidência tributária descrevem legislativamente, (I) ou uma atuação do Estado — ou um efeito ou relação fática dessa atuação — referida ao sujeito passivo da relação jurídica — ou (II) um outro fato lícito qualquer, que nenhuma relação guarda com essa atuação — na primeira hipótese diz-se que o tributo é do tipo vinculado; na segunda, do tipo não vinculado.

A norma jurídica de tributação, pois, pode vincular ou não a exação a uma atuação do Estado, dependendo do como vier a ser descrita a respectiva hipótese de incidência. Daí a necessidade de sua análise, mediante a identificação de seus aspectos, para a escorreita classificação dos tributos.

É esse o magistério de Rubens Gomes de Souza,[11] que endossa a posição do professor Geraldo Ataliba: "Nesta linha de pensamento enquadra-se a opinião, que adoto, de Geraldo Ataliba..., de que os tributos podem ser 'vinculados' ou 'não vinculados' em função da natureza de seu fato gerador, nome que se dá à situação material ou jurídica definida em lei como necessária e suficiente para gerar a obrigação de pagá-los...

"Assim, invertendo a ordem:

"a) o tributo é 'não vinculado' quando o seu fato gerador não seja uma atividade específica do governo tributante em relação ao contribuinte; é o caso dos impostos...; ao contrário,

"b) o tributo é 'vinculado' quando o seu fato gerador seja uma atividade específica do governo tributante, a qual

10. Verifique-se, a propósito, seu *Hipótese de Incidência Tributária*, Malheiros, 1992.

11. *In Revista de Direito Tributário* n. 17, p. 309.

por sua vez pode ser (i) diretamente relativa ao contribuinte, como o exercício do poder de polícia ou a prestação ou disponibilidade de um serviço; é o caso das taxas...; ou pode ser (ii) apenas indiretamente relativa ao contribuinte; é o caso das contribuições...''.

Seguindo essa classificação, podemos afirmar que as espécies tributárias no Brasil correspondem, sempre, obrigatoriamente, a um tributo (a) do tipo vinculado ou (b) do tipo não vinculado a uma atividade estatal (princípio do terceiro excluído). E é exatamente pela análise da hipótese de incidência, mais precisamente pela conjugação do binômio aspecto material/base de cálculo, que se procede à classificação do tributo, determinando-se, inclusive, sua natureza jurídica.

Vejamos, agora, o sistema constitucional tributário, para posteriormente procedermos ao exame da natureza jurídica dos tributos (tendo em vista a classificação acima exposta), visando, precipuamente, a perfeita compreensão da tipologia característica dos empréstimos compulsórios.

4. *A rigidez do sistema constitucional tributário*

O sistema constitucional tributário brasileiro é rígido, fechado, em face da rigorosa discriminação das competências impositivas outorgadas às pessoas políticas de direito público interno.

Com efeito, não goza o legislador ordinário de liberdade na descrição das normas jurídicas de tributação, porque está vinculado em sua atuação ao conteúdo dos dispositivos constitucionais que lhe outorgam competência impositiva.

Essa rigidez constitucional impõe a escorreita classificação dos tributos, bem como a precisa determinação de sua natureza jurídica, a fim de que seja respeitado o princípio federativo.

Em suma, a inflexibilidade do sistema constitucional tributário exige sejam respeitadas as competências impositivas outorgadas à União, aos Estados, ao Distrito Federal e aos Municípios, e, assim, torna indispensável o exame das hipóteses de incidência das normas de tributação descritas — legislativamente — pelos respectivos Poderes Legislativos, a fim de que se identifique a verdadeira natureza jurídica da exação criada, evitando-se, dessa forma, a invasão de competência tributária, atendendo-se, outrossim, o princípio federativo.

5. *Tributos e o sistema constitucional tributário brasileiro*

A Constituição Federal, no seu artigo 145, estabelec que União Federal, os Estados, o Distrito Federal e os Municípios podem instituir impostos, taxas e contribuições de melhoria.

No artigo 149, outorga competência exclusiva à União Federal para a instituição de contribuições sociais — aí incluindo aquelas destinadas ao financiamento da seguridade social — em face da remissão ao artigo 195.

Os empréstimos compulsórios e os impostos extraordinários, outrossim, são de competência exclusiva da União, e estão previstos, respectivamente, nos artigos 148 e 154, II do texto constitucional.

Por fim, a Constituição Federal autoriza outras hipóteses de instituição de impostos, também reservadas à União, por força da denominada competência residual, prevista no artigo 154, I — dispositivo constitucional a que faz remissão o artigo 195, parágrafo 4º do Texto Maior.

O próprio texto constitucional indica a materialidade das hipóteses de incidência dos impostos (artigos 153, 155 e 156 — à exceção dos indeterminados, criados com base na já referida competência residual, e dos extraordinários) e das taxas (artigo 145, II), bem como traça os contornos da hipótese de incidência das contribuições de melhoria (artigo 145, III).

Todavia, com relação aos empréstimos compulsórios (artigo 148, I e II) e às contribuições sociais (artigo 149 — excetuadas aquelas destinadas à seguridade social, referidas pelo artigo 195, I, cuja materialidade das respectivas hipóteses de incidência também foram indicadas,[12] a Constituição Federal apenas aponta a finalidade a que devem se destinar, possibilitando, assim, ao legislador infra constitucional, liberdade na descrição legislativa das respectivas hipóteses de incidência.[13]

6. *Natureza jurídica dos tributos e critério objetivo para sua definição*

Mas sem sombra de dúvidas, são apenas três as espécies tributárias existentes no direito positivo brasileiro: impostos, taxas e contribuições de melhoria. Nesse sentido é o magistério do professor Roque Carrazza:[14]

"...nossa Lei Maior está comprometida com uma classificação jurídica dos tributos. É ela que, em seu artigo 145, confere, às pessoas políticas, competências, para que criem *impostos, taxas e contribuições de melhoria.*

"Podemos, portanto, dizer que, no Brasil, o tributo é gênero do qual o imposto, a taxa e a contribuição de melhoria são as espécies. A esse respeito a doutrina nacional não pode sequer disputar. Tal classificação, porque apadrinhada pelo Código Supremo, há de ser considerada, por todos quantos se disponham a estudar as espécies e subespécies tributárias, em nosso País. É o Texto Excelso — repetimos — que prescreve que a União, os Estados, os Municípios e o Distrito Federal estão credenciados a criar *impostos* (art. 145, I), *taxas* (art. 145, II), e *contribuições de melhoria* (art. 145, III)."

E é pelo exame da respectiva hipótese de incidência, que se revela a natureza jurídica do tributo. A lição é de Amílcar Araújo Falcão:[15]

"*In genere*, distinguem-se os tributos, com base na natureza do respectivo fato gerador:

"I — A contribuição de melhoria caracteriza-se por ter como fato gerador um aumento ou incremento de valor venal de propriedade imobiliária — uma valorização imobiliária, como se costuma dizer — decorrente de obra pública;

"II — A taxa caracteriza-se pelo seu fato gerador, considerado seja objetivamente, seja subjetivamente ou pela sua atribuição ao sujeito passivo principal da obrigação tributária: a) objetivamente — o fato gerador é a utilização efetiva ou potencial de um serviço público divisível e mensurável; b) subjetivamente — o tributo somente há de ser devido por aqueles que efetiva ou potencialmente se utilizem do serviço divisível e mensurável de que se trate (das expressões divisível e mensurável, *brevitatis causa* usadas no texto, em verdade referem-se à prestação do serviço, que pode ser de fato individualizada, e não propriamente ao serviço público, indivisível, genérico e impessoal por definição);

"III — O imposto caracteriza-se por ter como fato gerador um fato da vida

12. Há uma corrente doutrinária, que, seguindo o entendimento de Geraldo Ataliba e Aires F. Barreto, vislumbra no artigo 195, I da Constituição Federal, a autorização para a criação de apenas uma contribuição social, cuja base de cálculo deve corresponder à conjugação dos três elementos indicados pelo dispositivo constitucional, ou seja: folha-de-salários + faturamento + lucro, conjuntamente.

13. Saliente-se apenas que, à exceção dos impostos extraordinários, a instituição dos demais tributos deve respeitar a faixa de competência iompositiva outorgada aos Estados, Distrito Federal e Municípios. Voltaremos à questão oportunamente.

14. *In Curso de Direito Constitucional Tributário*, RT, 1991, p. 238.

15. *In Fato Gerador de Obrigação Tributária*, Forense, 1994, p. 77.

comum tomado como índice de capacidade econômica, de modo que, por isso mesmo, o tributo se destina ao custeio de serviços gerais da administração ou, pelo menos, não tem a sua cobrança condicionada à utilização do serviço público".[16]

Considerando-se, assim, como espécies tributárias, o imposto, a taxa e a contribuição de melhoria, o exame da hipótese de incidência revelará o critério adequado à identificação da natureza jurídica do tributo.[17]

É cediço o entendimento de que a denominação e demais características do tributo, bem como sua destinação, não interessem à determinação de sua natureza jurídica.

Trata-se, inclusive, de disposição expressa do Código Tributário Nacional — artigo 4º.

Deveras, é na própria lei que institui o tributo, descrevendo legislativamente a respectiva hipótese de incidência, que o intérprete encontrará o verdadeiro critério para a sua escorreita classificação, identificando-o com uma das espécies previstas pelo sistema do direito positivo vigente.

A precisa determinação da natureza jurídica dos tributos se faz necessária em face da rígida distribuição de competências impositivas outorgadas pela Constituição Federal às pessoas políticas de direito público interno, a fim de que cada uma institua apenas os tributos correspondentes à competência legislativa que lhe tenha sido constitucionalmente atribuída.

Roque Carrazza,[18] referindo-se à classificação dos tributos e comparando o direito brasileiro ao da Europa continental, aduz: "Nestes países, desde que o tributo seja instituído de acordo com os ditames constitucionais, não importa saber se ele é um imposto, uma taxa ou uma contribuição.

"No Brasil, pelo contrário, é imperioso classificá-lo corretamente, até para constatarmos se não houve invasão de competência, por parte da entidade tributante. É que, não raro, a pessoa política que invade campo tributário alheio, rotula o 'tributo' assim criado, com nomes exóticos (preço, sobrepreço, tarifa, adicional, encargo financeiro etc.). Daí a importância de termos critérios científicos, que nos permitam verificar, com acentuado grau de certeza, se estamos realmente diante de um tributo e de que tipo e se a pessoa política que o criou invadiu, ou não, esfera que a Constituição reservou a outra entidade tributante."

Verifica-se, dessa forma, a necessidade de critério efetivamente objetivo para a classificação das espécies tributárias, desprezando-se qualquer consideração subjetiva do intérprete na determinação da natureza jurídica do tributo analisado.

A questão não é nova e já foi objeto de estudos por parte de A. D. Gianinni e Albert Hansel.[19] Mas foi Rubens Gomes de Souza quem finalmente desenvolveu-se no tema, concluindo pela neces-

16. Observe-se que alguns autores referem-se a imposto, taxa e contribuição de melhoria com gêneros de tributo e, outros, como espécies tributárias propriamente ditas. Essa diferença, todavia, não traz maiores reflexos, pois o que se revela importante é a classificação jurídica adotada.

17. Há várias teorias acerca da classificação jurídica dos tributos. Sacha Calmon Navarro Coelho, seguindo a doutrina apontada, adota a teoria tripartite do tributo (confira, a respeito, em seus *Comentários à Constituição de 1988 — Sistema Tributário*. Forense, 1992, p. 2); Hugo de Brito Machado, por outro lado, adota a teoria quinquipartite, dividindo as espécies tributárias em impostos, taxas, contribuições de melhoria, contribuições especiais e empréstimos compulsórios (vide, a propósito, seu *Curso de Direito Tributário*, Malheiros, 1993, p. 46). Adotamos a primeira corrente, porque nela vislumbramos critério estritamente jurídico e coerente com o sistema constitucional tributário brasileiro.

18. *In Curso de Direito Constitucional Tributário*, RT, 1991, pp. 235/236.

19. Conforme Alfredo Augusto Becker, *in Teoria Geral do Direito Tributário*, Saraiva, 1972, p. 333.

sidade de identificação da base de cálculo com o pressuposto material (aspecto material) do tributo, para a definição de sua natureza jurídica.

As palavras são de Alfredo Augusto Becker:[20] "A habitual agudeza de raciocínio conduziu Rubens Gomes de Souza ao verdadeiro critério da classificação jurídica dos tributos: *a base de cálculo ou base imponível*".

Mas Rubens Gomes de Souza ainda admitia que a base de cálculo pudesse ser distinta do pressuposto material, desde que composta por alguns de seus elementos. Alfredo Becker, então, demonstra que, na hipótese de incompatibilidade entre ambos, é a base de cálculo que indicará a natureza jurídica do tributo, porque é ela o elemento mais importante de sua hipótese de incidência, na medida em que *continua ainda a interessar a regra jurídica depois do momento jurídico de sua incidência.*[21]

E Becker explica seu entendimento: "Antes dessa incidência todos os elementos que entram na composição da hipótese de incidência *são igualmente importantes,* sob a contemplação da regra jurídica e isto porque ela só poderá incidir depois de realizada a hipótese de incidência pelo acontecimento de *todos* os seus elementos. Uma vez realizada a hipótese de incidência, sobre ela automaticamente incide a regra jurídica. Depois dessa incidência o *único* elemento da hipótese de incidência que ainda continua contemplado pela regra jurídica é o escolhido para a base de cálculo e isto justamente no momento jurídico da determinação das conseqüências ou efeitos jurídicos daquela incidência já ocorrida e precisamente no tocante àquele efeito jurídico consistente na natureza e grandeza do objeto (tributo) da prestação jurídica".

20. *In Teoria Geral do Direito Tributário*, Saraiva, 1972, p. 334.

21. *In Teoria Geral do Direito Tributário*. Saraiva, 1972, p. 342.

E conclui seu raciocínio: "A base de cálculo foi escolhida pela *própria regra jurídica*, por isso ela é critério *objetivo e jurídico*. E porque esta escolha procedeu-se dentre os múltiplos elementos da hipótese de incidência, a base de cálculo é o *núcleo* da hipótese de incidência que estrutura a regra jurídica de tributação.

"Em síntese. O espectro atômico da hipótese de incidência da regra jurídica de tributação revela que em sua composição existe um *núcleo* e um, ou mais, *elementos adjetivos*.

"O *núcleo é a base de cálculo* e confere o *gênero* jurídico ao tributo."[22]

Paulo de Barros Carvalho[23] endossa o entendimento de Alfredo Augusto Becker, enfatizando: "As elaborações da Ciência, todavia, encontraram na base de cálculo índice seguro para identificar o genuíno critério material da hipótese de incidência, ofertando-nos instrumento sólido e eficiente para confirmar, infirmar ou afirmar o enunciado da lei, surpreendendo o núcleo lídimo da incidência tributária. (...) a grandeza haverá de ser mensuradora adequada da materialidade do evento, constituindo-se, obrigatoriamente, de uma característica peculiar ao fato jurídico tributário. Eis a base de cálculo, na sua função comparativa, confirmando, infirmando ou afirmando o verdadeiro critério material da hipótese de incidência. Confirmando, toda vez que houver perfeita sintonia entre o padrão de medida e o núcleo do fato dimensionado. Infirmando, quando for manifesta a incompatibilidade entre a grandeza eleita e o acontecimento que o legislador declara com a medula da previsão fáctica. Por fim, afirmando, na eventualidade de ser obscura a formulação legal, prevalecendo, então, como cri-

22. *In Teoria Geral do Direito Tributário*. Saraiva, 1972, p. 343.

23. *In Curso de Direito Tributário,* p. 229.

tério material da hipótese, a ação-tipo que está sendo avaliada.

"Introduzimos uma noção de induvidosa operatividade, para qual convocamos todas as atenções: *havendo desencontro entre os termos do binômio (hipótese de incidência e base de cálculo), a base é que deve prevalecer. Por isso, tem o condão de infirmar o critério material oferecido no texto, que será substituído por aqueloutro que percebemos medido.*" (grifamos).

Concluímos, portanto, que é pela análise da base de cálculo, conjugada com o aspecto material da hipótese de incidência, que se revela a natureza jurídica do tributo, que será sempre um imposto, uma taxa ou uma contribuição de melhoria. Concluímos mais: se pela referida análise verificar-se a incompatibilidade entre esses dois aspectos, deverá prevalecer a medida indicada pela base de cálculo, que evidenciará o verdadeiro aspecto material da hipótese de incidência e a efetiva natureza jurídica do tributo.

7. *Síntese Conclusiva da Parte I*

Terminamos aqui a primeira parte do presente trabalho, fixando as premissas a serem utilizadas no exame do tema objeto de estudo, abordado na segunda parte. Sintetizamo-as nos seguintes termos:

a) a norma jurídica compõe-se estruturalmente de duas partes: a endonorma, que determina uma prestação, e a perinorma, que prescreve uma sanção pelo não cumprimento daquela prestação;

b) ambas, endonorma e perinorma, são compostas de um antecedente, que descreve determinado fato de possível ocorrência no mundo fenomênico, e um conseqüente, que determina os efeitos decorrentes da realização, no plano concreto, desse fato;

c) a endonorma tributária, também denominada hipótese de incidência tributária, tem como prestação a entrega de determinada soma em dinheiro aos cofres públicos, a título de tributo;

d) a hipótese de incidência tributária, para fins didáticos e visando a melhor identificação da realização do fato jurídico tributário (fato imponível), pode ser dissecada em cinco aspectos: material, pessoal, quantitativo, espacial e temporal;

e) o exame da hipótese de incidência tributária, pela análise desses aspectos, permite classificar os tributos em vinculados e não vinculados a uma atividade estatal;

f) o sistema constitucional tributário brasileiro é rígido, fechado, discriminando expressamente as competências impositivas outorgadas as pessoas políticas de direito público interno;

g) a classificação dos tributos se faz necessária em face dessa rigidez do sistema constitucional tributário brasileiro; a escorreita determinação da natureza jurídica dos tributos evita a invasão de competências impositivas entre União, Estados, Distrito Federal e Municípios, atendendo-se, assim, o princípio federativo;

h) a Constituição Federal autoriza a União, os Estados, o Distrito Federal e os Municípios a criarem impostos, taxas e contribuições de melhoria;

i) são essas as espécies tributárias existentes no direito positivo brasileiro;

j) não interessa, para a identificação da espécie tributária, a denominação, a destinação e as demais características do tributo;

l) a identificação da natureza jurídica dos tributos se procede mediante o exame da respectiva hipótese de incidência, em especial pela conjugação do aspecto material com a base de cálculo; mas havendo incompatibilidade entre esses dois aspectos, deve prevalecer a medida indicada pela base de cálculo, que indicará o verdadeiro critério material da hipótese de incidência.

II — Empréstimos compulsórios

1. Conceito, escorço histórico e natureza jurídica dos empréstimos compulsórios

Amílcar de Araújo Falcão[24] definiu o empréstimo compulsório com precisão: "Empréstimo compulsório é a prestação em dinheiro que o Estado ou outra entidade pública de direito interno coativamente exige, nos termos da lei para custeio de suas próprias atividades, daqueles que possuam determinada capacidade contributiva denotada por fatos geradores legalmente previstos, condicionando-se o seu pagamento à promessa de ulterior restituição em prazo certo ou indeterminado (amortizável ou perpétuo), e, eventualmente, de fluência de juros".

A definição reflete a essência do empréstimo compulsório, que se identifica com o conceito de tributo pressuposto no texto constitucional, instrumento de arrecadação de receitas necessário à realização das despesas do Estado.[25] Também corresponde à definição do artigo 3º do Código Tributário Nacional.

A questão acerca da natureza jurídica dos empréstimos compulsórios, como de índole tributária, hoje está superada. Mas nem sempre foi assim.

Até o advento da Emenda n. 18, de 1 de dezembro de 1965, não havia previsão constitucional para a instituição dos empréstimos compulsórios.[26] Esse diploma, em seu artigo 4º, dispôs o seguinte: "Somente a União, em casos excepcionais definidos em lei complementar, poderá instituir empréstimos compulsórios".

A Constituição Federal de 1967, em seu artigo 18, § 3º, também previu a possibilidade de instituição de empréstimos compulsórios, tendo mantido praticamente a mesma redação do artigo 4º da Emenda Constitucional 18/65.

Mas a inovação maior sobre a matéria veio com a Emenda Constitucional n. 1, de 17 de outubro de 1969, que previu o empréstimo compulsório em dois dispositivos:

"Art. 18. (...)

"§ 3º Somente a União, nos casos excepcionais definidos em lei complementar, poderá instituir empréstimo compulsório."

"Art. 21. (...)

"§ 2º A União pode instituir:

"I (...)

"II — empréstimos compulsórios nos casos especiais definidos em lei complementar, aos quais se aplicarão as disposições constitucionais relativas aos tributos e às normas gerais de direito tributário."

Essas disposições constitucionais, desde a Constituição Federal de 1946 (com a alteração da Emenda 18/65) até

24. *In Revista de Direito Público* n. 14, página 39.

25. Ensina Roque Carrazza que a Constituição Federal não traz, em seu bojo, a definição expressa de tributo. Todavia, de sua interpretação sistemática deriva um conceito. Aduz o professor:

"Temos, pois, que tributo, ao lume do nosso Estatuto Magno, é a relação jurídica, que se estabelece entre o Fisco e o contribuinte (pessoa colhida pelo direito positivo), tendo por base a lei, em moeda, igualitária e decorrente de um fato lícito qualquer" (*in Curso de Direito Constitucional Tributário*, RT, 1991, p. 194).

26. Não obstante, já existia no direito positivo brasileiro, antes mesmo da edição da Emenda Constitucional 18/65, empréstimos compulsórios, tal como o instituído pela Lei 4.156, de 28 de novembro de 1962, em favor das Centrais Elétricas Brasileiras S.A. — Eletrobrás, incidente sobre o consumo de energia elétrica. Esse empréstimo compulsório foi instituído pela União Federal, com base em competência impositiva que lhe foi outorgada pela Constituição Federal de 1946, para a instituição de impostos.

a de 1967 (com a redação da Emenda 1/69), suscitaram dúvidas na doutrina acerca da natureza jurídica dos empréstimos compulsórios.

Autores posicionaram-se no sentido de que se tratava efetivamente de tributo, e, como tal, deveria sujeitar-se ao sistema constitucional tributário. Outros, todavia, vislumbraram a existência de duas espécies distintas de empréstimos compulsórios: os excepcionais e os especiais, sujeitando-se apenas estes últimos ao regime jurídico dos tributos.[27]

Tergiversavam, assim, doutrina e jurisprudência, acerca da natureza jurídica dos empréstimos compulsórios.[28]

Com a promulgação da Constituição Federal de 1988, entretanto, dissiparam-se as dúvidas a respeito da questão. Os empréstimos compulsórios foram contemplados no capítulo referente ao Sistema Tributário Nacional, nos seguintes termos:

"Art. 148. A União, mediante lei complementar, poderá instituir empréstimos compulsórios:

"I — para atender a despesas extraordinárias, decorrentes de calamidade pública, de guerra externa ou sua iminência;

"II — no caso de investimento público de caráter urgente e de relevante interesse nacional, observado o disposto no artigo 150, III, *b*.

"Parágrafo Único. A aplicação dos recursos provenientes de empréstimo compulsório será vinculada à despesa que fundamentou sua instituição."

Os empréstimos compulsórios são, conforme preceitua o próprio texto constitucional, tributos, e como tal serão analisados, sempre em cotejo com as disposições constitucionais que lhes fundamentam a validade, considerando-se, nessa análise, as premissas assentadas na primeira parte deste estudo.

2. *Hipótese de incidência dos empréstimos compulsórios*

O exame da hipótese de incidência da norma jurídica que institui o empréstimo compulsório permite identificá-lo com uma das espécies tributárias do sistema do direito positivo vigente.[29]

Não interessa, nessa análise, (I) a destinação dada ao produto de sua arrecadação (efetivo atendimento a despesas extraordinárias decorrentes de calamidade pública, guerra externa ou sua iminência, ou para aplicação em investimento público de caráter urgente e de relevante interesse social), como também não é relevante (II) a sua restituição ao contribuinte. Isto porque ambas, tanto a des-

27. Essa diferença, inclusive, foi apontada em decisões do extinto Tribunal Federal de Recursos: "O empréstimo compulsório especial é aquele que é voltado ao atendimento de uma circunstância conjuntural, visando a atender situações político-econômicas em que o Poder Público não dispõe de reserva orçamentária suficiente para tal, isto quando é questão ligada a situação em que o Poder Público deve dispender gastos. Outra situação é aquela em que as injunções políticas forçam a tomada de medidas restritivas, como o caso do empréstimo compulsório para viagem ao exterior (Decreto-lei 1.740/76) (Ministro Pedro Acioli. Apelação em Mandado de Segurança 103.166-DF).

28. O Supremo Tribunal Federal editou a Súmula 418, cuja redação era a seguinte: "O empréstimo compulsório não é tributo e sua arrecadação não está sujeita à exigência constitucional da prévia autorização". Entendeu-se, posteriormente, que essa Súmula teria sido suprimida, em face do disposto no artigo 21, § 2º, II da Constituição Federal de 1967 (Emenda Constitucional 01/69).

29. Ainda que, hipoteticamente, seja possível a instituição de empréstimo compulsório com base de cálculo de taxa ou contribuição de melhoria, entendemos que a hipótese dificilmente se concretizará. E que os empréstimos compulsórios são instituídos, sempre, em hipóteses excepcionais, ante a necessidade de recursos para atender a despesas extraordinárias ou custear investimentos públicos. Dessa forma, não vislumbramos como angariar tais recursos determinando-se como base de cálculo do tributo o valor da atuação estatal referida — direta ou indiretamente — ao contribuinte. Empréstimos compulsórios, portanto, via de regra, terão base de cálculo de imposto.

tinação como a restituição, são consideradas em momento posterior ao da imposição tributária.

Deveras, trata-se de relações jurídicas distintas, que não podem ser confundidas, sob pena de se comprometer a norma jurídica de tributação.

A primeira relação jurídica nasce com o acontecimento do fato jurídico tributário (fato imponível) — realizam-se, no plano concreto, todos os aspectos da hipótese de incidência, surgindo para o contribuinte o dever de pagar o tributo, e, para o Estado, o direito ("dever-poder") de recebê-lo.

As demais relações jurídicas nascem em momento posterior e referem-se (I) à aplicação do produto de arrecadação do empréstimo compulsório[30] e (II) à restituição ao contribuinte, do valor recolhido ao erário a tal título.

Observe-se, portanto, que a relação jurídica tributária é anterior às demais relações jurídicas, que pressupõem, sempre, a incidência e o próprio recolhimento do tributo.[31] Daí poder-se afirmar que destinação e restituição não interferem na natureza jurídica do empréstimo compulsório. A lição é de Alfredo Augusto Becker:[32] "O fato de o Estado devolver ao contribuinte em dinheiro (ou em títulos) o valor do tributo (com ou sem 'juros') não desqualifica sua natureza jurídica de tributo, porque a *destinação* (indeterminada ou determinada) não altera a sua natureza jurídica que continuará sendo a de tributo. A doutrina dominante demonstra de modo irrefutável que o imposto, com destinação determinada, continua sendo imposto. Ora, a devolução do montante do tributo ao contribuinte é uma (entre outras) das destinações *determinadas* àquele tributo e tal fenômeno ocorre também com outros tributos.

"(...)

"A obrigação de o sujeito ativo (Estado) devolver o tributo (com ou sem juros) não retira a natureza jurídica *tributária* ao empréstimo compulsório' pois, na verdade, no 'empréstimo compulsório' existem duas distintas relações jurídicas, com distintas *naturezas jurídicas.*

"A primeira relação jurídica é de natureza *tributária*: o sujeito ativo é o Estado e o sujeito passivo é determinado indivíduo. A segunda relação jurídica é de natureza *administrativa*: o sujeito ativo é aquele indivíduo e o sujeito passivo é o Estado.

"Note-se que a relação jurídica administrativa é um 'posterius' e a relação jurídica tributária um 'prius'...".

Verificamos, assim, que a natureza jurídica do empréstimo compulsório é revelada pela análise de sua hipótese de incidência, independentemente da existência de outros elementos considerados não essenciais à imposição tributária.

Deveras, o exame do aspecto material em cotejo com a base de cálculo da hipótese de incidência, permite classificar o tributo (em vinculado ou não vin-

30. Saliente-se que o parágrafo único do artigo 148 determina que a aplicação dos recursos provenientes do empréstimo compulsório seja vinculada à despesa que fundamentou sua instituição. Mas observe-se que o eventual descumprimento desse mandamento, por parte do Estado, ensejará o nascimento de uma outra relação jurídica, de natureza não tributária.

31. As questões relativas à destinação do produto de arrecadação ou à restituição de valores dependem, além da realização do fato jurídico tributário (fato imponível), do recolhimento do respectivo montante por parte do contribuinte. Não se poderia cogitar a respeito de restituição de empréstimo compulsório que não tenha sido recolhido ao erário. Nem tão pouco questionar, nessa hipótese, acerca da destinação do produto de sua arrecadação (porque não foi arrecadado).

32. O autor refere-se apenas à hipótese de restituição, não mencionando a de destinação. Dessa forma, aponta somente uma relação jurídica administrativa, correspondente ao dever do Estado de proceder à devolução do valor do tributo e o correlativo direito do contribuinte de receber o respectivo montante.

culado a uma atividade estatal) e identificar a espécie tributária a que se refere.[33]

Analisaremos agora, individualmente, os incisos I e II do artigo 148 da Constituição Federal.

Mas antes, uma última consideração há que ser feita: a União Federal, sob o pretexto de instituir empréstimo compulsório, não pode invadir competência tributária outorgada aos Estados, ao Distrito Federal e aos Municípios. Ou seja, a União deve criar esse tributo dentro dos limites de sua competência impositiva, sob pena de inconstitucionalidade da exação.

Assim ensina Roque Carrazza:[34]

"Naturalmente, a União, ao criar empréstimos compulsórios, deve ficar adstrita ao campo tributário que a Constituição lhe reservou. Não pode, portanto, invadir a seara tributária dos Estados, dos Municípios ou do Distrito Federal. Eventual usurpação inquinará o empréstimo compulsório, nulificando-o. A União, portanto, poderá, por meio de lei complementar, criar empréstimos compulsórios sobre a importação de produtos, obtenção de rendimentos, operações financeiras, propriedade territorial rural etc; não poderá, porém, fazê-lo sobre operações mercantis, prestações de serviços, propriedade territorial urbana e assim por diante (já que tais fatos estão dentro da competência tributária de outras pessoas políticas). Portanto, o princípio da reserva das competências tributárias está presente, mesmo na tributação por via de empréstimos compulsórios".

Passemos, finalmente, à análise dos dispositivos constitucionais que fundamentam a validade dos empréstimos compulsórios.

3. *O artigo 148, I da Constituição Federal*

O artigo 148, I da Constituição Federal autoriza a União, mediante lei complementar, a instituição de empréstimos compulsórios "para atender a despesas extraordinárias, decorrentes de calamidade pública, de guerra externa ou sua iminência".

Essa hipótese caracteriza uma exceção à regra de anterioridade, prevista no artigo 150, III, "b" da Constituição Federal, e justifica-se ante as circunstâncias fáticas que autorizam a instituição do tributo.

Deveras, em se tratando de calamidade pública, guerra externa ou sua iminência, em que se impõe ao Estado despesas extraordinárias, seria inconcebível aguardar-se o início do exercício subseqüente para a arrecadação de tributos necessários ao atendimento de tais despesas.

Mas advirta-se: Despesas extraordinárias decorrentes de calamidade pública, guerra externa ou sua iminência são dados que não integram a hipótese de incidência dos empréstimos compulsórios. Justificam a instituição do gravame com base no inciso I do artigo 148 do texto constitucional, mas não são essenciais à descrição legislativa — hipotética e abstrata — do tributo. Di-lo Roque Carrazza:[35]

"Evidentemente, as despesas extraordinárias, decorrentes de calamidade pública, de guerra externa ou sua iminência e os casos de investimentos públicos de caráter urgente e relevante interesse nacional não podem tipificar a *hipótese de incidência* de qualquer empréstimo compulsório. São, sim, os pressu-

33. Relembremos que, havendo incompatibilidade entre o aspecto material e a base de cálculo, é esta que prevalece, determinando a natureza jurídica do tributo.

34. *In Curso de Direito Constitucional Tributário*. RT, 1991, p. 267.

35. *In Curso de Direito Constitucional Tributário*. RT, 1991, pp. 261/262.

postos necessários à criação ou aumento, por meio de lei complementar, deste tributo ...

"Assim, por exemplo, a ocorrência de calamidade pública não é, nem pode vir a ser, a hipótese de incidência de qualquer empréstimo compulsório. Apenas autoriza o Congresso Nacional a, *dentro do campo privativo da União*, criar ou aumentar um empréstimo compulsório. Isto será feito descrevendo-se pormenorizadamente, por via de lei complementar, a norma jurídica desta exação ...".

Analisemos o alcance do dispositivo constitucional.

Se guerra externa e sua iminência não suscitam maiores dúvidas quanto à sua caracterização em um dado caso concreto, pelo campo de significações — limitado — que possa emergir no pensamento do intérprete, o mesmo não se pode dizer acerca dos termos "despesas extraordinárias" e "calamidade pública", que são vagos e de pouca precisão.

Busquemos, pois, na doutrina, a compreensão do alcance desses termos. Sacha Calmon Navarro Coelho[36] entende-os nos seguintes termos:

"Despesas extraordinárias são aquelas absolutamente necessárias, após esgotados os fundos públicos inclusive os de contingência. Vale dizer, a inanição do Tesouro há de ser comprovada. E tais despesas não são quaisquer, senão as que decorrerem da premente necessidade de acudir a vítimas das calamidades públicas sérias, tais como terremotos, maremotos, incêndios e enchentes catastróficas, secas transanuais, tufões, ciclones etc. Nem basta decretar o estado de calamidade pública, cujos pressupostos são lenientes. De verdade, a hecatombe deve ser avassaladora, caso contrário se banalizaria a licença constitucional, ante *acts of God* que sempre ocorrem sistematicamente, ao longo do ano".

36. *In Comentários à Constituição Federal de 1988* — Sistema Tributário. Forense, 1992, p. 18.

E Paulo de Barros Carvalho,[37] sobre a questão, assim se manifesta:

"Daí admitirmos que, por calamidade pública, se deva entender, não somente as catástrofes provocadas por agentes da natureza circundante, mas também outros eventos, de caráter sócio-econômico, que ponham em perigo o equilíbrio do organismo social, considerado na sua totalidade. Advirta-se, porém, que do estado de calamidade pública há de decorrer a premência do provimento de recursos para atender-se às despesas chamadas de extraordinárias. O legislador constitucional autoriza a decretação de empréstimo compulsório fundado no inciso I sem observância ao primado da anterioridade, o que se explica, perfeitamente, pelas graves proporções dos acontecimentos nele mencionados"

São dois os pressupostos previstos pelo referido dispositivo constitucional para justificar a instituição do empréstimo compulsório: (I) calamidade pública e (II) guerra externa ou sua iminência.[38]

A calamidade pública, desde que devidamente caracterizada, legitima a instituição de empréstimo compulsório com fundamento no artigo 148, I da Constituição Federal, único dispositivo constitucional que autoriza a imposição do tributo sem a observância do princípio da anterioridade. Justificável, pois, essa disposição constitucional.

Mas na hipótese de guerra externa ou sua iminência (repita-se, desde que devidamente caracterizadas), a previsão do dispositivo — constitucional — parece-nos estéril.

37. *In Curso de Direito Tributário*. Saraiva, 1991, p. 26

38. Na verdade, seriam três as hipóteses: (1) calamidade pública. (2) guerra externa e (3) iminência de guerra externa. Todavia, não vislumbramos problema na análise conjunta das duas últimas, porque ambas se referem à guerra externa.

Deveras, o artigo 154, II da Constituição outorga à União Federal competência impositiva para a instituição de impostos extraordinários, compreendidos ou não em sua competência tributária, no caso de guerra externa ou sua iminência. Esse dispositivo constitucional sequer exige a veiculação da norma de tributação por meio de lei complementar.

Vale dizer que os impostos extraordinários são instituídos por meio de simples lei ordinária; e a União, na hipótese de sua instituição (que se restringe aos casos de guerra ou iminência de guerra externa), está autorizada — constitucionalmente — a invadir a faixa de competência tributária outorgada às demais pessoas políticas de direito público interno.

Examinando o referido artigo 154, II, em cotejo com o artigo 148, I, ambos da Constituição Federal, verificamos que, *na hipótese* — efetivamente comprovada — *de guerra externa ou sua iminência*, a competência impositiva outorgada à União Federal pelo primeiro dispositivo constitucional engloba a competência tributária atribuída pelo segundo.

Com efeito, se na hipótese em questão (guerra externa ou sua iminência) a União pode instituir, por meio de simples lei ordinária, imposto compreendido ou não em sua competência tributária, por óbvio também poderá criar, via lei complementar, imposto restituível compreendido em sua competência impositiva.[39]

Explicitando nosso raciocínio (considerando-se sempre a hipótese de guerra externa ou sua iminência):

1. a União pode criar, por meio de lei ordinária, imposto — extraordinário — não restituível, de sua competência impositiva, da competência impositiva dos Estados ou da competência impositiva dos Municípios; logo, por conseqüência lógica:

2. também pode instituir, por meio de lei complementar, imposto restituível (empréstimo compulsório), de sua competência impositiva.

Graficamente, poderíamos representar a competência da União para a instituição de tributo no caso de guerra externa ou sua iminência da seguinte forma:

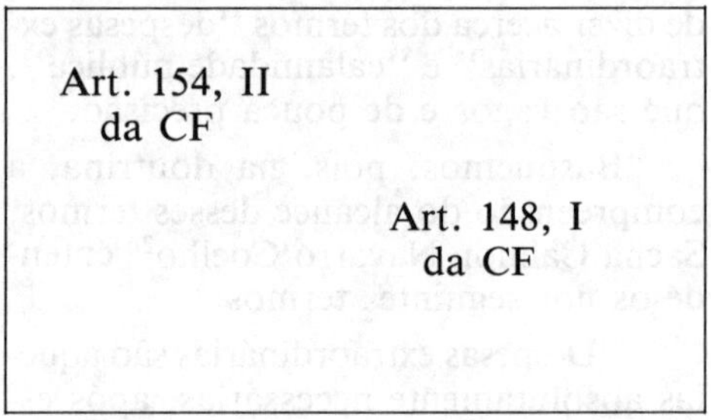

Ou seja, considerando-se a hipótese de guerra externa ou sua iminência, a competência para instituir empréstimos compulsórios está contida na competência para instituir impostos extraordinários.

De conseguinte, o inciso I do artigo 148 da Constituição Federal, excetuado o caso de calamidade pública, parece-nos sem préstimo, na medida em que o artigo 154, II é suficiente para fundamentar a validade do empréstimo compulsó-

39. Com relação à necessidade da existência de despesas extraordinárias (no caso de guerra externa ou sua iminência), deve-se observar o seguinte: o artigo 148, I da Constituição Federal exige, para a legitimidade da instituição do empréstimo compulsório, a comprovação da efetiva existência de despesas extraordinárias, enquanto que o artigo 154, I refere-se à guerra externa ou sua iminência sem fazer qualquer remissão à necessidade da existência dessas despesas (ditas extraordinárias). Em outras palavras, na hipótese de guerra externa ou sua iminência, a União pode instituir impostos extraordinários independentemente da existência efetiva de despesas decorrentes do evento, enquanto que para a instituição de empréstimos compulsórios há necessidade da efetiva existência de despesas; e despesas extraordinárias. A hipótese do artigo 154, II é, portanto, efetivamente mais abrangente do que a do artigo 148, I.

rio relativamente às demais hipóteses ali previstas.[40]

Nem se poderia alegar que a instituição do empréstimo compulsório com fundamento no artigo 148, I da Constituição Federal autorizaria sua imediata cobrança, sem a necessidade de observância ao princípio da anterioridade, e que aí residiria a diferença entre as duas previsões constitucionais, pois aos impostos extraordinários, conforme determina o parágrafo 1º do artigo 150 da Constituição, também não se aplica o referido princípio constitucional.

Também não nos parece relevante, para justificar a instituição de empréstimo compulsório com base no artigo 148, I da Constituição Federal, o fato de as despesas extraordinárias serem *decorrentes* de guerra externa ou sua iminência, com o que o tributo poderia ser instituído *em momento posterior* (após a apuração dos prejuízos) — enquanto que os impostos extraordinários só poderiam ser criados *durante* a guerra ou em instante antecedente à sua declaração.

É que a parte final do artigo 154, II do texto constitucional determina a supressão dos impostos extraordinários — gradativamente — após cessadas as causas de sua criação. Assim, existindo despesas decorrentes de guerra externa ou sua iminência, parece-nos legítima a instituição do tributo com fundamento neste dispositivo constitucional: o imposto extraordinário é criado *no caso de guerra externa* (ou sua iminência — art. 154, II) e a causa de sua criação é, precisamente, atender às despesas dela decorrentes.[41]

Ademais, não seria coerente supor que a União Federal, na hipótese em questão, aguardaria a apuração do efetivo prejuízo para posterior instituição do empréstimo compulsório. Do contrário, não se justificaria excetuar o dispositivo constitucional do princípio da anterioridade. No caso de guerra externa ou sua iminência, a criação e exigência do tributo justifica-se imediatamente.

Verificamos, assim, que a hipótese referida pelo artigo 148, I da Constituição Federal, justifica e legitima (no sentido de fundamentar a validade) a instituição de empréstimo compulsório apenas para o fim de atender despesas extraordinárias decorrentes de calamidade pública.

No caso de guerra externa ou sua iminência, o disposto no artigo 154, II do texto constitucional é bastante para fundamentar a validade do empréstimo compulsório, que, nesta hipótese, nada mais seria do que um imposto extraordinário restituível.

4. *O artigo 148, II da Constituição Federal*

O inciso II do artigo 148 do texto constitucional autoriza a União Federal, sempre mediante lei complementar, a instituição de empréstimos compulsórios no caso de investimento público de caráter urgente e de relevante interesse nacional. Nesta hipótese, todavia, deve ser respeitado o princípio da anterioridade.

O alcance da expressão "investimento público de caráter urgente e de relevante interesse social" é de todo impreciso. E daí decorre a necessidade de observância ao artigo 150, III, "b" do texto constitucional.

Mas independentemente do sentido que se possa emprestar ao termo, para justificar a instituição do gravame, en-

40. Nada impede que, com fundamento no artigo 154, II da Constituição Federal (e relativamente às hipóteses de guerra externa ou sua iminência), a União institua, por meio de lei complementar, um imposto restituível, de sua competência impositiva.

41. Os impostos, assim como os demais tributos, caracterizam-se como receitas derivadas do Estado, de forma que sempre visam a atender as despesas públicas, ordinárias ou extraordinárias.

tendemos que o dispositivo constitucional não inova.[42]

Deveras, a análise sistemática das regras constitucionais concernentes às competências impositivas outorgadas às pessoas políticas de direito público interno, em cotejo com as demais normas que disciplinam a tributação no Brasil, justifica nosso raciocínio.

Salientamos que a União Federal, no exercício da competência impositiva que lhe foi outorgada pelo artigo 148 da Constituição Federal, não poderá invadir as faixas de competência tributária outorgada aos Estados, ao Distrito Federal e aos Municípios.

Dessa forma, podemos concluir que a hipótese de incidência do empréstimo compulsório instituído para atender casos de investimento público de caráter urgente e de relevante interesse nacional, identificar-se-á, inexoravelmente, com outro tributo de competência impositiva da União Federal, com o que poderá ter seu fundamento de validade em outro dispositivo que não o artigo 148, II da Constituição.

Exemplifiquemos, para explicitar nosso raciocínio.

A União, por meio de lei ordinária e visando a atender investimento público de caráter urgente e de relevante interesse nacional, cria tributo cuja hipótese de incidência se identifica com a do imposto sobre a renda. No preâmbulo do texto legal, afirma que foi instituído empréstimo compulsório, com fundamento no artigo 148, II da Constituição Federal.

Dir-se-ia que como empréstimo compulsório a exação seria inconstitucional, porque não teria obedecido o procedimento legislativo concernente à instituição do tributo, na medida em que não teria sido veiculado por meio de lei complementar.

Mas observe-se. A União Federal detém competência impositiva para a criação de imposto sobre a renda, cujo veículo normativo é a lei ordinária. Destarte, tem legitimidade para (I) majorar esse tributo [43] ou (II) criar-lhe um adicional, a ser — oportunamente — restituído ao contribuinte.

Na segunda hipótese, estaria legitimamente instituído, por meio de lei ordinária, um imposto restituível para atender a investimento público de caráter urgente e de relevante interesse nacional, ou seja, um empréstimo compulsório com fundamento de validade no artigo 153, III da Constituição Federal. A exação, assim, legitimar-se-ia com base neste dispositivo constitucional e não com fundamento no artigo 148, II.

Vejamos outra hipótese.

Alegando, como fundamento de validade, o referido artigo 148, II da Constituição Federal, a União Federal institui, por meio de lei complementar, empréstimo compulsório cuja base de cálculo é o valor da propriedade territorial rural. O tributo seria, na verdade, um adicional restituível do imposto sobre a propriedade territorial rural. Neste caso, haveria dois dispositivos constitucionais a fundamentar a validade da exação: (I) o artigo 153, VI e (II) o artigo 148, II.

Mais, um exemplo, para a cabal compreensão de nosso entendimento sobre a questão.

42. Entendemos, inclusive, que a hipótese do inciso II é bem diversa da prevista no inciso I do artigo 148. Enquanto consideramos que a existência de despesas extraordinárias decorrentes de calamidade pública, guerra externa ou sua iminência, é uma justificativa cuja comprovação é exigida pelo texto constitucional para a instituição do empréstimo compulsório com base no inciso I do artigo 148, a hipótese de investimento de caráter urgente e de relevante interesse nacional parece-nos uma justificativa meramente política. E que, sujeitando-se o artigo 148, II ao princípio da anterioridade, a eventual inexistência do referido investimento (público de caráter urgente e de relevante interesse nacional) não invalidará a exação, porque esta encontrará fundamento de validade em outro dispositivo constitucional. A questão será melhor analisada oportunamente.

43. Considerando-se que o mesmo já existe no direito positivo vigente.

A União, com fundamento no inciso II do artigo 148 da Constituição Federal, ora em análise, institui, por meio de lei complementar, empréstimo compulsório incidente sobre a importação de produtos estrangeiros. E determina a incidência do tributo sobre fatos imponíveis que vierem a ocorrer a partir da publicação da referida lei, ou seja, no mesmo exercício de sua instituição.

Agora vejamos. O artigo 153, I da Constituição Federal autoriza a União a instituir imposto sobre importação de produtos estrangeiros. Se assim é, utilizando-nos do mesmo raciocínio deduzido no primeiro exemplo, podemos concluir que a União pode (I) majorar esse tributo ou (II) criar-lhe um adicional (a ser oportunamente restituído), mesmo por meio de lei ordinária.

O artigo 150, § 1º do texto constitucional, por sua vez, determina que ao imposto de importação não se aplique o princípio da anterioridade. Em outras palavras, a Constituição Federal autoriza a majoração desse imposto (ou do que possa vir a ser considerado adicional deste imposto) no mesmo exercício em que publicada a lei que determine essa majoração.

Dessa forma, ainda que se alegue que a cobrança do empréstimo compulsório em questão no mesmo exercício em que instituído seria inconstitucional, por infringência ao disposto no artigo 150, III, "b", essa cobrança estaria legitimamente assegurada pelo artigo 153, I, c. c. o § 1º do artigo 150.

Verifica-se, portanto, que se em qualquer hipótese concreta de instituição de empréstimo compulsório para atender investimento público de caráter urgente e de relevante interesse nacional, haverá outro fundamento de validade para a exação que não o indigitado inciso II do artigo 148 da Constituição Federal, o que torna desnecessário e sem préstimo o referido dispositivo.

5. *Conclusão*

Em face da análise procedida, podemos concluir que o empréstimo compulsório, tal como previsto pela Constituição Federal, traduz-se em verdadeiro e genuíno tributo, subsumindo-se, em qualquer hipótese, a uma das espécies tributárias existentes no direito positivo vigente.

Concluímos, outrossim, que o artigo 148 da Constituição Federal é dispositivo hábil e necessário para fundamentar a validade de apenas uma modalidade de empréstimo compulsório, qual seja, aquele instituído para atender às despesas extraordinárias decorrentes de calamidade pública, porque nessa hipótese não haveria necessidade de se atender ao princípio constitucional da anterioridade.

Todas as demais hipóteses previstas pelo referido artigo 148 podem ser fundamentadas por outros dispositivos constitucionais, todos relativos a tributos de competência impositiva da União.

Salientamos, por fim e porque entendemos relevante, que essa conclusão decorre de análise estritamente jurídica do artigo 148 da Constituição Federal, mediante o confronto desse dispositivo com as demais normas (princípios e regras) do sistema constitucional tributário brasileiro.

Não negamos, portanto, a eventual utilidade sociológica do dispositivo constitucional examinado. Apenas não nos preocupamos com a análise de sua eficácia social, para concentrarmos maior atenção no exame de sua validade material, ou seja, sua eficácia jurídica em face do direito positivo vigente.

Esse trabalho não pretendeu, em absoluto, esgotar a matéria. Apenas buscou-se, por meio de interpretação sistemática do direito positivo vigente, em especial das normas constitucionais que disciplinam o sistema tributário brasileiro, trazer elementos e subsídios para o estudo dos empréstimos compulsórios. (março de 1994).

NOTAS & COMENTÁRIOS

INCONSTITUCIONALIDADE DA COBRANÇA DO IPMF SOBRE OS SERVIÇOS PRESTADOS PELOS AGENTES DE SERVIÇO PÚBLICO DELEGADO

WALTER GIUSEPPE MANZI
Advogado em Recife

"Se os Estados por acaso pudessem impôr qualquer ônus, com referência aos bens e rendas federaes, ou ainda aos serviços a cargo da União, e vice-versa, diz Aristides Milton, aconteceria que uma luta infinda, motivada por interesses, vitaes, tinha de perturbar, por força, a vida e a paz da República, afrouxando e rompendo os mesmos laços que vinculam, por nossa fortuna, as diversas porções da pátria brasileira" (A Constituição do Brasil, p. 51).[1]

I — Dos Fatos

1. Consultam os Titulares dos Cartórios de Protestos das Comarcas da Região Metropolitana, sobre a legalidade da cobrança do IPMF, instituído pela Lei Complementar n. 77, de 13.07.1993, relativamente aos valores de terceiros, quando do pagamento dos títulos em cartório.

2. A questão se coloca da seguinte forma: os títulos são apontados em cartório e posteriormente pagos, com a finalidade de ser elidido o protesto. Neste momento, os cartórios depositam as importâncias em contas especialmente abertas para este fim, junto às instituições financeiras, e repassam ao apresentante do título a importância correspondente ao pagamento do título. Quando do repasse, estaria sendo cobrado o IPMF pelas instituições financeiras, o que entendem ser inconstitucional. Acrescentam ainda que o valor do desconto do IPMF também incide sobre as custas e emolumentos cobrados.

3. Requerem, em face do exposto, a expedição de Provimento que permita a compensação dos valores pagos a título do IPMF, com um acréscimo proporcional às custas e emolumentos a serem cobrados dos usuários dos serviços cartorários.

4. Colocada nestes termos a consulta, a Assessoria Jurídica formula o seguinte parecer, que submete a consideração do Excelentíssimo Senhor Corregedor Geral da Justiça.

1. *In Comentários À Constituição Federal Brasileira*, Saraiva Editores, v. I, coligidos e ordenados por Homero Pires, 1932, p. 331 e ss.

II — Das normas instituidoras do tributo

5. A Emenda Constitucional 3, de 17 de março de 1993, *DOU* de 18.3.1993, estabeleceu que:

"Art. 2º — A União poderá instituir, nos termos de Lei Complementar, com vigência até 31.12.94, imposto sobre movimentação ou transmissão de valores, créditos e direitos de natureza financeira."

6. Conforme fixou a própria Emenda Constitucional, o IPMF não poderia ter vigência imediata, dependendo sua exigência de regulamentação, com base em lei complementar.

Tendo sido o IPMF criado por meio de emenda constitucional, em que pesem os comentários que iremos traçar quando oportuno, seria ele um dos impostos constitucionalmente previstos e especificados, razão pela qual desnecessária seria a sua regulamentação via lei complementar.[2]

7. A Lei Complementar 77, de 13.7.93, *DOU* de 14.7.93, republicada nos *DOU's* de 21.7.93, 22.7.93 e 24.7.93, estabeleceu, em seu Art. 1º, que:

"Art. 1º — Fica instituído por esta Lei Complementar o Imposto Provisório sobre a Movimentação ou a Trasmissão de Valores e de Créditos e Direitos de Natureza Financeira — IPMF.

"Parágrafo único — Considera-se movimentação ou transmissão de valores e de créditos e direitos de natureza financeira qualquer operação liquidada ou lançamento realizado pelas entidades referidas no art. 2º, que representem circulação escritural ou física de moeda, e de que resulte ou não da transferência da titularidade dos mesmos valores, créditos e direitos."

8. O Art. 2º da Lei Complementar 77 definiu o fato gerador do imposto e este ocorrerá:

- quando houver lançamento a débito, por instituição financeira, nas operações bancárias por ela mantidas (inciso I, II, III);

- nas demais operações, ainda que não bancárias, desde que resultantes do lançamento, e qualquer outra movimentação ou transmissão de valores e de créditos de natureza financeira, que produzam idênticos efeitos às operações referidas na letra "a" (incisos IV e V).

9. O Art. 3º da Lei frisou as hipóteses de não incidência tributária, relativos à isenção.[3]

O Art. 4º fixou os contribuintes e o Art. 5º a responsabilidade pela retenção e recolhimento do imposto.[4]

10. O Art. 6º especificou que a base de cálculo deve ser fixada observados os registros contábeis dos responsáveis pela retenção ou recolhimento do imposto, e o art. 7º especificou a alíquota, que é de 0,25% (vinte e cinco centésimos por cento).

O art. 8º fixou a alíquota zero para o imposto e determinou os casos de sua aplicação.

2. A questão que de logo exsurge é a desnecessidade de lei complementar para tanto. O Art. 154, I, da CF/88 estabelece a necessidade de lei complementar apenas para a instituição de impostos com base no Poder Residual da União Federal. Este, aliás, tem sido o entendimento do STF (*julgamento da Contribuição Social sobre o lucro*).

3. O inciso I do Art. 3º excluiu da incidência do IPMF as operações realizadas pela União, suas autarquias e fundações, sem excluir, no entanto, os demais entes federativos, o que, conforme será demonstrado, é prática inconstitucional, que fere o princípio da federação e da insonomia entre as partes federadas. Vale ressaltar aqui o erro formal do legislador. Sobre o tema, ver Bernardo Ribeiro de Moraes *in Comp. Direito Trib.*, 2ª ed., 1993, Ed. Forense.

4. O § 3º do Art. 5º, em caráter de supletividade, consignou a responsabilidade do contribuinte substituído pelo pagamento do tributo, à falta de retenção ou recolhimento, do IPMF pelo substituto tributário conforme preceituado no *caput* do artigo. Ressalte-se, desde já, que este parágrafo não está de acordo com o § 7º do art. 150 da CF/88 instituído pela EC 3/93.

11. Os Estados e Municípios tiveram a isenção do tributo aplicada às seguintes operações:

• lançamentos nas contas do Estado, do Distrito Federal e dos Municípios, decorrentes de transferências intergovernamentais e intragovernamentais, cujos destinatários sejam Órgãos da Administração Direta, ou entidade Autárquica ou Funcional;

• nos lançamentos a débito em contas de depósito de poupança, de depósito especial remunerado e de depósito judicial para crédito em conta corrente de depósito ou conta de poupança dos mesmos titulares;

• nos lançamentos relativos à movimentação de valores de conta corrente de depósito, para conta de idêntica natureza, dos mesmos titulares.

12. Posteriormente, o Supremo Tribunal Federal, no julgamento da ADIN — 939-7/DF, decidiu pela inconstitucionalidade da cobrança do IPMF sobre as rendas ou serviços das pessoas jurídicas de direito público, referidas nas alíneas "a", "b", "c" e "d", do inciso VI, do art. 150 da Constituição Federal.

III — Do IPMF à luz dos princípios constitucionais tributários

A) Aspectos Gerais

13. Em recente trabalho, intitulado Reforma Tributária Inconstitucional, Edvaldo Brito oferece brilhante exposição sobre a Emenda Constitucional n. 3/93 e a criação do IPMF.[5]

14. Argumenta o citado autor:

"3.2. Criação do Imposto Provisório sobre movimentação financeira.

"A Emenda dispõe, no seu Art. 2º, que a União poderá instituir um imposto, observados os seguintes requisitos:

• que obedeça os termos de lei complementar específica;

• que seja provisório, porque sua vigência é a termo: 31 de dezembro de 1994;

• que tenha como materialidade da hipótese do seu fato gerador;

1. a movimentação de valores e de créditos;

2. a movimentação de direitos de natureza financeira;

3. a transmissão de valores e de créditos;

4. a transmissão de direitos de natureza financeira;

• que tenha alíquota igual ou inferior a vinte e cinco centésimos por cento.

Além desses *requisitos*, a emenda dota o imposto de certos pressupostos. São eles:

• exclusão do princípio da anterioridade;

• exclusão do princípio da imunidade;

• permissão de bitributação;

• vinculação de parte da receita arrecadada.

"Adota-se, inicialmente, que alguns desses pressupostos e requisitos incidem em inconstitucionalidades, tanto no seu confronto com outras normas veiculadas na própria Constituição Jurídica, v.g. as do § 4º do seu art. 60 ou com princípios constantes da Constituição (essência)."

15. Na forma como colocada a questão por Edvaldo Brito, estar-se-ia diante de emenda inconstitucional a Constituição. Para se prosseguir com a discussão, há que se responder o seguinte:

E será que é possível, perante a tradição jurídico-positiva nacional a suposta argüição de inconstitucionalidade de norma constitucional?

5. *In Curso de Direito Tributário*, Ives Gandra da Silva Martins (Coordenador), Ed. CEJUP, 2ª ed., 1993.

16. É o próprio Edvaldo Brito que responde a questão, ao sustentar:

"(...) De então a esta parte, os doutores do Direito Constitucional, mesmo quando alguns não adotem a idéia, têm na sua totalidade, analisado a diferença que se faz entre Constituição essência, real ou material e Constituição formal, escrita ou jurídica). (...)

"(...) Veja-se que, somente adotando-se a dicotomia, é que se pode compreender a Constituição Inglesa não sistematizada e o poder constituinte latente exercido no Parlamento, o que equivale a dizer, pelo povo, sem órgão específico de controle de constitucionalidade pela via jurisdicional, é que se pode entender o sistema alemão que integra um órgão jurisdicional para controle, inclusive, das próprias normas da Constituição jurídica diante da argüição, por um cidadão, de ofensa aos seus direitos, por essa Constituição (seja pelas normas originárias, seja pelas de reforma), os quais tenham como fundamento de validez os valores ou direitos fundamentais inseridos no sistema supralegal que forma o conteúdo da Constituição (essência).

"É nesse sentido que a doutrina *tedesca* tem estudado o tema das normas constitucionais inconstitucionais. (...)

"(...) O chamado poder constituinte derivado, poder reformador ou que nome tenha, é mera competência, desde que recebe as suas atribuições de outrem que as especifica e estabelece o procedimento do respectivo exercício.

"Conseqüentemente, cada vez que se estiver diante de uma reforma da Constituição jurídica, seja pela via da emenda, seja pela via da revisão, há de se verificar os três elementos suprareferidos, porque a regra que a disciplina é de competência (...)."[6]

6. Ob. citada.

17. Michel Temer completa a lição acima, explicitando, com a sua peculiar clareza:

"(...) Assim, projeto de emenda só pode converter-se em norma constitucional se obediente a processo legislativo especialmente previsto e abrigando conteúdo não restante do texto constitucional.

"Evidentemente, se uma emenda constitucional trouxe uma modificação, por exemplo, do sistema tributário, vulnerando princípios, ou em desobediência à forma determinada para sua produção, não se admite sua introdução na Constituição. Se vier a introduzir-se, é passível de declaração de inconstitucionalidade."[7]

18. Já que é possível a alegação da inconstitucionalidade da norma constitucional, resta saber se no caso da Emenda 3 é cabível tal questionamento.

19. O Supremo Tribunal Federal, como já mencionado, decidiu pela inconstitucionalidade parcial da Emenda Constitucional 3, julgando também inconstitucionais alguns dispositivos da Lei Complementar 77, consagrando, assim, alguns princípios constitucionais tributários, tais como o princípio federativo e o princípio da igualdade e, ainda, o instituto deles decorrente, o instituto da imunidade tributária.

B) O princípio da igualdade aplicado aos entes federados

20. A Constituição Federal, no que tange à ordem tributária, elegeu as pessoas jurídicas de Direito Público interno, em uma ordem de igualdade de direitos e de deveres.

Entre os direitos está, por exemplo, o de não ser tributado e, entre os deveres, está o de não tributar.

Este direito e dever serão analisados no tópico a seguir:

7. *In Elementos de Direito Constitucional*, Malheiros Editores, 9ª ed., 1992, p. 135.

21. Por ora, bom é lembrar que a vedação à criação de desigualdades entre os entes federais, relativamente a tributos, está consignada no art. 151, I, II e III, da CF/88, *verbis:*

"Art. 151. É vedado à União

"I — instituir tributo que não seja uniforme em todo o território nacional ou que implique distinção ou preferência em relação a Estado, ao Distrito Federal ou a Município, em detrimento de outro, admitindo a concessão de incentivos fiscais destinados a promover o equilíbrio do desenvolvimento sócio-econômico entre as diferentes regiões do País;

"II — tributar a renda das obrigações da dívida pública dos Estados, do Distrito Federal e dos Municípios, bem como a remuneração e os proventos dos respectivos agentes públicos, em níveis superiores aos que fixados para suas obrigações e para seus agentes;

"III — instituir isenção de tributos da competência dos Estados, do Distrito Federal e dos Municípios."

22. Se a União pretendesse tributar as rendas públicas dos outros entes federados, deveria fazê-lo do mesmo modo para as suas.

Ao isentá-las da cobrança do IPMF e ao tributar os Municípios, Estados e Distrito Federal, esqueceu-se o legislador que a isonomia é cláusula pétrea da Constituição, não somente desta, mas da tradição histórico-jurídica nacional.

23. As afrontas ao princípio são espelhadas da seguinte forma:

• ao tributar a renda orçamentária, o IPMF lesa os cofres públicos de forma desigual, fortalecendo a União e enfraquecendo as demais entidades federadas;

• gera o IPMF, por outro aspecto, aumento nas despesas das pessoas jurídicas, vez que incide em cascata e não permite a devolução ou a compensação;

• não contribui, e isto é o mais importante, para a consecução do bem público, fazendo aumentar o empobrecimento e as desigualdades entre as regiões.

24. O último elemento encarece a circunstância de que não é qualquer diferença, conquanto real e logicamente explicável, que possui suficiência para discriminações legais. Não basta, pois, poder-se estabelecer racionalmente um nexo entre a diferença e um conseqüente tratamento diferenciado. Requer-se, demais disso, que o vínculo demonstrável seja constitucionalmente pertinente.

É dizer: as vantagens calcadas em alguma peculiaridade distintiva não devem ser conferidas prestigiando situações conotadas passivamente ou, quando menos, compatíveis com os interesses acolhidos no sistema constitucional.[8]

C) Princípio federativo

25. Este princípio é corolário do princípio da imunidade, já abordado.

José Roberto Vieira[9] discorre a respeito:

26. Etimologicamente, a palavra é originária do Latim foedus, foederis (aliança, pacto, associação, união)

Temos para nós que a melhor descrição da estrutura federal, em nossa doutrina, coube inicialmente a Victor Nunes Leal, para quem as federações apresentavam os seguintes caracteres: a repartição constitucional de competências, a rigidez da Constituição e a existência de uma autoriadade suprema para solver as disputas entre a União e os Estados, sem deixar de fazer menção, ainda, à participação dos Estados na formação da vontade nacional, via Senado.

Descrição que se aperfeiçoou em definitivo, recentemente, com Michel Temer, que distinguia os requisitos de carac-

8. Celso Antônio Bandeira de Mello, ob. citada pp. 41/42.

9. *In Revista de Direito Tributário*. RT, 54, ano 14, out. 1052/1990, p. 102/103.

terização ou de tipificação dos requisitos de manutenção da Federação.

Caracterizam a Federação:

• a repartição constitucional de competências (ou descentralização política constitucional);

• a participação da vontade das ordens jurídicas parciais da vontade da ordem jurídica nacional;

• a possibilidade de autoconstituição (constituições locais).

mantêm e Federação;

• a rigidez constitucional;

• a existência de órgão constitucional encarregado do controle da constitucionalidade das leis.

A idéia de Soberania está ligada ao Estado federal no plano internacional, enquanto a idéia de Autonomia é imprescindível para figurar a federação no plano interno. Daí a fórmula já clássica de Antônio Sampaio Dória: 'A Federação é a autonomia recíproca da União e dos Estados, sob a égide da Constituição'.

Celso Bastos, sobre não distinguir os elementos de tipificação e mantença, referindo-se apenas a ''pressupostos'', não alude à possibilidade de autoconstituição como requisito necessário, como aliás não o fazia o próprio Michel Temer no passado, tendo seu pensamento, no entanto, evoluído para o que acima expusemos.

Se é incontestável que a Federação exige e promove a descentralização política e se não se nega de representatividade popular, na medida em que se torna maior a proximidade entre governantes e governados, não se pode obviamente recusar que a Federação muito e intimamemente colabora na concretização da República Tal é o raciocínio, como de hábito, sempre apurado, de Geraldo Ataliba.

O princípio da Federação, outras das normas imutáveis da nossa Lei Maior (art. 60, § 4º., I), está, assim como a República, registrado já no pórtico do Texto Supremo (art. 1º.), e confirmado em outros comandos constitucionais (arts. 18 e 25).

D) Instituto da imunidade tributária como decorrência do princípio federativo

27. A instituição do IPMF também passou ao largo de outro princípio constitucional: o da imunidade tibutária. Princípio este basilar em nosso direito e corolário do princípio federativo.

Ninguém melhor para expor sobre o tema que o mestre Ruy Barbosa.[10]

''Se os Estados, por acaso pudessem impôr qualquer ônus, com referência aos bens e rendas federaes, ou ainda aos serviços a cargo da União, e vice-versa'', diz Aristides Milton, ''aconteceria que uma luta infinda, motivada por interesses vitaes, tinha de perturbar, por força, a vida e a paz da República, afrouxando e rompendo os mesmos laços que vinculam, por nossa fortuna, as diversas porções da patria brasileira'' (*A Constituição do Brasil*, p. 51).

''A proibição instituída no art. 10º. da nossa carta republicana deriva da essência mesma do regime federativo, e não seria menos obrigatória, de parte a parte, entre a União e os Estados, se a lei constitucional, em vez de se declarar, como entre nós se declara, emudece neste ponto, como noutros paízes emudece (...)''

28. Citando as decisões norte-americanas, o mestre Rui leciona:

''(...) A Constituição tem em mira que a nação e os Estados, cada qual por sua parte, exerçam com independência os seus poderes constitucionaes. Assim como os Estados não podem taxar os poderes, as operações ou os bens dos Estados Unidos, nem os meios que estes usam pa-

10. *In Comentários à Constituição Federal Brasileira*, Saraiva Editores, v. I., coligidos e ordenados por Homero Silva Pires, 1932, p. 331 e ss.

ra se desempenhar das suas atribuições, assim se tem estabelecido que os Estados Unidos, perante a Constituição, não tem autoridade, para tributar os bens, ou serviços (instrumentalites) do Estado (157. US 58439L. Ed.820).

Em rigorosa conformidade com esta jurisprudência se pronuncia unanimemente a doutrina.

Assim Cooley:

"Se os Estados não podem tributar os meios (the means), pelos quaes o Governo Nacional exerce suas funções, também, por outro lado, e pelos mesmos motivos (for the same reasons), não pode este Governo taxar os instrumentos de acção (agencies) dos Governos Estadoaes. O mesmo poder supremo que estabeleceu as ramificações (the departments) do Governo Geral, determinou que os Governos locaes existam para a satisfação dos institutos, que lhe são peculiares, e tornou impossível proteger sem o concurso delles o povo nos seus interesses communs. Cada um desses intrumentos ou serviços (agencies) é extrictamente subordinado à Constituição, que os limita, e independente de outras sujeições, a não ser até onde ella o prescreva. Não há nada, na Constituição dos Estados Unidos, por onde se consiga leval-a a admitir qualquer ingerencia do Congresso Nacional na existencia e segurança de alguma autoridade estadoal, enquanto esta se matem nas suas raias legaes. Qualquer intervenção, pois, ainda quando *exercida peos meios indirectos do imposto*, estará tão além das attribuições legislativas da União, como se a ingerencia fosse directa e extrema" (Fifield v. Close, 15 Mich, 505) (*Constitutional limitat*, p. 684, 7 Ed.)."

29. Ainda:

"(...) O Governo Federal nenhum poder tem de tributar os meios ou instrumentos de acção (*means or agencies*) dos Estados, nem os vencimentos dos seus funcionários" (*A treatise on the Law of Taxation*, 3ª ed., vol. I, p. 133).

"(...) O poder tributario do Governo Federal não se estende aos meios ou serviços (*means of agencies*) pelos quaes os Estados exercem as suas funções essenciaes, porque, se elles se achassem ao alcance dessa autoridade, ella os poderia estorvar e, quiçá, paralysar de todo em todo, com gravames que lhes impuzesse" (*General Principles*, 3ª ed., p. 61).

"(...) A doutrina estabelecida e desenvolvida por todas as autoridades é sentença, *nomine discrepante*, se condensa e fórmula nesta posição do último dos escriptores citados:

'todos os meios necessários ou convenientes, pelos quaes o *Estado cumpre os seus deveres, são livres de impostos federais*'. *All the necessary and proper means by wich the States carries out its duties are free from taxation by congress (The New Armer. Gov.*, p. 97).

"A regra é, como se vê, ampla e absoluta. Não conhece excepções. As palavras *means* e *agencies*, *instruments* e *instrumentalities* abrangem todos os meios, órgãos e instrumentos de administração e do Governo; as instituições e repartições, os funcionários e serviços de toda ordem, sem restricção de especie alguma. A actividade constitucional do Estado, em toda a extensão da sua competencia reconhecida, é tão independente das leis da União, quanto esta, nos limites da sua alçada, é independente dos Estados. Se os Estados a não podem tributar, directa ou indirectamente, também ella, nem directa, nem inderectamente, os não pode tributar a elles" (20. L. Ed. 124, 126, 21 L. Ed. 599).

30. Ruy Barbosa, portando, deixou com maestria inigualável a noção de que são intributáveis as *rendas, serviços e patrimônios* dos Estados, Município e Distrito Federal.

Mas o que é patrimônio, rendas e serviços públicos?

31. Trata-se do patrimônio público, "complexos de direitos e de relações jurídicas, pertencentes a certa pessoa e com valor econômico'' (cf. Achille Donato Giannini, *Il rapporto*, p. 105), sendo, no caso, a União, o Estado, o Distrito Federal ou o Município. Para Zanobini (cf. *Corso de diritto amministrativo*, 3ª ed., 1948, vol. IV, p. 99), patrimônio é ''o complexo das atividades econômicas pertencentes a determinado sujeito de direito''. Ou: é o complexo dos meios materiais destinados à perseguição dos fins que a pessoa tem em mira (cf. Landi e Potenza, *Manuale de diritto amministrativo*, 2ª ed., 1963, p. 57). Referindo-se aos bens do Estado, Fernando Garrido Galla define patrimônio público, em sentido lato, como um conjunto de direitos, de conteúdo econômico, que pertencem ao Estado (*Tratado de derecho administrativo*, 2ª ed., 1962, vol. II, p. 385). Renato Alessi entende que ''a noção de patrimônio do Estado deve ser definida negativamente: patrimônio é todo o complexo de bens que não formam o domínio'' (cf. *Sistema istituzionale del diritto amministrativo italiano*, Milano, 1953, p. 106; cf. também nosso livro *Dos bens públicos*, 2ª ed., 1975, p. 106). Bens, ao invés de patrimônio, é o vocábulo empregado pelo constituinte de 1946, ao referir-se à imunidade do partido político, quanto ao que lhe pertence. Na realidade, sutil é a diferença entre ''coisas'', ''bens'', e ''patrimônio''. Para o clássico civilista Trigo de Loureiro, ''em sentido jurídico, são coisas, ou bens, tudo aquilo que, servindo de utilidade ao homem, pode estar sujeito ao seu poder e, por isso mesmo, ser objetivo de direitos'' (*Instituições de direito civil brasileiro*, 2ª ed., 1857, vol. I, p. 164). Santi Romano entende que ''coisas são entidades, materiais ou imateriais, que podem juridicamente considerar-se exteriores às pessoas e, pois, distintas e separadas destas (*Corso di diritto amministrativo*, 3ª ed., 1937, p. 160). Pontes de Miranda sustenta que ''o conceito de bem, em nosso Código Civil, é aproximadamente o de objeto de direito mais amplo, pois, que o de coisa, sendo que é ao conceito de bem e não ao conceito de coisa que se prende a distinção, por exemplo, entre bens públicos e bens particulares'' (cf. *Tratado de direito privado*, 1954, vol. II, p. 22).[11]

32. Também Sacha Calmon Navarro Coêlho[12] trata da matéria:

''(...) Vejamos o que entende ser renda, patrimônio e serviços:

''Constituem o patrimônio todos os bens ou todas coisas vinculadas à propriedade pública e integrantes do serviço público, móveis ou imóveis, corpóreas ou não, inclusive complexo de coisas, como uma empresa, *universitas rerum*.

''A imunidade não cobre só o patrimônio, considerado como a universalidade dos bens da pessoa de direito público ou entidade. O art. 19, III, c, da Emenda n. 1, de 1969, protege qualquer dos bens que a integram.

''Rendas não são apenas os tributos, mas também os preços públicos que possam provir do exercício de suas atribuições, de venda de seus bens e utilização de seus serviços. Não é admissível, em qualquer caso, o significado que Rui defendeu para rendas, equirando-as as *rentes*, na linguagem francesa — os juros do título público.

''Essa afirmativa, que já repugnava à boa hermenêutica do texto de 1891, é incompatível com o de 1969, que no art. 20, II, subordina expressamente a imposto federal a renda das apólices.

''Serviços são os públicos, segundo a noção que deles dá o direito administrativo. Sobre a necessária submissão da interpretação às fontes da ciência das finanças, para deslindar questões tributá-

11. José Cretella Júnior *in Curso de Direito Tributário Constitucional*, p. 93.

12. *In Comentários à Constituição de 1988, Sistema Tributário*, pp. 347/348, Forense, 1990, Rio de Janeiro-RJ.

rias, cita Maximiliano, em reforço de suas teses: 'Que quer o art. 19, III, letra *a*? Sem dúvida, que o imposto federal não anule ou embarace os meios de ação dos Estados ou Municípios, para exercício das atribuições da respectiva competência e reciprocamente'.

"(...)

"A solução se contém na apreciação concreta de efeitos e não na abstrata consideração de uma regra, cabendo aqui recordar o conselho da hermenêutica formulado pelo nosso melhor mestre nessa arte. Em verdade, não se presume a inteligência dos textos positivos contrária aos princípios científicos; estes aclaram o caminho para o exegeta. Se, assim, pode-se concluir a respeito das ciências em geral, com abundância maior de razão, do mesmo modo se há de afirmar em se tratando da ciência das finanças, matéria intimamente conexa com o direito, tanto que figura como disciplina obrigatória nos cursos jurídicos."

33. Está claro que o IPMF não poderá, *à luz do Princípio da Imunidade Tributária Recíproca*, incidir sobre as receitas orçamentárias dos Estados, Distrito Federal e Municípios, bem como sobre seus patrimônios ou serviços.

Uma coleção de referências pode ser aduzida para bem ilustrar o estado de calmaria em que se detém a doutrina, todas elas colhidas em obras de argutos conhecedores desse ramo da especulação jurídica. Assim é que pregoam o caráter político das imunidades tributárias, sobre aconselhar os recursos da Ciência das Finanças para a interpretação e aplicação da lei Fundamental (Aliomar Baleeiro, *Limitações constitucionais*, cit., p. 2); salientam a condição de verdadeiras limitações constitucionais às competências tributárias, consubstanciando hipóteses de não-incidência juridicamente qualificadas no Texto Supremo (Bernardo Ribeiro de Moraes, *Sistema tributário na Constituição de 1969*, RT, 1973, p. 467); aludem a uma exclusão do próprio poder de tributar (Ruy Barbosa Nogueira, *Curso de direito tributário*, 5ª ed., Saraiva, p. 172); ou supressão da competência impositiva (Amílcar de Araújo Falcão, *Fato gerador da obrigação tributária*, 2ª ed., RT, p. 117). Todos a vêem como aplicável unicamente aos impostos e, de modo invariável, lembram o importante papel da incidência, nesse ponto anulada pelo preceito que imuniza (Hugo de Brito Machado, *Curso de direito tributário*, Rio de Janeiro, Forense, 1981, p. 151). Não faltam aqueles, contudo, que lhe atribuem a qualidade de ser sempre ampla e indivisível, não admitindo restrições ou meios-termos. O instituto não comportaria fracionamentos (Fábio Leopoldo de Oliveira, *Curso expositivo de direito tributário*, Resenha Tributária, 1976, p. 50).[13]

E) Dos agentes de serviços públicos delegados e a imunidade constitucional

34. Os cartórios de protestos, na vigência da atual Carta Constitucional, são expressamente determinados como serviços públicos delegados (art. 236).

Comentando a questão dos Agentes de Serviços Públicos Delegados, Celso Antônio Bandeira de Mello anuncia, com a propriedade que lhe é particular,[14] que estes Agentes exercem função pública, embora sem perder a característica de particulares. Exercem, portanto, serviço estatal específico e são, deste modo, abrangidos pelo instituto da imunidade constitucional, que é expresso ao se referir às rendas, ao serviço e aos bens do Estado, não fazendo distinção entre os serviços prestados por particulares ou pelo próprio Estado.

O Estado delega atribuições aos particulares para que estes prestem determi-

13. Paulo de Barros Carvalho *in Curso de Direito Tributário*, Saraiva, 4ª ed. atualizada, 1991.

14. *In Curso de Direito Administrativo*, p. 122 e ss.

nado serviço à comunidade. A delegação não se dá (ao menos é o que determinam os princípios constitucionais que regem a Administração Pública) com o intuito de beneficiar o Agente Delegado, e sim para beneficiar a comunidade receptora das funções/atribuições delegadas.

Permitir a tributação pelo IPMF da renda de terceiros ou das custas recebidas (que se constituem, em última instância, tarifa pública), é afrontar a Constituição Federal e impossibilitar a prestação do serviço público. Impossibilitar a prestação do serviço público porque onera de tal forma o pagamento dos emolumentos, como muito bem explicitado na consulta formulada, que impossibilita ao Agente Delegado continuar a prestar o serviço público. Contudo, este ainda não é o aspecto basilar: o aspecto basilar a impossibilitar a tributação pelo IPMF das custas ou da renda de terceiros é a Constituição Federal e a decisão do Supremo, que são expressas em dizer que estão imunes ao IPMF os serviços prestados pelo Estado, sem qualquer distinção de ordem.

F) Posição do Supremo Tribunal Federal

35. A Corte Suprema vem, de longa data, conservando a tradição haurida do magistério lapidar de Aliomar Baleeiro.

36. De feito, o Supremo Tribunal Federal tem sido sensível até a uma mais ampla compreensão das *nomina* patrimônio e renda.

37. Notável contribuição foi dada pelo Min. Moreira Alves, no RE 89.173-SP, ao ementar: "A imunidade a que se refere a letra c do inciso II do art. 18 da EC 1/69 abrange o imposto de importação quando o bem importado pertencer a entidade de assistência social que faça jus ao benefício por observar requisitos do art. 14 do CTN".

Conquanto Moreira Alves estivesse julgando outra espécie imunitória — a das instituições de assistência social — não se pode olvidar que estas também são imunes, tanto quanto os entes governamentais, no patrimônio, renda ou serviço.

38. Como realça Sacha Calmon Navarro Coelho,[15] em recentíssimo estudo, "pelo que se pode deduzir, o entendimento do Ministro Moreira Alves, cuja posição no STF é inquestionável, pela constante dedicação ao exame minucioso dos autos e dos casos, de todos conhecida, o que importa é preservar o patrimônio e a renda do ataque de quaisquer impostos. Este sem dúvida é o melhor caminho, o mais consentâneo com a axiologia do princípio da imunidade *in examen*".

Tal entendimento é da tradição do Excelso Pretório, como lembra *decisum* lapidar:

"Como ensinou o Mestre Baleeiro, o patrimônio integra-se com todos os bens móveis e imóveis da instituição, sem distinções (*in Dir. Trib.*, 9ª ed., p. 92).

"Aliás, outro não pode ser o sentido da palavra patrimônio, que a Constituição passou a utilizar em lugar do vocábulo bens. Do contrário, chegar-se-ia a extravagância de considerar a importação de produto estrangeiro levada a efeito, por um dos Estados, para emprego em serviço eminentemente público, porque, tal como em relação aos partidos políticos e às instituições de educação ou de assistência social, também a imunidade recíproca das entidades políticas que integram a federação alcança o patrimônio, a renda ou os serviços de cada qual. Não diferem, com efeito, nas expressões fundamentais, a letra *a* e a letra *c* do inciso III do art. 19 da Constituição.

"Quanto ao imposto sobre produtos industrializados, já se considerou

15. *Controle da Constitucionalidade das Leis e do Poder de Tributar na CF de 1988*, Del Rey, Belo Horizonte, 1992, p. 394.

abrangido pela imunidade tributária das instituições de assistência social (RE 78.619, *RTJ* 74/177)."

39. E na decisão específica do caso IPMF, já citada, manteve o Supremo a antiga posição, consagrando o dispositivo constitucional e determinando a impossibilidade da cobrança do IPMF sobre quaisquer serviços das Entidades Federadas.

G) Dissídio jurisprudencial

40. Exatamente por não ser a matéria nova, já existem diversos posicionamentos dos nossos tribunais (docs. 2, anexos), dentre os quais transcrevem-se os seguintes, *verbis*:

"APELAÇÃO EM MANDADO DE SEGURANÇA

Processo 91.04.0971-1/RS

Relatora: A Exma. Sra. Juíza Luíza Dias Cassales

Remetente: Juízo Federal da Vara Única de Santo Ângelo/RS

Impetrante: Município de Bossoróca e outros[16]

Impetrados: Banco Central do Brasil e União Federal

EMENTA:

Imunidade recíproca. Art. 150, VI, a, da CF. Cobrança do IOF sobre ativos financeiros do município. Banco Central do Brasil excluído da lide.

1. Excluído o Banco Central do Brasil da lide, por não ser ele litisconsorte necessário.

2. Não pode o fisco cobrar o IOF sobre os ativos financeiros do município, devido à imunidade recíproca, garantidora pela alínea a do inciso VI do art. 150 da CF.

3. Improvido recurso da União Federal. Parcialmente providos o recurso do Banco Central do Brasil e a Remessa Oficial.

ACÓRDÃO

Vistos e relatados estes autos, em que são partes as acima indicadas, decide a 2ª Turma do Tribunal Regional Federal da 4ª Região, por unanimidade, negar provimento ao Recurso da União Federal, e dar provimento parcial à Remessa Oficial e aos Recursos do Banco Central do Brasil, nos termos do relatório e notas taquigráficas que ficam fazendo parte integrante do presente julgado.

Porto Alegre, 3 de setembro de 1992."

"APELAÇÃO EM MANDADO DE SEGURANÇA

Relator: o Exmo. Sr. Juiz Vicente Leal

Apelante: Banco Central do Brasil

Apelado: Município de Belém

EMENTA:

Constitucional e tributário. Município. Imunidade recíproca. Rendimentos de aplicação financeira. IOF. Tributação. Inconstitucionalidade. CF art. 150, VI, *a*.

A imunidade recíproca instituída no art. 150, VI, a, da Constituição Federal, veda a imposição de IOF sobre os rendimentos auferidos pelos Municípios em aplicações no mercado financeiro.

Apelação e remessa oficial desprovidas.

ACÓRDÃO

Vistos e relatados estes autos, em que são partes as acima indicadas. Decide a Terceira Turma do Tribunal Regional Federal da 1ª Região, por unanimidade, negar provimento à Apelação e à Remessa Oficial, na forma do relatório e notas taquigráficas que ficam fazendo parte integrante do presente julgado.

Brasília, 25 de novembro de 1992 (data do julgamento)."

"APELAÇÃO EM MANDADO DE SEGURANÇA

16. Na revista do TRF — 4ª Região foram, equivocadamente, trocados os nomes dos impetrantes e impetrados. Fizemos as correções, por serem convenientes.

Apelante: União Federal

Apelado: Prefeitura Municipal de Buíque

EMENTA:

Constitucional. Imunidade recíproca.

I — Para efeito da imunidade recíproca garantida pelo art. 150, IV, letra "a" da Constituição Federal, considera-se renda qualquer rendimento auferido pelo Município, seja de origem tributária ou não.

II — Fundo de Participação dos Municípios aplicado no mercado de Capitais, cujos frutos serão recolhidos em prol do próprio município, está imune ao pagamento de IOF.

III — Remessa e apelação improvidas. Incidente de Uniformização de Jurisprudência.[17]

ACÓRDÃO

Vistos e relatados os autos em que são partes as acima indicadas. Decide a Segunda Turma do Tribunal Regional Federal da 5ª Região, por unanimidade, negar provimento à apelação e à remessa oficial, e suscitar o incidente de uniformização de jurisprudência, conforme relatório e notas taquigráficas constantes dos autos, que ficam fazendo parte integrante do presente julgado.

Recife, 29 de outubro de 1991 (data do julgamento)".

41. Consagrado, também na Jurisprudência, o princípio da Imunidade Tributária.

IV — Conclusões

42. Por todo exposto, conclui-se o seguinte:

a) o IPMF não pode ser cobrado dos Agentes de Serviços Públicos Delegados, enquanto no exercício da função estatal que lhe foi incumbida, o que significa dizer que os valores arrecadados, quer sejam de terceiros ou através do pagamento de custas, não podem ser tributados;

b) não é possível se conceder o requerido, editando Provimento que permita a compensação de valores pagos a título do IPMF, com acréscimo proporcional aos valores cobrados pelas custas, uma vez que o aumento na cobrança de taxas ou tarifas públicas deve observar o princípio da estrita legalidade, isto é, somente lei poderá permiti-lo.

43. Em assim não se conformando com a cobrança do tributo, devem os consulentes procurar os devidos meios legais para impedir a tributação, que se consubstancia, no entender desta Assessoria, em verdadeira inconstitucionalidade.[18]

17. O incidente de uniformização de jurisprudência não chegou a ser implementado.

18. Walter Giuseppe Manzi é advogado tributarista e assessor jurídico do Tribunal de Justiça de Pernambuco.

JURISPRUDÊNCIA

SUPREMO TRIBUNAL FEDERAL

Ementa: Constitucional. Tributário. ICM. Direito de crédito pela entrada de matéria-prima importada com isenção do imposto. Contribuinte de direito. Transferência do encargo ao contribuinte de fato: irrelevância. CTN, art. 166.

I — Importação de matéria-prima isenta de ICM anteriormente à EC n. 23, de 1983: direito ao crédito correspondente sem necessidade de comprovação de não ter transferido o imposto ao contribuinte de fato. É que, por se tratar de direito de crédito e não à restituição de indébito, não há falar na transferência do encargo, já que inaplicável a regra do art. 166, CTN.

II — Precedente do Plenário: ERE 109.241-SP, Rel. Min. Célio Borja (RTJ 132/370). Precedentes da 2ª T. RREE 114.527-SP e 114.574-SP, 12.5.92, Rel. Min. Carlos Velloso.

III — Embargos de divergência não conhecidos.

Embargos de Divergência em Recurso Extraordinário n. 114.599-4 — São Paulo

Tribunal Pleno
Embargante: Estado de São Paulo
Embargada: Ford do Brasil S.A.
(DJU: 2.4.93)

ACÓRDÃO

Vistos, relatados e discutidos estes autos, acordam os Ministros do Supremo Tribunal Federal, em Sessão Plenária, na conformidade da ata do julgamento e das notas taquigráficas, por maioria de votos, não conhecer dos embargos, nos termos do voto do Min. Carlos Velloso, vencidos os Ministros Relator e Ilmar Galvão, que deles conheciam. Retificaram seus votos os Ministros Néri da Silveira, Octávio Gallotti, Paulo Brossard e Celso de Mello, tendo em vista fato novo abordado pelo Min. Carlos Velloso, que havia pedido vista dos autos. Votaram os Min. Sydney Sanches, Presidente, Moreira Alves e Francisco Rezek (§ 2º do art.134 do Regimento Interno).

Brasília, 1º de fevereiro de 1993 — Sydney Sanches (Presidente) — Carlos Velloso (Relator p/o acórdão).

RELATÓRIO

O Senhor Ministro Marco Aurélio: A Décima Sétima Câmara Cível do Tribunal de Justiça do Estado de São Paulo houve por bem prover a apelação cível interposta pelo ora Embargante. Fê-lo, considerando não só a impropriedade da via eleita — mandado de segurança — como também o fato de a Embargada haver transferido para o comprador, mediante inserção no preço, o ônus pertinente ao Imposto sobre Circulação de Mercadorias:

> "Ora, no caso, restou evidenciado pela prova pericial que houve repercussão, isto é, que os adquirentes dos produtos finais arcaram com o recolhimento do imposto incidente e não a ora Apelada" (fls. 772 a 775).

A egrégia Primeira Turma desta Corte conheceu e proveu o recurso extraordinário, assentando ser dispensável a prova da ausência de repercussão do imposto. Considerou, para tanto, o precedente da lavra do Min. Carlos Madeira, revelado no recurso extraordinário n. 106.033-6-SP, segundo o qual:

> "O industrial portador da matéria-prima tem direito a se creditar do valor do imposto isento, não sendo necessária a demonstração de que o imposto foi ou não transferido ao consumidor, no preço do produto, uma vez que a sua dedução é da técnica da tributação".

Fez-se, ainda, alusão ao que decidido no recurso extraordinário n. 105.084 (fls. 859 a 864).

Interpostos os embargos declaratórios de fls. 866 a 872, a egrégia Turma, na parte pertinente ao presente recurso, rejeitou-os, consignando possuírem contornos de embargos infringentes (fls. 874 a 878). Daí os embargos de divergência, mediante os quais o Estado de São Paulo salienta a evolução da jurisprudência desta Corte, citando como discrepantes os arestos prolatados pela egrégia Segunda Turma nos Recursos Extraordinários n. 114.242-SP (ementário da jurisprudência do Supremo Tribunal Federal n. 1.475, tomo 5, fls. 885 a 890 — anexo l) e 112.254-4 (ementário da jurisprudência do Supremo Tribunal Federal n. 1.479, t. 3, fls. 565 a 571 — anexo 2) dentre outros, todos no sentido de não haver o direito ao creditamento do imposto quando o ônus respectivo é incluído no preço do produto, sendo repassado, assim, ao comprador.

À folha 939 está o despacho do ilustre Ministro-Relator Carlos Madeira, a quem sucedi, admitindo os embargos e abrindo vista à Embargada, que ofereceu a impugnação de fls. 943 a 949, ressaltando, em síntese, que não ficou comprovado o dissenso jurisprudencial, já que os Acórdãos apontados como discrepantes "não examinaram a questão à luz dos mesmos pressupostos" da decisão impugnada. No mais, tece considerações sobre o imposto em questão afirmando consubstanciar equívoco o enfoque segundo o qual este último adere à mercadoria. Assevera que ao invés de o imposto recair sobre a mercadoria, incide sobre operações relativas à circulação destas. Transcreve a doutrina no que discorre sobre o mencionado tributo.

A ilustrada Procuradoria-Geral emitiu o parecer de fls. 954 a 957 no sentido do conhecimento dos embargos, porque patente a divergência entre julgados das Turmas desta Corte. No mérito, citando a decisão prolatada no recurso extraordinário 105.084, preconiza o acolhimento do pedido formulado nos embargos.

É o relatório.

VOTO

O Senhor Ministro Marco Aurélio (Relator): Os pressupostos de recorribilidade gerais estão atendidos. Trata-se de recurso interposto pela Fazenda Pública, havendo isenção legal e tendo sido observado o prazo em dobro, já que gastos 26 dos 30 dias pertinentes. Quanto ao pressuposto de recorribilidade específico, improcede, como salientado pela Procuradoria, a impugnação da Recorrida. Enquanto a egrégia Turma concluiu pela irrelevância da inexistência de prova no tocante ao fato de haver a parte arcado com o ônus do imposto (fls. 859 a 863), os arestos paradigmas citados no recurso extraordinário e anexados aos autos revelam entendimento diametralmente oposto, ou seja, a respeito de não caber o creditamento do valor do Imposto sobre Circulação de Mercadorias quando o importador o inclui no preço do produto industrial. Conheço dos embargos interpostos.

No mérito, o que sustentado pela Embargada não merece respaldo. É que o creditamento verificado na hipótese em que houve a inserção do valor do Imposto sobre Circulação de Mercadorias no preço acabaria por implicar verdadeiro enriquecimento sem causa, creditando-se o contribuinte de algo em relação ao qual não assumiu o ônus respectivo. No caso vertente, tem pertinência o teor do verbete 546 da Súmula da jurisprudência predominante deste Tribunal: "cabe a restituição do tributo pago indevidamente, quando reconhecido por decisão que o contribuinte *de jure* não recuperou do contribuinte de fato o *quantum* respectivo". No caso dos autos, a Corte soberana no exame dos elementos probatórios concluiu que houve a inclusão do valor do Imposto sobre Circulação de Mercadorias no preço da mercadoria. Destarte, bem andou ao prover a apelação do Estado de São Paulo para julgar improcedente o pedido formulado. Assim, acolho os presentes embargos para, reformando o Acórdão de fls. 859 a 864, integrado pelo de fls. 874 a 879, restabelecer o entendimento sufragado quando apreciada a apelação cível pela Corte de origem, chegando, assim, à improcedência do que pleiteado na demanda.

É o meu voto.

VOTO

O Senhor Ministro Ilmar Galvão: Sr. Presidente, sempre entendi, e há muito que assim ocorre, mesmo sob o regime anterior à Emenda n. 23, que não havia direito a crédito de ICM sobre a mercadoria adquirida sob o regime de isenção desse tributo. O Supremo Tribunal Federal tem jurisprudência no sentido de reconhecer esse crédito, mas sem correção monetária. Depois veio o problema da correção monetária. Lembro-me de que iniciei o julgamento dessa matéria, no STJ, acompanhando a jurisprudência do Supremo Tribunal Federal, no sentido de reconhecer o crédito, que, devido ao decurso do tempo, era sempre um crédito de pequeno valor. O valor não corrigido é insignificante. Quando os pedidos vieram no sentido da correção — acho que concedido o crédito não há como negar a correção, nunca pude alcançar o entendimento de que deferido o crédito não se defira a correção —, modifiquei meu entendimento, que mantenho até hoje, no sentido do não cabimento do crédito, nem antes, nem depois. Reconheço, apenas, que há jurisprudência firmada no Supremo Tribunal Federal que reconhecia, antes da Emenda n. 23, direito ao crédito sem correção. Mas, como disse, não convencido do acerto dessa decisão, desse entendimento que dá crédito, mas não dá a correção, retifiquei meu entendimento no sentido de denegar o crédito e assim tenho feito todo esse tempo. Inclusive assim já decidi na Primeira Turma.

De modo que acompanho o nobre Relator.

VOTO (Vista)

"Ementa: Constitucional. Tributário. ICM. Direito de crédito pela entrada de matéria-prima importada com isenção do imposto. Contribuinte de Direito. Transferência do encargo ao contribuinte de fato: Irrelevância. CTN, art. 166.

"I — Importação de matéria-prima isenta de ICM anteriormente à EC n. 23, de 1983: direito ao crédito correspondente sem necessidade de comprovação de não ter transferido o imposto ao contribuinte de fato. É que, por se tratar de direito de crédito e não à restituição de indébito, não há falar na transferência do encargo, já que inaplicável a regra do art. 166, CTN.

"II — Precedente do Plenário: ERE 109.241-SP, Rel. Min. Célio Borja (*RTJ* 132/370). Precedentes da 2ª T.: RREE 114.527-SP e 114.574-SP, 12.5.92, Rel. Min. Carlos Velloso.

"III — Embargos de divergência não conhecidos".

O Sr. Ministro Carlos Velloso (Relator): A Primeira Turma desta Egrégia Corte, por unanimidade, deu provimento a recurso extraordinário interposto pela Ford do Brasil S.A. contra o Estado de São Paulo. Reconheceu o aresto de fls. 858/864 que o importador de matéria-prima isenta de ICM tem direito de se creditar do valor do imposto, sem necessidade de demonstrar que o tributo não foi transferido ao consumidor no preço do produto.

Opostos embargos de declaração, foram esses rejeitados (fls. 874/879).

Inconformado, o Estado de São Paulo interpõe embargos de divergência, alegando que o entendimento consagrado na decisão embargada, prolatada em 9.10.87, contraria as decisões proferidas nos julgamentos do RE 111.724-9-SP, Rel. Min. Octávio Gallotti, em 20.2.87 e do RE 114.242-1-SP, Rel. Min. Carlos Madeira, em 8.9.87.

Sustenta o embargante:

"A evolução da jurisprudência sobre a declaração do direito ao crédito do ICM, nas importações de matérias-primas isentas, a serem aplicadas em produtos com saída tributada, deu-se no sentido de que a prova da repercussão do imposto não era necessária, mas, uma vez provada esta repercussão, não poderia ser reconhecido o direito ao crédito pleiteado. Isto em sede de ação declaratória — e não de mandado de segurança — como é o caso da vertente lide".

O ilustre Subprocurador-Geral da República Miguel Frauzino Pereira, em parecer de fls. 954/957, opina pelo conhecimento e recebimento dos embargos.

Na sessão do dia 8.10.92, o eminente Min. Marco Aurélio, Relator, conheceu dos embargos e os recebeu, para o fim de restabelecer o entendimento do acórdão que decidiu a apelação, pelo que julgou improcedente a ação. Em síntese, o Sr. Ministro Relator votou no sentido da aplicabilidade, no caso, da Súmula 546 do Supremo Tribunal.

O Sr. Min. Ilmar Galvão acompanhou o voto do Sr. Min. Relator. Pedi vista dos autos e os trago, a fim de retomarmos o julgamento dos embargos.

Passo a votar.

Com a vênia do Sr. Ministro Relator, não conheço dos embargos, na forma do disposto no art. 332 do Regimento Interno.

É que o Plenário, no ERE 109.241-SP, Relator o Sr. Min. Célio Borja, decidiu, por unanimidade de votos, no sentido do acórdão embargado, vale dizer, no sentido da desnecessidade de comprovação de não ter o contribuinte de direito transferido o imposto ao contribuinte de fato, dado que a hipótese "não se confunde com a repetição de indébito, na qual é exigível prova de assunção do encargo financeiro, nos termos do art. 166 do CTN" (*RTJ* 132/370).

No seu voto, o eminente Ministro Célio Borja, Relator, esclareceu:

"No mérito improvejo os embargos.

"Creio ser majoritária, no Supremo Tribunal, a interpretação do art. 166 do CTN, perfilhada pelo v. acórdão embargado; segundo essa corrente, somente é exigível a prova da assunção do encargo financeiro decorrente do pagamento do tributo, em caso de repetição do indébito. Essa é, na verdade, a hipótese expressamente contemplada no dispositivo acima invocado, ao dizer que 'a restituição de tributos que comportem, por sua natureza, transferência do respectivo encargo financeiro' etc.

"Restituição de tributo dá-se em procedimento próprio, assim administrativo como judicial, cuja causa tanto pode ser a indevida exigência de imposto ou qualquer contribuição, como a exoneração decorrente das mais variadas causas. Essas não se confundem com o mecanismo instituído pela Constituição, com vistas a tornar possível um certo tipo de imposição que recai sobre o valor agregado ou acrescido aos bens, em decorrência da sua circulação. Esse mecanismo consiste, precipuamente, em creditar-se, o vendedor do imposto devido à saída da mercadoria do seu estabelecimento, evitando, assim, que ele venha a integrar a base de cálculo do mesmo imposto incidente em operações sucessivas com o mesmo bem.

"Na hipótese do art. 166, CTN, tem-se em vista o exercício de um direito subjetivo de crédito resultante, exclusivamente, de erro, ilegalidade, exação excessiva etc. Já, na hipótese contemplada nos embargos, cuida-se, antes, de norma objetiva, definidora da própria natureza do tributo e cujo descumprimento o desnatura, ainda que possa, também, causar prejuízo ou vantagem ao contribuinte.

"Pelo exposto, tendo conhecido dos embargos, nego-lhe provimento".

Na linha do decidido pelo Plenário, nos citados ERE 109.241-SP, decidiu a 2ª T., unanimemente, em 12.5.92, nos RREE ns. 114.527-SP e 114.564-SP, por mim relatados, assim ementado o acórdão deste último:

"Ementa: Constitucional. Tributário. ICM. Direito de crédito pela entrada de matéria-prima importada com isenção do imposto. Ação declaratória. Correção monetária e juros.

"I — Importação de matéria-prima isenta de ICM anteriormente à EC n. 23, de 1983: tem o importador direito de crédito do valor do imposto nas operações posteriores. Prevalecimento do princípio constitucional da não-cumulatividade inscrito no art. 23, II, CF/67.

"II — Por se tratar de direito de crédito e não à restituição de indébito, não há que falar na transferência do encargo, já que inaplicável a regra do art. 166, CTN.

"III — Em se tratando de ação declaratória, não cabem a correção monetária e os juros de mora. Precedentes do STF. Ressalva do ponto de vista pessoal do relator em sentido contrário.

"IV — Recurso conhecido e provido, em parte".

Do exposto, com vênia do Sr. Ministro Relator, forte no disposto no art. 332 do Regimento Interno, não conheço dos embargos.

VOTO

Retificação de Voto (Preliminar)

O Senhor Ministro Paulo Brossard: Senhor Presidente, acompanho o eminente Min. Carlos Velloso, não conhecendo dos embargos.

Retificação de Voto (Preliminar)

O Senhor Ministro Octávio Gallotti: Sr. Presidente, também eu não conheço dos embargos, em conformidade com o voto hoje proferido pelo eminente Min. Carlos Velloso.

VOTO

(Retificação (Preliminar))

O Senhor Ministro Néri da Silveira: Senhor Presidente. Retifico o voto anteriormente proferido, para acompanhar o Min. Carlos Velloso, não conhecendo dos embargos, diante do fundamento indicado no pronunciamento de S.Exa.

Extrato de Ata

Emb. de Diverg. em Rec. Extraordinário n. 114.599-4
Origem: São Paulo
Relator: Min. Marco Aurélio
Embte.: Estado de São Paulo
Adv.: Yara de Campos Escudero e outros
Adv.: Arcenio Kairalla Riemma
Embda.: Ford do Brasil S.A.
Adv.: Odahyr Alferes Romero
Adv.: Claudio Lacombe

Decisão: Apresentado o feito em mesa, o julgamento foi adiado em virtude do adiantado da hora. Plenário, 1.7.91.

Decisão: Apresentado o feito em mesa, o julgamento foi adiado em virtude do adiantado da hora. Ausentes, ocasionalmente, os Mins. Célio Borja e Paulo Brossard. Plenário, 19.12.91.

Decisão: Por votação unânime, o Tribunal conheceu dos embargos. Votou o Presidente. No mérito, após os votos dos Ministros Relator e Ilmar Galvão, que recebiam os embargos de divergência, o julgamento foi adiado pelo pedido de vista do Min. Carlos Velloso. Ausentes, ocasionalmente, o Min. Francisco Rezek e, justificadamente, os Mins. Sydney Sanches, Presidente e Moreira Alves. Vice-Procurador-Geral da República, Dr. Moacir Antonio Machado da Silva. Presidiu o julgamento o Min. Octávio Gallotti, Vice-Presidente. Plenário, 8.10.92.

Decisão: Por maioria de votos, o Tribunal não conheceu dos embargos, nos termos do Min. Carlos Velloso, vencidos os Ministros Relator e Ilmar Galvão, que deles conheciam. Votou o Presidente. Relator para o acórdão o Min. Carlos Velloso. Retificaram seus votos os Ministros Néri da Silveira, Octávio Gallotti, Paulo Brossard e Celso de Mello, tendo em vista fato novo abordado pelo Min. Carlos Velloso, que havia pedido vista dos autos. Votaram os Mins. Sydney Sanches, Presidente, Moreira Alves e Francisco Rezek (§ 2º do art. 134 do Regimento Interno). Plenário, 1.2.93.

Presidência do Senhor Min. Sydney Sanches. Presentes à sessão os Senhores Mins. Moreira Alves, Néri da Silveira, Octávio Gallotti, Paulo Brossard, Celso de Mello, Carlos Velloso, Marco Aurélio e Francisco Rezek. Ausentes, justificadamente, os Senhores Mins. Sepúlveda Pertence e Ilmar Galvão.

Vice-Procurador-Geral da República, Dr. Moacir Antonio Machado da Silva.

JURISPRUDÊNCIA

SUPREMO TRIBUNAL FEDERAL

Ementa: Constitucional. Tributário. Contribuição de Melhoria. Valorização imobiliária. CF/67, art. 18, II, com a redação da EC n. 23/83. CF/88, art. 145, III.

I — Sem valorização imobiliária, decorrente de obra pública, não há contribuição de melhoria, porque a hipótese de incidência desta é a valorização e a sua base é a diferença entre dois momentos: o anterior e o posterior à obra pública, vale dizer, o "quantum" da valorização imobiliária.

II — Precedentes do STF: RREE 115.863-SP e 116.147-SP (RTJ 138/600 e 614).

III — R.E. conhecido e provido.

Recurso Extraordinário n. 114.069-1 — São Paulo
Segunda Turma
Recorrente: Eurípedes Coimbra da Silva
Recorrida: Prefeitura Municipal de Altinópolis
(*DJU*: 30.9.94)

ACÓRDÃO

Vistos, relatados e discutidos estes autos, acordam os Ministros do Supremo Tribunal Federal, em Segunda Turma, na conformidade da ata do julgamento e das notas taquigráficas, por decisão unânime, conhecer do recurso e lhe dar provimento.

Brasília, 15 de abril de 1994 — Néri da Silveira (Presidente) — Carlos Velloso (Relator).

RELATÓRIO

O Sr. Ministro Carlos Velloso: Trata-se de ação declaratória negativa de débito fiscal, cumulada com repetição de indébito, ajuizada por Eurípedes Coimbra da Silva contra a Prefeitura Municipal de Altinópolis, referente à cobrança da Taxa de Pavimentação e Calçamento de 1985, que recai sobre imóvel de sua propriedade.

A sentença de fls. 88/93 julgou procedente a ação, declarando nulo o lançamento, condenada a ré à devolução das quantias pagas, acrescidas de correção monetária.

A Quinta Câmara do Primeiro Tribunal de Alçada Civil, por unanimidade de votos, deu provimento a ambos os recursos da municipalidade. Entendeu o voto condutor do aresto que:

> "A realidade vai pressionando o constituinte e este vê-se na contingência de alterar o texto constitucional. A alteração veio para disciplinar a matéria, simplificando-a de forma a possibilitar aos Municípios, em especial, a cobrança cômoda do tributo.

"Em suma, entende-se extinta, no direito brasileiro, a antiga espécie tributária denominada contribuição de melhoria, pelo que se expôs.

"Hoje, basta a realização de obra pública, ficando ao contribuinte o encargo de domonstrar que não houve benefício. À entidade política basta a prova da construção para que possa cobrar o tributo.

"Correta, assim, a cobrança impugnada".

Inconformado, o autor interpôs recurso extraordinário, fundado no art. 119, III, *a* e *d*, da anterior Constitução Federal. Alega o contribuinte, em síntese, que o acórdão recorrido:

a) no que toca à alínea *a*, violou o art. 18, I e II, da Carta Magna então vigente, e, ainda, os arts. 81 e 82 do Código Tributário Nacional, 4º do CPC e o Decreto-lei 195/67;

b) impôs ao recorrente verdadeiro constrangimento ilegal, pois, tratando-se de obra pública, e não de serviço divisível, descabe cobrar taxa de pavimentação e calçamento;

c) discordou de entendimento anterior, proferido na Apelação n. 364.141, da mesma Comarca de Altinópolis, em que afirma:

"O entendimento desta Corte tem sido expresso com a constância no sentido de que a pavimentação ou calçamento de via pública configura obra e, como tal, dá ensejo à cobrança não de taxa, mas sim de contribuição de melhoria. Esta, por seu lado, exige procedimento determinado, com requisitos mínimos, que não foram satisfeitos, no caso, por vício de origem (art. 82, CTN). Mero ato administrativo do nome do tributo não sana referido vício;"

d) desconheceu a existência da dicotomia constitucional, estabelecida no art. 18, I e II, onde estão definidas taxa e contribuição de melhoria, para julgar válido ato administrativo, em que a municipalidade transformou a taxa de pavimentação em contribuição de melhoria;

e) no tocante à alínea *d*, no caso, deu à lei federal interpretação divergente daquela do Supremo Tribunal Federal. Como exemplo, cita os RREE 90.090-SP, 92.341-GO, 87.926-SP, 83.516-SP e outros, todos publicados na revista *Juriscível do STF*.

Admitido o recurso pela decisão de fls. 139/141, subiram os autos.

Após a instalação do E. Superior Tribunal de Justiça, não tendo sido argüida a relevância da questão federal, decidiu o eminente Ministro Francisco Rezek, em despacho à fl. 174 dos autos, estar "precluso o tema infraconstitucional, restando para exame em recurso extraordinário a questão de ofensa à Carta".

Oficiando às fls. 176/189, a Subprocuradora-Geral da República Anadyr de Mendonça Rodrigues manifesta-se no sentido de que o RE comporta conhecimento e provimento.

É o relatório.

VOTO

O Sr. Ministro Carlos Velloso (Relator): O acórdão recorrido assentou que, "hoje, basta a realização de obra pública, ficando ao contribuinte o encargo de demonstrar que não houve benefício. À entidade política basta a prova da construção, para que possa cobrar o tributo" (fl. 119).

O que decidiu, pois, é que, após a EC n. 23/83, é dispensável a valorização do imóvel para a cobrança da contribuição de melhoria.

O acórdão recorrido não perfilhou, *data venia*, a melhor doutrina e põe-se contrário ao entendimento desta Corte.

Com efeito.

Nos RREE 115.863-SP e 116.147-SP, relatados pelo eminente Min. Célio Borja, decidiu esta Turma:

"Recurso extraordinário. Constitucional. Tributário. Contribuição de melhoria. Art. 18, II, da CF/67, com redação dada pela EC n. 23/83. Recapeamento asfáltico.

"Não obstante alterada a redação do inc. II do art. 18 pela Emenda Constitucional n. 23/83, a valorização imobiliária decorrente de obra pública — requisito ínsito à contribuição de melhoria — persiste como fato gerador dessa espécie tributária.

"Hipótese de recapeamento de via pública já asfaltada: simples serviço de manutenção e conservação que não acarreta valorização do imóvel, não rendendo ensejo à imposição desse tributo.

"RE conhecido e provido". (RE 115.863-SP, *RTJ* 138/600).

No RE 116.147-SP, a decisão foi idêntica (*RTJ* 138/614).

Destaco do voto que proferi nos citados julgamentos:

"Abrindo o debate, lembro que, no voto que proferi por ocasião do julgamento da ADIN 447-6-DF, registrei que os tributos, nas suas diversas espécies, compõem o Sistema Constitucional Tributário brasileiro, que a Constituição inscreve nos seus arts. 145 a 162. Tributo, sabemos todos, encontra definição no art. 3º do CTN, definição que se resume, em termos jurídicos, no constituir ele uma obrigação que a lei impõe às pessoas, de entrega de uma certa importância em dinheiro ao Estado. As obrigações são voluntárias ou legais. As primeiras decorrem da vontade das partes, assim do contrato; as legais resultam da lei, por isso são denominadas obrigações *ex lege* e podem ser encontradas tanto no direito público quanto no direito privado. A obrigação tributária, obrigação *ex lege*, a mais importante do direito público, 'nasce de um fato qualquer da vida concreta, que antes havia sido qualificado pela lei como apto a determinar o seu nascimento' (Geraldo Ataliba, "Hermenêutica e Sistema Constitucional Tributário", in *Diritto e Pratica Tributária*, vol. L, Padova, Cedam, 1979).

"As diversas espécies tributárias, determinadas pela hipótese de incidência ou pelo fato gerador da respectiva obrigação (CTN, art.4º), são as seguintes: *a*) os impostos (CF, art. 145, I, arts. 153, 154, 155 e 156); *b*) as taxas (CF, art. 145, II); *c*) as contribuições, que podem ser assim classificadas: c.1) de melhoria (CF, art. 145, III); c.2) sociais (CF, art. 149), que, por sua vez, podem ser c.2.1) de seguridade social (CF, art. 195) e c.2.2) salário-educação (CF art. 212, § 5º); c.3) especiais: c.3.1) de intervenção no domínio econômico (CF, art. 149) e c.3.2) de interesse de categorias profissionais ou econômicas (CF, art. 149). Constituem, ainda, espécie tributária, *d*) os empréstimos compulsórios (CF, art. 148).

"Aqui, cuidaremos, apenas, da espécie tributária denominada contribuição de melhoria.

"III

"A contribuição de melhoria surge, pela primeira vez, na ordem jurídica brasileira, na Constituição de 1934, art. 124, que estabelecia:

'Art. 124. Provada a valorização do imóvel por motivo de obras públicas, a administração, que as tiver efetuado, poderá cobrar dos beneficiados contribuição de melhoria'.

"Billac Pinto escreveu, em 1938, livro que se tornou clássico — *Contribuição de Melhoria*, editado pela Forense. O saudoso mestre, que foi dos grandes juízes desta Casa, fixou, em caráter definitivo, os traços fundamentais da contribuição de melhoria, registra Luiz José de Mesquita, 'mostrando que o fato gerador do tributo é a valorização produzida no imóvel pela obra pública, cujo ressarcimento, pelos beneficiários, à administração é necessário para não haver enriquecimento ilícito' (Luiz José de Mesquita, *Contribuição de Melhoria*, LTr 59/86).

"IV

"A Constituição de 1946 manteve o tributo, ao estabelecer, no art. 30, I, parágrafo único:

'Art. 30. Compete à União, aos Estados, ao Distrito Federal e aos Municípios cobrar:

'I — contribuição de melhoria, quando ao verificar valorização do imóvel, em conseqüência de obras públicas;

'II — (...)

'III — (...)

'Parágrafo único. A contribuição de melhoria não poderá ser exigida em limites superiores à despesa realizada, nem ao acréscimo de valor que da obra decorrer para o imóvel beneficiado'.

"V

"A reforma tributária advinda com a EC n. 18/65, que instituiu o Sistema Constitucional Tributário brasileiro, estabeleceu, no seu art. 1º, que 'O sistema tributário nacional compõe-se de impostos, taxas e contribuição de melhoria...'. No art. 19 prescreveu: 'Compete à União, aos Estados, ao Distrito Federal e aos Municípios, no âmbito de suas respectivas atribuições, cobrar contribuição de melhoria para fazer face ao custo de obras públicas de que decorra valorização imobiliária, tendo como limite total a despesa realizada e como limite individual o acréscimo de valor que da obra resultar para cada imóvel beneficiado'. Tem-se, então, na EC n. 18/65, explicitados: *a*) a hipótese de incidência (valorização imobiliária decorrente de obra pública), *b*) o limite total (a despesa realizada), *c*) o limite individual (o acréscimo de valor que da obra resultar para cada imóvel).

"O CTN, Lei n. 5.172, de 25.10.66, vigente a partir de 1.1.67, dispôs a respeito, na linha da EC n. 18/65, complementando a matéria, nos seus arts. 81 e 82.

"Veio a lume, em 24.2.67, o Decreto-lei n. 195, que também cuidou do tema.

"VI

"A Constituição de 1967 manteve a contribuição de melhoria como espécie tributária (art. 18). No art. 19, III, § 3º, estabeleceu:

'Art. 19. Compete à União, aos Estados, ao Distrito Federal e aos Municípios, arrecadar:

'I — (...)

'II — (...)

'III — contribuição de melhoria dos proprietários de imóveis valorizados pelas obras públicas que os beneficiarem.

'§ 1º (...)

'§ 2º (...)

'§ 3º A lei fixará os critérios, os limites e a forma de cobrança da contribuição de melhoria a ser exigida sobre cada imóvel, sendo que o total da sua arrecadação não poderá exceder o custo da obra pública que lhe der causa'.

"A hipótese de incidência, claro ficou, seria a valorização de imóveis decorrente de obras públicas que os beneficiarem. O total da arrecadação não excederia o custo da obra pública: mas a Constituição não se referiu, expressamente, ao *limite individual*, implícito, entretanto, no texto.

"A EC n. 1, de 1969, art. 18, II, estabeleceu:

"Art. 18. Além dos impostos previstos nesta Constituição, compete à União, aos Estados, ao Distrito Federal e aos Municípios instituir:

'I — (...)

'II — contribuição de melhoria, arrecadada dos proprietários de imóveis valorizados por obras públicas, que terá como limite total a despesa realizada e como limite individual o acréscimo de valor que da obra resultar para cada imóvel beneficiado'.

"A EC n. 1, de 1969, bem se vê, explicitou a hipótese de incidência, a valorização imobiliária decorrente de obra pública, o limite total, a despesa realizda, e o limite individual, o acréscimo de valor que da obra resultar para cada imóvel beneficiado.

"VIII

"Sobreveio, em 1983, a Emenda Constitucional n. 23, que deu ao inc. II, do art. 18, a seguinte redação:

'Art 18. Além dos impostos previstos nesta Constituição, compete à União, aos Estados, ao Distrito Federal e aos Municípios instituir:

'I — (...)

'II — contribuição de melhoria, arrecadada dos proprietários de imóveis beneficiados por obras públicas, que terá como limite total a despesa realizada'.

"A expressão *imóveis valorizados* por obras públicas foi substituída por imóveis beneficiados por obras públicas. O texto continuou a se referir ao limite total, ou seja, à despesa realizada, mas não se referiu ao limite individual.

"A Constituição de 1988 simplificou o enunciado, ao dispor, no art. 145, III:

'Art. 145. A União, os Estados, o Distrito Federal e os Municípios poderão instituir os seguintes tributos:

'I — (...)

'II — (...)

'III— contribuição de melhoria, decorrente de obras públicas'.

"X

"Examinemos a questão, primeiramente, diante do texto da EC n. 23, de 1983, que, dando nova redação ao inc. II, do art. 18, da CF/67, com a EC n. 1/69, substituiu a expressão *imóveis valorizados* por *imóveis beneficiados* e que, não obstante referir-se ao limite total, que seria a despesa realizada, não se referiu ao limite individual.

"Geraldo Ataliba, Aires F. Barreto e Cléber Giardino, em trabalho que escreveram sobre a reforma tributária advinda com a EC n. 23/83, deixaram expresso que a contribuição de melhoria manteve-se intacta, 'como da tradição do nosso direito constitucional, em coerência com a melhor doutrina'. E acrescentaram:

'Sabidamente, o 'limite individual' para cobrança da contribuição correspondia, tão-só, à indicação constitucional explícita da sua base de cálculo. Ora, recaindo o tributo — como ainda recai — sobre o acréscimo de valor de bens imóveis por força de obras públicas, sua base de cálculo, mesmo sem a citada explicitação constitucional, permanece imodificada a expressão econômica desse 'acréscimo de valor'. Assim, a exemplo do que ocorre com todos os demais tributos referidos na Constituição, também a base de cálculo da contribuição de melhoria passa a ser aludida apenas implicitamente. Por conseqüência, o limite 'total' da despesa realizada (com a obra pública) persiste atuando como mero parâmetro externo da arrecadação, isto é, sem prejuízo do limite individual implícito. Este, à sua vez, corresponde ao nível, ou grau, de 'benefício' que, para os imóveis, objetivamente considerados, advém da obra pública realizada' (Geraldo Ataliba, Aires F. Barreto e Cléber Giardino, "Reforma Tributária (EC n. 23, de 1.12.83)", em *Rev. de Inf. Legislativa*, 81/385).

"A hipótese de incidência continuou sendo a *valorização imobiliária* decorrente de obra pública, certo que a dicção *imóvel beneficiado* não tem outra significação que *imóvel valorizado*.

"Paulo de Barros Carvalho lecionou, sob o pálio da EC n. 23, de 1983, que, 'se as taxas pressupõem serviços públicos ou o exercício regular do poder de polícia, as contribuições de melhoria levam em conta a realização de obra pública que, uma vez concretizada, determine a valorização dos imóveis circunvizinhos'. Depois de se referir ao texto anterior à EC n. 23, de 1983, que cogitava, expressamente, dos limites global — a despesa total da obra — e individual — o acréscimo de valorização —, esclareceu que o texto decorrente da reforma advinda com a EC n. 23, de 1983, suprimiu o limite individual. Contudo, acrescentou o eminente tributarista: "Cremos que a alteração foi simplesmente na expressão lingüística do texto, pois não podemos conceber que alguém seja compelido a pagar, a título de contribuição de melhoria, uma importância que extrapasse o *plus* de valor originado pela concretização da obra pública. Preferimos entender que existe um limite global, coincidente com os gastos totais, necessários para a realização da obra, e outro individual, circunscrito ao *quantum* de valor, determinado pela atuação do Estado, promotor da obra pública. Só o primeiro — limite global — é explícito. O outro — individual — há de estar, necessariamente, nas dobras do limite global" (Paulo de Barros Carvalho, *Curso de Direito Tributário*, Saraiva, 3ª ed., 1988, p. 31).

"O Min. Celso de Mello também examinou a questão diante da EC n. 23, de 1983, lecionando que a simples alteração redacional introduzida pela mencionada EC n. 23 não autoriza o entendimento no sentido de que poderia ser cobrada a contribuição de melhoria em face da mera existência da obra pública, já que 'o fato gerador da contribuição de melhoria continua sendo a real valorização da unidade imobiliária, beneficiada pela obra pública executada' (José Celso de Mello Filho, *Constituição Federal Anotada*, 2ª ed., Saraiva, 1983, p. 117).

"O que é preciso fazer é atentar-se para a natureza do tributo. Ensina *Aliomar Baleeiro* que 'a contribuição de melhoria oferece matiz próprio e específico: ela não é contraprestação de um serviço público incorpóreo, mas a recuperação do enriquecimento ganho por um proprietário em virtude de obra pública concreta no local da situação do prédio. Daí a justificação do tributo pelo princípio do enriquecimento sem causa, peculiar ao Direito Privado. Se o Poder Público, embora agindo no interesse da coletividade, emprega vultosos fundos desta em obras restritas a certo local, melhorando-o tanto que se observa elevação do valor dos imóveis aí situados, com exclusão de outras causas decorrentes da diligência do proprietário, impõe-se que este, por elementar princípio de justiça e de moralidade, restitua parte do benefício originado do dinheiro alheio' (A. Baleeiro, *Direito Tributário Brasileiro*, Forense, 10ª ed., 1986, p. 359).

"Destarte, não haveria contribuição de melhoria sem que houvesse valorização de imóvel em razão de obra pública. E se é certo que esse tributo foi posto, na Constituição, ao lado das taxas — e se as taxas decorrem da prestação de serviço público ou do poder de polícia — está claro que, para a ocorrência da contribuição de melhoria exige a Constituição mais do que isto, assim mais do que a mera existência de uma obra pública. É necessário a obra pública e que desta decorra a valorização do imóvel.

"XI

"A Constituição de 1988 simplificou, ainda mais, o texto. No art. 145 está escrito que 'A União, os Estados, o Distrito Federal e os Municípios poderão instituir' 'contribuição de melhoria, decorrente de obras públicas'. Nem por isso, entretanto, Paulo de Barros Carvalho deixou de lecionar que as contribuições de melhoria 'pressupõem uma obra pública e não serviço público; e dependem de um fator intermediário, que é a valorização do bem imóvel' (Paulo de Barros Carvalho, *Curso de Direito Tributário*, Saraiva, 4ª ed., 1991, p. 35).

"Geraldo Ataliba, diante do texto da CF/88 (*Hipótese de Incidência Tributária*, Ed. RT, 4ª ed., 1991), leciona que 'A h.i. da contribuição de melhoria é a valorização imobiliária causada por obra pública. É tal o único critério objetivo, isônomo e mensurável, para a aplicação do art. 145, III, da Constituição'. Depois de afirmar que a contribuição de melhoria não tem caráter remuneratório, sustenta que não é correto agregar 'ao conceito de contribuição de melhoria a frase 'para fazer face ao custo da obra pública'. Nem sob a perspectiva da ciência das finanças esse conceito é correto. É que isso seria nota típica de taxa...'. O pensamento do eminente mestre de Direito Constitucional Tributário é enunciado, em seguida, de modo claro, a respeito da contribuição de melhoria:

'65.9. É de sua natureza tomar por critério a valorização causada. A obra pode custar muito e causar diminuta valorização. Pode custar pouco e causar enorme valorização. O gabarito da contribuição de melhoria é sempre a valorização, não importando o custo da obra. Se este for posto como critério do tributo, estar-se-á desvirtuando, com interposição de critério de taxa e não de contribuição de melhoria.

'65.10. Foi dispensável, expletiva, a dicção (revogada) da Carta Constitucional de 1967/1969 dizendo que seu 'limite individual' é 'o acréscimo de valor que da obra resultar para cada imóvel beneficiado' (art. 18, II). Isto é da própria natureza deste tributo. Tanto que persiste claramente implícito no art. 145, II, da Constituição de 1988.

'65.11. Quanto ao limite 'custo', antes estabelecido na norma constitucional, não é conatural à contribuição de melhoria. Resultou de preconceito — e uma pitada de ignorância — do legislador. Em boa hora, desapareceu do texto constitucional. Não há relação ontológica entre custo de obra e valorização de imóveis por esta causada' (Geraldo Ataliba, *Hipótese de Incidência Tributária*, Ed. RT, 4ª ed., 1991, pp. 173/174).

"Em síntese, na lição de Ataliba: a valorização imobiliária, decorrente de obra pública, é da natureza da contribuição de melhoria, por isso que constitui a sua hipótese de incidência. Sem essa valorização não há contribuição de melhoria. Não importa o custo da obra para a caracterização e para a cobrança do tributo, já que a obra pode ter tido custo pequeno e ter causado grande valorização, como pode ter custado muito e causado diminuta valorização. Importa, sim, o limite individual — o acréscimo de valor que da obra resultar para o imóvel beneficiado — que isto, sim, é da essência do tributo. Esse acréscimo, aliás, é que proporciona a realização do princípio da igualdade (CF, art. 5º, *caput*, art. 5º, I, art. 150, II), mesmo porque o princípio informador da contribuição de melhoria, segundo Ataliba, é o da proporcionalidade ao benefício especial recebido em decorrência da obra pública realizada. Por isso, a contribuição de melhoria, registra Roque Carrazza, 'deverá ser cobrada na proporção do especial benefício que causou' (*Curso de Direito Constitucional Tributário*, Ed. RT, 2ª ed., 1991, p. 260).

"XII

"Sem valorização imobiliária, decorrente de obra pública, não há contribuição de melhoria, porque a hipótese de incidência desta é a valorização e a sua base a diferença entre dois momentos: o anterior e o posterior à obra, vale dizer, o *quantum* da valorização imobiliária.

"Do exposto, adiro ao voto do Sr. Ministro Relator, pelo que conheço do recurso e dou-lhe provimento".

Nada há que acrescentar ao voto que então proferi, acima transcrito.

Do exposto, conheço do recurso e dou-lhe provimento, pelo que restabeleço a sentença de 1º grau.

Extrato de Ata

Recurso Extraordinário n. 114.069-1
Origem: São Paulo
Relator: Min. Carlos Velloso
Recte.: Eurípedes Coimbra da Silva
Adv.: Pio Antunes de Figueiredo Jr.
Recda.: Prefeitura Municipal de Altinópolis
Adv.: Edmar Voltolini

Decisão: Por unanimidade, a Turma conheceu do recurso e lhe deu provimento. 2ª T., 15.4.94.

Presidência do Senhor Min. Néri da Silveira. Presentes à sessão os Senhores Mins. Paulo Brossard, Carlos Velloso e Marco Aurélio. Ausente, justificadamente, o Senhor Min. Francisco Rezek.

Subprocurador-Geral da República, o Dr. Mardem Costa Pinto.

JURISPRUDÊNCIA

SUPREMO TRIBUNAL FEDERAL

Crime contra a ordem tributária. Crime de autoria coletiva ou conjunta: exportação de madeira serrada de "pinus elliottii" como se fosse "pallets", para desfrute da imunidade do ICMS. Trancamento da ação penal. Inépcia da denúncia e falta de justa causa.

A denúncia, nos casos de crimes de autoria coletiva ou conjunta, em especial nos delitos praticados em sociedade, podem conter narração genérica dos fatos, sem especificação pormenorizada da conduta de cada agente, desde que não prejudique o direito de defesa, segundo jurisprudência do Supremo Tribunal Federal quanto ao art. 41 do CPP. No caso, a denúncia não é inepta porque descreve o fato típico com as principais circunstâncias, contém os requisitos legais e permite o exercício do direito à ampla defesa; não ofende a lei, nem é obscura ou contraditória. Pedido de "habeas corpus" que não indica quais os sócios responsáveis pela operação impugnada, a fim de excluir os que são a ela alheios. Quando há, em tese, fato penalmente típico e indícios de autoria razoavelmente demonstrados e superficialmente comprovados, há justa causa para a Ação Penal, onde o órgão acusador deve provar os fatos e a culpa dos denunciados. Entretanto, se em 9 (nove) precedentes com decisões administrativas favoráveis à empresa ficou entendido que os produtos, pelas suas dimensões, são "pallets" de "pinus elliottii" e que, por não constarem da lista de produtos semi-elaborados, são considerados produtos industrializados imunes do ICMS nas exportações (art. 155, X, "a", da Constituição), há razão suficientemente relevante que abala a justeza da causa patrocinada contra os pacientes. "Habeas corpus" conhecido e deferido para determinar o trancamento da Ação Penal por falta de justa causa.

"Habeas Corpus" n. 71.788-8-Santa Catarina
Relator: Min. Paulo Brossard

ACÓRDÃO

Vistos, relatados e discutidos estes autos, acordam os Ministros componentes da Segunda Turma do Supremo Tribunal Federal, por unanimidade de votos e na conformidade da ata do julgamento e das notas taquigráficas, deferir *habeas corpus*, nos termos do voto do Relator.

Brasília, 20 de setembro de 1994 — Néri da Silveira (Presidente) — Paulo Brossard (Relator).

RELATÓRIO

O Sr. Ministro Paulo Brossard: O advogado G.S.F. impetra ordem de *habeas corpus* em favor R.E., R.A. e

R.A.C. e G.A.C., industriais, afirmando que estão sofrendo coação por ato ilegal do Superior Tribunal de Justiça, praticado ao negar provimento ao RHC 3.382-7-SC interposto contra decisão do Tribunal de Justiça de Santa Catarina, onde se pretendia trancar Ação Penal promovida pelo Ministério Público de Curitibanos por falta de justa causa ou inépcia da denúncia, a qual tem o seguinte teor:

> "Conforme a documentação inclusa, os denunciados..., na qualidade de representantes e responsáveis pela empresa C.-I.C.M. Ltda., com sede em P.A.N., nesta Comarca, foram, a 17 de novembro de 1992, passivos de notificação fiscal, emitida pelo Fisco Estadual..., por promoverem remessa de mercadoria com diferença de especificação entre as constantes das notas fiscais e as efetivamente transportadas; infração contra a ordem tributária.
>
> "Assim procedendo..., infringiram o disposto no art. 1º, incs. I, II e III, art. 2º, inc. I, da Lei 8.137, de 27.12.1990, c/c o art. 29 do Código Penal."

O acórdão atacado tem a seguinte ementa:

> "... Recurso Ordinário em *habeas corpus*... Crime contra a ordem tributária. Trancamento da Ação Penal. Inépcia da denúncia. Crime de autoria coletiva. Reexame de provas. Improvimento.
>
> "Nos denominados crimes de autoria coletiva, é lícita a narrativa genérica do delito, sem que tolha, evidentemente, o exercício de defesa. No caso em tela, a peça acusatória permite o exercício da defesa.
>
> "O âmbito restrito do *habeas corpus* não se presta ao exame pretendido pelos recorrentes, o qual deve ser aprofundado e não superficial, e vai ser feito no fluir da instrução criminal.
>
> "Recurso improvido."

Esclarece que a empresa da qual os pacientes são sócios, nos dias 16 e 17 de novembro de 1992, exportou para C.-M. produtos industrializados — *pallets* de *pinus elliottii* — cobertos pelas notas fiscais-faturas 636, 637 e 649 e o Fisco, supondo que se tratava de madeira de *pinus* serrada com as mesmas dimensões de *pallets*, e, ignorando que se tratava de exportação, expediu a notificação fiscal 17.340.035 exigindo o pagamento de 3.487,0112 UFIRs de ICMS.

Esclarece, também, que o recurso administrativo contra a exigência ainda está tramitando; acrescenta que em 8 (oito) casos idênticos a empresa obteve ganho de causa em todos os recursos na esfera administrativa, com o cancelamento das notificações por ter ficado entendido que se tratava de produto industrializado destinado à exportação, isento do ICMS por força do art. 155, X, *a*, da Constituição Federal.

Após alegar que cabe o exame de provas simples em *habeas corpus*, conclui dizendo que está ocorrendo inversão do ônus da prova, pois os pacientes devem provar que são inocentes, e que há coação ilegal na Ação Penal em curso porque o fato descrito não é crime, faltando-lhe legítimo interesse e justa causa.

Alega também inépcia da denúncia porque está fundada em culpa presumida e não descreve a participação de cada denunciado, nem cita os tipos penais, desatendendo ao art. 41 do Código de Processo Penal; invoca doutrina e jurisprudência. Pede a concessão da ordem de *habeas corpus* para trancar a Ação Penal, fls. 02/08. Junta documentos, fls. 10/60.

O Presidente do Tribunal coator, atendendo à requisição das informações, encaminhou cópia do acórdão atacado, fls. 67 e 68/78.

Manifestou-se o Ministério Público Federal, opinando pelo conhecimento e denegação da ordem, em parecer assim fundamentado:

"... a denúncia imputa aos pacientes a prática de crime contra a ordem tributária..., constituindo matéria de defesa, que não pode ser deslindada em *habeas corpus*, por envolver exame de provas controvertidas, a alegação de que as mercadorias efetivamente transportadas... se enquadram ou não nos limites da isenção prevista..., principalmente porque o... dispositivo exclui os produtos semi-elaborados, onde pode estar incluída a madeira serrada que os pacientes transportavam como sendo *pallets*.

"A denúncia, ao contrário do que afirmam os impetrantes, é formalmente perfeita, desde que descreve fato típico certo, com todas as suas circunstâncias essenciais, permitindo o mais amplo exercício da defesa.

"Por fim, tratando-se de crime de autoria coletiva ou societária, como é o caso dos autos, o Excelso Pretório vem admitindo que a denúncia faça apenas a narração genérica do fato, sem especificar a conduta de cada participante, o que poderá aflorar com mais clareza durante a instrução" (*RTJ* 101/563; *RTJ* 114/228; RHC 58.544, *DJU* 13.2.1981, p. 752; RHC 58.802, *DJU* 4.9.1981, p. 8.556; RHC 65.491, *DJU* 20.11.1987, p. 26.010).

É o relatório.

VOTO

O Sr. Ministro Paulo Brossard (Relator): O impetrante, alegando inépcia da inicial e falta de justa causa, pede o trancamento de Ação Penal onde os pacientes, sócios da empresa C.-ICM, são acusados por crime contra a ordem tributária "por promoverem remessa de mercadorias com diferença de especificação entre as constantes das notas fiscais e as efetivamente transportadas", ou seja, por constar dos documentos fiscais exportação de produto industrializado — *pallets* de *pinus elliottii* — quando se trata de produto semi-elaborado — madeira de *pinus* serrada, com as mesmas dimensões de *pallets* para gozar da imunidade prevista no art. 155, X, *a*, da Constituição.

A denúncia está fundada no art. 1º, I a III, e no art. 2º, I, *a* da Lei 8.137/90, *in verbis*:

"Art. 1º. Constitui crime contra a ordem tributária suprimir ou reduzir tributo, ou contribuição social e qualquer acessório, mediante as seguintes condutas:

"I — omitir informação, ou prestar declaração falsa às autoridades fazendárias;

"II — fraudar a fiscalização tributária, inserindo elementos inexatos, ou omitindo operação de qualquer natureza, em documento ou livro exigido pela lei fiscal;

"III — falsificar ou alterar nota fiscal, fatura, duplicata, nota de venda, ou qualquer outro documento relativo à operação tributável;

"(...)

"Art. 2º. Constitui crime da mesma natureza:

"I — fazer declaração falsa ou omitir declaração sobre rendas, bens ou fatos, ou empregar outra fraude, para eximir-se, total ou parcialmente, de pagamento de tributo;

"(...)."

As disposições do art. 41 do Código de Processo Penal, exigindo que "a denúncia ou queixa conterá a exposição do fato criminoso, com todas as suas circunstâncias" vem sendo mitigada pela jurisprudência desta Corte para os crimes de autoria coletiva ou conjunta, e em especial para os delitos praticados em sociedade, permitindo-se a narração genérica dos fatos e sem especificação pormenorizada da conduta de cada agente, com a condição de que não haja prejuízo para a defesa. Eu não adotaria a denúncia como modelo, mas ela é suficientemente clara para viabilizar o exercício do direito à ampla defesa, eis que acusa os pacientes de terem promovido a saída de produto diverso daquele que consta dos documentos fiscais, para a empresa gozar indevidamente do benefício da imunidade tributária.

A denúncia descreve o fato típico com as principais circunstâncias, contém os requisitos legais e não ofende à lei; também não é obscura, nem contraditória. Não é, pois, inepta.

Ao que consta dos autos, foram denunciados todos os sócios da empresa e o impetrante não demonstrou a quem cabe a responsabilidade pela prática da operação impugnada, a fim de excluir os que são a ela alheios.

Nos precedentes administrativos favoráveis à empresa, referidos na inicial — que são 9 (nove), e não 8 (oito) —, ficou entendido que *pallets*, por não constar da lista de produtos semi-elaborados, é considerado produto industrializado e, por esta razão, não está sujeito à tributação do ICMS nas operações de exportação.

No caso presente, a questão não é saber se o produto — *pallets* — é industrializado e imune à tributação do ICMS, ou semi-elaborado e sujeito a esta tributação. A questão é saber se os produtos exportados eram efetivamente *pallets* ou simplesmente madeira de *pinus* serrada. O impetrante não se preocupou em fazer esta demonstração, mas constam das peças dos autos informações que podem melhor esclarecer a controvérsia.

Da notificação impugnada consta que o ICMS está sendo exigido da empresa "por remeter as mercadorias constantes dos Termos de Ocorrência e Depósito, anexos R1, R2 e R3, parte integrante da... notificação, acompanhadas das notas fiscais 636, 637 e 640, consignando mercadorias que não correspondem ao tipo das transportadas...; trata-se de madeira serrada com as mesmas dimensões e não de *pallets* como consta das notas fiscais; além disso, o produto não está classificado de acordo com a N.B.M.", fl. 14. Nos anexos referidos verifica-se que o produto está identificado como "madeira de *pinus* serrada com as seguintes dimensões: comp.: 2,40m; larg.: 20 cm; e esp.: 2 cm", fls. 15/17. E as cópias das notas fiscais juntadas identificam o produto como *pallets de pinus elliottii*, fls. 21/23.

Das 9 (nove) notificações anteriores, que restaram canceladas, consta apenas que foi exigido o imposto da empresa "por emitir documento fiscal, acobertando o transporte das mercadorias descritas no Termo de Ocorrência e Depósito, Anexo *R*, parte integrante da... notificação, indicando indevidamente a operação com/sem débito do imposto devido (ICMS)", e o Impetrante não juntou o referido anexo *R*, nem as cópias das notas fiscais que identificam o produto transportado.

Não vejo, por estes documentos, que os casos sejam *idênticos*, como se afirma na inicial. Ademais, só uma perícia poderia esclarecer qual era efetivamente o produto, mas a exportação já se consumou.

Entretanto, não posso deixar passar despercebido que na decisão administrativa dos 9 (nove) precedentes, fls. 39/42, a julgadora fez constar do relatório a cota da autoridade lançadora defendendo a exigência do ICMS, assim redigida: "a madeira *pinus*, independente do destino a que a ela é dado, seja para *pallets*, ou qualquer outro fim, é um produto semi-elaborado, e não um produto industrializado; o... RICMS define como semi-elaborado o produto resultante do abate de árvores e desbastamento de toras, ainda que submetido a qualquer forma de acondicionamento ou embalagem", fls. 39/40. Faço este registro porque a decisão administrativa afastou expressamente a tese fiscal em benefício da do contribuinte, como se vê nesta passagem da fundamentação:

> "Nos documentos fiscais aludidos está consignado produto classificado na posição 44.15 da NBM/SH, tendo o fisco entendido tratar-se da remessa para expor-

tação de madeira de *pinus* serrada em bruto, classificada na posição 44.05 e, como tal, não abrangida pela isenção do imposto...

"Assiste razão à notificada.

"(...)

"O contribuinte se defende dizendo que o *pallet* classifica-se na posição 44.15, e não na posição 44.05, como pretendia a autoridade notificante e o julgador de primeiro grau.

"A razão está com o contribuinte. Pelas dimensões das peças exportadas, constantes do documento de fl. 16, bem assim pelos documentos de fls. 14 e 15, ambos aceitos pelas autoridades alfandegárias, verifica-se que o produto exportado está classificado corretamente pelo contribuinte. Como os produtos classificados na posição 44.15 não estão incluídos na lista de produtos industrializados semi-elaborados, é forçoso concluir-se que são produtos acabados, imunes ao imposto, quando destinados ao exterior. Tanto esta assertiva é verdadeira que os produtos do código 44.15 estão incluídos na lista que segue o art. 20, do mesmo Anexo IV, do Regulamento do ICMS."

Vejo que pelos documentos que informam sobre os precedentes não é possível saber as dimensões das peças, mas sabe-se que o lançador fiscal entendeu se tratar de madeira de *pinus* serrada, produto semi-elaborado, e o julgador fiscal entendeu que, tendo em vista as dimensões, eram *pallets*, produto acabado. No presente caso, sabe-se que as dimensões do produto são de 240 x 20 x 2 cm e que o agente lançador verificou que tem as mesmas dimensões de *pallets*. Como há uma propriedade matemática dizendo que duas coisas iguais a uma terceira são iguais entre si, aplicável também à lógica e, conseqüentemente, ao direito, concluo que de *pallets* se trata.

Voltando ao pedido, noto que quando há, em tese, fato penalmente típico e indícios da autoria razoavelmente demonstrados, ainda que superficialmente comprovados, há também justa causa para a Ação Penal, que é onde, na instrução probatória, o órgão acusador deve provar os fatos e a culpa dos denunciados. Entretanto, aqui se imputa aos pacientes prática de crime em situação muito semelhante às 9 (nove) outras demandas em que a empresa foi vencedora no contencioso administrativo da administração fazendária. Este fato, 9 (nove) vitórias anteriores, parece-me um número expressivo e suficientemente relevante para abalar a consistência jurídico-penal da representação feita por escrivão de exatoria ao Ministério Público, fl. 12, e a própria justeza da causa por este patrocinada contra os pacientes.

Isto posto e com a vênia do Ministério Público Federal, conheço do pedido e defiro a ordem impetrada para, reconhecendo falta de justa causa, determinar o trancamento da Ação Penal promovida pelo Ministério Público contra os pacientes, perante a 2ª Vara da Comarca de Curitibanos, Santa Catarina.

Ressalvo que esta decisão em nada influi no processo administrativo em andamento, e nas suas conseqüências, relativo à Notificação 17.134.035, de 17.11.1992, expedida pelo Posto Fiscal de Apiúna.

JURISPRUDÊNCIA

SUPREMO TRIBUNAL FEDERAL

Interpretação. Carga construtiva. Extensão. Se é certo que toda interpretação traz em si carga construtiva, não menos correta exsurge a vinculação à ordem jurídico-constitucional. O fenômeno ocorre a partir das normas em vigor, variando de acordo com a formação profissional e humanística do intérprete. No exercício gratificante da arte de interpretar, descabe "inserir na regra de direito o próprio juízo — por mais sensato que seja — sobre a finalidade que "conviria" fosse por ela perseguida" — Celso Antônio Bandeira de Mello — em parecer inédito. Sendo o Direito uma ciência, o meio justifica o fim, mas não este àquele.

Constituição. Alcance político. Sentido dos vocábulos. Interpretação. O conteúdo político de uma Constituição não é conducente ao desprezo do sentido vernacular das palavras, muito menos ao do técnico, considerados institutos consagrados pelo Direito. Toda ciência pressupõe a adoção de escorreita linguagem, possuindo os institutos, as expressões e os vocábulos que a revelam conceito estabelecido com a passagem do tempo, quer por força de estudos acadêmicos quer, no caso do Direito, pela atuação dos Pretórios.

Seguridade Social. Disciplina. Espécies. Constituições Federais. Distinção. Sob a égide das Constituições Federais de 1934, 1946 e 1967, bem como da Emenda Constitucional n. 1/69, teve-se a previsão geral do tríplice custeio, ficando aberto campo propício a que, por norma ordinária, ocorresse a regência das contribuições. A Carta da República de 1988 inovou. Em preceitos exaustivos — incs. I, II e III do art. 195 — impôs contribuições, dispondo que a lei poderia criar novas fontes destinadas a garantir a manutenção ou expansão da seguridade social, obedecida a regra do art. 154, inc. I, nele inserta (§ 4º do art. 195 em comento).

Contribuição social. Tomador de serviços. Pagamentos a administradores e autônomos. Regência. A relação jurídica mantida com administradores e autônomos não resulta de contrato de trabalho e, portanto, de ajuste formalizado à luz da Consolidação das Leis do Trabalho. Daí a impossibilidade de se dizer que o tomador dos serviços qualifica-se como empregador e que a satisfação do que devido ocorra via folha de salários. Afastando o enquadramento no inc. I do art. 195 da Constituição Federal, exsurge a desvalia constitucional da norma ordinária disciplinadora da matéria. A referência contida no § 4º do art. 195 da Constituição Federal ao inc. I do art. 154 nela insculpido, impõe a observância de veículo próprio — a lei complementar. Inconstitucionalidade do inc. I do art. 3º da Lei 7.787/89, no que abrangido o que pago a administradores e autônomos. Declaração de inconstitucionalidade limitada pela controvérsia dos autos, no

que não envolvidos pagamentos a avulsos.

Recurso Extraordinário n. 166.772-9 — Rio Grande do Sul
Tribunal Pleno
Relator: Min. Marco Aurélio
Recorrentes: Abastecedora Tonolli Ltda. e outros
Recorrido: Instituto Nacional do Seguro Social — INSS
(*DJU*: 20.5.94)

ACÓRDÃO

Vistos, relatados e discutidos estes autos, acordam os Ministros do Supremo Tribunal Federal, em sessão plenária, na conformidade da ata do julgamento e das notas taquigráficas, por maioria de votos, em conhecer do recurso e lhe dar provimento, para declarar a inconstitucionalidade da expressão "autônomos e administradores", contida no inc. I do art. 3º da Lei 7.787, de 30 de junho de 1989, reformar o acórdão proferido pela Corte de origem e conceder a segurança, a fim de desobrigar os Recorrentes do recolhimento da contribuição incidente sobre a remuneração paga aos administradores e trabalhadores autônomos, vencidos os Ministros Francisco Rezek, Ilmar Galvão e Carlos Velloso, que não conheciam do recurso e declaravam a constitucionalidade da mencionada expressão.

Brasília, 12 de maio de 1994 — Octávio Gallotti (Presidente) — Marco Aurélio (Relator).

RELATÓRIO

O Senhor Ministro Marco Aurélio: A controvérsia dirimida pela Corte de origem diz respeito à contribuição social sobre o que percebido por administradores e autônomos. Apreciando a norma inserta no art. 3º da Lei 7.787/89 à luz do art. 195, *caput* e inc. I e § 4º, da Carta Federal, refutou o Colegiado a inconstitucionalidade articulada pela ora Recorrente. Ao fazê-lo, remeteu à decisão do Plenário quando do julgamento da argüição de inconstitucionalidade na apelação cível 910.409.223-6/PR, procedendo à juntada do acórdão respectivo. Eis como ficou sintetizada a óptica sobre a demanda, considerado o teor do referido aresto:

"Constitucionalidade do art. 3º, inc. I, da Lei 7.787/89. Folha de salários. Art. 195, inc. I, da Constituição Federal.

"1. Não é possível conceder à palavra salário, referida no art. 195, inc. I, da CF, entendimento técnico, pois se trata de dispositivo constitucional que, por sua característica política, escapa aos conceitos pertencentes ao tecnicismo jurídico;

"2. Folha de salário significa folha de pagamento, pelo empregador ou pela empresa, de qualquer remuneração por serviços que lhe sejam prestados, inclusive a título de pró-labore;

"3. Como a fonte instituidora da contribuição em referência está prevista no inc. I, art. 195 da Constituição Federal, não há que se falar em lei complementar para a sua instituição;

"4. Não há bitributação, pois os sujeitos passivos da contribuição são diversos;

"5. Desacolhida a argüição de inconstitucionalidade do art. 3º, inc. I, da Lei 7.787/89, no que se refere à expressão folha de salário." (fls. 78 a 107).

Eis os preceitos envolvidos na espécie:

"Art. 3º. A contribuição das empresas em geral e das entidades ou órgãos a ela equiparados, destinada à Previdência Social, incidente sobre a folha de salários, será:

"I — de 20% sobre o total das remunerações pagas ou creditadas, a qualquer título, no decorrer do mês, aos segurados empregados, avulsos, autônomos e administradores;

"II — de 2% sobre o total das remunerações pagas ou creditadas, no decorrer do mês, aos segurados empregados e avulsos, para o financiamento da complementação das prestações por acidente do trabalho."

No recurso extraordinário de folhas 109 a 115, interposto com alegada base na alínea *a* do inc. III do art. 102 do Diploma Maior em vigor, aponta-se que, antes da vigência da Lei 7.787/89, havia a obrigatoriedade das empresas de contribuir, em face ao que pago a administradores e autônomos, conforme o disposto nas alíneas *a* e *b* do inc. II do art. 33 do Decreto 83.081/79, combinado com o art. 1º do Decreto-lei 90.817/85. A obrigação era da ordem de dez por cento, ou seja, a metade do que previsto na Lei 7.787/89, cogitando-se da incidência sobre o que excedesse o respectivo salário de contribuição, isto relativamente aos autônomos, e sobre a soma do referido salário quanto aos administradores. Ressalta-se que a regra do inc. I do art. 195 da Carta apenas agasalha a contribuição concernente à folha de salários, não alcançando as remunerações pagas a autônomos e administradores, diante da inexistência do vínculo empregatício. O que assentado pela Primeira Turma do Quarto Regional Federal conflita, segundo as razões apresentadas, com o preceito dos arts. 154, inc. I, e 195, inc. I e § 4º, da Lei Máxima. A contribuição somente se legitimaria caso fixada em lei complementar, já que vedado ao legislador ordinário ampliar aquelas exaustivamente mencionadas no inc. I do art. 195 em comento. Admite-se a revelação, pela Carta, de que a seguridade social deve ser financiada por toda a sociedade. Todavia, frisa-se a necessidade de observância dos meios próprios, nela definidos, para a criação de contribuições não estabelecidas, expressamente. Argumenta-se, mais, que o art. 110 do Código Tributário Nacional obstaculiza a alteração, por lei tributária, de institutos, conceitos e formas consagradas pelo direito privado. Destarte, impossível é desprezar-se, como fez o Órgão prolator do acórdão atacado, o sentido técnico da expressão "folha de salários". Alude-se a artigos publicados sobre a matéria, bem como a precedentes.

O Instituto trouxe aos autos as razões de contrariedade de fls. 161 a 167, sustentando que a referência à contribuição devida, tendo em vista a folha de salários, engloba os pagamentos feitos a administradores e autônomos. Na peça, transcreve-se voto proferido pelo Juiz Teori Albino Zavascki na apelação no mand. de segurança 92.04.04162-5/RS, e do Juiz Osvaldo Álvares, na apelação em mand. de segurança 91.04.18733-4/RS.

A decisão de admissibilidade do extraordinário está à fl. 109.

A Procuradoria-Geral da República emitiu o parecer de fls. 174 a 183, no sentido da inviabilidade do extraordinário. O ilustre Subprocurador-Geral da República, Dr. Arthur de Castilho Neto assim deixou sintetizada a conclusão sobre a espécie:

"De tudo que se expôs conclui-se que:

"a) a partir da Lei 3.807/60, a legislação ordinária incorporou o trabalhador autônomo, prevendo uma contribuição para ele, que veio sucessivamente a ser suportada em parte pela empresa;

"b) quando sobreveio a Lei 7.787/89, atribuindo ela à empresa 20% sobre o salário de contribuição do autônomo, já havia participação da empresa nesta contribuição, daí porque não pode prosperar o argumento segundo o qual houve instituição de nova receita, a demandar a edição de lei complementar;

"c) trata-se, no caso, apenas de aumento de alíquota a exigir apenas lei ordinária para a sua previsão;

"d) o conceito da expressão folha de salários constante do inciso I do art. 195 da Constituição Federal comporta abrangência das parcelas pagas pelas empresas aos trabalhadores autônomos."

Recebi os autos para exame em 7 de abril de 1994, liberando-os para inclusão em pauta, afetado o recurso ao Pleno tendo em conta a repercussão mediata do provimento judicial a ser formalizado, em 25 de abril de 1994.

É o relatório.

VOTO

O Senhor Ministro Marco Aurélio (Relator): Na interposição deste extraordinário foram atendidos os pressupostos gerais de recorribilidade que lhe são inerentes. Os documentos de folhas 10 e 15 evidenciam a regularidade da representação processual, estando à fl. 170-verso a guia comprobatória do preparo. Quanto à tempestividade, a decisão que se pretende alvejada via este recurso foi publicada no *Diário* de 28 de outubro de 1992 — quarta-feira (fls. 108) — ocorrendo a manifestação do inconformismo em 5 imediato — quinta-feira (fls. 109) — e, portanto, dentro do prazo de quinze dias assinado em lei.

Resta o exame do atendimento ao pressuposto específico de que cuida a alínea *a* do inc. III do art. 102 da Carta. Conforme enfatizado em memoriais apresentados por Ulhoa Canto, Rezende e Guerra, José Morshbacher e por Miguez de Mello Advocacia, o que se questiona é se avulsos, autônomos e administradores percebem salário e se quem os paga o faz como empregador, tornando-se assim sujeito passivo da contribuição, isto para saber-se do desrespeito, ou não, ao disposto no art. 195, § 4º, da Constituição Federal.

Valho-me do retrospecto histórico-constitucional noticiado pelo Subprocurador-Geral da República, Dr. Arthur de Castilho Neto.

A Constituição de 1934 registrou, pela vez primeira, regras atinentes ao trabalho e à seguridade social. A alínea *h* do § 1º do art. 121 dispôs sobre a assistência médica e sanitária do trabalhador e à gestante, assegurado a esta descanso, antes e depois do parto, sem prejuízo do salário e do emprego, e instituição de previdência, mediante contribuição igual da União, do empregador e do empregado, a favor da velhice, da invalidez, da maternidade e nos casos de acidente do trabalho ou de morte. Previsto foi, assim, o financiamento da seguridade, presentes três fontes: as reveladas pela União, pelo empregador e pelo empregado.

A Carta de 1946 repetiu, como que, tal preceito, ao consignar que a legislação da previdência social obedeceria à tríplice fonte de custeio supra-referida — inc. XXXVI do art. 157. A previsão motivou preceito de lei ordinária — inc. V do art. 69 da Lei 3.807/60, admitindo o trabalhador autônomo como segurado da previdência social:

> "Artigo 69. O custeio da previdência social será atendido pelas contribuições:
>
> "(...).
>
> "V — dos autônomos, dos segurados facultativos e dos que se encontram na situação do artigo 9º, na base de 16% do respectivo salário de contribuição, observadas, quanto a este, as normas do item I deste artigo."

Já o Decreto-lei 66, de 29 de novembro de 1965, disciplinou a contribuição do segurado e da empresa, fixando o percentual de oito por cento para cada qual, a incidir sobre o salário de contribuição.

A Carta de 1967 nada inovou sobre o tema. Repetiu a cláusula das anteriores no tocante à origem das contribuições — União, empregador e empregado (inc.

XVI do art. 158). O Decreto-lei 959/69, editado na vigência respectiva, manteve a alíquota de oito por cento a cargo das empresas.

A Emenda n. 1/69 consignou, o que se continha na Carta em vigor, ficando preservada a tradição de atribuir-se ao legislador ordinário campo maior à disciplina do tema (inc. XVI do art. 165). Sob os auspícios do preceito constitucional em vigor, foi editada a Lei 5.890, de 8 de junho de 1973, prevendo a contribuição do segurado autônomo no importe de dezesseis por cento sobre o salário-base, ou seja, sobre o salário-contribuição, correndo a cargo da empresa reembolsá-lo em oito por cento e recolher idêntica percentagem sobre o excedente ao salário-base. Deu-se a edição do Decreto-lei 1.910/81, elevando a contribuição do segurado autônomo para dezenove ponto dois por cento, o reembolso pela empresa a dez por cento e o recolhimento sobre o excedente também a dez por cento.

A esta altura, cabe indagar: a Constituição de 1988 repetiu a liberdade atribuída ao legislador, no campo ordinário, pelas Cartas pretéritas?

A resposta já foi dada por esta Corte no julgamento de recursos extraordinários que versaram sobre a matéria. O art. 195 da Lei Básica de 1988 introduziu no cenário jurídico-constitucional nova forma de disciplina do tema. Ao contrário do que ocorreu com as Constituições anteriores, a partir da de 1934, não se teve apenas a revelação do tríplice custeio. Mediante os incs. I, II e III, previu-se, em rol inegavelmente *numerus clausus*, exaustivo, e não simplesmente exemplificativo, que a seguridade social seria financiada pelas contribuições dos empregadores, incidentes sobre a folha de salários, o faturamento e o lucro; dos trabalhadores e sobre a receita de concursos de prognósticos. Pois bem, esses parâmetros, em termos de possibilidade da regência por lei ordinária, mostraram-se absolutos. Fora das hipóteses explicitamente contempladas, obstaculizou-se a possibilidade de — repito — via lei ordinária, serem estabelecidas novas contribuições. É que, no mesmo artigo, a demonstrar, a mais não poder, que os casos relativos a contribuições mostram-se exaustivos, inseriu-se parágrafo viabilizando a instituição, mediante lei, de outras fontes destinadas a garantir a manutenção ou expansão da seguridade social, obedecido o teor do art. 154, inc. I, da Carta. Confira-se com o que se contém no § 4º do art. 195 em análise. Pois bem, a remissão, sem restrições, ao art. 154, inc. I, confere predicado ao vocábulo "lei" inserto em tal parágrafo. É que nele se contém não só a proibição de vir-se a ter tributo com infringência do princípio da não-cumulatividade, com identidade de fato gerador ou base de cálculo próprios dos discriminados na Carta, como também vinculação reveladora do meio hábil para chegar-se à criação respectiva. Em última análise, temos que a faculdade, conferida à União, de instituir novos tributos ficou jungida à edição de lei complementar. Creio que, diante dos precedentes desta Corte, dúvidas não pesam sobre o fato de, constitucionalmente, ter-se via única para a criação de novos tributos, ou seja, a revelada por lei complementar. Eis o que já assentado nos precedentes:

> "Perante a Constituição de 1988, não tenho dúvida em manifestar-me afirmativamente. De feito, a par das três modalidades de tributos (os impostos, as taxas e as contribuições de melhoria) a que se refere o art. 145 para declarar que são competentes para instituí-los a União, os Estados, o Distrito Federal e os Municípios, os arts. 148 e 149 aludem a duas outras modalidades tributárias, para cuja instituição só a União é competente: o empréstimo compulsório e as contribuições sociais, inclusive as de intervenção no domínio econômico e de interesse das categorias profissionais ou econômicas. No tocante às contribuições sociais — que des-

sas duas modalidades tributárias é a que interessa para este julgamento —, não só as referidas no art. 149 — que se subordinam ao capítulo concernente ao sistema tributário nacional — têm natureza tributária, como resulta igualmente, da observância que devem ao disposto nos arts. 146, III, e 150, I e III, mas também as relativas à seguridade social previstas no art. 195, que pertence ao título 'Da Ordem Social'. Por terem esta natureza tributária é que o art. 149, que determina que as contribuições sociais observem o inc. III do art. 150 (cuja letra *b* consagra o princípio da anterioridade), exclui dessa observância as contribuições para a seguridade social previstas no art. 195, em conformidade com o disposto no § 6º deste dispositivo, que, aliás, em seu § 4º, ao admitir a instituição de outras fontes destinadas a garantir a manutenção ou a expansão da seguridade social, determina se obedeça ao disposto no art. 154, I, norma tributária, o que reforça o entendimento favorável à natureza tributária dessas contribuições sociais.

"Do reconhecimento dessa natureza tributária resulta em terceira questão: para que se institua a contribuição social prevista no inc. I do art.195, é mister que a lei complementar, a que alude o art. 146, estabeleça as normas gerais a ela relativas, consoante o disposto em seu inc. III? E, na falta dessas normas gerais, só poderá ser tal contribuição instituída por lei complementar?

"Impõe-se resposta negativa a essas duas indagações sucessivas.

"Tendo em vista as inovações introduzidas pela Constituição de 1988 no sistema tributário nacional, estabeleceu ela, nos §§ 3º e 4º do art. 34 do Ato das Disposições Transitórias, que 'promulgada a Constituição, a União, os Estados, o Distrito Federal e os Municípios poderão editar as leis necessárias à aplicação do sistema tributário nacional nela previsto' e que 'as leis editadas nos termos do parágrafo anterior produzirão efeitos a partir da entrada em vigor do sistema tributário nacional previsto na Constituição'. Ora, segundo o *caput* desse art. 34, o sistema tributário nacional entrou em vigor a partir do primeiro dia do quinto mês seguinte ao da promulgação da Constituição (ou seja, a 1º de março de 1989), exceto — de acordo com o disposto no § 1º desse mesmo artigo — os arts. 148, 149, 150, 154, I, 156, III, e 159, I, *c*, que entraram em vigor na data mesma da promulgação da Constituição. Essas normas de direito intertemporal, portanto, permitiram que, quando não fossem imprescindíveis as normas gerais a ser estabelecidas pela lei complementar, consoante o disposto no art. 146, III, que a União, os Estados, o Distrito Federal e os Municípios editassem leis instituindo, de imediato ou com vigência a partir de 1º de março de 1989, conforme a hipótese se enquadrasse na regra geral do *caput* ou nas exceções do § 1º, ambos do art. 34 do ADCT, as novas figuras das diferentes modalidades de tributos, inclusive, pois, as contribuições sociais. Note-se, ademais, que, com relação aos fatos geradores, bases de cálculo e contribuintes, o próprio art. 146, III, só exige estejam previstos aos impostos discriminados na Constituição, o que não abrange as contribuições sociais, inclusive as destinadas ao financiamento da seguridade social, por não configurarem imposto.

"Assim sendo, por não haver necessidade, para a instituição da contribuição social destinada ao financiamento da seguridade social com base no inciso I do art. 195 — já devidamente definida em suas linhas estruturais na própria Constituição — da lei complementar tributária de normas gerais, não será necessária, por via de conseqüência, que essa instituição se faça por lei complementar que supriria aquela, se indispensável. Exceto na hipótese prevista no § 4º (a instituição de outras fontes destinadas à garantia, à manutenção ou expansão da seguridade social), hipótese que não ocorre no caso, o art. 195 não exige lei complementar para as instituições dessas contribuições sociais, inclusive a prevista no seu § 1º, como resulta dos termos do § 6º desse mesmo dispositivo constitucional". (Recurso Extraordinário 146.733-9-SP, relatado pelo Min. Moreira Alves, cujo acórdão foi publicado no *DJ* de 6 de novembro de 1992).

"De sua vez, a alegação da exigência de lei complementar para a instituição de qualquer contribuição para a seguridade social, ainda quando sua hipótese de incidência esteja prevista no art. 195, I, CF, já a repeliu o Tribunal ao afirmar a constitucionalidade da criação por lei ordinária da contribuição social sobre o lucro" (Recurso Extraordinário 138.284, relatado pelo Min. Carlos Velloso, com acórdão publicado no *DJ* de 28 de agosto de 1992).

No segundo dos precedentes plenários referidos, sobre o ponto, o Min. Carlos Velloso consignou na ementa:

"A contribuição da Lei 7.689, de 15.12.88, é uma contribuição social instituída com base no art. 195, I, da Constituição. As contribuições do art. 195, I, II, III, da Constituição, não exigem, para a sua instituição, lei complementar. Apenas a contribuição do § 4º do mesmo art. 195 é que exige, para a sua instituição, lei complementar, dado que essa instituição deverá observar a técnica da competência residual da União (CF, art. 195, § 4º; CF, art. 154, I). Posto estarem sujeitas à lei complementar do art. 146, III, da Constituição, porque não são impostos, não há necessidade de que a lei complementar defina o seu fato gerador, base de cálculo e contribuintes (CF, art. 146, III, "a")" (Recurso Extraordinário 150.755-1-PE, tendo sido redator para o acórdão o Min. Sepúlveda Pertence, cujo acórdão foi publicado no *DJ* de 20 de agosto de 1993).

Então, cabe perquirir sobre o alcance do inc. I do art. 195, no que cogita das contribuições sociais devidas pelos empregadores incidentes sobre a "folha de salários". Questiona-se — a esta altura com resposta positiva contida no acórdão impugnado mediante este extraordinário e endosso da Procuradoria-Geral da República — se a alusão a contribuição devida pelos empregadores, tendo em vista a folha de salários, engloba o que pago a administradores e autônomos. De início, lanço a crença na premissa de que o conteúdo político de uma Constituição não pode levar quer ao desprezo do sentido vernacular das palavras utilizadas pelo legislador constituinte, quer ao técnico, considerados institutos consagrados pelo Direito. Toda ciência pressupõe a adoção de escorreita linguagem, possuindo os institutos, as expressões e os vocábulos que a revelam conceito estabelecido com a passagem do tempo, por força dos estudos acadêmicos e pela atuação dos Pretórios. Já se disse que "as questões de nome são de grande importância, porque, elegendo um nome ao invés de outro, torna-se rigorosa e não suscetível de mal-entendido uma determinada linguagem. A purificação de linguagem é uma parte essencial da pesquisa científica, sem a qual nenhuma pesquisa poderá dizer-se científica" (*Studi Sulla Teoria Generali del Diritto*, Torino — G. Giappichelli, ed. 1955, p. 37). Realmente, a flexibilidade de conceitos, o câmbio do sentido destes, conforme os interesses em jogo, implicam insegurança incompatível com o objetivo da própria Carta que, realmente, é um corpo político, mas o é ante os parâmetros que encerra e estes não são imunes ao real sentido dos vocábulos, especialmente os de contornos jurídicos. Logo, não merece agasalho o ato de dizer-se da colocação, em plano secundário, de conceitos consagrados, buscando-se homenagear, sem limites técnicos, o sentido político das normas constitucionais. O art. 195, não há a menor dúvida, atribui a toda a sociedade o financiamento, de forma direta e indireta, da seguridade social, fazendo-o, no entanto, em termos que têm como escopo maior a segurança na vida gregária. Ora, além das contribuições nele enumeradas, outras somente podem vir à balha via lei complementar, consoante previsto no § 4º do citado artigo e já sedimentado por força dos precedentes desta Corte anteriormente referidos.

Acontece que a Corte de origem teve como compreendido na cláusula concernente à obrigatoriedade de os empregadores contribuírem com base na folha de salários, o que pago a administradores e autônomos. Analise-se, portanto, o real alcance do texto do inc. I do art. 195, no que, repita-se, alude a "empregadores e à folha de salários". Sempre soube dedicada a expressão "empregadores" para qualificar aqueles que mantêm, com prestadores de serviços, relação jurídica regida pela Consolidação das Leis do Trabalho e este enfoque restou assentado por esta Corte quando, defrontando-se com ação direta de inconstitucionalidade movida pelo Procurador-Geral da República contra preceitos da Lei 8.112, de 11 de dezembro de 1991, Lei do "Regime Único", afastou a pertinência do art. 114 da Constituição Federal, que define a competência da Justiça do Trabalho para julgar controvérsias a envolver empregadores e trabalhadores. Na oportunidade, declarou-se competir não à Justiça do Trabalho, mas à Justiça Federal, julgar as lides que envolvam a União e os servidores públicos que a ela prestam serviços sob a égide daquele Regime. Teve-se presente que, não sendo o liame regido pela Consolidação das Leis do Trabalho, impossível é cuidar-se da figura do empregador. Refiro-me ao que decidido — na ocasião, contra o meu voto, pelas razões que expus —, na ação direta de inconstitucionalidade 492, relatada pelo Min. Carlos Velloso, cujo acórdão foi publicado no *DJ* de 12 de março de 1993. Destarte, já no que o inc. I do art. 195 revela contribuição devida pelos empregadores, procede a pretensão recursal. A teor do art. 2º da Consolidação das Leis do Trabalho, considera-se empregador a empresa individual ou coletiva que, assumindo os riscos da atividade econômica, admite, assalaria e dirige a prestação pessoal de serviços. O vínculo empregatício pressupõe, em si, a dependência do prestador dos serviços. Se de um lado a econômica e a técnica não são indispensáveis à configuração do fenômeno, de outro há de se fazer presente a jurídica, a revelar submissão do prestador dos serviços ao tomador, sem a qual não se pode dizer da existência de contrato de trabalho regido pela Consolidação das Leis do Trabalho e, portanto, das figuras de empregado e de empregador. Administradores e autônomos não estão sujeitos a essa subordinação, tal como definida pela ordem jurídica em vigor e corroborada, de forma uníssona, por doutrina e jurisprudência. Os primeiros, no que não mantenham contrato de trabalho e, portanto, não sejam administradores-empregados, confundem-se com o próprio empregador, e os segundos, os autônomos, atuam de modo independente, ou seja, de acordo com o próprio vocábulo que os distingue, com autonomia. Em relação a eles, não cabe evocar a existência de relação jurídica a envolver a figura do empregador.

A isto, soma-se que não estão abrangidos na definição de empregado os próprios administradores da pessoa jurídica que toma os serviços e aqueles que lhe prestam estes últimos com autonomia, porquanto, segundo o art. 3º da Consolidação das Leis do Trabalho, empregado é toda pessoa natural que preste serviço de natureza não eventual a empregador, sob a dependência deste e mediante salário.

É certo que determinadas profissões liberais vêm cedendo integrantes ao campo trabalhista. É o que ocorre, por exemplo, com os advogados. Durante um bom espaço de tempo era raro encontrar um profissional da advocacia empregado. Hoje a atividade está um pouco proletarizada, talvez por força do grande número de Faculdades de Direito. Muitos são os bacharéis em direito e, frente à competitividade, nem sempre é dado preservar as características nobilizantes do *munnus* de defender e propugnar pela observância do devido processo legal. Daí caminhar-se para a generalização é passo demasiadamente largo, a implicar o embaralhamento de conceitos jurídicos, olvidando-se que a Lei 4.215/63 — o Estatuto dos Advogados — define a contraprestação devida como honorário — art. 96 — quer atue o advogado individualmente, quer em sociedade de advogados — art. 77. Como, então, dizer-se que aquele que remunera autônomo, como é geralmente o advogado, deste é empregador e o faz mediante salário, como se no campo de direitos e obrigações ombreasse com os empregados tal como definidos no diploma de regência que é a Consolidação das Leis do Trabalho? Poderia fazer desfilar neste julgamento tantos outros profissionais liberais e, portanto, autônomos, como são os representantes comerciais que a própria Lei 4.886/65, no campo pedagógico, indica como autônomos, cogitando da figura do tomador dos serviços como representado, e não empregador, e da prestação por este devida a encerrar o gênero remuneração e não a espécie salário. Falaria sobre o médico, o dentista que também os cidadãos comuns remuneram, sem que assumam a posição de empregadores ou confeccionem folha de salários. Creio que estou dispensado dessa enfadonha missão.

Da mesma forma, tem-se os avulsos. Em relação a estes, porque não são empregados de quem toma os respectivos serviços, houve necessidade de, a partir da cláusula constitucional referente à competência da Justiça do Trabalho para julgar, na forma da lei, outras controvérsias decorrentes da relação de trabalho, ser editada a Lei 7.494, de 16 de junho de 1986, dando ao art. 643 da Consolidação das Leis do Trabalho a seguinte redação:

"Os dissídios oriundos das relações entre empregados e empregadores, bem como de trabalhadores avulsos e seus tomadores de serviços em atividades reguladas na legislação social, serão dirimidos pela Justiça do Trabalho de acordo com o presente título e na forma estabelecida pelo processo judiciário do trabalho."

É que se trata de mão de obra que sequer é contratada livremente por aquele que dela necessita. Coloca-a à disposição o Sindicato da categoria profissional, fazendo-o mediante rodízio e, portanto, sistema estranho ao contrato de trabalho no qual sobressai, em face da necessidade de viabilizar-se a subordinação, a pessoaliade. O Sindicato apresenta o rol dos avulsos que prestarão os serviços, recebendo do tomador destes o quantitativo devido, para posterior rateio. Impossível é, no caso, cogitar-se da existência de um contrato de trabalho tal como definido legalmente e consagrado por doutrina e jurisprudência e, por via de conseqüência, das figuras do empregador e do empregado, bem como da satisfação de salários, considerado não o sentido vulgar do vocábulo, mas o técnico, o legal, como previsto no art. 110 do Código Nacional Tributário.

Esta é a razão de ser de, ao lado dos dissídios entre empregados e empregadores, o art. 643 referido prever, também, a competência da Justiça do Trabalho para o julgamento daqueles que envolvam os avulsos e os respectivos tomadores de serviços, utilizada a conjunção aditiva "bem como". Estivessem os avulsos dentre os empregados e os tomadores dos serviços entre os empregadores o preceito não os mencionaria na forma do art. 643 da Consolidação das Leis do Trabalho.

Relativamente aos administradores, ao contrário do que ocorria com os autônomos — Decreto-lei 66/55; Decreto-lei 959/69; Lei 5.890 e Decreto-lei 1.910/81 —, as empresas, simplesmente empresas, considerada a relação jurídica mantida — e não empregadores, jamais foram contribuintes, cabendo-lhes apenas certa responsabilidade pelo recolhimento por eles devidos, considerado o chamado salário de contribuição. Com a lei que se pretende alvejada, por inconstitucional, criou-se uma nova fonte de custeio da seguridade social, diversa da imposta pelo inc. I do art. 195 da Constituição Federal, porque estranha à figura do empregador e à noção incontroversa do instituto, que é o salário. Sem a lei complementar imposta por força da remissão contida no § 4º do art. 195 em comento ao art. 154, inc. I, ambos da Constituição, veio à balha a obrigatoriedade de a empresa contribuir, considerada como base de incidência o que pago a qualquer título, desde que tomada a parcela como configuradora de remuneração, repito, gênero do qual salário é espécie.

Tenha-se presente agora a base de incidência da contribuição devida pelos empregadores, no que interessa ao desfecho da controvérsia. O inc. I do art. 195 cuida não de remuneração, não de folha de pagamentos, mas de folha de salários. Creio que ninguém ousa caminhar no sentido da aplicação do que se contém, sob o ângulo do salário, a consubstanciar garantia, no art. 7º da Constituição Federal, a administradores e autônomos. Ninguém compreende, por exemplo, que se diga da irredutibilidade do que percebido como estes. Isto decorre do simples fato de não se ter o envolvimento, na espécie, de salário tal como definido pela melhor doutrina e distinguido pela própria Carta em vigor. Para Amauri Mascaro Nascimento, salário é o pagamento efetuado pelo empregador (sujeito ativo) ao empregado (sujeito passivo), para que possa aproveitar o trabalho dessa pessoa, sem que necessariamente o faça: à obrigação de pagar salário corresponde o direito de contar com o trabalhador em ocasiões normais. Russomano, sopesando o caráter sinalagmático e comutativo que reveste o contrato de trabalho, entende o vocábulo como a significar a contraprestação devida pelo empregador, em face do serviço desenvolvido pelo empregado. Catharino não discrepa de tais posições. Salienta que "o salário, em sentido restrito, é aquele devido ao empregado por estar realmente trabalhando ou por estar à disposição do empregador, situação equiparada por lei à prestação efetiva de serviços. O salário em lato sentido é aquele devido ao empregado quando estiver inapto para trabalhar, estiver impedido de fazê-lo, ou, ainda, quando a lei ao mesmo tempo lhe faculta não trabalhar, assegurando-lhe a percepção parcial correspondente ao período de inatividade". Na mesma direção temos Evaristo de Morais Filho e inúmeros *juslaboralistas* que se debruçaram sobre a matéria.

Descabe dar a uma mesma expressão — salário — utilizada pela Carta relativamente a matérias diversas, sentidos diferentes, conforme os interesses em questão. Salário, tal como mencionado no inc. I do art. 195, não pode se configurar como algo que discrepe do conceito que se lhe atribui quando se cogita, por exemplo, da irredutibilidade salarial — inciso VI do art. 7º da Carta. Considere-se que, na verdade, a lei ordinária mesclou institutos diversos ao prever a contribuição. Após alusão, no *caput* do art. 3º, à expressão utilizada na própria Carta Federal — folha de salário — ao versar sobre o que pago aos administradores avulsos e autônomos, refere a remuneração, talvez pelo mesmo fato de o preceito a que se atribui a pecha de inconstitucional englobar, também, os segurados empregados. Desconheceu-se que salário e remuneração não são expressões sinônimas. Uma coisa é a remuneração, gênero do qual salário, vencimentos, soldo, subsídios, pró-labore e honorários são espécies. Seria fácil dar-se à previsão constitucional em discussão o alcance sustentado pelo Instituto, no que se fugiria até mesmo da necessidade de balizar-se, de maneira precisa e clara, as bases de incidência das contribuições sociais. Suficiente seria, ao invés de utilizar-se a expressão "folha de salários", a expressão "empregador", aludir-se ao tomador dos serviços e à remuneração por este satisfeita. Com acerto, enquadraram à matéria constitucionalistas e tributaristas, dentre os quais destaco Ives Gandra, Geraldo Ataliba, Ruy Barbosa Nogueira e a também professora Misabel Abreu Machado Dersi. Esta última emitiu parecer sobre a contribuição social incidente sobre a remuneração e pró-labore pagos a autônomos e administradores. De forma proficiente, apontou a diferença entre o vocábulo "empresa" e o vocábulo "empregador", afirmando que o uso das expressões "empregador" e "folha de salários", contidas na Carta de 1988, exclui as relações de trabalho não subordinado, como as que envolvam autônomos em geral e administradores. Aduziu, ainda, que as Constituições brasileiras sempre usaram os termos empregador e salário no sentido próprio e técnico em que encontrados no Direito do Trabalho, o que, aliás, está consagrado jurisprudencialmente. Já disse, linhas atrás, que está em tela uma ciência. Assim enquadrado o Direito, o meio justifica o fim, mas não este àquele. Compreendo as grandes dificuldades de caixa que decorrem do sistema de seguridade social pátrio. Contudo, estas não podem ser potencializadas, a ponto de colocar-se em plano secundário a segurança, que é o objetivo maior de uma Lei Básica, especialmente no embate cidadão-Estado, quando as forças em jogo exsurgem em descompasso. Atente-se para a advertência de Carlos Maximiliano, isto ao dosar-se a carga construtiva, cuja existência, em toda interpretação, não pode ser negada:

"Cumpre evitar não só o demasiado apego à letra dos dispositivos, como também o excesso contrário, o de *forçar a exegese* e deste modo encaixar na regra escrita, graças à fantasia do hermeneuta, as teses pelas quais se apaixonou, de sorte que vislumbra no texto idéias apenas existentes no próprio cérebro, ou no sentir individual, desvairado por ojerizas e pendores, entusiasmos e preconceitos" (*Hermenêutica e Aplicação do Direito*, Globo, Porto Alegre, 2ª ed., 1933, p. 118).

E realmente assim o é. Conforme frisado por Celso Antônio Bandeira de Mello, não cabe, no exercício da arte de interpretar, "inserir na regra de direito o próprio juízo — por mais sensato que seja — sobre a finalidade que "conviria" fosse por ela perseguida" — parecer inédito.

As remunerações pagas a administradores e autônomos não estão compreendidas no inc.I do art. 195 da Constituição Federal. Se antes da Carta de 1988 era possível a disciplina mediante lei ordinária, isto ocorria frente a norma geral que apenas consagrava a tríplice fonte de custeio. A partir de 1988, com a previsão explícita e fechada sobre a incidência das contribuições devidas pelos empregadores, considerados o faturamento, o lucro e a folha de salários, a introdução de uma nova contribuição somente poderia vir à balha pelo mecanismo imposto em face da remissão do § 4º do art. 195 ao art. 154, inc. I. Ao legislador estava vedado dispor, via diploma ordinário, sobre a matéria. Por isso mesmo não foram recepcionados, diante da manifesta incompatibilidade, os preceitos que antecederam a Lei 7.787/89. Pouco importa que esta tenha implicado, tão-somente, a majoração de percentuais até então observados, pois o defeito precede o exame da extensão da norma. Trata-se de uma lei ordinária e não complementar. Não vinga assim o que sustentado pelo Instituto, em memorial subscrito pelo Dr. Ivan Ferreira de Souza, no sentido de o preceito do inc. I do art. 195 agasalhar não só o salário propriamente dito, como também a remuneração pertinente aos autônomos, contribuintes individuais, sócios-gerentes, e cotistas que recebem pró-labore, administradores, etc. O preceito não tem contornos tão largos.

Por estas razões, conheço do recurso extraordinário, no que assentado na alínea *a* do inc. III do art. 102 da Carta e o provejo, para, declarando a inconstitucionalidade do inc.I do art. 3º, quanto aos vocábulos autônomos e administradores, reformar o acórdão proferido pela Corte de origem, concedendo a segurança, a fim de desobrigar a Recorrente do recolhimento da contribuição incidente sobre a remuneração paga aos respectivos administradores e trabalhadores autônomos. Limito o provimento ao que pleiteado no item *a* da inicial, ou seja, relativamente à competência dezembro de 1989 e aos meses subseqüentes.

É o meu voto.

VOTO

O Sr. Ministro Carlos Velloso: Sustenta-se a inconstitucionalidade do art. 3º, I, da Lei 7.787, de 30.6.89, que exige contribuição destinada à Previdência Social incidente sobre a remuneração paga a trabalhadores avulsos, autônomos e administradores não-empregados. O argumento é este: o art. 195, I, da Constituição, prevê contribuições dos empregadores incidentes sobre a folha de salários, o que decorre do trabalho prestado mediante vínculo empregatício. Ora, a remuneração paga aos autônomos e aos administradores não-empregados não se incluiria, por isso mesmo, na folha de salários, por inexistir vínculo empregatício. Ademais, a instituição da contribuição dependeria de lei complementar, como previsto no art. 146, III, da CF.

Abrindo o debate, esclareça-se que esta Corte, no julgamento dos RREE 146.733-SP, Relator o Sr. Ministro Moreira Alves, e 138.284-CE, por mim relatado, decidiu que as contribuições do art.195, I, II e III, da Constituição, não exigem, para a sua instituição, lei complementar. Apenas a contribuição do § 4º do mesmo art. 195 é que exige, para a sua instituição, lei complementar, dado que essa instituição deverá observar a técnica da competência residual da União (CF, art. 195, § 4º; CF, art. 154, I). Posto estarem sujeitas à lei complementar do art. 146, III, da Constituição, porque essas contribuições não são impostos, não há necessidade de que a lei complementar defina o seu fato gerador, base de cálculo e contribuintes (CF, art. 146, III, *a*) (*RTJ* 143/313 e 684).

Examinemos o argumento central, no sentido de que o citado art. 3º, da Lei 7.787, de 1989, seria ofensivo ao art. 195, I, da Constituição.

Dispõe o citado art. 3º, I, da Lei 7.787/89:

"Art. 3º. A contribuição das empresas em geral e das entidades ou órgãos a ela equiparados, destinada à Previdência Social, incidentes sobre a folha de salários, será:

"I — de 20% (vinte por cento) sobre o total das remunerações pagas ou creditadas, a qualquer título, no decorrer do mês, aos segurados empregados, avulsos, autônomos e administradores;"

A Lei 8.212, de 24.7.91 — Lei Orgânica da Seguridade Social — reiterou o dispositivo legal acima indicado, ao dispor, no art. 22, I:

"Art. 22. A contribuição a cargo da empresa, destinada à Seguridade Social, além do disposto no art. 23, é de:

"I — 20% (vinte por cento) sobre o total das remunerações pagas ou creditadas, a qualquer título, no decorrer do mês, aos segurados empregados, empresários, trabalhadores avulsos e autônomos que lhe prestem serviços;"

Registre-se que tais contribuições não foram instituídas agora. Essa instituição vem de longe, vem desde a Lei 3.807, de 1960, com a redação do Decreto-lei 66, de 1966 e alterações subseqüentes. A CLPS, expedida com o Decreto 77.077, de 24.1.76, dispõe a respeito no seu art. 128, III, VI, *a, b, c*, §§ 1º a 5º. Outras alterações foram introduzidas depois (Lei 6.887, de 1980, Decreto-lei 1.910, de 1981 e Decreto-lei 2.318, de 1986). Quer dizer, a legislação anterior já previa a contribuição das empresas sobre a remuneração dos autônomos, administradores, sócio-cotista, que percebe *pro labore*, sócios-gerentes. A Constituição pretérita, sob cujo pálio foi editada a maioria das leis que cuidam do tema, estabelecia que a previdência social seria financiada mediante contribuição da União, do empregador e do empregado (CF 1967, art. 165, XVI).

Estou em que essa legislação foi recebida pela Constituição vigente e a sua matriz está no art. 195, I, desta, desde que se empreste interpretação sistemática e teleológica ao citado dispositivo.

Deve ficar esclarecido que à interpretação da Constituição, por ser esta uma lei em sentido material, aplicam-se os métodos de interpretação comuns. Todavia, porque a Constituição é o fundamento de validade de todo o ordenamento jurídico, há métodos de interpretação que são próprios da hermenêutica constitucional. Registra Manoel Gonçalves Ferreira Filho que é de Bryce a advertência no sentido de que, "vindo a Constituição do povo, voltando-se ela para o povo com o propósito de vida, sua linguagem não é técnica, necessariamente. O sentido comum de suas palavras deve prevalecer sobre o seu sentido técnico, a menos que haja razões em contrário". Marshall, o registro é, ainda, do Prof. Manoel Gonçalves, lecionou que, "quando um poder foi conferido, sua interpretação deve ser larga, sobretudo no que concerne aos meios. *Qui veut la fin, veut les moyens*" (*Curso de Direito Constitucional*, Saraiva, 1970, p. 173).

Em voto que proferi nesta Casa, lembrei a famosa frase de Marshall, no caso McCulloch *vs.* Maryland, em 1819 — *we must never forget that it is a Constitution we are expounding* — a advertir que a interpretação da Constituição ostenta característica própria, dado que, conforme já foi dito, a Constituição é o fundamento de validade de todo o ordenamento jurídico.

Posta assim a questão, advirta-se, em primeiro lugar, que não me parece razoável a afirmativa de que o termo "salário", posto no inc. I, do art. 195, da Constituição, tem sentido técnico-jurídico trabalhista, unicamente. A uma, porque, conforme falamos, a linguagem da Constituição não é, comumente, técnica; a duas, porque o conceito de "salário", em direito previdenciário, não tem o mesmo sentido técnico do conceito de salário em direito do trabalho. "Salário", em direito previdenciário, tem o sentido de remuneração, aquilo que percebe o segurado, certo que segurado não é somente o empregado, mas o trabalhador, de modo geral.

Salário, em direito previdenciário, é entendido como salário de contribuição, que "é o valor sobre o qual se calcula o percentual correspondente a contribuição devida pelo segurado" (Mozart Victor Russomano, *Curso de Previdência Social*, Forense, 2ª ed., 1983, p. 153). Salário, em tal sentido — salário de contribuição — que serve de base, aliás, para o cálculo do valor do benefício devido ao segurado ou ao dependente, verifica-se com base em três elementos, "tendo-se em vista a condição jurídica de cada *classe* ou categoria de segurado: *a*) a remuneração real; *b*) o salário-base; *c*) o salário mínimo", leciona Russomano (*ob. cit.*, pp. 153/154). A CLPS/1976 definia o salário-de-contribuição, no seu art. 138, para o segurado empregado (inc. I), para os segurados trabalhadores autônomos (II, *a*), empregadores (II, *b*), facultativos (II, *c*) e domésticos (III).

A legislação vigente, Lei n. 8.212, de 24.7.91 — Lei Orgânica da Seguridade Social —, na linha da anterior, conceitua o salário-de-contribuição do empregado e do trabalhador avulso (art. 28, I): "Entende-se por salário-de-contribuição: I — para o empregado e trabalhador avulso: a remuneração efetivamente recebida ou creditada a qualquer título, durante o mês, em uma ou mais empresas, inclusive os ganhos habituais sob a forma de utilidades, ressalvado o disposto no § 8º e respeitados os limites dos §§ 3º, 4º e 5º, deste artigo". No inc. II do art. 28 conceitua-se o salário-de-contribuição do empregado doméstico e no inc. III do mesmo artigo define-se o salário-de-contribuição do trabalhador autônomo e equiparado, do empresário e facultativo, que será o salário-base, observado o disposto no art. 29.

Conforme se vê, o conceito de *salário*, no direito previdenciário, é muito mais elástico do que aquele que deflui do direito do trabalho. Ora, se o art. 195, I, da Constituição, diz respeito ao Direito Constitucional Previdenciário ou Direito Constitucional da Seguridade Social (CF, arts. 194 e ss.; art. 22, XXIII; art. 24, XII), é no direito previdenciário ou da seguridade social que devemos buscar o conceito de salário. E, conforme vimos, o conceito de salário no direito previdenciário ou da seguridade social não é o mesmo do direito do trabalho. Salário, naquele, tem conceito muito mais elástico, liga-se à contribuição que é paga pelo segurado, é o *quantum* sobre o qual recai a alíquota da contribuição.

Sob o pálio da Constituição de 1967, tive oportunidade de afirmar, ainda como juiz de 1º grau e, posteriormente, no TFR, que as palavras "empregador" e "empregado", postas no inc. XVI, do art. 165, da Constituição de 1967, têm o sentido de pessoa física ou jurídica que utiliza trabalho de terceiro (empregador) e a palavra "empregado" significa trabalhador.

É que o sistema de previdência tem como segurados todos os que trabalham, assim todos os trabalhadores, quer sejam empregados quer sejam avulsos, autônomos, sócios-gerentes, sócios-cotistas ou administradores.

Na Constituição de 1988 não é outra a situação. A seguridade social, que compreende um conjunto integrado de ações de iniciativa do Estado e da sociedade, destina-se a assegurar os direitos relativos à saúde, à previdência e à assistência social, competindo ao Poder Público, nos termos da lei, organizar a seguridade social, com base em objetivos inscritos na Constituição, ressaindo, dentre eles, a universalidade da cobertura e do atendimento (CF, art. 194, § único, I), certo, por isso mesmo, que toda a sociedade financiará a seguridade social (CF, art. 195, *caput*).

Isto tudo considerado, é razoável o entendimento no sentido de que "folha de salários", inscrita no inc. I do art. 195, da Constituição, tem o sentido de "folha de pagamento" da pessoa, física ou jurídica, que utiliza e remunera trabalho de terceiro.

Last but not least, forçoso é reconhecer que as "outras fontes" ou as outras contribuições que a lei poderá instituir — CF, art. 195, § 4º — destinam-se "a garantir a manutenção ou expansão da seguridade social", pelo que são contribuições excepcionais, por isso mesmo a sua instituição observará a técnica da competência residual (CF, art. 154, I). Não é razoável a afirmativa no sentido de que nelas se incluiria a contribuição comum de trabalhadores, que são segurados obrigatórios, os chamados trabalhadores avulsos e autônomos e os administradores.

Do exposto, com a vênia do Sr. Ministro Relator, não conheço do recurso.

JURISPRUDÊNCIA

SUPERIOR TRIBUNAL DE JUSTIÇA

Ementa: IOF. Isenção. Operações de Câmbio. Pagamento. Bens importados. Fato gerador. Incidência. Antes e após 1.7.88. Tratamento fiscal diferenciado. Princípio da isonomia na tributação. Inconstitucionalidade. Art. 6º, Decreto-lei 2.434/88. Art. 150, inc. II e art. 151, inc. I da Constituição.

I — Pelo art. 6º, do Decreto-lei 2.434/88, ocorreram duas situações para o contribuinte importador de bens, a saber: 1) se a guia de importação ou documento equivalente tiverem sido emitidos antes de 1.7.88, haverá a incidência do imposto; 2) se, entretanto, a guia de importação ou documento equivalente tiverem sido emitidos após 1.7.88, haverá isenção do imposto.

II — Verifica-se com simplicidade essa diversidade de tratamento fiscal e esse tratamento diferenciado entre os contribuintes isso é que se questiona nos autos.

III — Nos termos do art. 63, do CTN, e do Decreto-lei 1.783/80, o IOF incide no momento da liquidação do contrato ou câmbio, isto é, a entrega de moeda nacional ou estrangeira, ou documento que a represente, ou sua colocação à disposição do interessado, ou, melhor dizendo, no momento do fechamento do câmbio.

IV — As duas situações diferenciadas postas no art. 6º, do Decreto-lei 2.484/88, em diversidade de tratamento fiscal entre os contribuintes, parece não ser possível; esse tratamento fiscal deve e tem que ser uniforme, não podendo haver distinção mediante diferenciação de fato gerador, se presente a mesma circunstância de fato, devendo ele ser único e não diferenciado para os contribuintes em situações iguais ou idênticas.

V — O art. 150, inc. II, da Constituição, consagra o princípio da igualdade na tributação ou do tratamento isonômico na tributação entre os contribuintes.

VI — Ambas as situações diferenciadoras constantes do art. 6º, do Decreto-lei 2.434/88, a primeira, a assertiva escrita de que o elemento diferenciador — data da emissão de guia de importação ou documento equivalente — é ilegítima porque estranha à hipótese de incidência do imposto; a segunda, parte final do dispositivo, atinge o momento temporal da hipótese de incidência da norma — liquidação do contrato de câmbio com a entrega da moeda ou colocação desta à disposição — fica suprimido quando a liquidação diz respeito a operações decorrentes de guias emitidas após 1.7.88.

VII — Ressalva do ponto de vista da existência de inconstitucionalidade é "incidenter tantum", quer por si, acolho o recurso especial para declarar a invalidade ou ineficácia do art. 6º, do Decreto-lei 2.434/88, frente aos arts.

150, inc. II e 151, inc. I, da Constituição, dispositivos esses todos verificados na decisão recorrida, que devolve toda a matéria ao conhecimento do Tribunal.

VIII — Vencida essa questão, fica provido o recurso especial na linha do voto do Min. Garcia Vieira.

IX — Recurso especial improvido.

Recurso Especial n. 12.230-PE (91.131.920)
Relator: O Exmo. Sr. Ministro Gomes de Barros
Relator Designado: O Exmo. Sr. Ministro Pedro Acioli
Recorrente: Philips Eletrônica do Nordeste S/A
Recorrido: União Federal
Advogados: Drs. Womezita Marinho de Barros e outro
(*DJU*: 9.3.92)

ACÓRDÃO

Vistos e relatados estes autos em que são partes as acima indicadas:

Decide a Egrégia Primeira Turma do Superior Tribunal de Justiça, por maioria, negar provimento ao recurso, na forma do relatório e notas taquigráficas constantes destes autos e que ficam fazendo parte integrante do presente julgado.

Custas, como de lei.

Brasília-DF, 11 de dezembro de 1991 — Min. Pedro Acioli (Presidente e Relator designado).

RELATÓRIO

O Exmo. Sr. Ministro Gomes de Barros: Trata-se de mandado de segurança impetrado por Philips Eletrônica do Nordeste S/A contra ato do Delegado da Receita Federal em Pernambuco, pretendendo isenção do IOF-Câmbio, prevista no art. 6º, do Decreto-lei 2.434/88, relativamente a operações anteriores a 1º de julho de 1988, fls. 02/07.

O Juiz Federal da 7ª Vara, PE, concedeu a segurança "*declarando inconstitucional a cobrança do imposto sobre Operações de Crédito, Câmbio e Seguro*, a partir de 1.7.88, concernente aos respectivos fatos geradores, conforme definidos no art. 63, II, do Código Tributário Nacional, e ocorridos no período pré-falado, correspondentes às importações citadas na inicial" (fl. 506).

Apelou a União e a Segunda Turma, do TRF, da 5ª R., à unanimidade, deu provimento ao recurso, bem como, a remessa oficial, em acórdão assim ementado:

"Tributário. Imposto sobre operações de câmbio. Incidente sobre pagamento de mercadorias importadas com guias emitidas antes de 1.7.88.

"A doutrina, sob o comando de José Souto Maior vem afirmando que, encontrando-se sob reserva da lei o regime jurídico-material, é evidente que, necessariamente, a legislação tributária, em qualquer ângulo que atue, está vinculada ao princípio constitucional da isonomia, pelo que deve tratar a todos com igualdade, sem distinção de qualquer natureza, não impor discriminações tributárias que apresentem tratamento privilegiado ou de favorecimento de determinadas pessoas.

"O poder tributante há de assegurar tratamento igual aos que se encontrem em semelhantes situações, garantindo o direito de todos de terem ingresso ou se fazerem penetrar nas condições ditadas pela lei.

"O exame do art. 6º do Decreto-lei 2.434/88 não revela inconstitucionalidade em sua parte final.

"A condição imposta pelo legislador, para gozo de isenção, pode ser vinculada à prática de um determinado ato administrativo, em tempo certo.

"Não pode o intérprete e aplicador da lei considerar o fato gerador de determinado tributo, em determinada época, como condição para o gozo de isenção, se assim não quis o legislador.

"Sentença reformada. Liminar cassada. Segurança denegada" (f. 534).

Foram interpostos embargos declaratórios, julgados improcedentes nos termos de f. 546; seguiram-se RE, na forma do art. 102, III, *a*, da CF, inadmitido a fls. 576/577; e recurso especial, com base no art. 105, III, *a* e *c*, alegando-se violação à lei federal e dissídio jurisprudencial; admitido o recurso, vieram os autos a este STJ.

É o relatório.

VOTO — VENCIDO

O Exmo. Sr. Ministro Gomes de Barros (Relator): Nestes autos, o art. 6º do Decreto-lei 2.434 de 19.5.88 é posto em confronto com o princípio da isonomia tributária, sediado no art. 150, II, da Constituição, assim expresso: "Sem prejuízo de outras garantias asseguradas ao contribuinte, e vedado à União, aos Estados, ao Distrito Federal e aos Municípios: II — instituir tratamento desigual entre contribuintes que se encontrem em situação equivalente, proibida qualquer distinção em razão de ocupação profissional ou função por eles exercida, independentemente da denominação jurídica dos rendimentos, títulos ou direitos".

Parte da doutrina e da jurisprudência sustenta a tese de que o dispositivo em exame agride a isonomia, porque trata diferentemente contribuintes, em relação a fatos geradores iguais, ocorridos em um mesmo momento.

De outro lado, a corrente hoje vitoriosa na jurisprudência sustenta a proposição de que a lei adotou como referencial, de discriminação, um critério objetivo, traduzido na vinculação de um fato (a expedição da guia de importação) a um termo inicial (o dia 1º de julho de 1988).

Uma das tarefas mais delicadas do Direito Tributário é a compatibilização entre o princípio da autonomia e a faculdade de conceder isenção.

A isenção, por seu próprio conceito é instituto excepcional, de que resulta a dispensa do pagamento relativo a tributo devido.

O contribuinte isento goza de inegável tratamento diferenciado em relação àquele que não o é.

Isenção tributária é instrumento político, de que se vale o Estado, para satisfazer necessidades transitórias. Desvinculada de seu objetivo político a isenção descaracteriza-se, tornando-se instrumento espúrio de favorecimento ilícito.

Na hipótese, a União Federal, nas razões que sustentam o recurso especial, registra:

"Destarte, perfeitamente válida e legal a norma do art. 6º do Decreto-lei 2.434/88, que tem por objetivo claro e insofismável isentar do pagamento do imposto aquelas importações realizadas *antes* da criação do benefício. Qualquer outra conclusão em contrário, como pretendida pelo V. Acórdão recorrido *data venia*, não poderá prevalecer, a não ser em flagrante violação aos arts. 176, 97, VI, todos do CTN, como também ao art. 111, II, deste mesmo Diploma legal, pois se estaria dando interpretação extensiva ou analógica à norma isencional, o que é expressamente defeso por este último dispositivo, pelo que espera a União Federal venha a ser conhecido e provido o presente recurso, a fim de ser restabelecida a escorreita decisão monocrática."

Lógica a conclusão de que, se o objetivo era reduzir o custo das importações ocorridas a partir de sua vigência, o dispositivo legal deveria ter declarado isentas todas as importações a partir de seu advento.

Com efeito, a expedição da guia de importação é fato irrelevante no que respeita aos objetivos políticos que ensejaram a isenção.

Se o escopo da isenção é tornar menos onerosa a importação, a partir de 1º de julho, ele apenas será atingido quando todas as importações efetivadas a partir daquela data forem beneficiadas.

De outra forma, a isenção desvia-se de sua finalidade, colidindo frontalmente com a vedação do art. 150, II, da Constituição.

De fato, em homenagem ao interesse político de tornar menos onerosas as importações a partir de 1º de julho, o art. 6º beneficiou apenas algumas daquelas; as demais, permaneceram tão caras como antes.

Imagine-se, para reforço de argumento, a existência de dois industriais, fabricantes de produtos semelhantes e concorrentes.

Um destes industriais, no propósito de ampliar sua fábrica, decide importar equipamentos novos. Para tanto, obtém, em maio de 1988, guia de importação.

O outro, provocado pela iniciativa de seu concorrente, resolve importar equipamento igual. Com tal propósito, obtém a guia, em julho de 1988. Imagine-se, mais, que as operações de câmbio relativas às duas importações efetivaram-se no mesmo dia e, ainda, que ambos os equipamentos chegaram ao porto de destino no mesmo navio.

No entanto, o empresário que louvavelmente tomou a iniciativa da importação pagara o IOF, ao passo que o outro, beneficia-se com a isenção.

Esta hipótese exemplar deixa evidente o desvio sofrido pela regra de isenção, afastando-a de sua finalidade política e a conduzindo ao confronto com o art. 150, II, da Constituição.

Uma leitura cuidadosa do art. 6º leva à impressão de que seu redator cometeu um engano técnico, quando erigiu como elemento diferencial para o reconhecimento da isenção, o momento em que foi emitida a guia de importação.

Aliás, o processo de gestação do Decreto-lei, desenvolvido ao abrigo do sadio debate parlamentar, propiciava erros semelhantes.

Não é, contudo, o caso de se declarar a inconstitucionalidade do art. 6º.

Afastada a discriminação ilícita, a isenção por ele criada emana do exercício anômalo, mas legítimo da função legislativa.

Assim entendendo, acompanho, mais uma vez, o raciocínio do E. Juiz Fleury Pires, no RESP n. 14.461, fls. 116/119, *in verbis*:

> "Seria, então, o caso de se declarar inconstitucional, por inteiro, o art. 6º do Decreto-lei 2.434/88 ou simplesmente afastar o elemento discriminador com o aproveitamento do restante da norma? Ora, não se hão esquecer que — afora o malsinado discrimen — a isenção estabelecida pela norma citada consubstancia legítima manifestação do poder de isentar, desde que sua aplicação conforme-se com as regras e princípios constitucionais."

No limite desse entendimento, dou provimento ao recurso.

VOTO — VOGAL

O Exmo. Sr. Ministro Pedro Acioli: Senhores Ministros. Já votei aqui na Turma, na linha do voto do Relator, inclusive, argüindo incidente de inconstitucionalidade do art. 6º, do Decreto-lei 2.434/88, no qual pelos seus próprios fundamentos, minha tese era favorável ao contribuinte.

Acentuo que naquela oportunidade o Relator aderiu ao meu ponto de vista, no entanto, saímos vencidos na preliminar de argüição de inconstitucionalidade.

Naqueles julgamentos, disse eu que a Turma tem se pronunciado sobre a questão posta em julgamento, sob ponto de vista diferente da que está nos autos.

Em dezenas de precedentes, em que prevaleceu o voto-vista que proferi, a Turma não conheceu da matéria, por faltar aos recursos interpostos os seus requisitos basilares de admissibilidade, nos casos que prevaleceu o meu voto-vista, foram colocadas as ementas nos seguintes termos:

"Recurso Especial. Admissibilidade. Fundamento. Constituição, art. 105, inc. III, *A*. Particularização dos dispositivos de lei alegados de violados. Exigência. Dissídio Jurisprudencial. *C*, inc. III, art. 105, da Constituição. Aditamento a Recurso Especial. RISTJ, art. 141.

"I — Exige-se, para a admissibilidade do recurso especial, quando interposto sob o fundamento da *a*, do inc. III, do art. 105, da Constituição, a particularização dos artigos de lei reputados violados.

"II — Tem-se como segundo pressuposto de conhecimento do recurso, sob esse fundamento, o prequestionamento da matéria, ou seja, sobre ela deve o Tribunal *a quo* se pronunciar, para evitar a pena de supressão de instância.

"III — O aditamento ao recurso especial somente é lícito ou admissível se submetido ao indispensável juízo de admissibilidade recursal no Tribunal *a quo*, antes deste proferir despacho acerca do recurso — art. 141, do RISTJ.

"IV — O agravo de instrumento traz matéria puramente de técnica processual, restrita ao exame dos pressupostos ou requisitos de admissibilidade do recurso especial, deles não se pode fugir ou ultrapassar esses limites.

"V — Recurso especial, preliminarmente, não conhecido."

Desde então, aguardava no Gabinete qualquer recurso especial devidamente deduzido para examiná-lo, mesmo porque, por se tratar de matéria relevante, ante a divergência manifesta entre os Tribunais Regionais Federais.

Todos os recursos especiais sobre a matéria que a Turma chegou a examinar ou não, diziam respeito ao art. 63, inc. II, arts. 104, 109 e 114, do CTN, como bem ficaram assinalados nos votos do Min. Garcia Vieira, relator dos feitos de que tinha eu pedido vista.

No presente caso aponta-se como violado o art. 10, do CTN, cuja ofensa pela decisão recorrida ficou bem particularizada e prequestionada, ponto em que se fez mister citar a seguinte passagem do voto-condutor da decisão embargada de fl. 107:

"O Acórdão embargado seguiu a corrente da constitucionalidade do art. 6º do Decreto-lei 2.434/88 e, por isso mesmo, não desrespeita o princípio da isonomia tributária.

"Pautada a decisão nesses termos, implicitamente se reconheceu a não ofensa ao art. 150, II, da Constituição Federal e art. 10, I, do Código Tributário.

"Quanto ao art. 5º, incs. I e II, da Constituição Federal, a matéria discutida nos autos nada tem a ver com o teor desse dispositivo, portanto aqui não se discute igualdade de direitos entre homens e mulheres, tampouco obrigação de 'fazer ou deixar de fazer'.

"A rigor, o Acórdão não padece do vício alegado, todavia, por liberalidade (*RTJ* 65/170), o acolho para explicitar que no julgado do art. 150 da Constituição Federal e art. 10 do CTN, com reconhecimento de que o texto do Decreto-lei atacado não ofende os princípios definidos."

A decisão recorrida proferida nos declaratórios opostos pela recorrente atende e satisfaz os pressupostos de admissibilidade do recurso especial. Esta prelibação ou o exame desse pré-conhecimento do recurso especial reputei de importância deduzi-lo, para dizer que o presente recurso é admissível, aliás como bem assinalou o r. despacho de fls. 134/136 quando acentuou o Presidente do Tribunal *a quo*:

"Invocando o art. 105, III, *a* e *c*, CF, alega-se que houve violação à legislação federal, além de existir divergência jurisprudencial sobre a matéria.

"Restou provado no recurso que há controvérsia de julgados sobre o mesmo assunto (art. 26, parágrafo único, Lei 8.038/90), o que, por si só, é suficiente para devolver ao Egrégio Superior Tribunal de Justiça o conhecimento de toda a matéria impugnada, nos termos da Súmula 292-STF, aplicada, por analogia, ao caso."

Assim, passo ao exame do recurso especial pela letra *a*, do inc. III do art. 105, da Constituição.

É discutida a legalidade e a inconstitucionalidade do art. 6º, do Decreto-lei 2.434/88, cujo enunciado é o seguinte:

"Art. 6º. Ficam isentas do Imposto sobre Operações de Crédito, Câmbio e Seguro e sobre Operações Relativas a Títulos Mobiliários as operações de câmbio realizadas para o pagamento de bens importados, ao amparo de Guia de Importação, ou documento assemelhado, emitida a partir de julho de 1988."

Do dispositivo se vê com muita clareza que são isentas do IOF as operações de câmbio realizadas a partir ou após 1.7.88.

Daí se deflui do artigo questionado que foi criada duas situações ou, pode-se dizer, foi desmembrado o fato gerador único do IOF. Explicito: o fato gerador fixado e estabelecido no exercício financeiro para o IOF até então vigente ou reputado legal foi o fechamento da operação de câmbio para o pagamento de bens importados, e, agora, o dispositivo de lei alegado de ilegal e inconstitucional, passou a dar isenção ao IOF apenas nas operações realizadas a partir de 1.7.88.

Pelo art. 6º, do Decreto-lei 2.434/88, ocorreram duas situações para a Recorrente que é uma das contribuintes importadoras de bens, a saber: 1) se a guia de importação ou documento equivalente tiverem sido emitidos antes de 1.7.88, haverá a incidência do imposto; 2) se, entretanto, a guia de importação ou documento equivalente tiverem sido emitidos após 1.7.88, haverá isenção do imposto.

Verifica-se com simplicidade essa diversidade de tratamento fiscal e essa diversidade de tratamento ou tratamento diferenciado entre os contribuintes é que se questiona nos presentes.

Nos termos do art. 63 do CTN e do Decreto-lei 1.783/80, o IOF incide no momento da liquidação do contrato ou câmbio, isto é, a entrega de moeda nacional ou estrangeira, ou documento que a represente, ou sua colocação à disposição do interessado, ou, melhor dizendo, no momento do fechamento do câmbio.

As duas situações diferenciadas postas no art. 6º, do Decreto-lei 2.434/88, em diversidade de tratamento fiscal entre os contribuintes, questionada nestes autos me parece não ser possível: esse tratamento fiscal deve e tem que ser uniforme, não podendo haver distinção mediante diferenciação de fato gerador, se presente a mesma circunstância de fato. Devendo ele ser único e não diferenciado para os contribuintes em situações iguais ou idênticas.

"Art. 150, inciso II, da Constituição, consagra o princípio da igualdade na tributação ou ao tratamento isonômico na tributação entre os contribuintes, é ler-se: Art. 150. Sem prejuízo de outras garantias asseguradas ao contribuinte, é vedado à União, aos Estados, ao Distrito Federal e aos Municípios:

"(...)

"II — Instituir tratamento desigual entre contribuintes que se encontrem em situação equivalente, proibida qualquer distinção em razão de ocupação profissional ou função por eles exercida, independentemente da denominação jurídica dos rendimentos, títulos ou direitos."

Sob o enfoque constitucional há de se perguntar o que é igual e o que é desigual e o que é a distinção ou diferenciação tributária, que José Afonso da Silva, em *Curso de Direito Constitucional Positivo*, 6ª ed., p. 594, afirma:

"2º) princípio da igualdade tributária, estabelecido no art. 155, II, veda às referidas entidades tributantes instituir tratamento desigual entre contribuintes que se encontrem em situação equivalente, proibida qualquer distinção em razão de ocupação profissional ou função por eles exercida, independentemente da denominação jurídica dos rendimentos, títulos ou direitos: a norma se refere a qualquer tributo, mas é mais expressivamente dirigida aos impostos pessoais e o de renda: em relação a este, contudo, há que se levar em conta a regra da progressividade agora constitucionalizada no art. 153 § 2º, I. Aqui se cuida da igualdade, 'em sentido jurídico, como paridade de posição, com exclusão de qualquer privilégio de classe, religião e raça, de modo que os contribuintes, que se encontrem em idêntica situação, sejam submetidos a idêntico regime fiscal', que coincide com a generalidade da imposição, e que, para realizar a justiça fiscal, depende de ser complementado com a igualdade em sentido econômico."

Prossegue o constitucionalista sustentando o caso de isenção para todo tipo ou classe de rendimento, assim à p. 596:

"1º) princípio da universalidade, decorrente da norma do art. 19, III, significa que todo aquele que praticar o fato gerador da obrigação tributária deverá pagar o tributo respectivo, salvo casos expressos de isenção fiscal outorgada em lei que especifique as condições e os requisitos para sua concessão: lembre-se que a Constituição menciona expressamente a universalidade e a generalidade, apenas em relação ao imposto sobre a renda (art. 153, § 2º, I). Se fosse aplicável só a ele, seria um princípio específico, mas sendo uma regra que dimana do regime constitucional que veda fazer distinções entre brasileiros (art. 19, III), temo-lo como aplicável a qualquer tributo, não só ao imposto sobre a renda, mas, por certo que, prevendo-o especificamente para esse imposto, tem conseqüências também especiais, como não admitir isenções senão também gerais e universais: quer dizer, se se dá isenção para determinado tipo ou classe de rendimento, todas as pessoas que auferi-lo também ficam isentas."

Quanto ao princípio de uniformidade tributária de que trata o dispositivo constitucional ainda frisa a p. 597:

"1º) princípio da uniformidade tributária, segundo o qual é vedado à União instituir tributo que não seja uniforme em todo o território nacional ou que implique distinção ou preferência em relação a Estado, ao Distrito Federal ou a Município, em detrimento de outro, admitida a concessão de incentivos fiscais destinados a promover equilíbrio do desenvolvimento sócio-econômico entre as diferentes regiões do País (art. 151, I). É princípio que se aplica aos tributos federais em geral e ao imposto sobre produto industrializado em particular. Ele encerra um sentido especial de política fiscal federalista. Não fosse assim poderia ser que a União estabelecesse distinção ou preferência entre produtos vindos de uns Estados ou Municípios em detrimento de outros. A uniformidade geográfica da tributação federal mereceu críticas, por ser insustentável tal regra num país em que as desigualdades geoeconômicas são tão marcantes, situação que, ao contrário, requer tratamento diferenciado, a fim de que se possa executar uma política fiscal niveladora da economia nacional; sente-se, dissemos em outro trabalho, que o tratamento uniforme de situações disformes contribui ainda mais para a deformação existente e para agravar as desigualdades regionais. O dispositivo constitucional, em causa, agora acolhe essas ponderações com o admitir incentivos destinados a promover o equilíbrio do desenvolvimento sócio-econômico entre as diferentes regiões do País."

Não aceito as diferenciações de tratamento postas pelo art. 6º, do Decreto-lei 2.434/88.

No meu sentir, ainda há que buscar o princípio da uniformidade tributária, estatuído, no art. 151, inc. I, da Constituição, quando vem de vedar à União a instituição de tributo que não seja uniforme em todo o território nacional, e ver-se o dispositivo:

> "Art. 151. É vedado à União:
>
> "I — instituir tributo que não seja uniforme em todo o território nacional ou que implique distinção ou preferência em relação a Estado, ao Distrito Federal ou a Município, em detrimento de outro, admitida a concessão de incentivos fiscais destinados a promover o equilíbrio do desenvolvimento sócio-econômico entre as diferentes regiões do País."

Como acentuei linhas atrás, ambas as situações diferenciadoras constantes do art. 6º, do Decreto-lei 2.434/88, a primeira, a assertiva escrita de que o elemento diferenciador — data da emissão de guia de importação ou documento equivalente — é ilegítima porque estranha à hipótese de incidência do imposto; a segunda, parte final do dispositivo, atinge o momento temporal da hipótese de incidência da norma — liquidação do contrato de câmbio com a entrega da moeda ou colocação desta à disposição — fica suprimido quando a liquidação diz respeito a operações decorrentes de guias emitidas após 1.7.88.

Portanto, essa análise que fiz sob o ângulo da inconstitucionalidade é *incidenter tantum*, que por si, acolho o recurso especial para declarar a invalidade ou ineficácia do art. 6º, do Decreto-lei 2.434/88, frente aos arts. 150, inc. II e 151, inc. I, da Constituição, dispositivos esses todos verificados na decisão recorrida, o que devolve toda a matéria ao conhecimento do Tribunal.

Esse era o meu entendimento e será o mesmo em eventual recurso das partes, mas, no caso, tenho que divergir para acompanhar os precedentes das Turmas, apesar de ter entendimento contrário a eles.

Com esses esclarecimentos, nego provimento ao recurso.

É como voto.

Extrato da Ata

A Turma, por maioria, negou provimento ao recurso. Vencido o Exmo. Ministro Relator que lhe dava provimento.

Lavrará o acórdão o Exmo. Ministro Pedro Acioli.

Participaram do julgamento: os Exmos. Ministros Pedro Acioli, Garcia Vieira e Democrito Reinaldo.

JURISPRUDÊNCIA

TRIBUNAL DE JUSTIÇA DE SÃO PAULO

ICMS. Crédito. Correção monetária.

Vistos, relatados e discutidos estes autos de Apelação Cível 178.691-2/4, da Comarca de São Paulo, em que é recorrente o juízo *Ex officio*, sendo apelante a Fazenda do Estado e apelada Van Leer Embalagens Industriais do Brasil Ltda.:

Acordam, em Décima Sexta Câmara Civil do Tribunal de Justiça do Estado de São Paulo, por votação unânime, adotado o relatório de f. 196, negar provimento aos recursos.

A apelação invoca diversos textos legais para pleitear a reforma da sentença, a começar pela CF/67, na redação da EC n. 1/69 (art. 23, II), bem assim o Decreto-lei 406/68 (art. 3, §§ 1º e 2º; art. 2º, § 7º), com remate na legislação local (Lei 440/74, arts. 27 e 38, § 1º, 1 e 2), tudo em ordem a sustentar a inadmissibilidade da correção monetária de créditos do ICM realizados extemporaneamente.

Sem embargo das respeitáveis razões aduzidas no apelo fazendário, forçoso reconhecer que a r. sentença publicada em continuação deu razoável interpretação à matéria controvertida, não se mostrando violadora dos diplomas invocados pela apelante.

O crédito extemporâneo do ICM era expressamente autorizado pela legislação tributária vigente na oportunidade (RICM, art. 47), sendo certo que não havia proibição legal impedindo o creditamento atualizado.

Ora, sabendo-se que a correção monetária nada acrescenta ao valor da obrigação, buscando apenas manter a equivalência monetária do crédito ao tempo em que este deveria produzir efeitos, preservando-o dos efeitos nocivos da inflação, é imperioso concluir que não foi desarrazoada a exegese perfilhada pela r. sentença recorrida.

Não incide no caso a proibição derivada da jurisprudência do Golendo Supremo Tribunal Federal, que inadmite o crédito do ICM em operações beneficiadas com isenção, posto que na espécie não se trata de operações isentas, mas de circulações em que houve efetivo recolhimento do tributo.

Por último, a jurisprudência do E. Superior Tribunal de Justiça vem admitindo a correção monetária do crédito do ICM, como mostrou a apelada através da juntada de diversos julgados da referida Corte.

Ante o exposto, negam provimento aos recursos.

O julgamento teve a participação dos Desembargadores Clímaco de Godoy (Presidente sem voto), Nélson Schiesari e Viana Santos, com votos vencedores

São Paulo, 28 de abril de 1992. — Marcelo Motta (Relator).

SENTENÇA

Vistos, etc...

Van Leer Embalagens Industriais do Brasil Ltda., qualificada na inicial, ajuizou ação anulatória de débito fiscal contra a Fazenda do Estado de São Paulo. Alegou, em síntese, o seguinte. Que foi autuada pelo fisco estadual em 11.12.85, sob a argumentação de creditamento do ICM com indevida atualização monetária, efetuado no mês de julho de 1985. Administrativamente foi reconhecida a legitimidade do crédito, mas inadmitida a sua atualização monetária. Sustentou-se inaplicável qualquer apenação sem expressa previsão legal, pois o crédito não era indevido. O crédito da correção monetária não encontra obstáculos em qualquer comando regulamentar, sendo o crédito extemporâneo admitido expressamente pelo art. 47 do RICM. Integração analógica da margem à aplicação da correção sobre créditos lançados a destempo. A Lei 6.374/89 admite o crédito extemporâneo pelo seu valor nominal, o que denota que anteriormente inexistia tal previsão e que era necessária. O princípio de isonomia garante ao contribuinte o mesmo tratamento dispensado ao fisco, sendo que este tem a faculdade de cobrar todos os débitos atrasados de forma atualizada, o mesmo ocorrendo quando o Estado devolve tributo. Deve ser observado os efeitos do princípio da não-cumulatividade que exigem o creditamento pelo seu valor real, caso contrário não ocorre o abatimento a que se refere o dispositivo constitucional. Ao final pugnou pela procedência da ação para efeito de ser anulado o auto de infração n. 038.632, série "L", condenando-se a ré a pagar as cominações de estilo.

Com a inicial vieram dos documentos de fls. 32/67.

Citada a Fazenda do Estado apresentou contestação argüindo preliminarmente a ocorrência de vício de representação. Quanto ao mérito destacou, em suma, que o crédito é indevido pois lançado em montante superior ao constante no documento fiscal. O não creditamento na época oportuna decorre de ato de exclusiva responsabilidade da autora, que não ficou inibida de realizar a respectiva escrituração, portanto inapropriada a teoria defendida com base em análise analógica. Ao final pugnou pela improcedência (fls. 80/87).

A autora juntou Ata de Reunião de Quotistas realizada em 2.11.88, na qual consta a designação do Diretor outorgante da procuração (fls.110/111).

É uma síntese do necessário.

Passo à decisão.

Trata-se de questão exclusivamente de direito. Os fatos envolvidos na demanda se encontram suficientemente demonstrados documentalmente ou reconhecidos processualmente. Desnecessária a colheita de novas provas.

A prejudicial lançada na resposta restou superada com a juntada do documento de fls. 110/111, que comprovou que o subscritor do instrumento de mandato era diretor superintendente da autora e detentor de poderes para outorga.

Quanto à matéria de fundo, pleiteia a autora a anulação de auto de infração que considerou incorreto o creditamento do valor da correção monetária. Informou que o valor do crédito principal decorreu da emissão de notas fiscais de entrada de mercadorias, passíveis de creditamento (para a entrega do produto cuja saída é tributada), cujos valores foram lançados extemporaneamente).

Cumpre destacar que a autuação fiscal se refere a período sob a égide EC n. 1/69, e da Lei 440/74, inexistindo, portanto, a restrição estampada no § 2º, do art. 38 da Lei 6.374/89 (cuja constitucionalidade deverá ser examinada oportunamente).

Na ocasião era permitido, *sem restrições*, a apropriação extemporânea de créditos de ICM. O art. 47 do RICM não estabelecia limites, a não ser o de natureza temporal. Não havia restrição quanto ao montante do valor objeto do creditamento.

No entanto, forçoso é reconhecer que o valor apropriado deveria corresponder à expressão do direito do contribuinte, sendo o eventual excesso tido como *crédito indevido*.

Aliás, dispensável seria a existência de qualquer previsão infraconstitucional garantindo o direito ao crédito normal e extemporâneo. Tal direito decorre da sistemática operativa do tributo, que restaria prejudicada, caso houvesse previsão legal em sentido contrário.

O ICM é tributo que *não incide em cascata*, não onera, por inteiro, cada uma das etapas da circulação de mercadorias. Pelo contrário, a sistemática decorrente do *princípio da não-cumulatividade*, impõe que do montante devido na operação, seja *abatido* o valor já recolhido nas etapas anteriores (crédito).

O direito ao crédito (abatimento) é imposição constitucional, e se concedido restritivamente viria a atingir a estrutura do imposto, acarretando uma exigência cumulativa ou em cascata de seu valor.

O crédito a destempo pode ser lançado na escrita fiscal, desde que não atingido pelos efeitos da decadência.

O valor da correção monetária foi considerado pelo fisco estadual como *indevido*, mas o principal, considerado o seu valor nominal, foi tido como adequado. Neste diapasão, correto foi o enquadramento legal lançado pelo agente fiscal, pois todo excedente é de ser tido como indevido.

Entretanto este não deve ser o posicionamento adotado.

O direito ao crédito extemporâneo decorre da constituição e foi regulamentado pelo art. 47 do RICM. O crédito deve ser escriturado pelo seu *valor real*, devendo tal regra ser aplicada para os valores lançados durante o mês de apuração, ou posteriormente a este termo.

Lembre-se sempre que a correção monetária não se constitui em critério para majoração de valores. A sua incidência apenas neutraliza os nefastos efeitos corrosivos da inflação.

Por exemplo, atualiza-se os *débitos* tributários, não para se atingir um montante superior ao devido, mas exclusivamente para se alcançar a mesma expressão monetária.

Os créditos (abatimento), devem seguir a mesma regra. Atualiza-se para que o valor não tenha a sua substância econômica alterada. Para se preservar íntegra a sua real expressão.

Os créditos extemporâneos devem ser apropriados, como corretamente fez a autora, pelo seu montante corrigido, com base em seu *montante real*. A vedação a esta prática não pode ser fruto de simples dedução, como também não pode decorrer de mera interpretação extensiva ou analógica.

A negação deste direito (creditamento pelo valor real) deveria, para surtir efeitos jurídicos, ser prevista expressamente em lei como *pena*.

A não atualização do valor do creditamento extemporâneo seria uma inegável *perda* de valor real e equivaleria, em conseqüência, a uma sanção. Por esta razão só poderia ser viabilizada mediante previsão em lei.

Somente uma lei ordinária prevendo a perda do valor da correção é que poderia validar o entendimento lançado no auto de infração. Sem esta previsão normativa, não pode o fisco impingir perdas pecuniárias aos contribuintes.

O contribuinte que por qualquer motivo não lança em sua escrita crédito fiscal, não pode ter este valor diminuído por vontade do agente fiscal.

O princípio da isonomia, frente a ausência de previsão legal expressa, é de ser empregado. O fisco atualiza os débitos tributários, razão pela qual a contrapartida destes, os créditos que favorecem os contribuintes, também devem receber idêntico tratamento.

Não há, também, renúncia do direito do crédito quando este não é apropriado em sua oportuna época, pois esta dependeria de manifestação expressa do contribuinte, o que inexistiu, além de ser inconciliável com o princípio da reserva absoluta da lei que rege todas as relações tributárias.

A correção deixa inalterado o valor considerado, portanto a sua aplicação é automática. A perda deste direito é que deve ser prevista expressamente. Lei só para perda de direito, e não para mantê-lo inalterado.

Ex Positis.

Julgo Procedente a ação para declarar nulo o Auto de Infração e Imposição de Multa n. 38.632, série *L*, e insubisistente o débito dele decorrente. Condeno a Fazenda do Estado ao pagamento das custas, despesas processuais e verba honorária que arbitro em 10% (dez por cento) do valor atribuído à causa, corrigido a partir do ajuizamento.

Superada a fase de recursos voluntários, subam os autos para reexame necessário.

P.R.I.

São Paulo, 22 de janeiro de 1991 — Venício Antonio de Paula Salles (Juiz de Direito).

JURISPRUDÊNCIA

TRIBUNAL DE JUSTIÇA DE SÃO PAULO

Substituição "Para a frente". ICMS. Inconstitucionalidade.*

ACÓRDÃO

Vistos, relatados e discutidos estes autos de Apelação Cível n. 213.289-2/3, da Comarca de São Paulo, em que são apelantes Caraigá Veículos Ltda. e Outros, sendo apelada Fazenda do Estado:

Acordam, em Décima Nona Câmara Civil do Tribunal de Justiça do Estado São Paulo, por votação unânime, dar provimento ao recurso.

Trata-se de recurso contra sentença que repeliu a pretensão declaratória, além da medida cautelar àquela conexa, no sentido de somente incidir o pagamento do ICMS quando da saída do veículo alienado, insistindo a vencida na irregularidade da cobrança antecipada do referido imposto, sendo o apelo processado regularmente, com oferta de contra-razões.

É o relatório.

O recurso merece acolhimento, para o fim de julgar-se procedente o pedido principal e cautelar, invertidos os ônus da sucumbência.

Para a existência da obrigação tributária é necessária uma situação de fato que se concretize em uma situação previamente definida em lei como geradora daquela obrigação. Assim, a obrigação tributária, entendida como o poder do Fisco exigir do contribuinte o cumprimento da prestação, está jungida à existência desses pressupostos. No entanto, definido em lei, é possível a existência do substituto tributário, porém, essa possibilidade não altera, em momento algum, a necessidade de existirem todos os elementos estruturais do tributo.

Tal como lembra Amílcar de Castro Falcão, repugna a toda construção jurídico-doutrinária e positiva a exigência de tributo antes do nascimento da obrigação tributária. Define-se esta última como a relação jurídica através da qual a prestação de tributos é exigida pelo Estado ou outra pessoa de direito público. Fonte de tal obrigação, obviamente, é a lei. Todavia, não basta a exigência de lei para que a obrigação tributária se instaure. Para o nascimento da obrigação é necessário que surja concretamente o fato ou pressuposto que o legislador indica como sendo capaz de servir de fundamento à ocorrência da relação jurídico-tributária (*Fato Gerador da Obrigação Tributária*, Ed. RT, 2ª ed., p. 25).

Os princípios da legalidade e da tipicidade, como garantia do contribuinte contra a voracidade fiscal e o confisco, exigem que a lei descreva hipoteticamente todos os elementos fundamentais

* No mesmo sentido, v. Apelações Cíveis ns. 193.287-210; 217.746-2/9; 191.365-2/2 (todas do TJSP).

do fato que, ocorrido, gerará a obrigação tributária. A presunção de que o fato gerador vai ocorrer, por mais forte que possa ser, não é suficiente para tornar exigível, antecipadamente, a obrigação tributária que só com ele nascerá; portanto, inexistindo o fato gerador, inexiste a causa de incidência do tributo.

O art. 116 do Código Tributário Nacional dispõe que: "salvo disposição de lei em contrário, considera-se ocorrido o fato gerador e existentes seus efeitos: I — tratando-se de situação de fato, desde o momento em que se verifiquem as circunstâncias materiais necessárias a que produza os efeitos que normalmente lhes são próprios; II — tratando-se de situação jurídica, desde o momento em que esteja definitivamente constituída, nos termos do direito aplicável", e no art. 117 refere "para os efeitos do inc. II anterior", aos "atos ou negócios jurídicos condicionais" sujeito à condição suspensiva ou à resolutiva.

No entanto, pela sistemática da substituição tributária instituída pelo Convênio 107/89, há pagamento antecipado do tributo, por parte das concessionárias/revendedoras, antes da revenda, evento futuro e incerto, autêntica condição suspensiva, que gera efeitos mesmo antes de ocorrida. Tal sistemática pretende tirar efeitos da não ocorrência do fato gerador do tributo. Vale dizer: é exigida a obrigação tributária sem a ocorrência do fato gerador do tributo (a revenda a consumidor final).

A exigência é inconstitucional. Afronta o disposto no art. 155, I, *b*, da Constituição Federal (que se refere a imposto sobre circulação de mercadorias), porque cria um tributo sobre operação não realizada; o inciso XII, *b* do mesmo art. 155 da Constituição Federal e o art. 128 do Código Tributário Nacional que é uma restrição ao poder de tributar: o destinatário da regra é o legislador, com o intuito de proteger o contribuinte sem, contudo, impedir a ação do Estado; porquanto a capacidade contributiva que deve ser atingida é a da pessoa que pratica o fato gerador (contribuinte de fato) e não a do substituto.

Fere, também, o disposto no art. 24 da Lei 6.374/89, sobre a base de cálculo que é o "valor da operação", porque na realidade cria uma nova forma tributária, uma vez que faz incidir imposto sobre o estoque (assim que adquirido) da apelante, sem uma relação direta com o fato gerador do tributo e sua base de cálculo que é, arbitrariamente, fixada e imposta pelo Fisco de maneira aleatória.

Em outras palavras: busca o Fisco a tributação do ICMS, tomando como fato gerador ocorrência futura e incerta e de valor ainda não aferido. Somente após a revenda ao consumidor, poder-se-á cogitar do recolhimento do ICMS, porquanto ocorrido o fato gerador e conhecida a base de cálculo do imposto (pois pode ocorrer que a mercadoria seja comercializada por valor aquém daquele que serviu de base de cálculo para o recolhimento antecipado do tributo).

A exigência do tributo antes de ocorrido o respectivo fato gerador deve representar circunstância excepcional em nosso Direito Tributário, somente admissível para aquelas hipóteses em que as mercadorias se mostrem, de fato, de difícil e até impossível mensuração unitária em cada operação, como é o caso da energia elétrica, combustíveis e outras mais, o que não é o caso, obviamente, dos veículos automotores.

Dessa forma, a retenção e recolhimento antecipado do ICMS (referente às operações subseqüentes de revenda, pela concessionária, ao consumidor final) infringem a Constituição Federal e toda a legislação pertinente à matéria, porquanto, conforme já deduzido, inexiste nesse momento o fato gerador do tributo, não havendo, destarte, a obrigação tributária.

Dá-se, assim, provimento ao recurso, invertidos os ônus da sucumbência.

O julgamento teve a participação dos Desembargadores Célio Filócomo (Presidente) e Ferreira Conti, com votos vencedores.

São Paulo, 20 de setembro de 1993 — Telles Corrêa (Relator).

JURISPRUDÊNCIA

TRIBUNAL REGIONAL FEDERAL DA 3ª REGIÃO

***Ementa:** Tributário. Administrativo. Mandado de Segurança. Imposto de Renda. Isenção. Microempresa. Firma de Representação Comercial. Leis 7.256/84 e 7.713/88. Ato Declaratório 24/89.*

A isenção do imposto de renda concedida pelo artigo 11, inciso I, da Lei 7.256/84, abrange as empresas que prestam serviços de representação comercial. As modificações introduzidas pela Lei 7.713, de 22.12.88, não atingem as microempresas cujo objeto seja a representação comercial.

Ilegalidade do Ato Declaratório 24/89 que não poderia, a pretexto de integração, desbordar o conteúdo da lei, impingindo tributação à atividade antes alojada no campo de não-incidência.

Precedentes: AMS 93.01.35630-9-MG, TRF da 1ª R., 3ª T., Rel. Juiz Tourinho Neto; AMS 91.0113384-MG, TRF da 1ª R., 3ª T., Rel. Vicente Leal; AMS 92.04.10741-3-RS, TRF da 4ª R., 3ª T., Rel. Juíza Tânia Escobar; REO 91.0416014, TRF da 4ª R., 3ª T., Rel. Juiz Gilson Langaro Dipp; REOMS 94.05.08607-3, TRF da 5ª R., 1ª T., Rel. Juiz Francisco Falcão; AMS 90.04.23055-RS, TRF da 4ª R., 3ª T., Rel. Fábio B. da Rosa.

Apelação e remessa oficial desprovidas.

Apelação em Mandado de Segurança n. 136.710

Relatora: Juíza Lúcia Figueiredo

Apelante: União Federal (Fazenda Nacional)

Apelado: Representações Primavera S/C Ltda. (ME)

Remetente: Juízo Federal da 1ª Vara de Ribeirão Preto

Advogados: Elyadir Ferreira Borges e José Walter Peruchi

ACÓRDÃO

Vistos, relatados e discutidos estes autos em que são partes as acima indicadas, decide a Quarta Turma do Tribunal Regional Federal da Terceira Região, à unanimidade, negar provimento à apelação e à remessa oficial, na conformidade da ata de julgamento que fica fazendo parte integrante do presente julgado.

Acompanharam o voto da Juíza Relatora os Juízes Silveira Bueno e Andrade Martins.

São Paulo, 22 de junho de 1994 — Lúcia Figueiredo (Presidente e Relatora).

RELATÓRIO

A Exma. Senhora Juíza Lúcia Figueiredo (Relatora): Representações Primavera S/C Ltda. impetrou mandado de segurança preventivo contra o Sr. Delegado da Receita Federal em Ribeirão Preto — SP.

Expõe que a Secretaria da Receita Federal baixou o Ato Declaratório Normativo n. 24, de 13.12.89, excluindo a representação comercial dos benefícios concedidos às microempresas, por entender que o representante comercial é assemelhado ao corretor. Sustenta a impetrante a ilegalidade do prefalado ato, ao argumento da contrariedade com a própria Lei 7.256/84, privilegiadora das pequenas empresas.

Processado com liminar, foram prestadas informações a fls. 37/46. Alega-se, preliminarmente, a inexistência de ato coator praticado pelo impetrado e a inadequação da via mandamental para o presente caso. No mérito sustenta-se ausência de suporte fático ou legal para a pretensão da impetrante.

Afastando as preliminares, o Juízo *a quo* concedeu a segurança, nos termos da r. sentença de fls. 51/59, submetendo-se ao duplo grau de jurisdição.

Interposta apelação fls. 63/66 e com contra-razões a fls. 68/70, vieram os autos a esta Corte.

O Ministério Público Federal opina pela manutenção da decisão monocrática.

É o relatório.

VOTO

A Exma. Senhora Juíza Lúcia Figueiredo (Relatora): As preliminares de ilegitimidade da autoridade impetrada, impossibilidade de interposição do mandado de segurança por força de se estar a atacar ato normativo, como também de decadência foram bem afastadas pelo Juízo *a quo* e não renovadas na apelação.

No mérito, decidiu o Juízo que o Ato Normativo n. 24, de 13.12.89, extrapolara a Lei 7.713, de 22.12.88, pois incluíra, como assemelhado ao "corretor", o "representante comercial".

S. Exa. admite, pois, que o ato, hierarquicamente inferior, teria ido *praeter legem*. E conclui pela ilegalidade e inconstitucionalidade do prefalado Ato.

O Ministério Público Federal, nesta Corte, lastreado na jurisprudência, entendeu devesse ser mantida a sentença, posto que a situação jurídica da microempresa estaria sendo alterada por ato administrativo e não por lei.

Passemos ao exame do Estatuto da Microempresa, Lei 7.256, de 27.11.84, posteriormente modificada pela Lei 7.713, de 22.12.88.

A Lei 7.256, em seu artigo 11, inciso I, dispunha: "Art. 11. A microempresa fica isenta dos seguintes tributos: I — Imposto sobre a Renda e Proventos de Qualquer Natureza".

O art. 2º da mesma Lei conceitua microempresa, em seus diversos parágrafos, com as características que deva ela possuir. Por outro lado, o artigo 3º faz as exclusões e, no seu inciso VI, dispõe: "Art. 3º (...) VI — que preste serviços profissionais de médico, engenheiro, advogado, dentista, veterinário, economista, despachante *e outros serviços que se lhes possam assemelhar*". Grifamos.

Doutra parte, a Lei 7.713, de 22.12.88, em seu art. 51, modificou o prefalado art. 11, I, da seguinte forma: "Art. 51. A isenção do Imposto sobre a Renda de que trata o art. 11, item I, da Lei 7.256, de 27 de novembro de 1984, não se aplica à empresa que se encontre nas situações previstas no art. 3º, itens I a V, da referida lei, nem às empresas que prestem serviços profissionais de corretor, despachante, ator, empresário e produtor de espetáculos públicos, cantor, músico, médico, dentista, enfermeiro, engenheiro, físico, químico, economista, contador, auditor, estatístico, administrador, programador, analista de sistema, advogado, psicólogo, professor, jornalista, publicitário, ou assemelhados, e qualquer outra profissão cujo exercício dependa de habilitação profissional legalmente exigida''.

Anote-se, pois, que *não inclui os representantes comerciais*, tornando, todavia, a repetir a expressão ''assemelhados'' e, ainda, *qualquer outra profissão cujo exercício depende da habilitação profissional legalmente exigida*.

Em conseqüência, verifica-se que incluiu certas categorias como músico, ator, cantor e também determinadas outras profissões assemelhadas, como também outras que dependessem de *habilitação profissional legalmente exigida*.

Resta, pois, examinar o Ato Normativo n. 24, ato administrativo que incluiu a atividade de representante comercial para excluí-la da isenção do art. 11 da Lei 7.256, de 27.11.84, concedida às microempresas.

O Ato Normativo n. 24, da Secretaria da Receita Federal, está assim vazado: ''Declara, em caráter normativo, às Superintendências Regionais da Receita Federal e demais interessadas, que a atividade de *representante comercial*, na intermediação de operações por conta de terceiros, por se assemelhar à de corretagem, exclui a sociedade que a exerceu dos benefícios concedidos à microempresa''. Grifamos.

Vê-se, pois, que, por ato administrativo hierarquicamente inferior à lei, suprimiu-se benefício legal, outorgado, expressamente, apenas sob condição de se estar diante de microempresa, com as exceções postas pela própria Lei.

Somos daqueles que expressamente admitem ter o princípio da legalidade, insculpido na Constituição de 1988, dimensões muito mais extensas do que, à primeira vista, possa parecer.

Assim, aliando-nos a Bachoff, Enterría, Canotilho, dentre outros, temos afirmado que o princípio da legalidade implica *em sujeição à lei e ao ordenamento jurídico*.

De conseguinte, entendemos que cabe ao intérprete não apenas o estudo da lei, mas também dos princípios do ordenamento jurídico, vetoriais para toda e qualquer interpretação.

Demais disso, admitimos — e o fizemos expressamente — que *pode haver integração no direito administrativo*, o que até há pouco tempo era negado.

Todavia, também admitimos *que a integração jamais poderia ocorrer para criar obrigações ou sanções*, aplicando-se, pois, o princípio da ''legaliteralidade'' (*Curso de Direito Administrativo*, Malheiros Editores, 1994, 1º cap., especialmente pp. 35/38).

Assim, concluímos que o ato administrativo não poderia, a pretexto de integração, desbordar o conteúdo da lei, impingindo obrigação fiscal — qual seja tributação que estava alojada, por lei, no campo de não-incidência.

Nunca é demais trazermos à colação Souto Maior Borges, em seu clássico *Isenções Tributárias*, São Paulo, Sugestões Literárias, 1969, p. 182:

> ''Partindo-se da constatação que, nas hipóteses de não-incidência, o tributo não é devido porque não chega a surgir a própria obrigação tributária, procura-se distingui-la da isenção, hipótese em que o tributo seria devido, porque existiria a obrigação, mas a lei dispensaria o seu pagamento.
>
> ''Tal distinção é criticável de vez que a isenção, contrariamente ao que pretende a quase generalidade da doutrina configura hipótese de não-incidência *legalmente* qualificada, como a imunidade configura hipótese de não-incidência *constitucionalmente* qualificada''. Grifos do autor.

Assim, como se verifica, mero ato administrativo jamais poderia fazer com que *isentos*, portanto, *no campo de não-incidência qualificada*, passassem para o lado da competência impositiva.

Ademais, toda jurisprudência é no sentido do que ora expusemos.

Vejam-se os seguintes arestos:

"Comercial. Tributário. Imposto de Renda. Microempresa. Empresa de Representação Comercial. Leis 7.256, de 27.11.84, e 7.713, de 22.12.88.

"1. O estudo dos trabalhos preparatórios da Lei 7.713/88 leva à conclusão que a isenção do imposto de renda de que trata o art. 11, item I, da Lei 7.256/84, abrange as empresas que prestam serviços de representação comercial.

"2. Apelação provida." (TRF 1ª R., 3ª T, AMS n. 93.01.35630-9-MG, Rel. Juiz Tourinho Neto, j. 23.5.94, unânime, *DJ-2* 9.6.94, p. 30.034).

"Tributário. Imposto de Renda. Isenção. Microempresa. Firma de Representação Comercial. Leis 7.256/84 e 7.713/88.

"A isenção de imposto de renda concedida pelo art. 11, I, da Lei 7.256, de 1984, abrange as empresas prestadoras de serviço de representação comercial, que não se encontram incluídas no rol inscrito no art. 51 da Lei 7.713/88.

"Apelação e remessa oficial desprovidas". (TRF da 1ª R., 3ª T. MG, AMS n. 91.0113384, Rel. Vicente Leal, j. 31.8.92, unânime, *DJ* 21.9.92, p. 29.225).

"Tributário e Comercial. Imposto de Renda. Empresa de Representação Comercial. Lei 7.713/88, art. 51, e Ato Declaratório n. 24 — SRF.

"1. É ilegítima e ilegal a existência do Imposto de Renda das empresas de representação comercial por força do Ato Declaratório n. 24 — SRF, que ultrapassou os limites impositivos balizados pela Lei 7.713/88.

"2. Apelação e remessa improvidas." (TRF da 4ª R., 3ª T., AMS n. 92.04.10741-3/RS, Rel. Juíza Tânia Escobar, j. 5.4.94, unânime, *DJ-2* 20.7.94, p. 38.556).

"1. Direito tributário.

"2. Imposto de Renda. Microempresa. Representante Comercial. Isenção (Lei 7.256/84, art. 11, inc. I). Exclusão (Lei 7.713/88, art. 51 e ADN n. 24/89, da Coordenação do Sistema de Tributação). Direito líquido e certo. Mandado de Segurança.

"3. A atividade da representação comercial não se assemelha à da corretagem, sendo ilegal o ADN n. 24/89, da Coordenação do Sistema de Tributação, e subsistente a isenção.

"4. Remessa '*ex-officio*' desprovida." (TRF da 4ª R., 3ª T., REO n. 91.0416014, Rel. Juiz Gilson Langaro Dipp, j. 10.12.92, m.v., *DJ* 24.3.93, p. 9.827).

"Mandado de Segurança. Representante Comercial. IRPJ. Microempresa. Isenção da Lei 7.256/84, Inteligência da Lei 7.713/88, art. 51. Ato Normativo n. 24/89, Receita Federal.

"O art. 51, da Lei 7.713/88, ao elencar as categorias não alcançadas pela isenção do pagamento do Imposto sobre a Renda assegurada às microempresas pela Lei 7.256/84, não se referiu aos representantes comerciais, pelo que incorreta a exclusão desta categoria aos benefícios dirigidos às microempresas, como previsto no Ato Normativo n. 24/89, expedido pela Receita Federal.

"Sentença confirmada. Segurança Concedida. Remessa Oficial Improvida." (TRF da 5ª R., 1ª T., REOMS n. 41.609-RN, 94.05.08607-3, Rel. Juiz Francisco Falcão, j. 26.4.94, unânime, *DJ-2* 10.6.94, pp. 30.468/69).

"Tributário. Lei 7.713/88, art. 51. Ato Declaratório n. 24. Empresas de Representação Comercial.

"1. Não podia o Ato Declaratório revogar a isenção do imposto de renda, sob o argumento da similitude das atividades do representante comercial com as do corretor.

"2. Apelação e remessa oficial improvidas". (TRF da 4ª R., 3ª T., AMS n. 90.04.23055-RS, Rel. Juiz Fábio B. da Rosa, j. 9.3.93, unânime, *DJ* 19.5.93, p. 18.550).

Em face do exposto, nego provimento à apelação e à remessa oficial.

É como voto.

JURISPRUDÊNCIA

TRIBUNAL REGIONAL FEDERAL DA 5ª REGIÃO

Ementa: Tributário. Imposto de Renda. Omissão de Receita. Lucro Líquido. Art. 400, § 6º, do RIR/80.

1. Cabível o mandado de segurança se se busca a interpretação judicial da regra do art. 400, § 6º, do Regulamento do Imposto de Renda — RIR/80, com o fito de anular auto de infração supostamente irregular, sendo a matéria eminentemente de direito, não comportando dilação probatória.

2. Havendo omissão de receita, conforme a norma constante no dispositivo acima mencionado, vigente e eficaz, o lucro suplementar a ser arbitrado, para efeito de cálculo do imposto de renda devido, corresponderá a 50% (cinqüenta por cento) da receita omitida.

3. Os conceitos de receita e renda são diversos. O imposto de renda não deve incidir sobre a integralidade da receita auferida, mas apenas à renda efetiva obtida a partir dela.

4. "In casu", diante da impossibilidade de calcular o lucro proveniente da receita omitida, aplica-se a norma legal que estabelece o percentual de 50% da mesma, com base de cálculo do tributo em questão.

5. Atrita com o sistema de uniforme justiça fiscal a pretensão do Fisco Federal de arbitrar como lucro líquido o total das receitas omitidas quando o contribuinte tem escrita organizada e só com 50% do mesmo valor na hipótese de inexistir registros contábeis ou estes serem desclassificados por se apresentarem inidôneos.

6. A adoção de um só critério para as duas situações imprime uma plena segurança jurídica para o contribuinte, aplicando-se a presunção legal de que, em ambas as hipóteses, é razoável de que o lucro corresponda a 50% da receita omitida.

7. Apelação e remessa oficial improvidas.

Apelação em Mandado de Segurança n. 45.726-PE
Apelante: Fazenda Nacional
Apelada: CODIF — Companhia Distribuidora de Ferragens
Advogados: Drª Rita Valéria de Carvalho Cavalcante e outro
Remetente: Juízo Federal da 7ª Vara — PE
Relator: O Exmo. Sr. Juiz José Delgado

ACÓRDÃO

Vistos, discutidos e relatados os presentes autos entre partes acima identificadas.

Decide a Segunda Turma do Tribunal Regional Federal da 5ª Região, à unanimidade, negar provimento à apelação e à remessa oficial, nos termos do relatório, voto do Juiz Relator e das notas taquigráficas, que ficam fazendo parte integrante do presente julgado.

Custas, *ex-lege*.

Recife, 11 de outubro de 1994 (data do julgamento) — Juiz José Delgado (Relator).

RELATÓRIO

O Exmo. Sr. Juiz José Delgado (Relator): O eminente Juiz Federal da 7ª Vara, PE, Dr. Ubaldo Utaíde Cavalcante, concedeu, parcialmente, segurança à apelada, para impedir atuação do Fisco Federal que, ao ter apurado omissão de receitas pela impetrada, somou-a ao lucro líquido, obtendo, em conseqüência, o lucro real.

Para decidir desse modo, assim fundamentou o magistrado monocrático.

> "Trata-se de uma modalidade que a Lei não prevê entre as adições ao lucro líquido para apuração do Lucro Real. O Fisco poderia, sim, arbitrar o lucro dessas receitas omitidas, em valor correspondente a 50% dessas omissões de receitas. O que, no caso, não ocorreu (art. 400, § 6º do Regulamento do Imposto de Renda)."

A União Federal, ao lado da remessa oficial, interpôs apelação, alegando, em síntese, que, conforme precedente jurisprudencial da 1ª T. deste Tribunal, o valor total da omissão de Receita, em havendo escrita contábil da empresa, deve ser levado à tributação, como lucro líquido.

Contra-razões oferecidas. A apelada se reporta aos precedentes jurisprudenciais desta 2ª T., no sentido do acolhimento da tese defendida e aplaudida pela sentença monocrática.

É o relatório.

VOTO

O Exmo. Sr. Juiz José Delgado (Relator): A apelante invoca, em prol da tese defendida, julgamento da 1ª T. deste Tribunal. AC n. 10.022-PE, assim ementado:

> "Imposto de Renda. Omissão de Receita.
>
> "— Havendo escrita regular, considera-se lucro líquido a totalidade das receitas omitidas.
>
> "— Inteligência do Decreto-lei 2.065/83, art. 8º.
>
> "— Precedentes da Turma no AMS n. 2.228-CE e AC n. 8.795-AL.
>
> "— Manutenção da sentença."

Do voto do Exmo. Sr. Juiz Castro Meira, relator da decisão acima citada, destaca a apelante o seguinte trecho:

> "É certo que receita não é sinônimo de renda, mas no caso se equivalem. Parece-me absurdo que o contribuinte possa valer-se, ao mesmo tempo, de todas as deduções a que faz jus porque fez declaração com base no lucro real e, ao mesmo tempo, possa também beneficiar-se de dedução somente permitida quando for o caso de arbitramento.
>
> "Lembro que a tese da apelante vem sendo rechaçada por esta Turma, podendo referir-me a pelo menos 2 julgamentos: AMS n. 2.228-CE e AC n. 8.795-AL."

Em sentido contrário à tese da apelante e aos precedentes jurisprudenciais invocados, a apelada, no curso do processo, faz citar as decisões que, em ementas, abaixo vão registradas:

a) do Tribunal Federal de Recursos:

a.1) Apelação Cível n. 103.540-AL, julgada pela 5ª T., unânime, em 20.4.1988, publicada na *Revista do TFR*, vol. 157, pp. 173/176:

> "Tributário. Imposto de Renda. Pessoa Jurídica. Lucro Real. Omissão de Receita.

"Imposição fiscal baseada nos registros contábeis de empresa. Verificada a omissão de receita, considera-se lucro líquido, sujeito ao imposto à alíquota geral, sem prejuízo das penalidades, 50% dessa receita. Essa presunção legal, no caso, estende-se às três modalidades de lucro previstas no art. 221 do RIR/75.

"A emenda ou substituição da certidão de dívida ativa prevista nos arts. 203 do CTN e 2º, § 8º, da Lei 6.830/80, só é possível nos casos de erros materiais e defeitos formais ou de supressão de parcelas certas.

"Sentença confirmada."

a. 2) Apelação Cível n. 96.838-ACRE, julgada em 25.5.88, por unanimidade, 4ª T., publicada no *DJU* de 30.6.88:

"Tributário. Imposto de Renda. Omissão de Receita.

"I — É nulo o lançamento de imposto de renda no qual as receitas não contabilizadas foram consideradas lucro líquido. Tal procedimento viola o disposto expressamente no art. 8º, § 6º, do Decreto-lei 1.648/78, consolidado no art. 400, § 6º, do RIR/80.

"II — Apelação desprovida."

b) Da 2ª T. deste Tribunal:

b. 1) Apelação Cível n. 18.406-CE, julgada em 1.12.91, Relator o Exmo. Sr. Juiz Lázaro Guimarães:

"Tributário. Omissão de Receita. Fixação do lucro líquido no montante integral. Violação da regra do art. 400, § 6º, do Regulamento do Imposto de Renda/80. Apelo e remessa improvida."

b. 2) Apelação Cível n. 9.317-PE, julgada em 20.8.91, Relator o Exmo. Sr. Juiz Araken Mariz:

"Tributário. Imposto de Renda. Omissão de Receita. Art. 400, § 6º, do RIR/80. Aplicação.

"Havendo omissão de receita, o lucro líquido corresponderá a 50% (cinqüenta por cento) dos valores omitidos, conforme prevê o art. 400, § 6º, do RIR/80.

"Fixação do lucro líquido em 100% (cem por cento) do montante omitido. Nulidade do lançamento.

"Apelação provida."

b. 3) Apelação Cível n. 2.681, julgada em 19.3.91, pub. no *DJU* de 12.4.91, p. 7.270, Relator o Juiz José Delgado:

"Tributário. Omissão de Receita. Imposto de Renda. Cálculo. Interpretação do art. 400, § 6º, do Regulamento do Imposto de Renda. RIR/80:

"1. Cabível o mandado de segurança se se busca a interpretação judicial da regra do art. 400, § 6º, do Regulamento do Imposto de Renda-RIR/80, com o fito de anular autor de infração supostamente irregular, sendo a matéria eminentemente de direito, não comportando dilação probatória.

"2. Havendo omissão de receita, conforme a norma constante no dispositivo acima mencionado, vigente e eficaz, o lucro suplementar a ser arbitrado, para efeito de cálculo do imposto de renda devido, corresponderá a 50% (cinqüenta por cento) da receita omitida.

"3. Os conceitos de receita e renda são diversos. O imposto de renda não deve incidir sobre a integralidade da receita auferida, mas apenas a renda efetiva obtida a partir dela.

"4. *In casu*, diante da impossibilidade de calcular o lucro proveniente da receita omitida, aplica-se a norma legal que estabelece o percentual de 50% da mesma, como base de cálculo do tributo em questão.

"5. Apelação provida."

Anotada a divergência jurisprudencial, inclino-me em continuar filiado à corrente defendida pelos julgamentos desta 2ª T., que acompanham precedentes do então e Egrégio Tribunal Federal de Recursos.

A tomada dessa posição está suportada nos fundamentos que desenvolvi ao julgar, como relator, a Apelação Cível n. 2.681-CE, nesta turma, e que agora os repito:

"Primeiro, há que se examinar se é cabível o mandado de segurança em estudo, se não se faz necessário uma dilação probatória incompatível com a natureza célere e sumária da via mandamental. Entendo que essa dilação probatória não precisa. Na verdade, discute-se matéria de direito, ou melhor dizendo, o que se procura definir é se aplica-se à espécie concreta a regra do art. 400, § 6º., do Regulamento do Imposto de Renda-RIR/80. A aludida norma estipula que, em caso onde se verifique a omissão de receita, será computado o percentual de 50% do valor omitido, para efeito de lucro sobre o qual incidirá o imposto de renda.

"Para o deslinde da questão, necessário se faz confrontar os textos dos arts. 181 e 400, § 6º., do Regulamento do Imposto de Renda-RIR/80:

'Art. 181. Provada, por indícios na escrituração do contribuinte ou qualquer outro elemento de prova, a omissão de receita, a autoridade tributária poderá arbitrá-la com base no valor dos recursos de caixa fornecidos à empresa por administradores, sócios da sociedade anônima, titular de empresa individual, ou pelo acionista controlador da companhia, se a efetividade de entrega e a origem dos recursos não forem comprovadamente demonstrados (Decreto-lei 1.598/77, art. 123, § 3º., e Decreto-lei 1.648/78, art. 1º., II).

'(...)

'Art. 400. A autoridade tributária fixará o lucro arbitrado em percentagem da receita, quando conhecida.

'(...)

'§ 6º. Verificada a ocorrência de omissão de receita será considerado lucro líquido o valor correspondente a 50% (cinqüenta por cento) dos valores omitidos.'

"O ilustre Juiz Hugo de Brito Machado, integrante desta Egrégia Corte, em acórdão publicado no *DJU*, de 30.6.88, assim se houve:

'Tributário. Imposto de Renda. Omissão de Receita.

'É nulo o lançamento de Imposto de Renda no qual as receitas não contabilizadas foram consideradas lucro líquido. Tal procedimento viola o disposto expressamente no art. 89, § 6º., do Decreto-lei 1.648/78, consolidado no art. 400, § 6º., do RIR/80.'

"Postulava o impetrante, justamente, a anulação do lançamento efetuado pelo Fisco Federal, o que encontra respaldo no precedente jurisprudencial acima mencionado. Foi verificada a omissão de receita no valor de CZ$ 3.000.000,00 (três milhões de cruzados). Aplicando-se a regra objetiva e clara do art. 400, § 6º., do RIR/80, seriam incorporados ao lucro líquido declarado 50% (cinqüenta por cento) do valor omitido, ou seja, o montante de CZ$ 1.500.000,00 (um milhão e quinhentos mil cruzados). Conforme demonstrativos anexados pela impetrante, o Imposto de Renda foi calculado sobre a totalidade do valor omitido e não sobre 50% dele, como determina a norma legal.

"Se o dispositivo se encontra vigente e eficaz, não há o que discutir. O lançamento realizado encontra-se viciado, impondo-se a sua nulidade. Como bem assinala a apelante, renda e receita são dois conceitos diferentes. A omissão da receita não implica o favorecimento da empresa, com a obtenção de recursos considerada como renda, em sua integralidade. Ou seja, se houve (e isso não foi efetivamente comprovado, nem poderia ser em sede de *writ of mandamus*) a omissão de receita no montante de três milhões de cruzados não implica ter a empresa auferido uma renda de três milhões de cruzados, em detrimento do pagamento do imposto sobre a renda.

"A questão, pois, é interpretar a norma. Diante da impossibilidade de calcular, por meras suposições, o lucro que poderia ser obtido, com a adição da receita omitida à receita declarada (e daí determinar a renda que serviria de base do cálculo para o imposto), o Regulamento estipulou que a suposta renda corresponderia a 50% da receita omitida, um percentual razoável, que não favorece à empresa, nem muito menos lhe prejudica, beneficiando o Fisco com um valor compatível com a realidade econômica do mercado."

Convém salientar que o fenômeno tributário em exame ocorreu nos exercícios de 1987 e 1988/Base 1986 e 1987, em plena vigência do RIR/80 (Decreto 85.450/80).

Em reforço à tese aqui sustentada, transcrevo, também, trecho do voto emitido pelo Exmo. Sr. Min. Torreão Braz, na AC n. 103.540-AL, cuja ementa foi acima citada:

"Lucro real é o determinado com base na escrituração que o contribuinte deve manter, com observância das leis comerciais e fiscais (Decreto-lei 1.598/77, art. 7º).

"O lucro arbitrado somente é admissível na ausência de escrituração ou quando ela contém vícios, defeitos e anomalias que a tornem imprestável à determinação do lucro real.

"O lucro presumido é o prefixado por lei, consoante normas especiais. No caso de omissão de receita, as regras legais aplicáveis consideram lucro líquido, sujeito ao imposto à alíquota de 30%, sem prejuízo das penalidades, 50% (cinqüenta por cento) das receitas omitidas.

"Na hipótese em discussão, assinala a r. sentença apelada que a imposição fiscal assentou nos registros contábeis da apelada, daí resultando não haver espaço para o arbitramento do lucro medida excepcional a cujo respeito escreve o citado tributarista J. L. Bulhões Pedreita I (ob. cit., p. 871):

'A tributação com base no lucro real depende da escrituração, que o contribuinte tem o dever legal de manter, e da elaboração das demonstrações financeiras exigidas pela lei. Se o contribuinte cumpre essas obrigações acessórias, a autoridade tributária não pode recorrer ao arbitramento, mas deve determinar o lucro real com base na escrituração e nas demonstrações financeiras, ainda que este não tenha apresentado declaração de rendimentos. Somente quando a escrituração contém vícios, erros ou deficiências que a tornam imprestável para determinar o lucro real, ou revela evidentes indícios de fraude, é que a autoridade tributária pode desclassificá-la e arbitrar o lucro.'

"É exatamante a situação a que alude a Súmula n. 76 deste Colendo TRF.

"A colocação excogitada pela apelante atrita com o sistema.

"No arbitramento, a lei estabelece critérios que servem de roteiro ao fisco na fixação do lucro e, portanto, da base de cálculo, cabendo ao Ministério da Fazenda determinar a percentagem respectiva, à vista da natureza da atividade econômica do contribuinte. Não obstante os critérios legais, o funcionário fiscal goza de certa liberdade no arbitramento do lucro, salvo quando verificar omissão de receita, porque aí existe a presunção legal de que o lucro líquido corresponde a 50% dessa receita.

"A legislação aplicável não autoriza — como pretende a recorrente — tratamento diverso quando o contribuinte mantém escrituração regular na forma das leis comerciais e fiscais. Se, em tal circunstância, é defeso à Fazenda Pública arbitrar o lucro, como seria possível, sem permissão legal, abrir-lhe exceção no atinente apenas à receita omitida?"

Por tais fundamentos, nego provimento à apelação e à remessa oficial.

É como voto.

JURISPRUDÊNCIA

TRIBUNAL REGIONAL FEDERAL DA 5ª REGIÃO

Ementa: Processual Civil. Ação Cautelar para compensação de crédito tributário. Lei 8.383/91 e Instrução Normativa n. 67/92. Presença dos pressupostos essenciais da ação.

1. Na ação cautelar é indispensável, além dos pressupostos genéricos da possibilidade jurídica do pedido, do interesse e da "legitimatio ad causam", a ocorrência dos pressupostos específicos do "periculum in mora" e do "fumus boni juris".

2. Muito embora a decisão proferida pelo Supremo Tribunal Federal, no RE n. 150.764.1-PE não tenha efeito "erga omnes", não altera a tutela jurisdicional ora reclamada, que, por ser cautelar, tem caráter provisório e temporário, enquanto a tutela definitiva é discutida nos autos da ação principal.

3. Apelação e remessa oficial improvidas.

Apelação Cível n. 47581-CE
Apelante(s): Fazenda Nacional
Apelado(s): Esmel — Ind. de Estruturas Mecânicas Ltda. e outros
Advogado(s): Dr. Manuel Luís da Rocha e outro
Remetente: Juízo Federal da 3ª Vara — CE
Relator: O Exmo. Sr. Juiz José Delgado

ACÓRDÃO

Vistos e relatados estes autos, em que são partes as supra-assinaladas.

Decide a Segunda Turma do Tribunal Regional Federal da 5ª R., à unanimidade, negar provimento à apelação e à remessa oficial, nos termos do relatório, voto do relator e notas taquigráficas constantes nos autos, que passam a integrar o presente julgado.

Custas, como de lei.

Recife, 17 de maio de 1994 (data do julgamento) — Juiz Nereu Santos (Presidente) — Juiz José Delgado (Relator).

RELATÓRIO

O Exmo. Sr. Juiz José Delgado (Relator): Esmel — Indústrias de Estruturas Mecânicas Ltda. e outros ajuizaram ação cautelar contra a Fazenda Nacional, a fim de que fosse reconhecido o direito de compensar o excesso recolhido a título de Finsocial com o COFINS — Contribuição para Financiamento da Seguridade Social e o PIS — Programa de Integração Social, suspendendo-se, assim, a exigibilidade do crédito tributário até o montante do crédito existente, conforme depreende-se da leitura da parte final da petição de fl. 20:

"*Ex positis*, as autoras rogam a V. Exa. que seja concedida a Liminar inaudita altera pars, para que fique suspensa a exigibilidade do crédito tributário relativo à Contribuição Social para Financiamento da Seguridade Social — COFINS e ao Programa de Integração Social — PIS, até o limite de seus créditos oriundos dos pagamentos indevidamente efetuados a título de FINSOCIAL, corrigidos monetariamente desde a data do efetivo pagamento, até a presente data, o que perfaz um crédito correspondente a 40.064,81 UFIRs (Esmel — Indústria de Estruturas Mecânicas Ltda.), 27.116,77 UFIRs (SET — Serviços Especializados em Teleinformático Ltda.), 11.434,47 UFIRs (ADEMAPE — Comércio e Representações e Serviços Ltda.), (conforme demonstrativo elaborado pelo contador das postulantes, em anexo), até o julgamento definitivo da ação principal referente à presente cautelar, a qual será interposta no prazo de 30 dias a contar da efetivação da liminar."

Liminar concedida "para o fim de determinar à União Federal que se abstenha de exigir — direta ou indiretamente — as contribuições COFINS e PIS até o limite dos créditos das impetrantes, equivalentes a 1,5% do total dos valores pagos a título de FINSOCIAL, conforme comprovantes de fls. 22 a 44".

A Fazenda Nacional contesta o feito aduzindo que demonstrará a constitucionalidade da exação impugnado por ora da contestação da ação principal.

O juiz monocrático julgou procedente a ação, confirmando, em todos os termos, a liminar de fls. 99/100. Custas processuais e honorários advocatícios arbitrados em 10% sobre o valor da causa.

Recurso de apelação às fls. 114/120, pugnando pela reforma do *decisum*, uma vez que a declaração de inconstitucionalidade do FINSOCIAL só produz efeitos *erga omnes*, não sendo, assim, as apeladas credoras da Fazenda Nacional.

Sem contra-razões.

É o relatório.

VOTO

O Exmo. Sr. Juiz José Delgado (Relator): Não merece reforma a decisão atacada. Os bem lançados fundamentos da sentença de 1ª instância me convencem da existência dos pressupostos indispensáveis para a propositura da ação.

Além das condições necessárias em todas as ações, quais sejam, a possibilidade jurídica, o interesse e a *legitimatio ad causam*, as ações cautelares subordinam-se a elementos extraordinários ou específicos.

Com o objetivo de conferir à parte interessada a segurança e garantia para o eficaz desenvolvimento e do profícuo resultado da ação principal, quer seja em processo de conhecimento ou de execução, é indispensável, para a sua propositura, a visualização de um dano potencial, um risco que deve ser obstaculizado incontinenti, sob pena de, enquanto aguarda a parte interessada o trâmite normal da ação principal, sofrer o seu direito dano irreparável.

É o *periculum in mora*, que, no caso dos autos, efetivamente ocorre.

Discutindo a parte autora, judicialmente, a constitucionalidade do FINSOCIAL e visando a usufruir de possível crédito oriundo de recolhimentos feitos a maior, postula sua compensação com outros tributos da mesma espécie, conforme prevê a Lei 8.383/91 e Instrução Normativa n. 67/92.

O perigo da demora, então, é vislumbrável, pois, se a demandante permanecer inadimplente com os tributos que visa compensar, poderá ver-se constrangida, através de autuações fiscais, execuções, tendo seu patrimônio e idoneidade constrangidos perante o fisco e a sociedade.

Quanto ao segundo requisito, qual seja, o *fumus bonis juris*, este é caracterizado pela provável existência de um direito a ser tutelado no processo principal.

Segundo o entender de Calamandrei, "para a providência cautelar basta que a existência do direito pareça verossímel, basta que, segundo um cálculo de probabilidades, se possa prever que a providência principal declarará o direito em sentido favorável àquele que solicita a medida cautelar".

Ou seja, a aparência do bom direito deve ser visualizada, a fim de que viabilize a tutela cautelar.

A parte autora visa ao reconhecimento, pelo Poder Judiciário, da inconstitucionalidade da majoração das alíquotas da Contribuição para o Finsocial, instituída pelo Decreto-lei 1.940/82 e alterações posteriores à novel Constituição Federal, direito esse discutido por ora da apreciação, pelo Supremo Tribunal Federal, do Recurso Extraordinário n. 150.764.1-PE. Portanto, plenamente identificável o *fumus boni juris*.

Entretanto, aduz a parte ré que não há título (crédito) líquido e certo contra a Fazenda Nacional, vez que a decisão proferida pela Suprema Corte não fez coisa julgada *erga omnes*, mas, apenas, *inter partes*, não podendo a parte autora beneficiar-se de tal julgamento em seu proveito próprio. Assim, não pode o Judiciário conceder-lhe o benefício da compensação dos valores não declarados em sentença transitada em julgado.

Entendo, no entanto, desassistir razão à apelante.

A decisão proferida pela Suprema Corte apreciou o mérito da matéria discutida, ou seja, pacificou o entendimento de que as alterações introduzidas na contribuição para o Finsocial, após a Constituição Federal de 1988, são inconstitucionais.

Dessa forma, muito embora a referida decisão tenha sido proferida *incidenter tantum*, produzindo efeitos apenas entre as partes litigantes, portanto, sem efeito *erga omnes*, há de se salientar que no direito pátrio, inexiste instância julgadora superior ao STF.

Suas decisões, quando atacam o mérito da questão suscitada, traz a tranqüilidade da imutabilidade do seu entendimento.

Não bastasse apenas isso, a tutela jurisdicional ora pleiteada não é a definitiva, mas sim, a cautelar, que não exige a comprovação do crédito líquido e certo, mas, tão-somente, a demonstração do perigo da demora e da aparência do bom direito.

O processo cautelar pressupõe, então, em princípio, a provisoriedade e a temporariedade da medida pretendida, com sua sobrevida atrelada ao deslinde da ação principal.

Segundo Liebman, "a ação cautelar é sempre ligada a uma relação de complementariedade a uma ação principal já proposta ou da qual se anuncia a próxima propositura".

Tem por objetivo efetivar os efeitos do tempo sobe a situação jurídica das partes, com a demorada prestação jurisdicional, a fim de não lesar ou tornar ineficaz o direito da parte postulante, com a espera da tramitação processual.

No caso dos autos, mesmo que a decisão proferida pelo STF não tenha produzido efeitos *erga omnes*, tal é totalmente dispensável, vez que a tutela ora solicitada é a provisória, guardando-se o mérito da contenda para a ação principal própria, devidamente ajuizada, conforme certificado nos autos.

Diante do exposto, nego provimento à apelação e à remessa oficial.

É como voto.

JURISPRUDÊNCIA

TRIBUNAL REGIONAL FEDERAL DA 5ª REGIÃO

Ementa: Tributário. Embargos à execução. Lucro arbitrado. Art. 400, § 6º, do RIR/80.

1. Não se encontrando devidamente instruído o processo, caberia o competente agravo de instrumento contra a decisão que determinou o julgamento do processo nos termos do parágrafo único, do art. 17, da Lei 6.830/80, sendo, pois, preclusa a matéria.

2. A receita auferida com a venda de mercadorias compõe os cálculos para a determinação da base de cálculo do imposto de renda.

3. Admitindo a apelante possuir escrituração fiscal é inaplicável o disposto no art. 400, § 6º, do RIR/80, no tocante ao arbitramento do lucro.

4. A omissão de receitas enseja a lavratura do auto de infração, conforme determinado pelo Regulamento do Imposto de Renda.

5. Apelação improvida.

Apelação Cível n. 13.876-PE
Relator: O Exmo. Sr. Juiz José Delgado
Apelante: Posternak e Cia. Ltda.
Advogados: Drª. Rita Valéria de Carvalho Cavalcante e outros
Apelada: Fazenda Nacional
Origem: 5ª Vara — PE

ACÓRDÃO

Vistos, relatados e discutidos os presentes autos, em que são partes as acima identificadas.

Decide a 2ª T. do Tribunal Regional Federal da 5ª R., por unanimidade, negar provimento à apelação, nos termos do relatório, voto do Juiz Relator e notas taquigráficas constantes dos autos, que passam a integrar o presente julgado.

Custas, como de lei.

Recife, 23 de agosto de 1994 (data de julgamento) — Juiz Nereu Santos (Presidente) — Juiz José Delgado (Relator).

RELATÓRIO

O Exmo. Sr. Juiz José Delgado (Relator): Trata-se de apelação cível contra decisão proferida em embargos à execução, interposto por Posternak e Cia. Ltda. na execução fiscal movida pela Fazenda Nacional.

Aduz a embargante que em 31.3.90 foram lavrados cinco autos de infração relativos aos exercícios 1987, 1988 e 1989, referentes a vários tributos, mas que apenas discute, nos embargos ora em análise, o relativo ao imposto de renda na fonte.

Firma sua tese de defesa no fato de que o débito inscrito na Dívida Ativa relativo ao imposto de renda na fonte é decorrente do auto de infração matriz que versa sobre o imposto de renda pessoa jurídica e que é objeto de outro mandado de segurança, cujo mérito ainda não foi apreciado.

Afirma, também, que é empresa comercial e, por não possuir escrituração contábil, não apura lucro líquido, mas, apenas o lucro arbitrado. Dessa forma, mesmo existindo omissão de receita, não pode prosperar a execução, pois, a base de cálculo utilizada é imprópria para a apuração do crédito tributário, uma vez que o art. 400, § 6º do Regulamento de Imposto de Renda determina que, ocorrendo a omissão de receita será considerado *lucro líquido* o valor correspondente a 50% dos valores omitidos.

Como a embargante não apura o lucro líquido, mas, o lucro arbitrado, não tem respaldo legal a execução fiscal.

Requer, ao final, a procedência dos embargos no sentido de suspender a execução até julgamento do procedimento matriz e, no mérito, ser decretada a nulidade da execução, declarando-se a insubsistência da penhora.

A Fazenda Nacional impugna os embargos alegando que a autoridade tributária só poderá *arbitrar* o lucro da pessoa jurídica nos casos enumerados no art. 399, do RIR/80, sendo taxativa sua determinação, ou seja, quando verificada a falta de escrituração ou escrituração imprestável.

Alega, ainda, que na realidade o que ocorreu com a embargante foi a omissão de receita, consecutindo no lançamento de ofício, nos termos do art. 676, III e 678, II, do RIR/80.

O magistrado *a quo* julgou improcedentes os embargos, condenando no pagamento de custas processuais e honorários advocatícios de 10% sobre o valor da causa, sob fundamento de que, muito embora a venda de mercadorias enseje a base de cálculo do ICM, esta refletirá indiretamente sobre o Imposto de Renda.

Além disso, os argumentos aduzidos pela embargada relativos aos arts. 399, 676 e 678 do Regulamento do Imposto de Renda somados ao que consta no auto de infração, atestam que, na realidade, não houve arbitramento de lucro, mas sim, lançamentos de ofício, em face ao exame de livros e documentos fiscais.

Recurso de apelação às fls. 107/111. Contra-razões às fls. 112/120.

É o relatório.

VOTO

O Exmo. Sr. Juiz José Delgado (Relator): Entendo não merecer reforma a decisão recorrida pelos seus próprios fundamentos.

A apelante postula a suspensão da execução fiscal até o julgamento do procedimento matriz, que diz ser relativo à execução fiscal que discute a omissão de receitas do imposto de renda pessoa jurídica, e, alternativamente a decretação da nulidade da execução em face da situação fiscal haver infringido o disposto no § 6º do art. 400 do RIR/80 e art. 8º e seus § do Decreto-lei 1.648/78.

Com relação à suspensão da execução fiscal, enquanto não é julgado o mandado de segurança e a execução fiscal, não há, nos autos, prova da existência das referidas ações.

A juntada da petição inicial de fls. 36/49, protocolado em 8.3.91, como bem observou o magistrado de 1ª instância, não faz prova da sua subsistência ou da atual tramitação processual, impossibilitando, dessa forma, a apreciação da apelação, com relação a esse aspecto.

Quanto à execução fiscal proveniente do auto de infração relativo ao imposto de renda pessoa jurídica, da mesma forma, não há notícia nos autos do teor da tramitação ou decisão judicial, como também a sua existência não obstaculiza o julgamento da presente demanda.

Por outro lado, a apelante não se insurgiu, na época oportuna, contra o despacho de fls. 78, que aplicou o disposto no art.17, parágrafo único, da Lei 6.830, encerrando assim, a fase instrutória processual.

Nessa ocasião, deveria ter interposto o competente agravo de instrumento, com vistas a instruir o processo com os documentos necessários à comprovação dos fatos alegados na exordial. Ao contrário, quedou-se silente, tornando preclusa a decisão e permitindo o julgamento da lide.

Insurge-se, também, a apelante, contra o fato do fisco não haver verificado a natureza da receita omitida ou o tipo de competência, se estadual ou federal.

A apelante, na inicial, alega que tem por atividade principal o comércio de móveis e decoração, e que, como tal, está sujeita ao Imposto de Circulação de Mercadorias — ICM, de competência estadual e o imposto de renda, de competência federal.

Assim, ocorrendo a omissão de escrituração de venda de mercadorias, o tributo devido é o ICM, de competência estadual e não o imposto de renda, pois, a teor do art. 43 do Código Tributário Nacional, receita não é sinônimo de renda.

Muito embora subsista razão à apelante no tocante à inexistência de sinonímia entre receita e renda, o fato de ocorrer omissão na escrituração da venda de mercadorias, implica em omissão de base de cálculo do Imposto de Renda, pois a sonegação não infringe apenas a legislação estadual, refletindo-se, sobremaneira, na apuração do lucro, no final do exercício financeiro da apelante.

Por fim, a apelante afirma que *verificada a omissão de receita nos registros contábeis do contribuinte, a base de cálculo que a lei denomina de lucro líquido, não poderá ser outro que não 50% do valor da receita omitida.*

Diante de tal afirmativa, passo a analisar a legislação pertinente, colacionada pelas partes.

A apelante alega que, por ser empresa que não possue escrituração contábil, não pode apurar o lucro líquido, mas sim, o arbitrado ou presumido, enquadrando-se no art. 400, § 6º., do Regulamento do Imposto de Renda, o qual tem a seguinte dicção:

> "Art. 400. A autoridade tributária fixará o lucro arbitrado em percentagem da receita bruta, quanto conhecida:
>
> "(...)
>
> "§ 6º. Verificada a ocorrência de omissão de receita será considerado lucro líquido o valor correspondente a 50% (cinqüenta por cento) dos valores omitidos;"

Por outro lado, a Fazenda Nacional aduz que "o auto de infração é bastante claro quando diz que juntamente com todos os documentos, Livros Comerciais e Fiscais e Livros Auxiliares e demais itens solicitados através do termo de Início de Fiscalização, a Embargante exibiu à fiscalização todos os seus Livros Comerciais, Fiscais e Auxiliares", fato este não impugnado pela embargante, ora apelante, ao contrário, conforme demonstra a apelação de fls. 107/111.

Possuindo, então, escrituração contábil, a apelante não está sujeita ao lucro arbitrado, pois este, segundo o art. 399 do RIR/80, ocorre apenas nas hipóteses do contribuinte não manter escrituração na forma das leis comerciais e fiscais; não cumprir as obrigações acessórias relativas à tributação com base no lucro presumido; em casos de recusa de apresentação dos livros ou documentos de escrituração à autoridade tributária;

contiver vícios, erros ou for imprestável para determinar o lucro real ou presumido ou, por fim, quando espontaneamente apresentar declaração de rendimentos.

Pelo que se verifica, a apelante não se encontra no rol elencado no art. 399 do RIR/80, não podendo, assim, fundamentar-se no § 6º, do art. 400 suso-aludido, como tese de sua defesa, por inaplicável à espécie.

Por outro lado, a própria apelante confirma a omissão de receita, pelo que se depreende da exposição das razões do recurso, motivo pelo qual nego provimento à apelação.

É como voto.

JURISPRUDÊNCIA

TRIBUNAL REGIONAL FEDERAL DA 5ª REGIÃO

Ementa: Cooperativas. Isenção. IOC. Repetição do indébito. Juros.

1. Em homenagem ao direito adquirido e ao ato jurídico perfeito e acabado, há de se reconhecer que as Sociedades Cooperativas regularmente constituídas antes da Lei 5.764/71, continuam a ter íntegra a sua personalidade jurídica e a serem reguladas pelas normas de direito a si aplicadas.

2. As inovações introduzidas pela Lei 5.764/71, só se aplicam às Sociedades Cooperativas que foram constituídas após sua vigência, sem se afastar a obrigação dos anteriores a se adaptarem ao novo regime naquilo que não ferir o direito adquirido já consumado.

3. Não estão sujeitos ao recolhimento de IOC, as operações de crédito realizadas pelas Sociedades Cooperativas, mesmo que pessoas jurídicas integrem o seu quadro social, se tal ocorreu antes da Lei 5.764/71. Interpretação do Decreto-lei 914/69, art. 2º, I, em combinação com o Decreto-lei 1.783/80 e com a Resolução CMN/BAJCEN 619/80, Seção 61.

4. Os juros de mora na repetição do indébito devem ser contados a partir da citação inicial. Precedentes. Princípio da Igualdade.

5. Apelação da União Federal e remessa oficial improvidas. Provimento da apelação do contribuinte.

Apelação Cível n. 55024-PE
Relator: O Exmo. Sr. Juiz José Delgado
Apelante: Fazenda Nacional
Apelante: Cooperativa dos Produtores de Açúcar e Álcool de Pernambuco Ltda.
Advogados: Drs. José Henrique Wanderley Filho e outros
Apelados: Os mesmos
Origem: Juízo Federal da 2ª Vara — PE

ACÓRDÃO

Vistos, relatados e discutidos os presentes autos, em que são partes as acima identificadas.

Decide a Segunda Turma do Tribunal Regional Federal da 5ª R., à unanimidade, negar provimento à apelação da União Federal e à remessa oficial e dar provimento à apelação da autora, nos termos do relatório, na forma do voto do Juiz Relator e notas taquigráficas constantes nos autos, que passam a integrar o presente julgado.

Custas, como de lei.

Recife, 20 de setembro de 1994 (data do julgamento) — Juiz Nereu Santos (Presidente) — Juiz José Delgado (Relator).

RELATÓRIO

O Exmo. Sr. Juiz José Delgado (Relator): A Cooperativa dos Produtores de Açúcar e Álcool de Pernambuco Ltda. promoveu, em 15.7.92, a presente Ação Repetitória de Indébito contra a União Federal, visando receber Imposto sobre Operações de Crédito — IOC, que, ao seu entender, foi indevidamente pago.

Os fatos e os fundamentos jurídicos do pedido são, em síntese, os que enumero:

a) no período de julho/87 a outubro/90, período da vigência do Decreto-lei 1.783/80, que foi regulamentado pela Resolução n. 619/80, do Conselho Monetário Nacional, a autora recolheu à União Federal, a título de IOC, a importância de 10.075,58 UFIRs, em decorrência de operações de créditos realizadas com instituições financeiras;

b) o referido recolhimento se deu por meio das entidades bancárias com quem foram firmados os contratos respectivos, uma vez que as mesmas atuaram com responsáveis pelo recolhimento do crédito tributário;

c) as instituições financeiras, agindo por delegação da Ré, União Federal, promoveram o recolhimento do tributo acima mencionado, por entenderem que a tanto estava obrigado a autora, porque não se encontrava habilitada como sociedade cooperativa, na forma da Lei 5.764/71 por manter pessoas jurídicas no seu quadro associativo;

d) esse entendimento não era e não é verdadeiro, porque a autora é uma sociedade cooperativa legalmente constituída desde o ano de 1940, estando todos os seus atos constitutivos e alterações subseqüentes registrados nos órgãos competentes;

e) há, ainda, que se considerar o fato de que, a autora foi constituída sob as regras do Decreto-lei 22.239/32, Decreto-lei 581/38 e Decreto-lei 1.836/39, este último admitindo expressamente o ingresso de pessoas jurídicas no quadro social das cooperativas;

f) o surgimento do Decreto-lei 5.893 de 1943, não impôs qualquer solução de continuidade. posto que continuou a permitir o ingresso de pessoas jurídicas dentre os sócios cooperados;

g) muito embora "*o Decreto-lei 8.401/45 tenha revogado o Decreto-lei 5.893/43 e restaurado a vigência do Decreto-lei 22.239/32 e do Decreto-lei 581/38, silenciando quanto ao Decreto-lei 1.836/39, mesmo admitindo-se que o tivesse revogado, deve ser registrado que o art. 2º do mencionado Decreto-lei 8.401/45 expressamente estabeleceu que as cooperativas constituídas na vigência das normas então revogadas continuavam a reger-se por seus estatutos*";

h) assim, com o advento da Lei 5.764, de 16 de dezembro de 1971, que definiu a atual Política Nacional de Cooperativismo e instituiu o novo regime jurídico das sociedades cooperativas, a autora já de muito, há 30 anos, se encontrava constituída como uma sociedade cooperativa;

i) em razão dessas ocorrências, quando a autora se constituiu não se sujeitava a qualquer restrição legal no que se refere à qualidade jurídica dos seus associados, pelo que legislação posterior não pode alcançar o direito adquirido já consolidado em seu favor de permanecer atuando de acordo com as regras a si aplicadas antes da vigência da Lei 5.764/71.

Com base nos fatos e razões acima expostos, síntese do pensamento exposto na inicial, a autora apelada entende não se encontrar obrigada a pagamento do IOC, no período de vigência do Decreto-lei 1.783/80, em face do contido na Resolução n. 619/80, do Conselho Monetário Nacional, conforme seção 6, I, § 3º., letra *a*.

A União Federal, ao contestar, alegou:

a) não autenticação dos documentos apresentados;

b) não chamamento ao efeito das instituições bancárias como litisconsortes necessários, haja vista que foram arrecadadores dos tributos discutidos no pleito;

c) exclusão da ação dos períodos atingidos pela prescrição (julho/87 e agosto/87), haja vista que a ação só foi despachada inicialmente em agosto de 1992;

d) inexistir, quanto ao mérito, o alegado direito adquirido, em razão de:

d.1 o Decreto-lei 1.783, de 18.4.80, que dispõe sobre o Imposto sobre Operações de Crédito, Câmbio e Seguro, não ter tratado de isenção;

d.2 a Resolução n. 619, do Banco Central do Brasil, não podia conceder isenção, porque tal matéria depende de lei;

d.3 ainda que se aceitasse tal disposição normativa como de caráter isencional, há de se render homenagem à CF de 1988 (art. 146, III, *e*, dispôs), ao dispor que o "*adequado tratamento tributário ao ato cooperativo praticado pelas sociedades cooperativas cabe à lei complementar*", o que equivale a dizer que a disposição contida na Resolução n. 619, do Banco Central, não teria sido recebida pela Constituição atual;

O eminente e culto juiz monocrático dirigente do feito, ao sentenciar, acolheu a prescrição qüinqüenal de todas as verbas anteriores a 16 de julho de 1992, rejeitou a relativa não autenticação dos documentos, por tal falta ter sido sanada, e, no mérito, acolhendo as razões da autora, julgou procedente a ação.

A autora recorre no tocante à prescrição decretada e ao início do prazo de contagem dos juros de mora. Entende que, com a citação, foi interrompido o prazo prescricional, pelo que não estão prescritas as parcelas retidas a partir de 2 de setembro de 1987 e que a incidência dos juros de mora deve ser desde a citação inicial.

A União Federal refutou o apelo da autora, alegando que:

a) correta está a sentença em considerar prescritos os valores não reclamados até 17.7.82;

b) os juros de mora devem ser contados na forma do art. 167, do CTN.

A União Federal apelou, também, da sentença.

As suas razões limitaram-se, apenas, a afirmar que se reportava aos dizeres da contestação.

Em contra-razões, a autora-apelada requer o não conhecimento da apelação da União Federal, por ausência de fundamentação e manutenção da sentença.

É o relatório.

VOTO

O Exmo. Sr. Juiz José Delgado (Relator): Aprecio, em primeiro lugar, a apelação da União Federal.

Na verdade, conforme salienta a autora-apelada, a peça recursal limita-se a afirmar que a sentença não se encontra em conformidade com o ordenamento jurídico e que, com base nas formas da contestação apresentada, ela deve ser reformada.

Entendo que o singelo fundamento do apelo da União Federal não é causa de não tomar conhecimento do recurso. Este, como já visto, reporta-se às razões contidas na contestação e que foram sintetizadas no corpo do relatório da presente decisão. Sabe-se, em conseqüência, em que se funda a União Federal para recorrer. É bastante, ao meu pensar, para se conhecer do recurso, por se ter como apreciar os limites do inconformismo da parte recorrente.

Rejeito a preliminar. Conheço do recurso.

A douta sentença monocrática, quanto ao mérito, não merece ser reformada. O ilustre juiz monocrático que a prolatou, Dr. Francisco Alves dos Santos Júnior, apresenta fundamentos e conclusões que estão conformes com o ordenamento jurídico brasileiro. Repito aqui as razões de decidir apresentadas pelo culto e íntegro magistrado, por concordar com todos os seus termos. Ei-los:

"1. A autora tem direito adquirido a ser considerada Cooperativa, para todos os fins legais, inclusive tributários, uma vez que constituída antes do advento da Lei 5.764/71, tendo inclusive feito a adaptação do seu Estatuto, na forma prevista em tal Lei.

"Ademais, as Autarquias fiscalizadoras do Cooperativismo, como bem demonstrado na inicial, vêm aceitando, em reiterados atos, a Autora como Cooperativa, não obstante constar em seus quadros, como associadas, Pessoas Jurídicas, fato esse que não implica em reconhecer-lhe finalidade lucrativa, como alega a União Federal na sua contestação. É que não se transmite à Cooperativa Autora o caráter lucrativo das Pessoas Jurídicas, que são suas associadas.

"2. O Decreto-lei 1.783, de 18.4.80, por meio do qual instituiu-se o Imposto sobre Operações de Crédito em discussão, realmente não trata de nenhum tipo de isenção.

"No entanto, restou determinado no art. 3º do mencionado Diploma Legal que referido imposto seria cobrado, para as hipóteses em comento, pelas Instituições Financeiras, na forma que viesse a ser estabelecida pelo Conselho Monetário Nacional, que se corporificou na Resolução n. 619, de 29.5.80 do Banco Central do Brasil.

"Nessa resolução, relativamente ao Imposto em debate, ficou estabelecido que as operações financeiras e de crédito realizadas pelas Cooperativas, junto às Instituições Financeiras, seria submetida à Alíquota Zero (0%), ou seja, não havia imposto a ser pago.

"A sibilina discussão, levantada na Contestação, quanto à diferença entre Isenção e Alíquota zero, *data venia*, em nada muda situação fática dos autos, qual seja: a Autora pagou um imposto que não era devido e pretende sua restituição. Não deseja a Autora nenhum conhecimento de que as operações que realizou estariam isentas ou submetidas à Alíquota Zero. Mas apenas que lhe sejam restituídas parcelas de Imposto que entende não seriam devidas.

"No entanto, apenas por amor ao debate, lembro que já na década setenta o próprio Fisco, no Parecer Normativo n. 237, de 22.9.72, *considerava a operação submetida a Alíquota Zero igual à operação isenta (apud* Ruy Barbosa Nogueira, in *Direito Tributário Aplicado e Comparado*, Vol. 1, Forense, 2ª Ed., RJ, 1977, pp. 86/89).

"Se a União Federal recebeu as parcelas comprovadas com a Inicial, quando elas não eram devidas, deve restituí-las (art. 165 do Código Tributário Nacional), observada prescrição qüinqüenal.

"3. Como bem lembrado na Inicial, o assunto já foi apreciado pelo E. Tribunal Regional Federal/5ª R., tendo como Relator o d. magistrado, Dr. Castro Meira, *verbis*:

'Tributário. Imposto de Crédito. Isenção e Alíquota Zero. Cooperativa.

'A sociedade cooperativa devidamente constituída e registrada nos órgãos competentes não perderá sua personalidade jurídica enquanto não for dissolvida.

'As operações de crédito em que figura sociedade cooperativa como tomadora não estão sujeitas ao IOC, inclusive as do tipo singular, constituída de pessoas jurídicas, anteriormente à Lei 5.764/71, devidamente registrada nos órgãos competentes (Decreto-lei 914/69, art. 2º, I; Decreto-lei 1.783/80 e Resolução CMN BACEN n. 619/80, Seção 6).

'(...)' (v. cópia do v. Acórdão à f. 632).

"4. A restituição deve ser feita com correção monetária, desde a data da efetiva retenção, com juros de mora à razão de 1% (hum por cento) ao mês (§ 1º do art. 161 do Código Tributário Nacional), contados estes do trânsito em julgado desta Sentença (Parágrafo único do art. 167 do Código Tributário Nacional)."

A respeito do tema discutido na presente lide, aproprio-me, também, para ter como razão de decidir, os fundamentos, postos no parecer de fls. 172/177, da lavra do Procurador da República Dr. Carlos Fonseca, que foi proferida na AC 144.027, apreciada pelo então Egrégio Tribunal Federal de Recursos, e que estão resumidos na ementa seguinte:

"IOF — Operações de Crédito. Isenção e alíquota zero. Cooperativa.

"1. A sociedade, cooperativa devidamente constituída (Lei 5.764/71, arts. 17 a 18) — registrada nos órgãos de controle, federal e local, e arquivado o seu estatuto na Junta Comercial — não perderá a sua personalidade jurídica enquanto não dissolvida voluntária ou compulsoriamente (arts. 63 e 64).

"2. Não estão sujeitas ao IOF, nas operações em que figurem como tomadoras de crédito, as cooperativas devidamente registradas nos órgãos competentes (Decreto-lei 914/69, art. 2º; Decreto-lei 1.764/80; resolução CMN/BACEN 619/80, Seção 6). Faz jus à exoneração a sociedade cooperativa do tipo singular, legalmente constituída somente de pessoas jurídicas anteriormente à Lei 5.764/71.

"3. Parecer pelo provimento da apelação."

Elucidativos, também, para se prestigiar a sentença apelada, são os fundamentos contidos no voto proferido pelo Exmo. Sr. Juiz Castro Meira, ao relatar a AC 7.421-PE, cujas conclusões foram acolhidas, por unanimidade, pela Egrégia 1ª Turma deste Tribunal. Registro-os:

"A autuação abrange operações de crédito no período de 5.2.79 a 27.5.82. Observo que nesse período o imposto sobre operações de crédito foi regido por dois diplomas legais. O Decreto-lei 914/69 e o Decreto-lei 1.783/80. O primeiro estabelecia isenções de modo incondicional para as sociedades cooperativas, enquanto o segundo deixou a matéria para o regulamento. Embora o Decreto-lei 1.783/80 seja datado de 22.4.80 e preveja sua entrada em vigor na data de sua publicação, forçoso é reconhecer-se que, em relação aos dispositivos revogadores de isenção e que estabeleceram majoração de alíquotas na verdade só vieram a entrar em vigor no início do ano seguinte, 1981, em razão da regra insculpida no art. 104, III, do Código Tributário Nacional, *in verbis*:

'Art. 104 — Entram em vigor no primeiro dia do exercício seguinte àquele em que ocorra a sua publicação os dispositivos de lei, referentes a impostos sobre o patrimônio ou a renda:

'(...)

'III — que extinguem ou reduzem isenções, salvo se a lei dispuser de maneira mais favorável ao contribuinte, e observado o disposto no art. 178.'

"Portanto, no período autuação, as operações de crédito realizadas pela segunda apelante até 1980 estavam isentas do imposto exigido, pois a lei tributária de regência era, inclusive, anterior à Lei 5.764, de 16.12.71, que veio a estabelecer nova disciplina jurídica para as sociedades cooperativas.

"Remanesceria dúvida apenas em relação aos fatos geradores ocorridos na vigência do novo regime jurídico tributário advindo com o Decreto-lei 1.783/80, regulamentado pela Resolução n. 619/80, do Conselho Monetário Nacional, nestes termos:

'*Seção 6 — Operações Não Tributáveis*

'I — A alíquota é *nihil* nas seguintes operações:

'a) em que figurem como tomadoras de crédito as cooperativas.'

'(...)

'3º. Para efeito de reconhecimento da aplicabilidade da alíquota *nihil*, nos casos aludidos no item I, cabe às instituições financeiras ou seguradoras, no ato de realização das operações:

'a) no caso da alínea *a*, exigir a apresentação de documento que comprove o registro da tomadora do crédito nos órgãos competentes previstos na Lei 5.764, de 16 de dezembro de 1971.'

"Em conseqüência, em se tratando de cooperativa, o reconhecimento da operação como não tributável ficou na dependência de comprovação do registro nos órgãos competentes. Consta nos autos o registro da Cooperativa na Junta Comercial do Estado de Pernambuco e na Organização das Cooperativas do Estado de Pernambuco, havendo prova também de que requereu a alteração dos seus estatutos para adaptá-los à nova lei junto ao INCRA, sendo esse pedido protocolado em 18.11.74, como se vê às fls. 83 e 102, dentro do prazo de 36 meses previsto no art. 114 da Lei 5.764/71.

"A dúvida quanto à regularidade da segunda apelante por associar pessoas jurídicas deve-se à redação do art. 6º, I, que considera cooperativas singulares 'as constituídas pelo número mínimo de 20 (vinte) pessoas físicas, sendo excepcionalmente permitida a admissão de pessoas jurídicas que tenham por objeto as mesmas ou correlatas atividades econômicas das pessoas físicas ou, ainda, aquelas sem fins lucrativos.'

"O órgão competente, o INCRA, é explícito em reconhecer a condição de regularidade, como se lê na certidão de fl. 113, datada de 26.3.77:

'Certificamos que a Cooperativa dos Produtores de Açúcar e Álcool de Pernambuco Ltda. se encontra devidamente registrada neste Instituto sob o n. 1.972, e que vem cumprindo regularmente o que determina o § 2º do art. 92 da Lei 5.764/71.'

"Além disso, o dispositivo supra não proíbe, mas permite, embora excepcionalmente, a admissão de pessoas jurídicas. Não há proibição, mas permissão que é reiterada no § 2º do art. 29 ao proclamar:

'Poderão ingressar nas cooperativas de pesca e nas constituídas por produtores rurais ou extrativistas, as pessoas jurídicas que pratiquem as mesmas atividades econômicas das pessoas físicas associadas.'

"Daí a feliz interpretação do ilustre Professor Waldirio Bulgarelli, no parecer constante nos autos, segundo o qual "o correto entendimento resulta claro, *prima facie*, já que se admitem as pessoas jurídicas que exercem a mesma atividade econômica das *pessoas físicas que integram a cooperativa* e veda-se o ingresso dos que exerçam a mesma atividade *da cooperativa*. Portanto, aceita-se nas cooperativas de produtores rurais as pessoas jurídicas produtoras e inadmite-se as pessoas jurídicas que comprem produtos rurais para revender. A ênfase é para o produtor, não para o comerciante.

"Ora, tratanto-se, como afirma a Consulente, os seus cooperados de produtores de açúcar e de álcool, certamente que está, por este aspecto, perfeitamente ajustada aos ditames doutrinários e legais do cooperativismo". (fls. 560/561).

"Mais adiante, depois de fazer a distinção entre as pessoas jurídicas que são admitidas, das que são rejeitadas e das que são toleradas, conclui:

'Vê-se, pois, que nem o art. 6º, inc. I, da Lei 5.764/71, nem qualquer outro dispositivo dessa lei, veda o funcionamento de cooperativas em que pessoas jurídicas que exerçam a mesma atividade das pessoas físicas associadas, integrem o seu quadro associativo; pelo contrário, o ordenamento é expresso em admitir essa situação.' (f. 562)."

Diante de tais razões, não prospera a apelação da Fazenda Nacional.

Aprecio, agora, a apelação da autora quanto à prescrição reconhecida pela sentença e ao prazo de incidência dos juros de mora.

Assiste razão à apelante. Não obstante correta a fundamentação do ilustre Juiz Sentenciante, no tocante à prescrição, enganou-se quanto aos efeitos da sua consumação sobre as parcelas devidas. Como está posto na sentença, prescritas estão todas as parcelas retidas até 16 de julho de 1992, quando, na verdade, o eminente julgador pretendia, em decorrência das premissas lançadas, era considerar prescritas as parcelas retidas até 2 de setembro de 87, data correspondente a exatamente cinco anos antes da citação.

Em assim sendo, dou, no particular provimento à apelação da autora por considerar atingida pela prescrição as parcelas retidas entre 15 de julho de 1982 e 2 de setembro de 1987. Esta data corresponde a cinco anos antes de ter se consumado a citação na presente ação. Devem, portanto, ser devolvidas, apenas, as parcelas retidas, a título de IOC, após 2.9.87, o que deverá ser apurado em execução, conforme memória a ser apresentada pela autora, nos moldes fixados pela Lei 8.898, de 29.6.94, que extinguiu a liquidação de sentença por cálculos do contador.

Remanesce para apreciação, por último, o pretendido pela autora, em sua apelação, de que os juros de mora sejam contados a partir da citação inicial e não do trânsito em julgado da sentença, conforme determinado na sentença.

A respeito do tema, a investigação há de ser começada pela formulação do pedido inicial. Na espécie, observo que a autora, ao fazer tal súplica, se referiu à aplicação de "juros legais". Cabe, assim, interpretar pedido formulado com tal teor de forma ampla, isto é, de acordo com o espírito da lei.

Esta Turma, embora cuidando de juros aplicáveis às causas previdenciárias, tem entendido que, em face do princípio da igualdade, não podem os juros de mora pagos pelo Poder Público ou Particular terem tratamento privilegiado, se confrontados com os de responsabilidade do particular para com o Poder Público. Deve-se, conseqüentemente, aplicar as mesmas regras quanto ao aspecto temporal e percentual.

Sobre os juros a serem pagos pela Fazenda Pública, na repetição de indébito, a Egrégia 1ª Turma, Embargos de Declaração na AC n. 14.480-RN, e voto proferido pelo eminente Juiz Ridalvo Costa, firmou o seguinte entendimento:

"*Ementa. Embargos de Declaração. Honorários advocatícios e juros de mora.*

"Omissão. Falta de pronunciamento sobre o termo inicial dos juros moratórios e o percentual da condenação em honorários advocatícios impostos à Fazenda Nacional.

"Os juros moratórios são devidos a partir da citação inicial. Inaplicação do art. 167 do CTN às decisões judiciais.

"Redução da verba honorária em conformidade com o art. 20, § 4º do CPC.

"Precedentes da Eg. Turma.

"Provimento parcial dos embargos".

Registro, também, que a Dra. Ana Maria Aparecida de Freitas, em trabalho intitulado *Juros de Mora em Matéria Tributária*, defendeu o mesmo posicionamento. Transcrevo aqui a parte conclusiva de seu pensamento:

"Conclui-se, então, pela incompatibilidade dos princípios traçados pela Constituição Federal de 1988 com o disposto no parágrafo único, do art. 167 do CTN, devendo, evidentemente, prevalecer a primeira.

"Sendo incompatível o referido dispositivo e partindo-se da premissa que a mora é o retardamento ou o não pagamento da prestação devida, e que os juros moratórios são devidos a partir da constituição do devedor em mora, apresentam-se duas situações distintas em relação ao estudo ora posto.

"A primeira é a mora advinda do retardamento ou do não pagamento da prestação devida pelo contribuinte.

"Nesse caso, os juros moratórios são computados nos termos do art. 161 e §§ do CTN, ou seja, a constituição da mora é a partir do vencimento.

"Com relação à repetição do indébito, cabe saber qual o *momento* da constituição do fisco em mora.

"No direito civil, a mora é constituída a partir do vencimento da obrigação, desde que positiva e líquida. Inexistindo prazo assinalado do vencimento, passa a contar da interpelação, notificação ou protesto (art. 960 do Código Civil). O Código Comercial, arts. 138 e 205 disciplina da mesma forma.

"Quando, entretanto, a mora não é *ex re*, ou seja, não é de pleno direito, não decorre do simples vencimento da obrigação, ou, ainda, tratando-se de obrigação ilíquida, a mora passa a ser constituída a partir da citação (art. 219 do Código de Processo Civil).

"Em conclusão, no direito tributário, a constituição em mora do fisco, na repetição do indébito, por tratar-se de prestação ilíquida, também deve ser computado a partir da citação (art. 219 do CPC), obedecendo a taxa de 12% (doze por cento) ao ano, nos mesmos moldes em que é cobrada do contribuinte, conforme dicção do art. 161 e § 1º do Código Tributário Nacional."

Por tais razões, dou provimento, também, à apelação no tocante ao início da contagem dos juros de mora, para que seja feita a partir da citação inicial.

Em conclusão: nego provimento à apelação da União Federal e à remessa oficial e dou provimento à apelação da autora para reconhecer prescrito, apenas, as parcelas retidas até 2 de setembro de 1987 e para que os juros de mora sejam fixados a partir da citação inicial. Fixo em 10% (dez por cento) os honorários advocatícios, devidos, a serem calculados sobre a totalidade do débito, após ser corrigido.

É como voto.

JURISPRUDÊNCIA

1ª INSTÂNCIA

ICMS. Substituição tributária.

9ª Vara da Fazenda Pública
Processo n. 798/94
Mandado de Segurança

Vistos, etc...

Auto Posto J. Ribeiro Ltda. e outros, qualificadas na inicial, impetraram mandado de segurança contra ato do Coordenador da Administração Tributária da Secretaria da Fazenda de São Paulo. Alegaram, em suma, que praticam o comércio e a representação de derivados de petróleo sediadas em São Paulo. Que se encontram obrigadas ao recolhimento do imposto na forma de substituição tributária. Sediadas em São Paulo, adquirem revendendo a consumidor final produtos derivados do petróleo. Que a base de cálculo do imposto é, nos termos do art. 393, do RICMS, o preço praticado na operação final de venda a consumidor, o que não corresponde com a realidade, vez que o revendedor vem praticando descontos na revenda. Que a adoção do preço de tabela é inadmissível. Sustentou ser inaplicável a EC n. 3/93, pois esta preservou o fato gerador da obrigação, cujo crédito se tem antecipado, com o que não autoriza a substituição. Destacou que mesmo assim, inadmissível a exigência face a ausência de lei complementar. Concluiu que somente a partir da EC n. 3 é que os Estados estão legitimados a instituir a exigência de tributo em relação a fatos geradores que ainda haverão de ocorrer. Ao final pugnou pela procedência da ação para efeito de ser reconhecida a inaplicabilidade do sistema de substituição.

Foi determinado processamento do feito com liminar.

A Fazenda do Estado, admitida na qualidade de assistente litisconsorcial, apresentou as informações da autoridade impetrada. Preliminarmente sustentou a qualificação das autoras aparece de forma deficiente e que se tratando de empresas varejistas, se encontram desobrigadas ao recolhimento do tributo, o que lhes retira a legitimidade postulatória. Quanto ao mérito argumentou, em síntese que a exigência possui esteio legal no art. 8º, inc. XIII, da Lei 6.374/89. A substituição é mera técnica de tributação, validada, nas operações interestaduais pela previsão em Convênio. Que a antecipação do recolhimento é fato corriqueiro na prática fiscal, ocorrendo no IR-fonte, e no regime de estimativa. A base de cálculo eleita pelo legislador, considera valores que compõe o valor da operação a ser praticada no futuro. Que no caso em exame inexiste qualquer majoração do tributo, pois a lei ao prever a inclusão da estimativa do lucro embutido no preço da mercadoria, fez com que a base de cálculo do ICMS mantenha a correspondência com o critério geral do valor da operação. Sob a égide do novo texto constitucional, em observância ao art. 34, § 8º., do ADCT, frente a ausência de Lei Complementar, foi editado o Convênio 66/88, prevendo as hipóteses de substituição tributária. A base de cálculo estimada não se constitui em novidade, pois esta já aparecia prevista no art. 2º., incs. I e IV, do Decreto-lei 406/68. Também a antecipação do fato gerador não é estranho em nossa estrutura tributária. Pugnou pela denegação da ordem.

O Dr. Promotor em seu parecer opinou pela denegação da ordem rogada.

É uma síntese do necessário.

Passo a decisão.

As impetrantes são empresas que se dedicam à comercialização de derivados de petróleo a consumidor final. Adquirem o produto de Companhias Distribuidoras e o vendem a varejo.

Questionam a validade do sistema de substituição tributária, sustentando que tal exigência apresenta sérios e intransponíveis óbices do Diploma Constitucional, infringindo inúmeros princípios tributários, além de provocar a antecipação da exigência fiscal, antes da materialização do fato gerador.

Quanto às preliminares, estas não podem ser acolhidas.

As autoras dentro do sistema normal de tributação, realizavam a aquisição do combustível e a venda deste produto, efetivando a escrituração normal, levando a crédito o tributo destacado na Nota Fiscal de compra e debitando o tributo indicado na venda final. A sistemática questionada retirou-lhes esta tarefa direta ligada à tributação, remanescendo apenas as obrigações acessórias.

Se as impetrantes questionam a validade do Sistema de Substituição, pretendendo o retorno ao sistema normal e ordinário, claro se mostra que detém interesse direto e imediato, não se podendo utilizar a Norma Questionada, para se concluir que não tem interesse processual. Para os fins do processo, necessária a averiguação do interesse econômico, e este é evidente, e do interesse processual, e este decorre do sistema que as impetrantes entendem como correto e constitucional. Inexiste, portanto, a propalada ilegitimidade ativa.

No mais, inexiste irregularidade, constando do instrumento de mandato a adequada qualificação das impetrantes.

De outra parte, consigne-se que o pedido possui limitações temporais, próprias da modalidade procedimental eleita. A pretensão se restringe aos *fatos ocorridos após o ajuizamento da ação*, mesmo porque a liminar conferida cautelarmente, não foi pedida ou deferida para operar efeitos retroativos. Desta forma, existindo limitação temporal no pedido, descartada fica a alegação da Fazenda, no sentido de que a pretensão teria cunho Normativo.

Portanto, as impetrantes localizaram em concreto o fato que alegado e identificando o direito que entendem aplicável. Apontaram o ato contra o qual investem, sendo que as informações confirmaram ser justo o receito. Em reforço ao já anotado, frise-se que não se trata, em absoluto, de postulação com caráter normativo, posto que a situação concreta, objeto da ação mandamental foi delimitada, o que invalida toda argumentação tendente a dar conteúdo genérico e abstrato ao pedido.

Os pressupostos de admissibilidade da ação mandamental foram atendidos, de forma que deve a questão ser conhecida pelo seu mérito.

MÉRITO

Quanto à questão de fundo, necessário uma análise sobre toda a legislação de regência, para se ter um quadro seguro acerca da situação.

Panorama Legal

O § 8º, do art. 34, do ADCT, da Constituição Federal prescreveu que, provisoriamente, na falta de Lei Complementar necessária à instituição do ICMS, seria editado Convênio, nos termos da LC n. 24/75.

Calcado nesta excepcional outorga, os Estados e o Distrito Federal editaram o Convênio 66/88, que entre outras previsões, estabeleceu os casos de substituição tributária, satisfazendo, destarte, o disposto no art. 155, inc. XIII, letra *b*.

A nível Estadual, a Lei ordinária 6.374/89, em seu art. 8º., estabeleceu as várias hipóteses de substituição tributária. O Decreto-lei 34.471/91, alterado pelos Decretos-leis 35.386/92, 35.982/92 e 38.252, de 28.12.93, veio a criar especificamente a hipótese de substituição em discussão.

"Art. 392. Na saída de combustível líquido ou gasoso ou lubrificante, derivado de petróleo, bem como do petróleo utilizado na sua fabricação, com destino a estabelecimento localizado em território paulista, fica atribuída a responsabilidade pelo pagamento do imposto desde a importação à produção até o consumo final:

"(...)

"III — a estabelecimento localizado em outro Estado signatário de acordo implementado por este Estado arrolado na tabela V, do anexo IX deste regulamento, como segue:

"a) do distribuidor de combustível;

"b) do fabricante ou do importador de lubrificante ou do arrematante deste produto importado do exterior e apreendido;

"c) do revendedor de lubrificantes devidamente credenciado pela Secretaria da Fazenda;

"IV — a qualquer estabelecimento que receber o produto diretamente de outro Estado, em hipótese não abrangida pelo inciso anterior;

"§ 1º.: Na hipótese do inc. III, a sujeição passiva por substituição atribuída ao estabelecimento ali indicado alcança as operações realizadas por transportador revendedor retalhista estabelecido em outro Estado que destinar mercadorias ao território paulista, desde que tais operações estejam arroladas em demonstrativo de vendas interestaduais elaborado pelo (TRR), observado o que segue;"

Substituição Tributária

O CTN, em seu art. 121 estabelece que sujeito passivo da relação jurídico tributária é a pessoa obrigada ao pagamento do tributo, podendo ser o *contribuinte*, quando tenha relação pessoal e direta com a situação que constitua fato gerador, ou *responsável*, quando sua obrigação decorra de disposição expressa de lei.

Não contemplou expressamente a figura do substituto tributário.

A doutrina sempre aceitou a *substituição tributária*, como um mecanismo entregue à Administração, apto a lhe propiciar uma maior racionalização na arrecadação.

O prof. Ruy Barbosa Nogueira destacou que

"sujeito passivo da obrigação tributária, em princípio, deve ser aquele que praticou a situação descrita como núcleo do fato gerador, aquele a quem pode ser imputada a autoria ou titularidade passiva do fato imponível"... "De acordo com a teoria do fato gerador, *deve ser a pessoa ligada à situação descrita como fato gerador*. Em princípio a própria pessoa que realizou, mas se condições técnicas exigirem a eleição de outrem, ainda assim deverá ser alguém *vinculado* àquela mesma situação" (*Curso de Direito Tributário*, 4ª. ed., p. 122).

O substituto tributário poderá ser qualquer pessoa vinculada ao fato gerador. Deve, necessariamente, participar da operação que desencadeia a incidência da norma tributária.

Assim, em princípio, pode ser indicado como substituto tributário, *qualquer pessoa ligada ao fato gerador*, cabendo à lei, eleger quem melhor atenda a seus anseios.

Alfredo Augusto Becker, com muita propriedade ressaltou o seguinte:

"nos países, cujo sistema jurídico encontra-se integrado com regra jurídica constitucional que impõe o princípio da capacidade contributiva, o legislador ordinário tem o dever jurídico de escolher para sujeito passivo da relação jurídica tributária: a) aquela pessoa de cuja renda ou capital, acima do mínimo indispensável, a hipótese de incidência e fato-signo presuntivo; b) *qualquer outra pessoa (substituto tributário), desde que lhe outorgue o direito de reembolso ou de retenção do tributo contra o substituído contra aquela pessoa de cuja renda ou capital a hipótese de incidência é fato-signo presuntivo*" (*Teoria Geral do Direito Tributário*, Saraiva, 2ª ed., p. 254).

Assim, em reforço, destaque-se que o substituto legal tributário não pode ser pessoa dissociada estranha e sem relação com o fato gerador. Pelo contrário, deve guardar estreita ligação com este, pois o nosso ordenamento consagrou o princípio da *capacidade contributiva*, não só como norma programática, mas como verdadeiro parâmetro limitador da atuação do legislador ordinário.

O substituto tributário assume a incumbência de levar dinheiro aos cofres públicos em lugar do substituído. Exemplo típico de substituição ocorre nos *Diferimentos*, em que há postergação da época do recolhimento do tributo, arcando o adquirente do produto transacionado, com o ônus de efetuar o pagamento do tributo, na posterior etapa de circulação.

Duas conclusões devem ser extraídas destas lições doutrinárias. A primeira no sentido de que a *substituição* somente é válida em existindo vínculo entre o substituto e o substituído. A segunda conclusão é de que tal vínculo se materializa em função do *fato gerador*, ou seja, somente as pessoas envolvidas diretamente no *fato determinante da incidência* é que podem ser *eleitos como substitutos tributários*.

No caso em tela, estes dois pressupostos não se efetivam. Em primeiro lugar, inexiste vínculo entre a *empresa de petróleo* e o consumidor final.

Em segundo lugar, a substituição antecede o *fato gerador*, o que mostra a impropriedade desta forma de oneração, com todo o sistema engendrado para dar operacionalidade ao ICMS. No entanto, com a edição da EC n. 3/93, excepcionalmente pode ser admitida a oneração tributária antes da ocorrência do fato gerador, sendo que esta questão será melhor abordada em seguida.

Emenda Constitucional n. 3/93

É verdade que o legislador, constituinte e ordinário podem cometer erros não permitidos ao estudante do Direito, entretanto, cabe ao aplicador ou ao intérprete adequar o dispositivo a sua real dicção, em atenção a seu conteúdo sistemático-finalístico.

A redação da EC n. 3/93, não foi das mais felizes, principalmente porque várias regras e princípios constitucionais são excepcionados. Tal emenda foi promulgada com a seguinte redação:

"§ 7º. A lei poderá atribuir a sujeito passivo de obrigação tributária a condição de responsável pelo pagamento de imposto ou contribuição, cujo fato gerador deva ocorrer posteriormente, assegurada a imediata e preferencial restituição da quantia paga, caso não se realiza o fato gerador presumido."

A *Lei Maior* contemplou, portanto, uma hipótese de *substituição tributária*, *cujo fato gerador ainda não tenha ocorrido*. Embora estranha e antagônica com o sistema do tributo, a regra é constitucional, de forma que deve ser *aplicada* e *observada*.

De outra parte, necessária a efetivação dos pressupostos que o dispositivo transcrito exige. A EC n. 3/93, permitiu que a legislação ordinária institua o substituto tributário para fatos futuros, *desde lhe seja assegurado a restituição imediata e preferencial, quando o fato gerador não se realize*.

Assim, a legislação infraconstitucional para cumprir o preceito em questão, deve prever o caso da *substituição*, e ao mesmo tempo, criar mecanismo eficiente de restituição. Não pode criar esta hipótese de incidência para o futuro, sem assegurar o direito dos contribuintes. Uma coisa não pode *valer* sem a outra.

A *outorga* conferida aos *Estados*, veio inarredavelmente atrelada a uma *obrigação*. Podem instituir a hipótese de substituição, como realmente fez a Lei 6.374/89, em seu art. 8º, III, mas deveria ser prevista uma forma *extraordinária* de restituição, pois como se sabe, o fisco aceita e defere pedidos de repetição, mas sempre em atualização monetária.

Conclusão

Assim, em conclusão, descabida se mostra a exigência de antecipação do valor do ICMS, no caso da comercialização de lubrificantes e combustíveis, vez que, enquanto a legislação ordinária local, não prever a forma de restituição integral do tributo quando o fato gerador não se efetiva, como no caos de "quebras", perdas do produto, utilização direta do produto, etc...

Ex positis.

Concedo a Segurança, tornando definitiva a liminar. Custas pela impetrada.

Superada a fase de recurso voluntário, subam os autos para reexame necessário.

P.R.I.C.

São Paulo, 3 de novembro de 1994 — Venício Antônio de Paula Salles (Juiz de Direito).

RDT 65

CADERNOS DE DIREITO TRIBUTÁRIO: INTERPRETACIÓN ECONÓMICA Y SEGURIDAD JURÍDICA — **Ramón Falcón y Tella** • ISS — ISENÇÃO — O ART. 41 DO ADCT (ISENÇÕES NÃO REVOGADAS) — **Geraldo Ataliba** • IMUNIDADE DE ESTATAL DELEGADA DE SERVIÇO PÚBLICO — **Adílson Dallari** • AÇÃO DECLARATÓRIA DE CONSTITUCIONALIDADE PERANTE O STF — **Sacha Calmon Navarro Coelho** • IR — DISTINÇÃO ENTRE REMUNERAÇÃO DO TRABALHO, INSTRUMENTO DE TRABALHO E LIBERALIDADES SOCIAIS PARA EFEITOS TRABALHISTAS, PREVIDENCIÁRIOS E IMPOSTO DE RENDA — **Alberto Xavier** e **Helena de Araújo Lopes Xavier** • DUPLA (MÚLTIPLA) TRIBUTAÇÃO INTERNACIONAL — RENDAS DE EMPRESAS: "DUPLA TRIBUTAÇÃO JURÍDICA INTERNACIONAL" E "DUPLA TRIBUTAÇÃO ECONÔMICA INTERNACIONAL" — **Heleno Taveira Torres** • CUSTAS PROCESSUAIS — **Antônio Souza Prudente** • "LUCRO INFLACIONÁRIO": FICÇÃO OU REALIDADE? — **Aroldo Gomes de Mattos** • *CONFERÊNCIAS & DEBATES*: A FAMÍLIA E O DIREITO TRIBUTÁRIO — **Misabel Abreu Machado Derzi** • *NOTAS & COMENTÁRIOS*: TARIFA DE TRANSPORTE COLETIVO URBANO, COMPETÊNCIA DO MUNICÍPIO, NATUREZA JURÍDICA DE TAXA. LIMITES AO SEU "QUANTUM". COMPETÊNCIA DO ESTADO-MEMBRO PARA A PROTEÇÃO AO CONSUMIDOR. AÇÃO CIVIL PÚBLICA — **Estevão Horvath** • ICMS E IPI NA IMPORTAÇÃO — QUESTÕES POLÊMICAS — **José Eduardo Soares de Mello** • NATUREZA E FINS DA IMUNIDADE DOS FUNDOS DE PENSÃO — **Wagner Balera** • REINTRODUÇÃO DO CONTENCIOSO ADMINISTRATIVO NA CONSTITUIÇÃO FEDERAL — **Rômulo Maya** • EMPRÉSTIMOS COMPULSÓRIOS NA CONSTITUIÇÃO FEDERAL — **Márcio Severo Marques** • INCONSTITUCIONALIDADE DA COBRANÇA DO IPMF SOBRE OS SERVIÇOS PRESTADOS PELOS AGENTES DE SERVIÇO PÚBLICO DELEGADO — **Walter Giuseppe Manzi** • *JURISPRUDÊNCIA*

MALHEIROS
EDITORES